개미투자가들이 알아서는 안될

주식
타짜들의
노하우

주식 타짜들의 노하우

초판 1쇄 발행 2010년 8월 5일
5쇄 발행 2023년 2월 6일

지은이 강민석
발행인 이기봉
발행처 도서출판 좋은땅
출판등록 제 8-301호

주소 서울특별시 마포구 양화로12길 26 지월드빌딩 (서교동 395-7)
대표전화 0505)337-7800, 02)374-8616~7
팩스 02)374-8614

편집 이광훈
이메일 so20s@naver.com
홈페이지 www.g-world.co.kr
차트 이트레이드

ISBN 978-89-6449-066-2

값 28,000원

● 잘못된 책은 구입하신 서점에서 바꾸어 드립니다.

책을 마치며

나는 스칼렛이 8개월쯤 됐을 때 매주 받던 상담 치료도 마무리했고, 항우울제도 더 이상 복용하지 않았다. 그로부터 일주일 후 둘째 아이를 임신했다는 사실을 알게 되었다.

어린아이 둘의 엄마가 된다는 생각에 오싹해졌다. 아직 돌이 안 된 아이 하나도 간신히 키우고 있는데……. 그런데 한편으로는 둘째 아이가 태어나면 새롭게 시작할 수 있겠다는 생각도 들었다. 이번에는 정말 다를 거라고.

남편 써니는 6개월간 휴직을 하기로 결정했고, 산후 도우미 에이제이는 분만실에서부터 내 곁에 함께 있기로 했다. 엄마는 내가 충분히 쉴 수 있도록 일주일에 며칠은 스칼렛을 데려가 봐 주기로 했다.

나는 별다른 합병증 없이 임신 기간을 지냈고, 평균적인 진통 시간 속에서 평범한 출산을 했다. 그리고 조금 일찍 태어난 딸 이든이 우리 곁에 찾아왔다. 완벽한 아기였다. 비록 처음 몇 달은 모유 수유며 배앓이며 소아 위식도역류로 고생하고 그놈의 짐볼에 앉아 통통대는 시간을 보내야 했지만 모든 것이 감당할 만하게 느껴졌다.

하지만 남편이 복직하자마자 암흑기가 돌아왔다. 나 자신에 대한 실망감이 얼마나 컸는지 모른다.

'내가 좀 더 강한 사람이라면 이런 일이 또다시 벌어지지 않았을 텐데…….'

확실히 나는 망가져 있었다. 너무 많이 무너져서 좋은 엄마가 되기는 틀린 상태였다.

이든의 위식도역류 때문에 약을 받으러 가던 어느 날 저녁나절이 기억난다. 운전해서 집으로 오던 길에 스타스의 〈캘린더 걸〉이란 노래를 들었다. 야트막한 언덕배기로 해가 뉘엿뉘엿 넘어가고 있었다. 나는 그 노래에 나오는 열두 달을 하나씩 세었다. 한 달 한 달을 읊는 노랫말은 "나는 살아 있어!"라는 후렴구로 끝이 났다.

노래가 점점 고조되어 클라이맥스에 이르자 반드시 살아 있어야겠다는 생각이 마음을 가득 채웠다. 그때의 내 유일한 목표는 그것이었다. 살아 있는 것이야말로 내가 날마다 해낼 수 있는 일이었고, '좋은 엄마'가 되는 유일한 길이었다.

나의 부모님은 광둥어인 '아이(挨)*'라는 말을 자주 쓰신다. 내게는 이 단어가 영어 'endure(인내하다, 견디다)'보다 완전하고 강렬한 말로 들린다. 우리가 살면서 맞닥뜨리는 난관이 이례적인 일이 아님을 받아들이자고, 인생은 종종 재미없는 일상 속에서 그 난관이 끝나기를 기다리는 경우가 많으니 인정하자고 말하는 듯하다.

이런 태도가 산후 우울증을 앓는 모든 사람에게 들어맞지는 않겠지만, 내가 상담 치료를 시작하기 전의 시간을 헤쳐 나가는 데는 분명히 필요했다. 나는 살아 있었고, 끝끝내 견뎌 냈으니까.

그전까지 나는 내가 없어지면 우리 가족이 더 잘 살 수 있지 않을까 하는 허튼 생각을 했다. 내가 해야 할 일인데 제대로 해내는 게 하나도 없는 것 같았다. 하지만 내 유일한 일이 그저 살아 있는 것이라면……. 그것은 내가 할 수 있는 일이었다. 그래서 살아 있었다.

✱ '세월을 고생스럽게 보내다, 견디다'라는 뜻.

그러자 나중에는 기쁨이 찾아왔다. 상담 치료를 받으면서 나 자신에게 너그러워지는 법을 배웠다. 그리고 좋은 엄마가 무슨 의미든 간에 '좋은 엄마'가 될 필요가 없다는 것도 알게 되었다. 나는 그저 '지금 여기'에 있기만 하면 되었다.

그러고 나서 3년이 안 되었을 때 셋째 아기가 생겼다. 아이작은 애먹이는 일 없이 세상에 태어났고, 나는 분만하고 24시간 뒤에 집으로 돌아왔다. 그날 밤, 아이에게 젖을 먹이면서 작은 머리를 쓰다듬어 주는데 행복감과 뿌듯함이 울컥 밀려들었다.

'아, 이게 다른 엄마들이 얘기하던 바로 그거구나!'

나는 아이 셋을 낳고서야 비로소 깨달았다.

모성애는 아주 강렬한 것이다. 굉장한 것이기도 하고, 감당하기 힘든 것이기도 하다. 두 감정이 공존할 때도 많다. 좋은 엄마의 의미가 단 한 가지만 있지 않듯이, 모성애를 느끼는 것에도 한 가지 길만 있지는 않을 것이다. 그럼에도 불구하고 그날 밤 내게 찾아왔던 평화로운 찰나의 순간이 무척이나 감사했다. 내게서 희망을 발견한 순간이었으니까.

사랑을 담아
테레사

Dear Scarlet
By Teresa Wong
Copyright © 2019 by Teresa Wong
First published in English by Arsenal Pulp Press, 2019
Korean Translation © 2020 by Bookmentor Publishing Co., Ltd.
All rights reserved

이 책의 한국어판 저작권은 PubHub 에이전시를 통한 저작권자와의 독점 계약으로 도서출판 북멘토에 있습니다.
저작권법에 의해 한국 내에서 보호를 받는 저작물이므로 무단 전재와 무단 복제를 금합니다.

산후 우울증 탈출 스토리

초보 엄마로 살아남기

1판 1쇄 발행일 2020년 2월 13일
글·그림 테레사 웡 옮긴이 정미현 펴낸곳 (주)도서출판 북멘토 펴낸이 김태완
편집장 이미숙 편집 김정숙, 송예슬 디자인 안상준 마케팅 이용구, 민지원
출판등록 제6-800호(2006. 6. 13.)
주소 03990 서울시 마포구 월드컵북로 6길 69(연남동 567-11), IK빌딩 3층
전화 02-332-4885 팩스 02-332-4875 이메일 bookmentorbooks@hanmail.net
페이스북 https://facebook.com/bookmentorbooks

ISBN 978-89-6319-346-5 07840

※ 잘못된 책은 바꾸어 드립니다.
※ 이 책은 저작권법에 따라 보호를 받는 저작물이므로 무단 전재와 무단 복제를 금합니다.
※ 이 책의 전부 또는 일부를 쓰려면 반드시 저작권자와 출판사의 허락을 받아야 합니다.
※ 책값은 뒤표지에 있습니다.

이 도서의 국립중앙도서관 출판예정도서목록(CIP)은 서지정보유통지원시스템 홈페이지(http://seoji.nl.go.kr)와 국가자료공동목록시스템(http://www.nl.go.kr/kolisnet)에서 이용하실 수 있습니다. (CIP제어번호: CIP2020003493)

개미투자가들이 알아서는 안될

주식 타짜들의 노하우

| 강민석 지음 |

좋은땅

머리말

기존 주식책의 문제점이란?

실전에 대입하여 쉽게 매매하기 어렵다는 것입니다. 수십 권의 주식책을 읽어도 실전 매매하는데 앞서 차트를 보고 있으면 한숨만 나오게 됩니다. 확률 높은 매수 시점이나, 매도 타이밍을 찾기가 여간 까다롭지 않기 때문입니다.

고수 칼잡이가 되기 위해 실전 연습을 게을리한 채 쉽게 고수가 되기 위해 불패의 비법서만을 찾아 공부를 한다면 과연 이론서에 빠삭한 이 사람이 전쟁터에 나가 적하고 싸울 때 이길 확률이 몇%가 되겠습니까? 대부분 적군의 칼잡이에게 죽고 말 것입니다. 실전에서 숱하게 스스로 싸움의 기술을 터득한 칼잡이를 상대하려면 상대편의 칼잡이도 실전에서 숱한 싸움의 경험이 있어야 비로소 비슷한 싸움을 할 수 있을 것입니다.

따라서 이론적 지식보다 중요한 게 바로 여기에 있는 겁니다. 성공적 투자를 하기 위해선 그 실패의 원인을 찾고 다시 실패하지 않는 습관을 열심히 갈고 닦으며 고행을 한다면 머지않아 칼잡이 고수와 비슷한 경지에 오르게 될 것입니다.

기존 시장에 나와 있는 여러 주식책 또는 고가에 판매되고 있는 매매 기법 동영상의 문제점이란 '현란하게 신기법이다.' 하면서 떠들어대지만 이미 만들어진 차트를 보면서 설명을 하기에, 보기엔 그럴싸해 보여도 그것을 실전에 적용하기엔 다소 무리가 있습니다. 막상 책을 쓴 저자도 그 타이밍이 온다면 갈팡질팡할지도 모르는 일입니다. 기술적 분석으로 딱 맞아떨어진다면 주식 시장에서 실패자는 없어야 합니다.

시장은 하루하루 급변하고 세력의 맘도 언제나 주식을 올리려 하지 않기 때문에 그날그날 시장에 따른 변수가 생길 때마다 그때그때 대처하는 방안을 찾는 게 매우 중요합니다. 또 주식 매매를 하는 데 있어 매매 참여자의 매매 이해도와 숙련도에 따라 단계별로 접근하여야 합니다. 하급 단계의 기초가 마스터되면 중, 대식의 난이도순으로 단계별로 나가야 비로소 시장 상황에 구애받지 않고 언제든지 여유롭게 매매하여 수익과 연결시키는 단계에 이르게 됩니다. 처음부터 들뜬 욕심에 사로잡혀 피아노 도레미파솔 치던 실력으로 교향곡 치려 하기 때문에 실력 향상 없이 늘 다람쥐 쳇바퀴처럼 돌고 도는 실패의 연속성을 맛보게 되는 것입니다.

필자의 책도 이미 시장에 나와 있는 책들하고 별반 다르지 않을 수 있지만 나름 실전에서 숱하게 당하고 시장에서 그나마 실패를 줄이며 매매 시 통하는 룰로 정립하여 그동안 필자가 운영자로 있는 카페에 몇 년간에 걸쳐 쓴 글을 종합하여 책으로까지 이르게 되었습니다.

주식 참 어렵습니다. 10종목 매매하여 8종목 수익이 발생해도 단 1~2종목의 매매 실패로 그날 마이너스는 물론 그동안 힘들게 벌어 놓은 돈을 한 방에 다 날려 패닉상태에 빠지기도 쉽습니다. 이것은 주식 시장에 칼을 내놓은 이상 고수나 초보나 관계없이 겪는 어쩔 수 없는 현실이기도 하며 이를 극복하는 자가 바로 주식 고수입니다.

이 책을 읽는다고 해서 님들께서 쉽게 수익을 얻어 주식 시장에서 손쉬운 성공을 안겨 주지는 못할 것입니다. 하지만 글을 다 읽고 내용을 이해한다면 이전 매매와 달라진 자신의 모습을 발견할 수 있으며 긴 시간 많은 수업료를 들이지 않고도 실패를 줄이며 나름 시장에서 수익을 낼 수 있는 방법을 스스로 찾아갈 수 있다고 믿습니다.

그동안 긴 시간에 걸쳐 어렵게 집필한 글이기도 하지만 이 책을 읽는 님들에게 많이 부족할 수도 있습니다. 또 이번 글은 직장인들을 위한 스윙 투자가들의 글이기보다 매일매일 매매를 할 수 있는 전업 투자가들의 글에 더 가깝습니다. 일반 주식책에서 이미 완성된 차트를 보며 '이때 사서 저때 팔아라.' 쉽게 얘기하지만 실전에선 공부하였던 패턴과 자리가 똑같이 나올 수가 없기에 일반적인 주식 초보자들로선 시장에서 돈 벌기가 매우 어려운 것입니다. 책에서 나오는 패턴과 매수 자리가 실전에서 나올 가능성은 없습니다. 그저 비슷하게 보일 뿐이며 살아 움직이는 현재가 흐름 속에 또 다른 의도와 사기가 판치니 일정하게 그 자리에서 사서 수익 낼 수가 없는 것입니다. 이것이 바로 기존 책들에서 알려 주는 매매 기법의 문제점입니다.

따라서 일정한 매매 기법으로 전업 투자로 성공하긴 무척이나 힘들게 되는 것입니다. 시장은 늘 패션유행처럼 시간의 변화에 따라 흐름과 패턴이 늘 다르게 움직입니다. 이번 책에선 그동안 일반 주식책에서 알려 주는 정형화된 매매 기법에서 탈피하여 시장 상황과 각 종목별로 흐름을 찾아 매매 전략을 생각하게 하며 또 거기에 맞는 매매 기법을 대입하며 매매 설명 방식으로 글을 집필하였으므로 읽는 독자들에겐 실전 매매에 더욱더 부합되며 좀 더 빨리 실력을 한 단계 업그레이드할 수 있도록 구성하였습니다. 또 실전에서 꾸준히 매일매일 수익을 낼 수 있는 초단타의 기초와 원리에 대해 많이 다루었으며 시장에서 크게 먹을 수 있는 테마주 매매에 대한 많은 부분을 할애하였습니다. 또 테마주 매매를 하기 위해선 상한가 따라잡기 부분도 필수적으로 들어가므로 상한가 매매 노하우에 대한 글도 심도 있게 다루었습니다.

이제 님들은 시장과 조화를 이루며 종목별 세력의 흐름을 읽고 거기에 맞는 최적화된 최신 매매 필살기를 배우게 될 것입니다. 한 번 대충 읽어만 보시지 마시고 열정과 노력으로 자신의 것이 되게끔 만들어 보시길 바랍니다. 모처럼 부족한 글이나마 이 책을 읽는 님들에게 큰 도움이 되어 시장을 평정할 수 있는 실력이 갖추어지길 진심으로 희망해 봅니다.

/ 차례 / CONTENTS

머리말 4

| 제1장 | 초보에서 고수로 연결시켜 주는 거꾸로 매매법 |
| 테스텍 | KC그린홀딩스 | 이라이콤 | GST 013

| 제2장 | 전일 하한가 간 종목으로 매매 전략 짜기 |
| 대국 | 자티전자 | 코코 025

| 제3장 | 전일 상한가 간 종목의 흐름 공략법 |
| 이화전기 033

| 제4장 | 전일 상한가 간 종목이 급락했을 경우 매매법 |
| 이미지스 037

| 제5장 | 20일선 지지 매매법 |
| 유비프리시젼 040

| 제6장 | 급등주 최적의 매도 자리란? |
| 조선선재 | CS홀딩스 | 이미지스 | 리홈 043

| 쉬어가는 코너 | 투자론 | 상승장에서 놀아라! 049

| 제7장 | 매수는 지지를 보고 한다 |
| 휴먼텍코리아 052

| 제8장 | 매매하려는 종목의 흐름을 보라 |
| 삼천리자전거 059

| 제9장 | 30분봉을 보면 주가의 흐름이 보인다 |
| 르네코 065

| 제10장 | 테마주 매매 방법 |
| 마이크로로봇 | 다사로봇 068

제11장 호가창 매매 방법
참좋은레져 075

제12장 각봉에 대한 매매 방법
중앙디자인 | 세방전지 081

쉬어가는 코너 | 투자론 | 불패의 매매 비책이란? 088

제13장 지지와 저항
대한은박지 | 주성엔지니어링 | STX팬오션 091

제14장 상한가 흐름 매매법
C&중공업 099

제15장 가는 종목이 더 멀리 간다!
대한은박지 | C&중공업 103

제16장 상한가 매매법, 힘의 역전 현상을 이용한 단타 기법
대한펄프 및 응용차트 107

제17장 몸통 돌파 매매법
셀트리온 | 서울반도체 114

제18장 종목의 흐름을 이용한 상한가 매매법
알앤엔바이오 | 에피벨리 118

쉬어가는 코너 | 투자론 | 남의 기법이 내 것인가? 122

제19장 테마주 매매법과 저항대에 대해
울트라건설 124

제20장 30분봉 20이평선 돌파 기법과 매도 시점
서울반도체   126

제21장 양봉의 허리 지지 매매법과 급락시 스켈법
알앤엘바이오 | 동부CNI   129

제22장 정배열 종목에서 하락할 때 거꾸로 매매법
일진전기 | 신한지주   137

제23장 강한 종목을 잡아라
범우이엔지   145

제24장 후장 상한가 공략법
삼성이미징 | 일양약품   150

쉬어가는 코너 투자론 | 시장을 이기는 비책(시간대 매매) **154**

제25장 어떤 종목이 상한가 매매에 적합한 종목인가?
풍림산업 | 조인에너지 | 남선알미늄 | 비에이치 | 사이버다임 | 에스폴리텍 | 우진비앤지 | 제이씨현
| 티에이치엔 | KJ프리텍   156

제26장 주가 흐름을 이용한 매매 방법
삼성이미징   170

제27장 강한 종목 매매 방법
비에이치아이 | 모건코리 | 보성파워텍   174

제28장 주가 흐름을 알면 매수가 보인다!
중국식품포장 | 네오피델리티 | 코오롱아이넷   179

제29장 고가권에서 나타나는 쓰나미 거래량을 주의하라!
동양철관 | 뷰윅스 | 하림   184

쉬어가는 코너 투자론 | 나는 어떤 트레이더인가? **189**

제30장 거래량을 알면 상한가가 보인다
VGX인터 | 넥사이언 | 대한뉴팜 | 동산진흥 | 이노셀 | 한성기업 | 휴리프 | 에이모션 | 삼천리자전거 192

제31장 주가가 떨어질 때 지지 라인을 찾아라!
비츠로테크 | 일진에너지 | 조인에너지 | 코오롱아이넷   214

제32장 단타 매매법
신천개발 | 삼호개발 | 보령메디앙 | 옵티머스   220

제33장 스켈 매매 방법
보령메디앙스 | 옴니시스템 | C&우방랜드   226

제34장 후장 상한가 따라잡기 매매법
이수앱지스 | 토자이홀딩스 | 한국베럴   231

쉬어가는 코너 | 투자론 | 유료 애널들의 단상과 하락 장세 투자 전략 **240**

제35장 강한 상한가가 출현한 종목에서 급락이 나오면 매수 찬스로 인식하라!
남선알미늄   242

제36장 세력주에서 10이평선은 중요한 지지 라인대가 된다!
현대EP | 이수앱지스   245

제37장 차트 배열이 좋지 않은 종목의 시세를 주의하라!
나우콤   248

제38장 30분봉에서 20이평선을 돌파할 때 매수 타임으로 잡아라!
대한뉴팜   251

제39장 갭과 거래량으로 살펴보는 최적의 매도 자리는?
현대EP   253

제40장 종목의 주요 지지 이평선을 찾아 매매하라!
대한뉴팜 | C&우방랜드   257

제41장 박스권을 돌파하는 힘이 나오면 주목하라!
기아차 | KB금융   264

쉬어가는 코너 | 투자론 | 아직도 돈 못 벌고 있습니까? **268**

제42장 테마주 짝짓기 매매법
동원금속 | YTN | iMBC   270

제43장 시가가 20이평선에 붙어서 시작하면 매수 포인트다
동양시스템즈 273

제44장 차트 배열이 좋지 않는 종목에서 상한가가 출현하면 주의하라!
코오롱아이넷 277

제45장 전일 상한가 간 종목이 시가가 형편없을 때 매매법
중앙바이오텍 280

제46장 호가 매물 공백을 이용한 매매법
비트컴퓨터 283

제47장 30분봉 20이평선 돌파 매매법
현대EP 286

제48장 테마주 매수 방법이란?
동아지질 289

제49장 테마주 매매 시 종목의 힘과 흐름을 읽어라!
쌍용차 | 울트라건설 294

쉬어가는 코너 | 투자론 | 운동과 주식 304

제50장 "사면 하락이요, 팔면 상승이요"
에이텍 | 에이모션 305

제51장 테마주 2등주 매매법
모건코리아 | 보성파워텍 312

제52장 뉴스를 이용한 테마주 공략법
보성파워텍 315

제53장 전일 상한가 간 종목의 시가가 낮게 시작할 때 매매법
이화전기 319

제54장 테마주 초기에 잡는 비책이란?
안철수연구소 324

제1장
초보에서 고수로 연결시켜 주는 거꾸로 매매법

테스텍

본인 매매 방법으로 수익이 안 난다면 쉽게 거꾸로 매매하면 됩니다. 이제부터 역발상 매매법인 거꾸로 매매 방법에 대해 알아보도록 하겠습니다.

그동안 매매하여 막대한 손실을 본 투자가분들이 있다면 대부분 올라가는 종목에서 어설프게 매수하여 손실을 본 분들일 겁니다. 이유는 인간의 가장 기본적인 탐욕본성으로 본능적으로 빨간 양봉과 현재가창의 타오르는 듯한 매수세로 인해 자기도 모르게 뇌동 매매로 매수하는 경우도 많을 것이고 막연히 더 오를 거 같아 매수하지 말아야 할 구간에 어설프게 매수하여 더 이상 손실을 견디지 못하고 매도하여 손실을 발생한 부분도 많으실 겁니다.

보통 책이나 증권방송전문가들이 매수하라는 종목들은 이미 다 올라갈 만큼 올라가서 매수하기 곤란한 종목들이 부지기수입니다. 따라서 필자의 거꾸로 매매 방법은 이미 떨어질 만큼 떨어져서 오히려 반등이 나오면 나왔지 더 떨어질 확률이 낮은 안전한 매매 방법입니다. 거꾸로 매매 방법은 양봉, 음봉 상관없이 매매가 가능하며 그 신뢰도를 높이기 위해 상한가가 출현한 종목으로 압축하는 게 효과적인 매매 방법입니다.

필자가 거꾸로 매매할 때 장중 자주 보는 창은 거래량 상위창입니다. 그 외 테마별 상위창으로 그날 시세가 강하게 나오는 테마들 중 혹시나 장중 급락이 나오나 수시로 확인하며 관심 종목으로 뽑아 놓은 차트상 상승 후 연속 하락하여 이전 상승한 지점까지 조정을 받는 종목들 중 바닥을 만들며 매수세가 붙나 위주로 보는 편입니다.

일반적인 양봉에서 고가권에서 놀다 급락으로 이어지는 매매 방법에 대해선 이미 수차례 기술하였으니 그와 같은 맥락으로 보시면 쉽게 공부가 가능할 것입니다.

또 당일 강한 종목과 약세에 있는 종목들을 보기 위해 상, 하한가 현황판도 즐겨 보는 편입니다. 우선 당일 실시간 상, 하한가창 위주에 나온 종목들로 간단히 설명해 드리도록 하겠습니다.

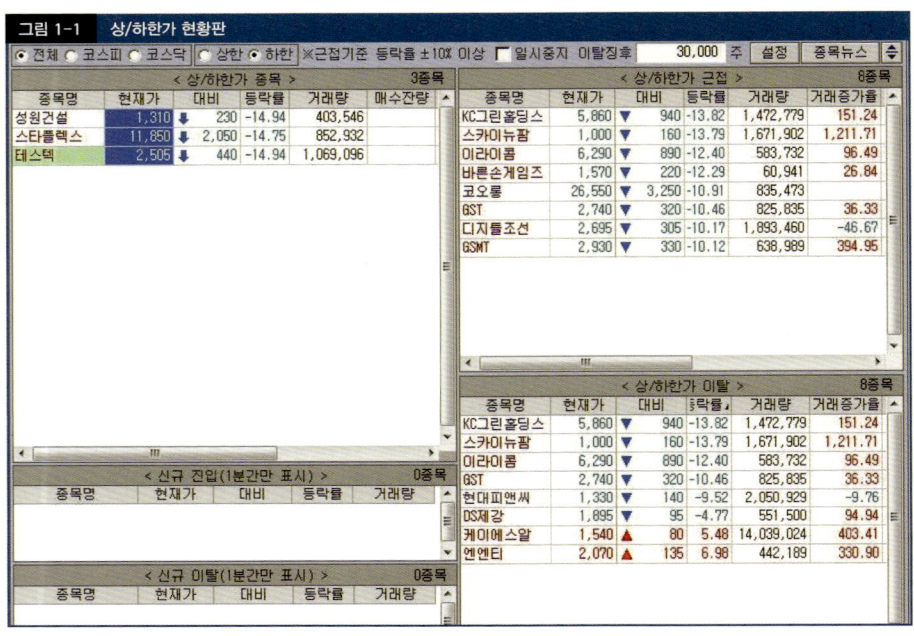

위의 창은 실시간으로 진행되는 주가의 상황을 상, 하한가 가는 종목들 위주로 보도록 한 창입니다. 편의상 장 마감된 현황창으로 간단하게 설명해 드리도록 하겠습니다.

왼쪽 창 보시면 성원건설, 스타플렉스, 테스텍 3종목이 하한가를 간 것으로 나와 있습니다. 이 중 악재가 있는 성원건설은 차트상 악재가 지속되고 최근 상한가 출현이 없었던 종목으로 매매 대상에서 제외를 하고 스타플렉스도 상장한 지 얼마 안된 종목으로 매매 성공 신뢰도를 위해 제외토록 하겠습니다. 아래 테스텍 차트를 보고 매매 방법에 대해 설명해 드리겠습니다.

주식 타짜들의 노하우

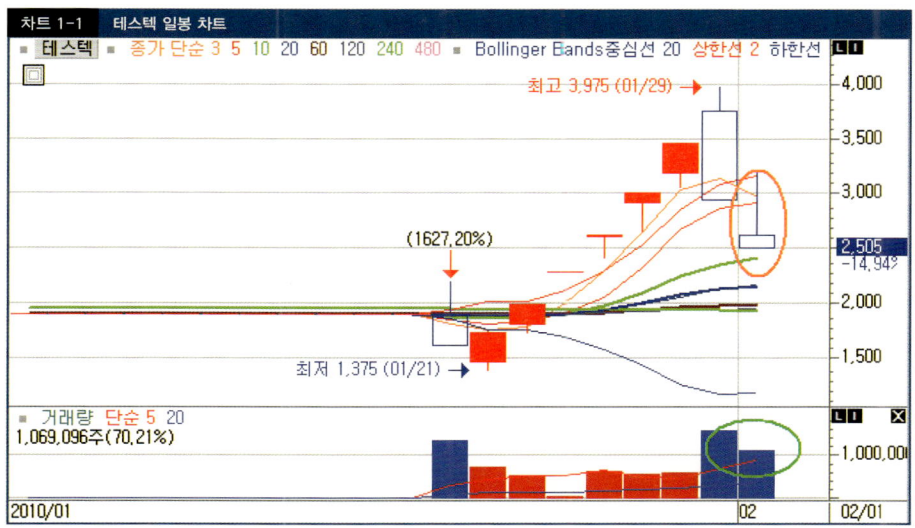

그동안 바닥권에서 엄청난 상승을 한 후 전일 장대 음봉으로 시세가 저문 차트입니다. 연속된 상한가를 간 종목은 위의 고점에서 장대 음봉이 나오더라도 절대 치명적인 악재가 있지 않는 한 한 방에 하한가를 갈 수 없습니다. 적어도 하한가 근방에서 몇 번의 반등을 주며 물량을 서서히 매도하는 작업을 거치므로 장중 내내 활발한 매매 공방이 이어집니다. 전일 장대 음봉 때에도 장중 변동성이 극대화되어 많은 데이 트레이더들이 많은 수익을 얻을 수 있었던 날이었습니다. 필자도 이 날 수차례 매매로 수익을 보고 그 다음 날인 02월 01일 시가 여부를 보고 매매에 참여하기로 하였습니다.

전일 고점에서 만들어진 장대 음봉 덕분에 시가는 당연히 시원하게 -11.21%로 시작하였습니다. 매매 대상에 포함되는 순간입니다. 필자의 거꾸로 매매는 매수 후 바닥을 다진 후 서서히 상승이 시도되는 유형보다 대물 공백이 텅 빈 자리에서 매매를 하는 것을 선호하는 편입니다. 매수 후 빠르게 바로 수익을 확정 지을 수 있기 때문이기도 합니다. 어차피 같은 수익률을 노린다면 느린 것보다 빠른 게 더 속이 편하고 매매 시 쾌감도 더 커지게 됩니다.

고점에서 발생한 장대 음봉으로 흐름 속에 큰 변등성 있게 하한가를 갔다면 02

월 01일 날에도 대충 흐름을 예상한 매매를 생각할 수 있습니다. 필자가 흐름을 중요시 여기는 이유는 매매 확률을 높이기 위함도 있겠지만 매수 후 어떻게 움직이는 종목인지 알아야 전략, 전술이 바로 서며, 또한 심리적으로도 대충 흐름을 예측하게 되므로 유리한 매매를 이끌 수 있기 때문입니다. 아무리 운전 잘하는 운전자도 처음 가는 초행길에는 긴장하기 마련인 것처럼 주식도 마찬가지라는 겁니다. 그래서 매매 시 일봉 차트만 보는 게 아니라 분봉상으로 흐름을 대강 파악하며 매매하는 게 올바른 매매 습관입니다.

개미투자가들은 10%대에서 노는 종목들도 연속해서 상승할 거 같은 기분이 들어 잘도 매수하는데 +10%대는 심리적으로 매도가 극대화되는 시점이기도 합니다. 반대로 하락에서 -10%대라는 것은 아래로 갈 가능성보다 위로 갈 확률이 더 높습니다. 아래 차트 왼쪽은 1분봉 차트이며 오른쪽은 3분봉 차트입니다. 실제 매매 시에는 거의 3분봉과 현재가창의 흐름 등으로 매수를 하지만 설명하기 쉽게 하기 위해 1분봉 차트와 3분봉 차트를 같이 올려 설명을 하는 것입니다.

장 시작 얼마 되지 않아 하한가 가격대까지 도달하면 일단 적극 매수 시점으로 보는 관점으로 보아야 하며 이때 빠르게 저가 매수세로 인해 반등을 시도하게 되므로 세밀하게 관찰을 하여야 합니다. 경험상 강한 세력주에서 시가가 하한가 근방에서 시작하면 거의 크게 반등을 시도하게 됩니다. 따라서 전일 상한가 간 종목 중에도 시가가 어이없이 -로 시작하는 종목들도 반등력이 좋기에 매매 대상 종목으로 선정하여 매매하게 되는 것입니다.

테스텍은 이러한 세력주의 특징과 매물 공백을 이용한 매매의 특성을 살린 매매 방법으로 하한가 근방 가격대에서 매수하여 짧게 큰 폭의 수익을 취할 수 있었던 종목이었습니다. 위의 테스텍 일봉 차트를 보시면 종가상 위꼬리 달린 긴 피뢰침 음봉이지만 장중 불꽃 양봉을 내뿜은 종목이었습니다. 이러한 상승이 가능케 한 건 바로 갭 하락 + 세력주 공식이 완성되었기 때문입니다.

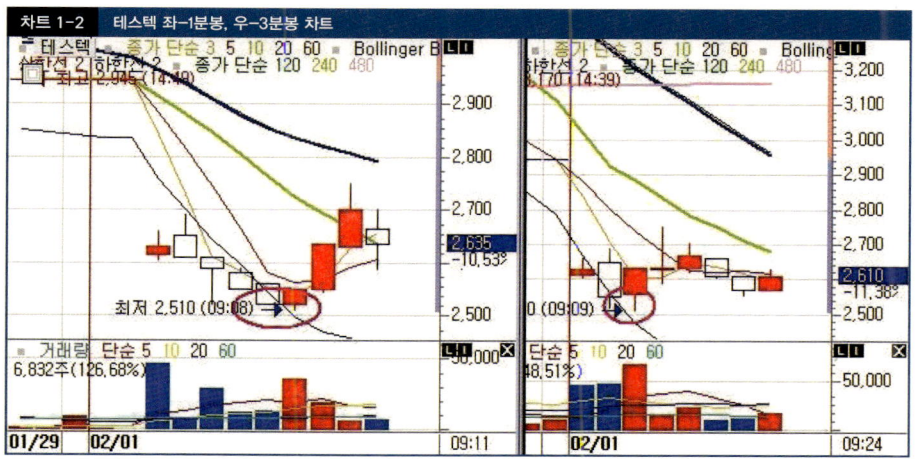

오전 중에 가장 활발한 움직임을 보이며 장중 재차 시세를 내주고 있는 모습입니다. 음봉 종목들의 일반적인 특성은 장 시작과 동시에 급등하기보단 아래와 같이 장중 내내 지루한 흐름을 보이면서 장 중간에 변동성을 보이면서 진행되는 게 일반적인 흐름입니다. 그러한 흐름을 대충 안다면 바닥권을 주가가 기면서 대략 언제 상승을 할까 생각하면서 전략을 쌓고 해당 종목을 지켜보면서 매매도 가능할 수도 있겠습니다.

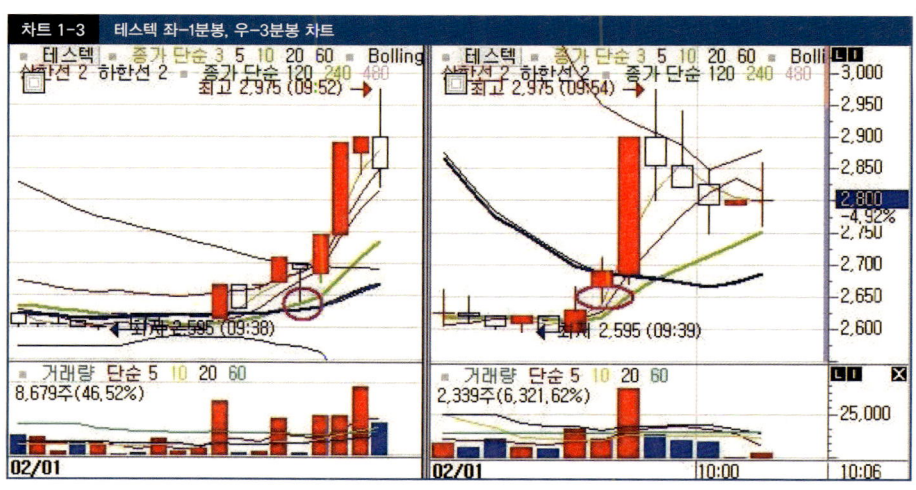

KC그린홀딩스

회사 분할 후 거래가 재개된 KC코트렐이 가격 제한폭까지 급등한 반면 변경 상장된 KC그린홀딩스는 급락 후 장대 음봉 하한가를 만들었습니다. 매물 공백을 활용한 매매는 갭이 발생하면 매매 관심을 두고 반등을 노린 전략으로 재빨리 매수창에 매수 물량을 세팅 후 매수키를 누를 타임을 찾아야 합니다.

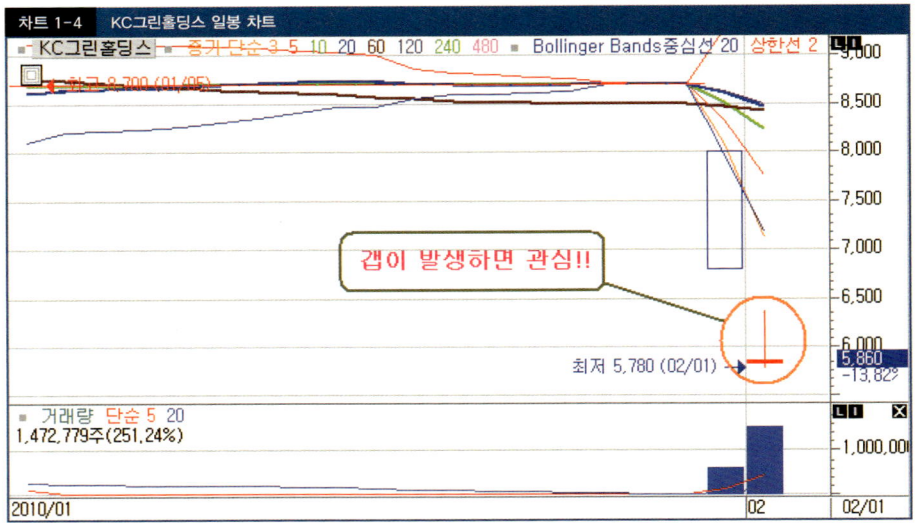

장 시작 초 시가가 -14.26%입니다. 가격은 하한가 가격대라 일반 초보 트레이더들은 무서워 절대 매수할 수 없는 가격대이고, 고수급 트레이더들은 개미와 생각이 반대이므로 매수 세팅을 하며 매수세의 힘과 흐름을 보며 빠른 판단하에 매수를 할 것입니다.

이때 매수를 할 수 있는 근거는 전일 상한가 간 장대 음봉 속에 있습니다. 매수할 때 무엇을 보라고 했습니까? 바로 주가의 흐름을 보라고 했습니다. 일봉상 그림상으로 그저 무서운 장대 음봉이지만 그 안을 들여다보면 한 방에 하한가에 진입을 하지도 않았고 오전 10시 약간 넘은 시간대에 하한가 진입함을 엿볼 수가 있습니다.

따라서 장 시작 시가가 하한가 근방이라면 당연히 최저 가격대이므로 위로 올라갈 가격대밖에 없으니깐 확률상 거의 그냥 먹고 들어가는 매매를 할 수 있음을 예측할 수 있으며 또한 뉴스 상으로도 해당 종목의 악재가 없으므로 위의 매매 전략 판단에 힘을 실어 줍니다. 또 시가의 갭이 크므로 매물 공백으로 인해 큰돈 안 들이고 세력이 조금만 사 주면 쉽게 반등이 나오므로 쉽게 매매 전략을 만드실 수 있을 것입니다.

자~! 어떻습니까?

필자가 설명한 글은 그동안 전문가들이 펴낸 책 내용 중에 "이때 사서 저때 파세요!!"의 책 내용하고 전혀 다릅니다. 이유가 뭘까요? 주가의 흐름은 늘 변칙적이며 똑같이 차트가 전개되는 예가 없습니다. 간혹 비슷하게 갈 뿐이고 님들이 열심히 공부한 책에서 설명한 매매 기법대로 나온 지점대로 만들면서 가는 차트란 실전에서 정말 눈 씻고 찾아봐도 찾기 어렵기 때문에 많은 투자가분들이 어렵게 공부하여도 실전에 대입을 못한 채 쉽게 실패를 맛보게 되는 것입니다.

아래 차트는 3분봉 차트이며 위의 전략대로 매수하였다면 오전에 무려10%가량 시세를 주었으니 최소한 못해도 2~3% 정도는 쉽게 매매 수익을 얻을 수 있었던 상황이었습니다.

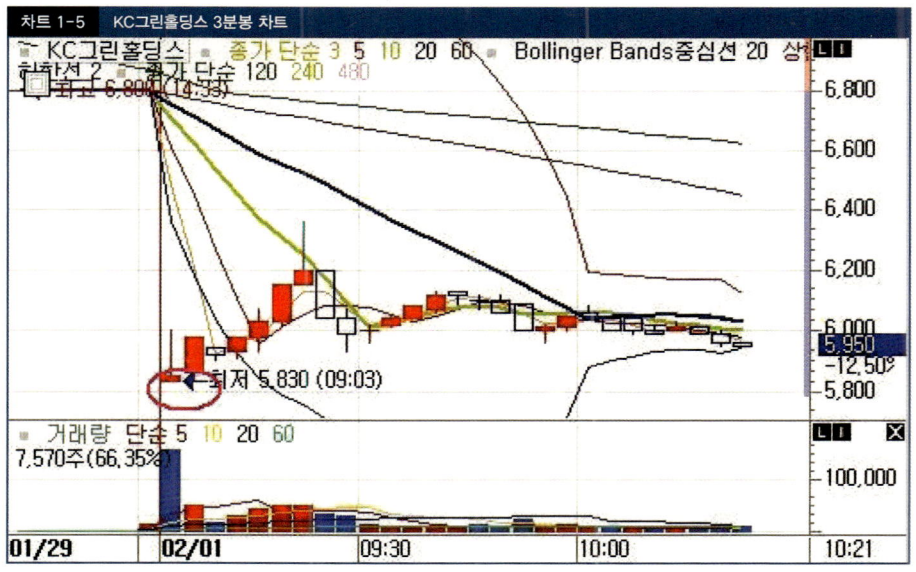

아래 차트는 하한가 진입 후 재차 하한가 매도 물량을 매수세가 잡아먹으면서 짧게 급등함을 볼 수가 있는데, 장중 이러한 매매를 노린 하따꾼들이 참으로 많습니다. 님들도 경험과 실력이 풍부해지면 그때 하셔도 되지만 매매 경험이 부족하다면 충분히 연습과 시행착오를 거친 후 해 보시길 바랍니다.

아래 차트를 올린 이유는 오후 2시 넘어가면 일시적으로 하한가 매도 물량이 풀리면서 하따꾼들을 불러들이는 경우가 많은데 장 마감 시간을 앞둔 상태에서는 시세를 올릴 시간적 여유가 부족하므로 올리는 척하고 바로 내빼 바로 하한가로 문 닫아 버리는 경우가 많은데 되도록이면 오후 2시 넘어가서 하한가 매도 물량을 잡아먹는 종목들은 가급적 매매 대상 종목에서 제외하고 안 건드리는 게 상책입니다.

이라이콤

일봉상 최근 상한가 간 종목이 아니므로 매매 대상 종목으로 적합지 않습니다. 또 일봉상 저항선인 20일선 바로 밑에서 시가가 -0.97%대로 시작하였으므로 장중 내내 지루한 공방이 될 가능성이 높습니다. 저항에 맞아떨어진 형국이니 당연한 주가 흐름을 보이겠죠.

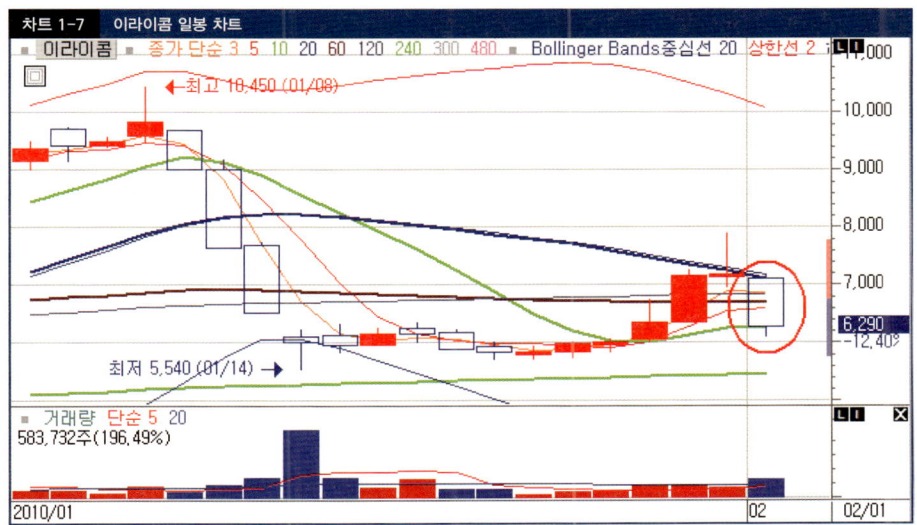

3분봉 차트를 보더라도 급락 진행이 없이 계단식 하락을 하므로 이 구간에선 반등이 나와도 매우 제한적이므로 이러한 종목에선 가급적 매매 안 하는 게 상책입니다.

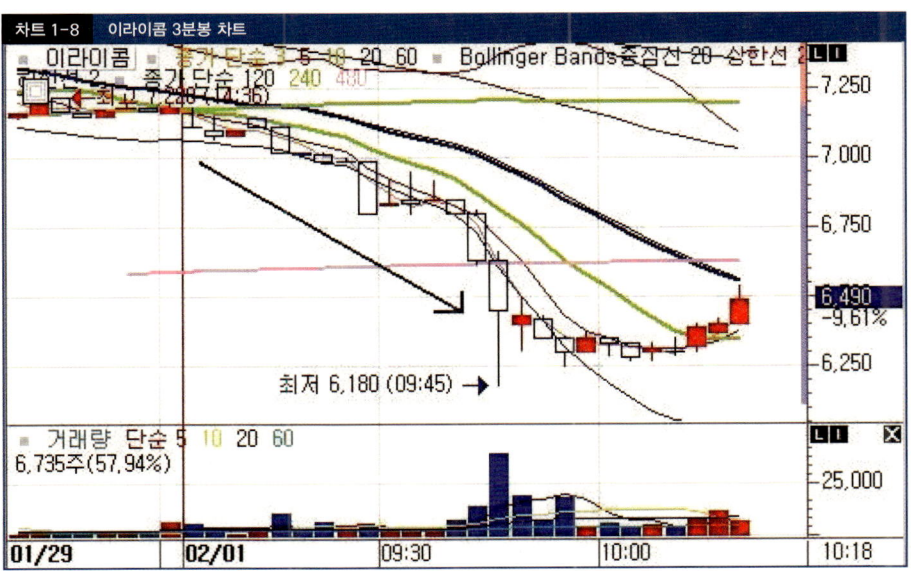

GST

정배열의 강한 흐름 후 상한가도 나온 종목이므로 당일 장대 음봉이 진행 중이거나 앞전 하한가 음봉이 나와도 매매 대상 종목이 됩니다. 01월 29일 장대 음봉 출현 다음 날 시가 -4.41% 시작하여 전일 장대 음봉 나왔을 때랑 비슷하게 힘없이 밀리는 모습을 연출하였습니다.

아래 차트는 01월 28일 장대 음봉이 발생한 날 10분봉 차트입니다. 한눈에 보아 특별한 힘이 없이 쭉쭉 밀리고 있는 모습입니다. 보통 고점에서 장대 음봉이 나오면 급락 후 급반등하는 게 일반적인 흐름입니다. 아래 종목은 그러한 룰을 잃은 채 별다른 반등 없이 하한가에 들어간 모습을 보실 수가 있습니다. 보통 오전 장 초반에 빠르게 하한가에 진입하면 하한가 매도 잔량을 먹어 치우면서 몇 차례 반등이 나오는데 아래 종목처럼 개별주의 경우에는 시장의 관심주가 아니므로 이런 식으로 진행되는 예가 종종 있습니다. 일반적인 강하게 상승한 테마주에선 아래 차트처럼 힘없이 밀리는 경우는 매우 보기 힘들며 대부분의 꾼들이 다 참여하게 되므로 장중 하한가를 가더라도 여러 차례 치고받는 매매 공방 속에 반등과 하락이 장중 내내 활발히 일어납니다.

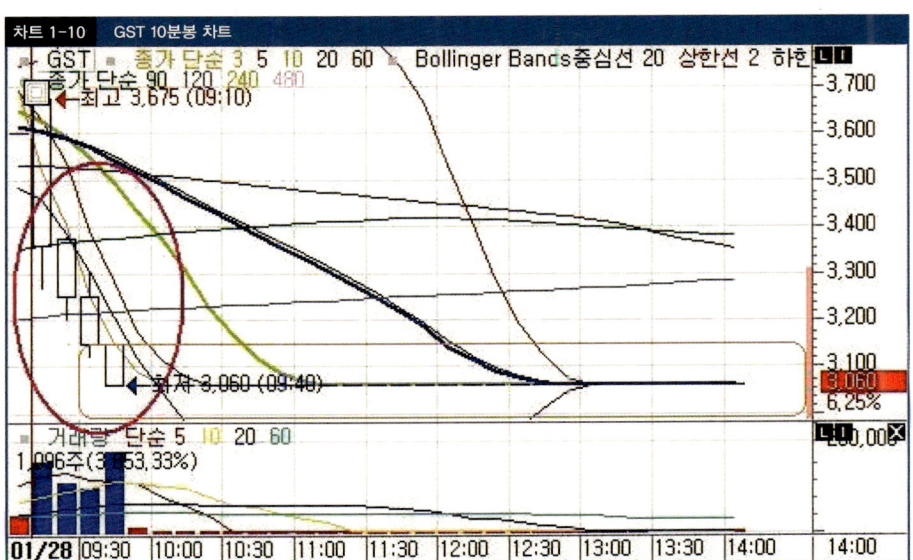

　전날 장대 음봉의 주가의 흐름을 미리 알고 들어온 투자가들은 이날 오전 장의 주가 흐름의 전개도 대충 예상하고 들어왔었기 때문에 쉽게 걸려들지 않고 매매를 하였을 것입니다. 오전 중 별다른 반등도 없이 이날도 하한가에 진입하였고 10시 넘어서 일봉상 20일선 근방대라 꾼들의 매수세로 인해 급반등이 일어남을 볼 수가 있습니다.

　매매를 하게 되면 하한가 따라잡기도 많이 하게 되는데 되도록이면 어설프게 상승한 일반 개별주에서 자제하는 게 좋고 거래량이 풍부하고 시장의 관심을 받는 종목들 위주로 하거나 연속된 상한가가 나온 종목 중에 상승 탄력이 좋은 종목들 위주로 정해서 매매하는 게 좋은 매매 방법입니다. 또 하한가가 풀릴 것 같아서 미리 선취매하는 투자가분들도 더러 있는데, 매수는 하한가 물량을 완전히 장악한 후 호가 상승이 이어질 때 하거나 또는 하한가 매도 잔량을 먹는 매수세가 점점 빠르게 들어오면서 큰 물량과 동시 들어옴에 동시에 매도 물량 취소가 동시에 일어날 때 매수하는 게 좋습니다.

　간혹 하한가 매도 잔량이 풀릴 것같이 매수세가 들어오다 하한가 매도 잔량이 더 쌓이는 경우도 더러 있으니 주의하여야 하고 또 오후 2시 넘어선 하한가 물량이 풀리는 액션이 취해지더라도 매매 안 하는 게 상책입니다. 2시 넘어가면 올릴 시간이 부족하므로 그대로 물리는 경우가 있기에 조심하여야 합니다.

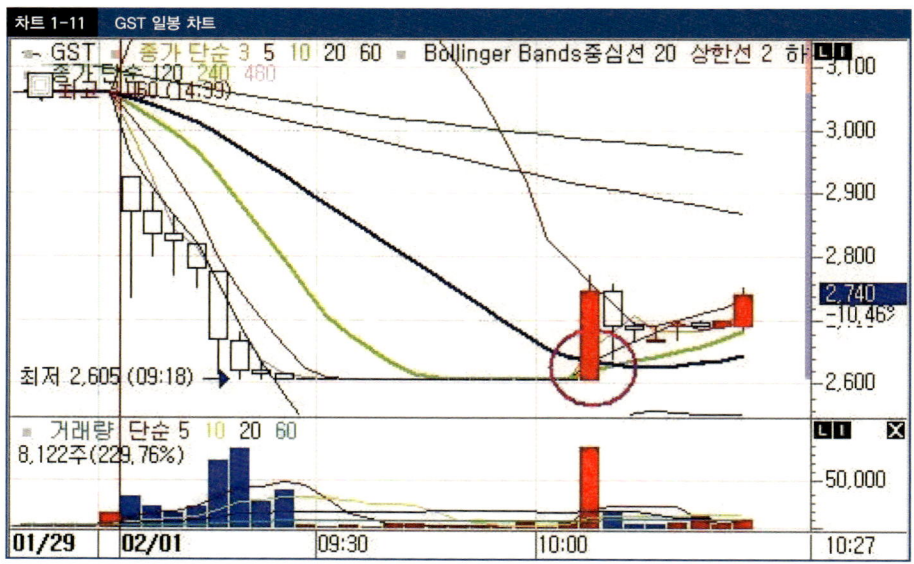

주식 타짜들의 노하우

제2장

전일 하한가 간 종목으로 매매 전략 짜기

대국

본 시간에는 02월 04일 하한가를 간 3종목으로 개매 설명해 드리도록 하겠습니다. 나름 안전하게 단타 매매에서 짧은 시간 동안 반등으로 가장 빠르게 먹을 수 있는 방법이 시가의 갭이 -10% 전후쯤에서 시작할 때입니다. 전일 종가와 매물 공백 갭이 크므로 반등이 나오면 한순간의 매수세로 매우 빠른 속도로 급등하기 때문입니다. 따라서 필자는 그날 그때 시장 상황에 따라 매매 종목과 매매 방법이 달라지는데 그나마 심리적 안정 속에 편히 매수할 수 있는 매매 방법이 바로 이러한 매매 방법입니다.

자! 이제 아래 3가지 종목들의 매매 방법을 설명해 드리도록 하겠습니다. 대국은 3D 테마주로 그동안 강력한 상승을 하고 공교롭게 일봉상 240일선 벽을 넘지 못한 채 시세를 마감한 종목입니다. 이후 연속된 4방의 하한가와 함께 급반등이 나온 후 02월 04일 하한가로 마감하였습니다.

전날 양봉을 보시면 이틀 연속의 상한가에 이어 이날도 상한가 가격대까지 찢고 양봉으로 마감하였습니다. 근데 그 다음 날 시가가 통상적인 범위에서 한참 벗어난 -12.62%입니다. 하한가 4방으로 일봉상 20이평선을 무력화시켰는데 이날 하한가 가격대가 20이평선 근방입니다. 일단 시세의 탄력이 좋은 종목이었으니깐 잘 노려보아야 하며 매수창엔 늘 습관적으로 매수 세팅이 완료되어야 합니다.

이날 매매로 현재가창을 캡처를 못하였지만 시가가 워낙 낮게 시작한 관계로 공포에 떤 개미들의 물량이 잠시 나온 후 꾼들의 질러대기식 매수 주문으로 순식간에 9% 가까이 급등하였습니다.

이러한 매매는 매수 후 매수 체결과 동시에 계좌의 수익률이 순간적으로 +1~3 이상 되는 경우가 많으므로 매수 체결과 동시에 재빨리 매도 세팅을 한 후 2~3% 먹고 바로 전량 매도할 수도 있고, 절반 매도 후 현재가 흐름 등을 통해 매도하거나 또는 차트상 분봉의 위꼬리를 보고 매도하거나, 가장 빠르게 피크치고 올라갈 때 이때를 노려 시장가로 질러 버리거나, 흐름을 보고 지정가에 매도 주문을 넣을 수도 있습니다. 이 매도라는 게 정해진 룰보다 매매하는 종목의 성격과 흐름에 따라 많이 달라지므로 그때 상황에 맞는 매도 방법을 찾아야 합니다.

실시간으로 진행되는 빠른 호가 변화 속에 계좌 수익이 2% 이상 났다가도 급격한 호가 변화로 인해 수익 났던 계좌가 0.1초도 안돼 바로 -로 변하면서 물량 폭탄을 맞을 수도 있기에 트레이더마다 매매 경험을 통해 스스로 그때그때 판단하시여 매도하시는 게 좋다는 생각이 듭니다.

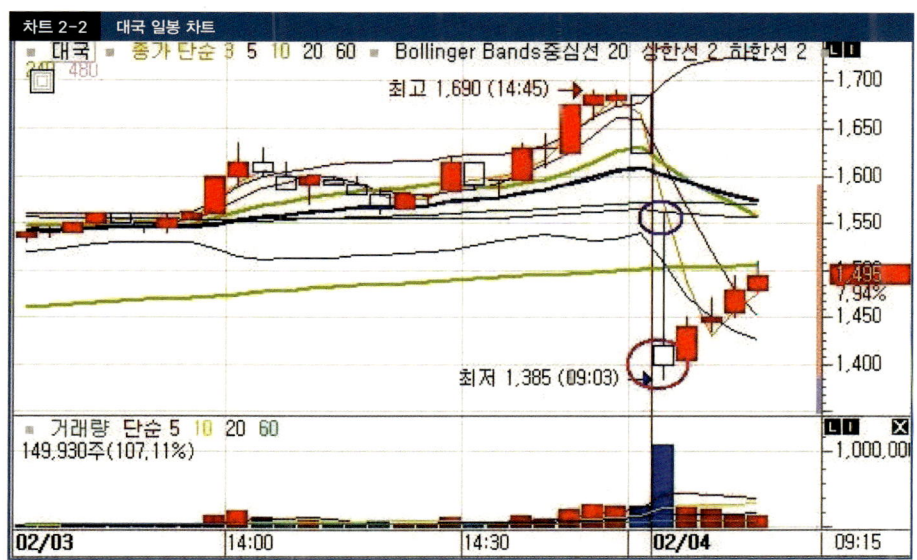

그 다음 날인 02월 05일 날에도 시가가 무려 -11.19%입니다. 미증시 악재 속에 대부분의 모든 종목들도 시가가 낮게 시작하였지만 다른 종목과 달리 상대적으로 낮게 시작하였으므로 관심권에 두고 매매할 수 있었습니다. 또 필자가 강조하는 이전 주가의 흐름상 변동성이 좋은 종목이므로 단타하기 매우 유리한 종목이기에 해당 종목은 꾸준히 장중 내내 지켜보았습니다.

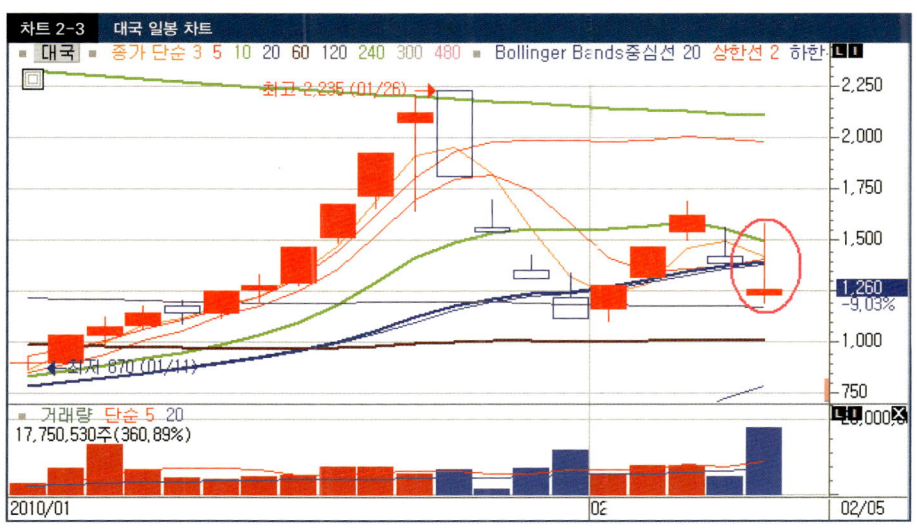

027

아래 차트 보시면 시가가 대박 낮게 시작 후 전일 종가의 갭이 크므로 그 공백을 적은 돈으로도 쉽게 올리는 모습을 보실 수가 있습니다. 시가를 보고 바로 매수 주문 후 전일과 같이 탄력적으로 튕겨 나가는 걸 예측하며 장 시작 후 현재가창의 대량 매수세의 빠른 유입을 본 후에 매수하더라도 대박 수익을 쉽게 얻을 수 있음을 알 수가 있습니다. 보통 일반 초보개미들이 매수하는 종목들의 가격대가 5% 이상 대에서 어설프게 사서 매수 후 조마조마 새가슴이 되어 덜덜 떨며 조금만 올라가면 재빨리 매도하며 내려가면 반등 기다리며 손실을 극대화하는 트레이더들이 많은데, 이러한 매매 방법은 가격대가 그날 최저 가격대 근방이므로 심리적인 안정 속에 과감하게 배팅이 가능하며 또 님들이 끼가 있는 종목들로 엄선하여 매매한다면 실패 없는 매매법으로 성장시킬 수 있으실 것입니다.

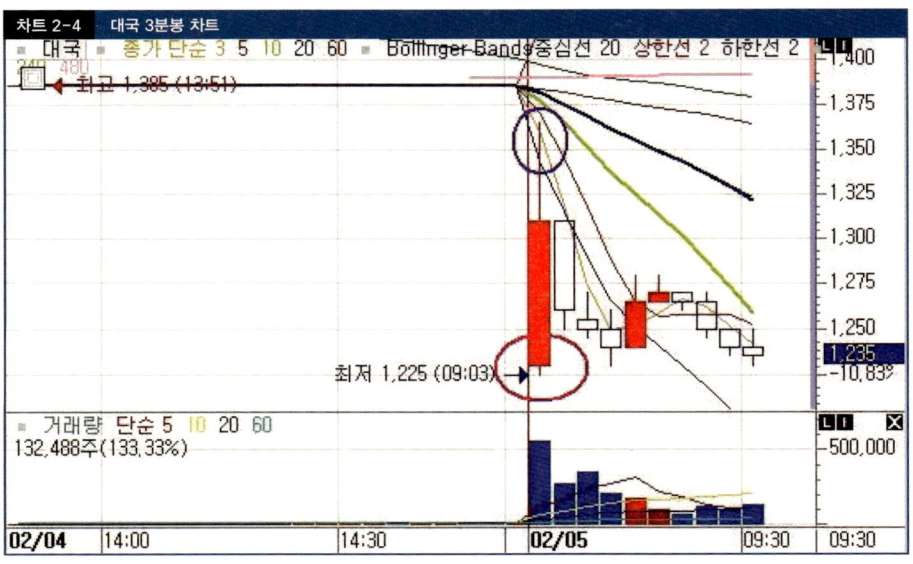

자티전자

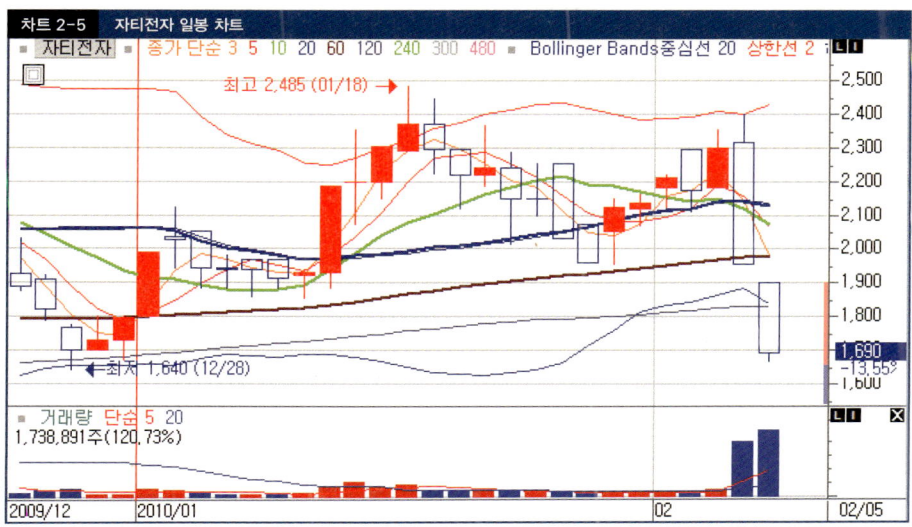

다음 종목은 자티전자인데 테마주도 아니고 시장의 관심주도 아니기에 매매 대상 종목으로 점수는 낮습니다. 또 아래 기사와 같이 악재가 있는 종목이니 정말 조심해서 매매하여야 하며 초보 트레이더들은 아예 접근 안 하는 게 상책입니다.

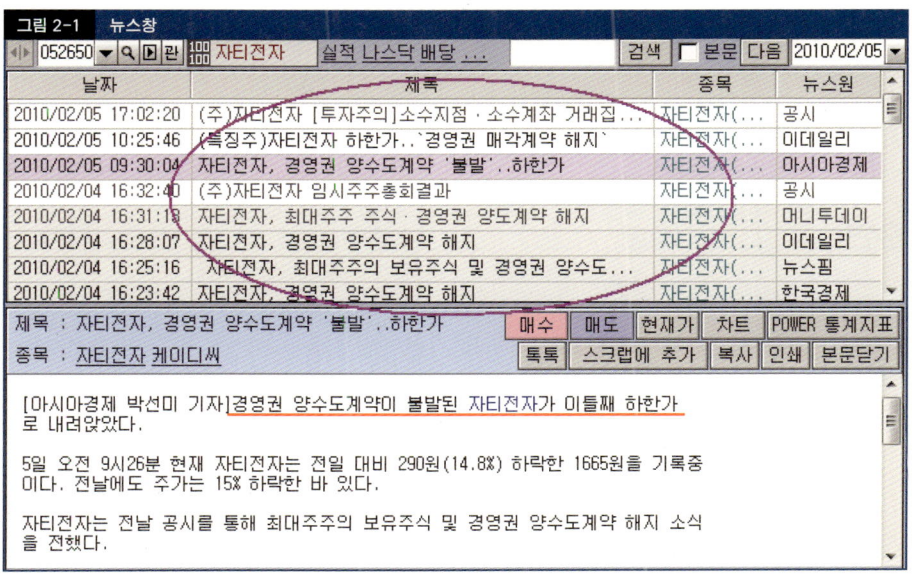

전일 악재에 의해 하한가를 진입하였는데, 이날 시가가 어설픈 -2.81%대입니다. 만약에 시가가 왕창 낮게 시작하였다면 장 시작 초부터 좋은 급반등이 나올 수도 있었던 종목입니다. 시가 시작 후 힘없이 쭈욱 밀리며 순간적으로 하한가까지 가는 공포감을 보이다가 하한가 근방부터 매수세가 유입되어 순간적으로 급등하며 밑꼬리를 다는 모습을 보실 수가 있습니다. 매수는 하한가 가격대 부근에서 매수세의 흐름과 힘을 보고 결정하여야 하며 본인 판단하에 시장의 테마주나 강력한 상한가가 최근에 나오지 않았던 종목이라면 오전 매매라도 물량을 줄인 채 매매를 하거나 아예 매매 안 하는 것도 한 방법입니다.

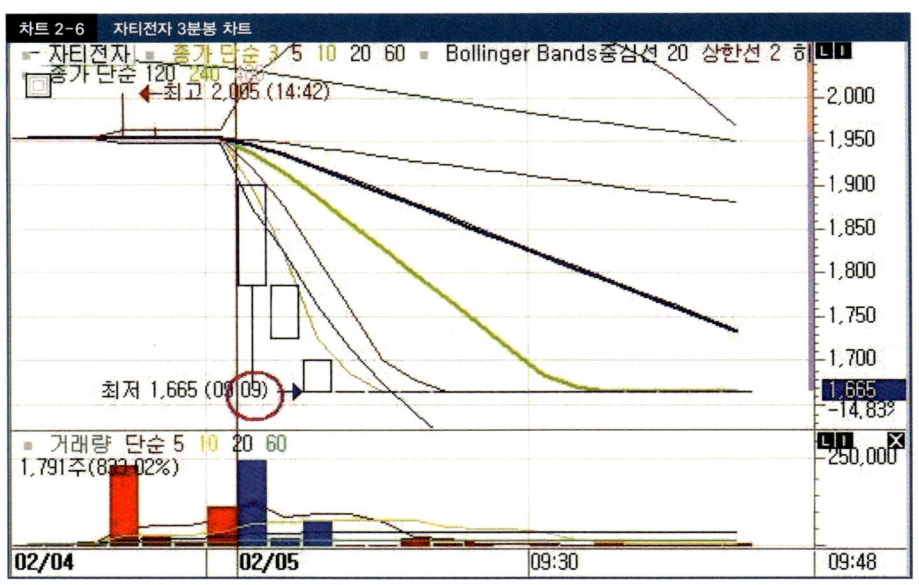

코코

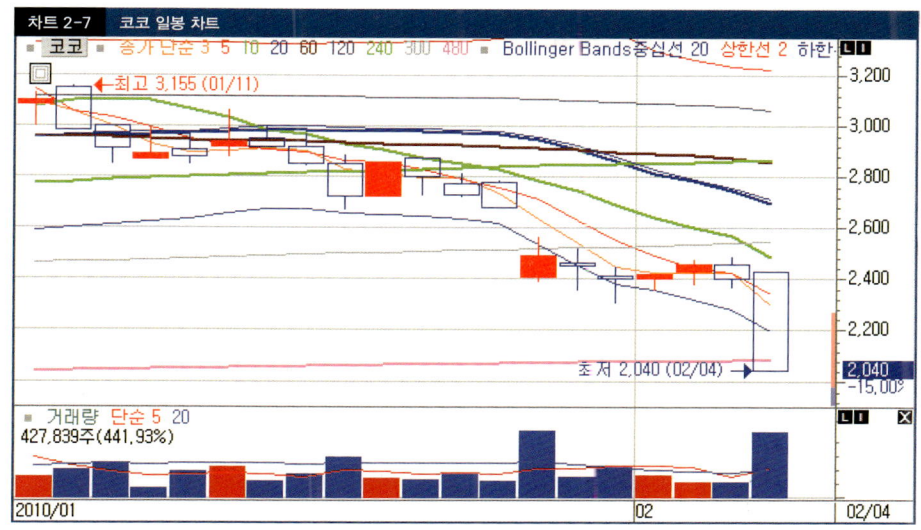

　코코도 02월 04일 하한가인데 5일 날 시가가 +0.25%로 바로 매수하긴 어렵고 잘 관찰하였다가 원하는 그림이 나오면 그때 진입하여야 합니다. 이미 말씀드렸지만 과감하게 배팅할 수 있는 자리는 시가가 시원하게 왕창 낮게 시작하는 자리가 좋습니다.

　전일 하한가인데 시가가 보합쯤에서 시작하여 장대 음봉으로 바뀐 후 재차 주가가 올라도 시세의 탄력성이 떨어지는 경우도 많습니다. 장 시작 후 바로 하한가까지 도달 후 계단식으로 야금야금 주가가 흐르는 것을 볼 수가 있습니다. 이때 매수는 매도세가 강하게 내려 찢고 난 이후에 점차 매도세가 빠르게 진정되고 매수세가 톡톡 튀어나오면서 후발 매수세도 유입되면 매수 후 적절한 이익 시점에 매도하고 나오시는 게 좋습니다.

　그림상으로는 '아, 이때 사서 저때 팔면 되겠구나.' 하고 쉽게 생각할 수 있겠지만 매매 경험 없는 트레이더들은 살 자리에 주저하게 되고 어느 정도 올라간 가격에 일부 사서 주가가 내리니 다시 겁먹고 팔고 나니 재차 가는 일반적인 손실매매의 패턴으로 이어지는 경우가 있는데 본인들이 많은 매매 데이터를 쌓고 매매에 확신을 갖고 있지 않으면 제대로 된 매매를 할 수 없으니 올라가는 종목 찾아 매일 손실을 보게 되니 이러한 매매 방법으로 매매해 보시고 자신한테 맞나 안 맞나 이전 매매와의 성패가 어떻게 나오나 확인하시면 아마 손실은 더 줄어들고 더 쉽다는 걸 아시게 될 것입니다.

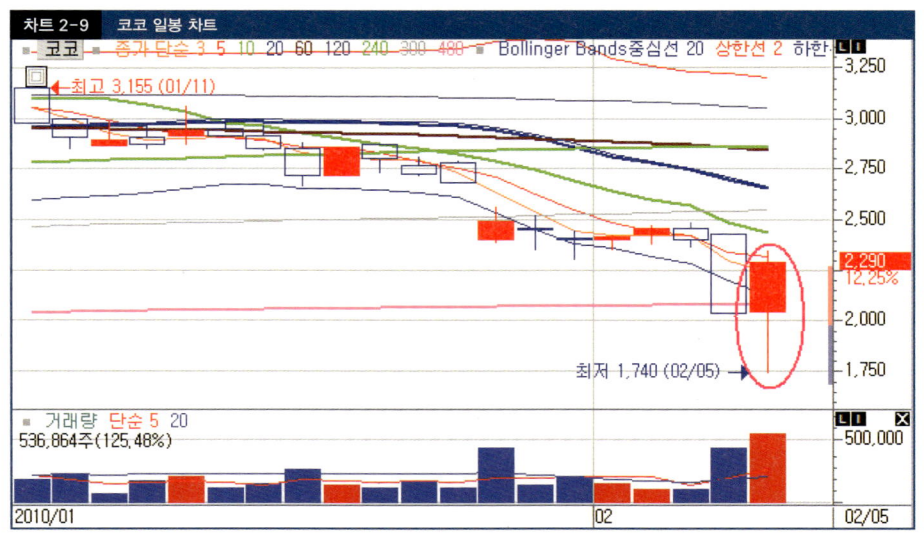

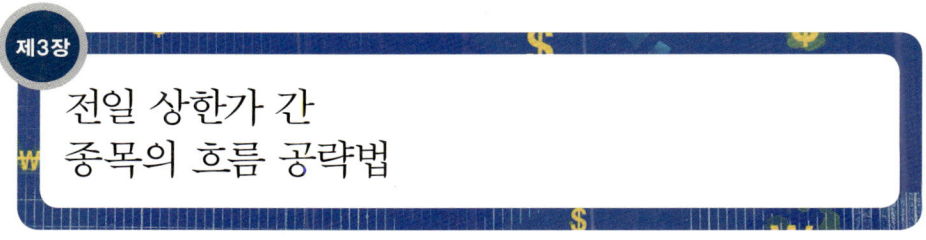

제3장
전일 상한가 간 종목의 흐름 공략법

이화전기

상승 탄력이 좋은 종목으로 계단식 정배열 상승 후 전날 상한가로 마감한 종목입니다. 상한가를 공략하더라도 이전 세력의 흐름을 보며 매수할 것인가? 안 할 것인가? 전략을 세울 수 있어야 합니다. 일봉상 정배열 후 상한가 양봉이 몇 차례 발생하였지만 다음 날 갭 상황이 별로 좋지 않은 상황입니다. 따라서 이전 상한가 다음 날 시가의 흐름도 보지 못한 채 그저 감으로 매수한 분들은 큰 모험을 한 셈이 됩니다. 저 같은 경우에는 종목의 흐름을 가장 중요시 여기기에 늘 이전 흐름을 보고 매수 전략을 세우곤 합니다. 26일 전날 상한가인데도 역시나 이전 흐름과 비슷하게 시가가 +1.48%대에서 시작하였습니다. 이전 흐름을 한 번 살펴보자면 상한가 다음 날 주가의 모양이 썩 좋지 않았던 흐름을 보였으므로 '이날 주가도 순탄치 않겠구나.' 하고 생각을 하실 수가 있을 것입니다.

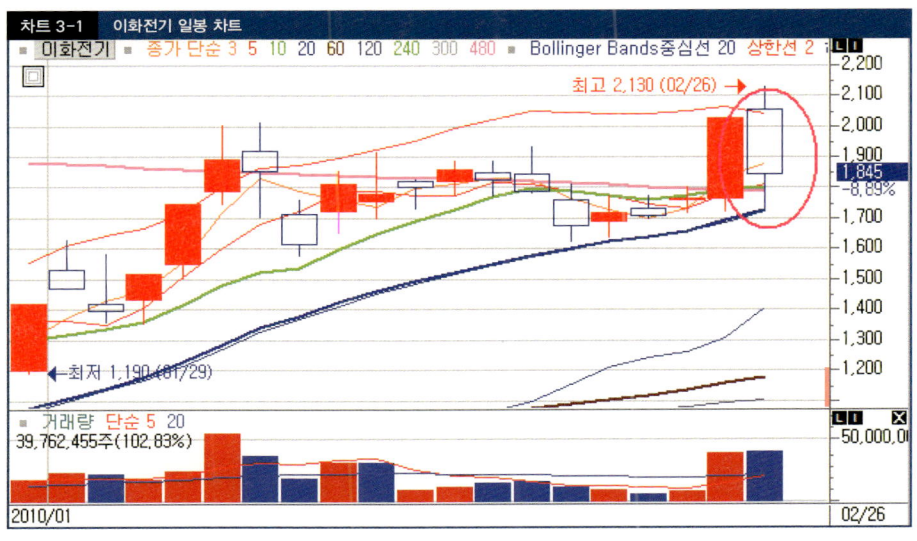

아래 차트는 3분봉 차트입니다. 거래를 하다 장중 거래량 상위창에 본 종목을 발견 후 캡처한 그림들입니다.

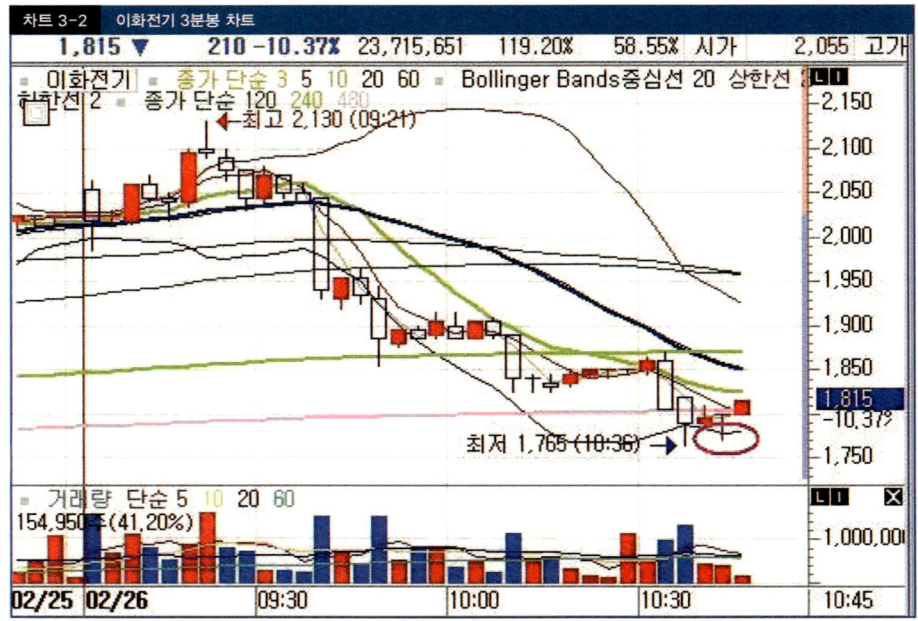

아래 호가창을 보시면 주가가 -10.86%대입니다. 떨어질 만큼 떨어진 종목인데 이 종목은 상승 탄력이 있는 종목이라 이렇게 대폭적으로 하락을 하면 한 번 이상은 탄력을 줄 가능성이 높게 됩니다. 1,850원대를 보시면 매도 잔량이 쌓아진 평균 잔량 이상을 넘어선 대규모 매도 잔량을 쌓아 두는 것을 보실 수가 있습니다. 상승 탄력이 있는 종목에 그것도 전일 상한가도 나왔는데 주가가 -10%대이고 특정 매도 호가에 대규모 매도 잔량이라면 재빨리 매수 타임을 잡아 매매를 하여야 합니다.

일반적인 개미투자가들의 마인드는 위의 각 호가마다 매도 잔량이 많으면 올라갈 것이라 생각은 못하고 늘 눈에 보이는 대로 매수 잔량 있는 쪽으로 매수를 하니 손실만 보게 되는 것입니다. 호가의 변화는 짜인 룰대로 진행되는 예도 있고 세력마다 들어오는 매수, 매도세를 보면 조정을 하므로 일정한 룰로 특정 매도 호가에 대규모 매도 잔량이 있다고 하여 무작정 들어가면 안됩니다. 일반적으로 주가는 특정 호가에 대규모 매도 잔량이 있는 쪽으로 흐르지만 세력주 맘대로 주가의 흐름이 변칙적으로 적용되는 예도 많이 있습니다. 아래 호가창 보시면 어떻습니까? 예상대로 특정 호가가 대규모 매도 잔량을 먹어 치우며 상승하는 모습을 보실 수가 있습니다.

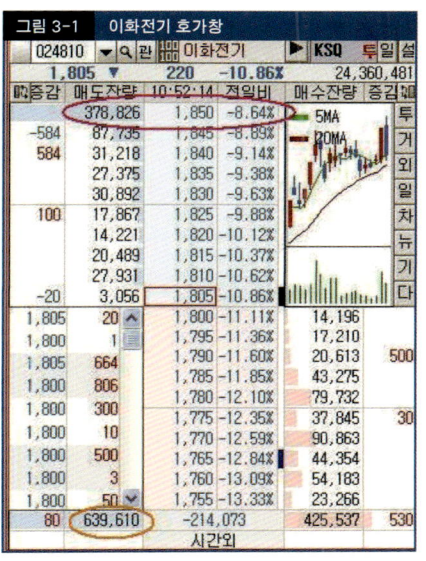

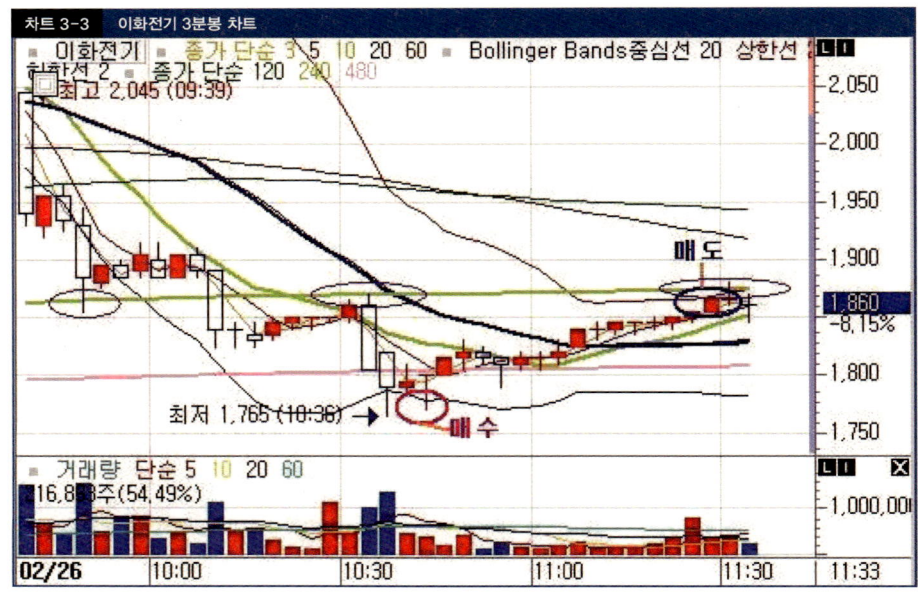

　대부분 주식책에서 차트 그림상 매수, 매도 구간만 설정하여 보여 주는데 실전에선 전혀 쓰지 못하는 경우가 대부분입니다. 왜냐하면 종목의 흐름에 따라 접근을 하여야 하는데 흐름도 모른 채 어찌 차트상 역망치니깐 매수해라! 또 밑에 지지선이 받치니깐 사라! 하여 수익을 낼 수 있겠습니까?

　필자의 책에선 이전 종목의 흐름 설명과 그것에 맞는 매매 전략 또 생생한 차트와 현재가창의 흐름 등도 낱낱이 보여 주므로 좀 더 현실적으로 쉽게 따라가며 공부하실 수 있게끔 구성하였습니다. 인간은 망각의 동물이라 한 번 배우면 금방 며칠 안돼 잊어버리기 십상입니다. 하나를 배우면 그날그날 실전 매매 적용으로 자신만의 매매 데이터를 쌓아 보시길 바랍니다. 이것이 제대로 된 공부이며 이러한 학습하시다 보면 머지않아 원하시는 수익과 함께 멋진 삶을 꾸밀 수 있는 큰 밑바탕이 될 것입니다.

제4장
전일 상한가 간 종목이 급락했을 경우 매매법

이미지스

이미지스는 칩 솔루션 업체로 상장 후 첫 거래에서 강세를 보여 주목한 종목입니다. 또 동 종목에 관심을 갖게 된 이유는 조선선재가 첫 상장 이후 거래 없는 연상랠리가 이어지고 있어 동 종목도 그러한 흐름이 나오지 않나 내심 기대를 하여서입니다.

이미지스는 매수세 탄력이 무척이나 좋아 이날 데이 트레이더에게 큰 기쁨을 안겨 줬던 종목이었습니다. 1분봉 통해서 보더라도 주가의 변동 폭이 크지만 방향은 우상향임을 보실 수가 있습니다. 따라서 스켈퍼라면 매수세가 치고 나가며 개미들의 물량을 사 줄 때 매도하고 재차 빠르게 급락이라 할 듯 매도세가 파도칠 때 흐름을 보고 매수하는 전략으로 수차례 초단타를 칠 수도 있던 종목이었습니다.

하위 봉에서 주가의 변동 폭이 크므로 제대로 흐름을 타며 우상향하는지 판단하기 힘듭니다. 따라서 상위 봉을 보며 지지되며 양봉 몸통을 그리며 우상향하는지 여부를 본 후 매매에 참여하는 게 손절을 줄이며 성공적인 매매를 이끄는 전략이기도 합니다.

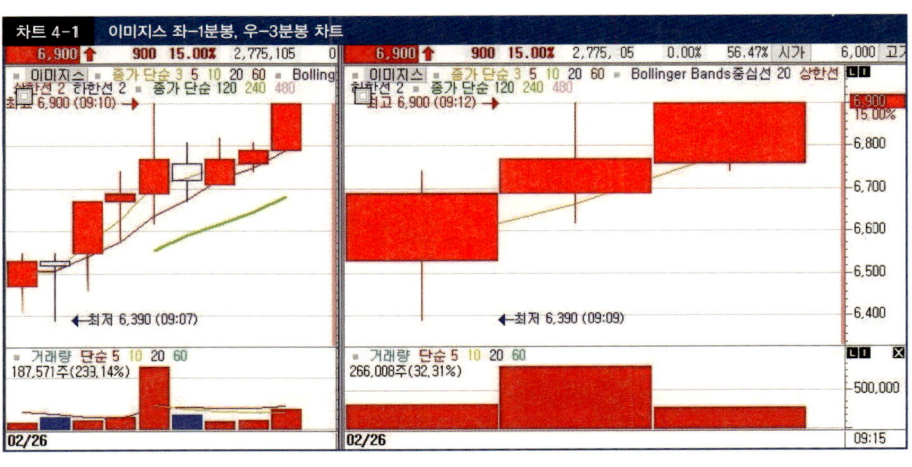

차트 4-1 이미지스 좌-1분봉, 우-3분봉 차트

호가창의 흐름을 보면 매도, 매수 잔량이 수시로 바뀌면서 주가가 상승하므로 주가가 10%대 이상이라면 매수세의 힘을 보아 상한가 갈 것으로 예상하여 고가권에서 일부 매수 후 매도 잔량을 강한 매수세로 먹어 치울 때같이 매수하는 전략을 구사할 수 있습니다.

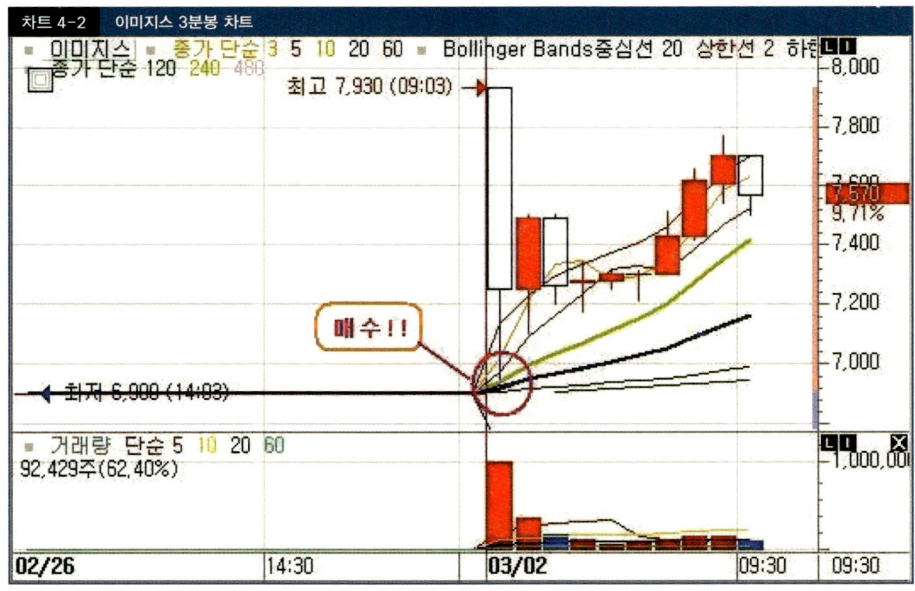

다음 날 시가가 14.93% 상한가인데 어이없이 급락으로 이어지는 모습을 보인 후 재차 매수세 개입으로 우상향하는 모습을 연출하였습니다. 여기서 필자가 여러 번 강조했던 고가권에서 급락을 하면 멈추는 지점이 대략 전일 상한가 종가 부근이라고 말하였는데 이때 매수를 하였다면 아주 짭짤한 수익을 얻을 수 있습니다. 주가가 14%대까지 한 방에 급락으로 이어지는 경우 대부분 이 라인에서 위와 같이 흐름을 보인 채 움직이는 종목들이 너무나도 많습니다. 전일 상한가 간 종목들의 다음 날 주가 흐름을 많이 경험해 보시면 거의 일정한 흐름대로 주가가 움직이는 걸 보실 수가 있습니다. 그러한 흐름과 관찰이 바로 새로운 매매 기법을 만들어 내는 원동력이고 안전하게 매매 전략을 구사할 수 있는 핵심이기도 합니다. 따라서 수많은 매매 경험으로 깨지고 수익을 내봐야 제대로 알 수 있기에 성공한 트레이더라면 이러한 시행착오 하는 과정은 필수인 셈입니다.

제5장
20일선 지지 매매법

유비프리시젼

주식을 매수하는데 기준이 되는 봉은 바로 일봉입니다. 따라서 일봉만 보면 다른 분봉을 특별히 안 보더라도 매매가 가능합니다. 특히나 아래 체크한 2개의 음봉에서 지지되는 선이 바로 20일선입니다. 필자가 가장 중요시하는 흐름에 부합이 되는 모습에 든 종목이었습니다. 이전 음봉에서 2번 지지를 하였으니 당연히 다음 음봉이 나올 때도 20일선에서 지지를 예상케 할 수 있겠죠. 때마침 29일 오전에 전일 피뢰침 장대 음봉으로 인해 시가가 -3.68%에서 출발한 후 거래 없는 음봉이 나오는 중이었습니다. 여기서 이런 모습을 보셨다면 당연히 일봉상 20일선 근방 가격대에 매수를 깔고 기다리는 전략을 구사해야 됩니다.

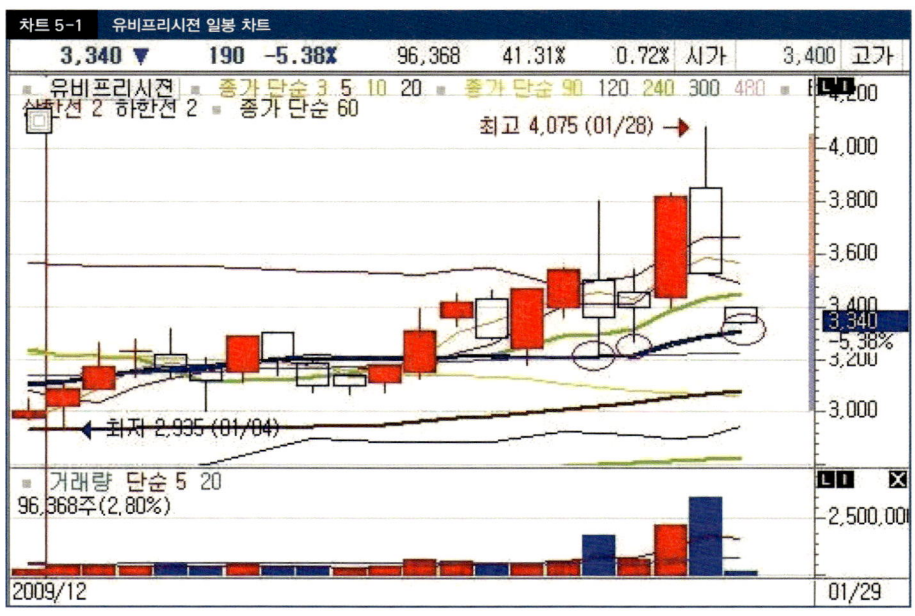

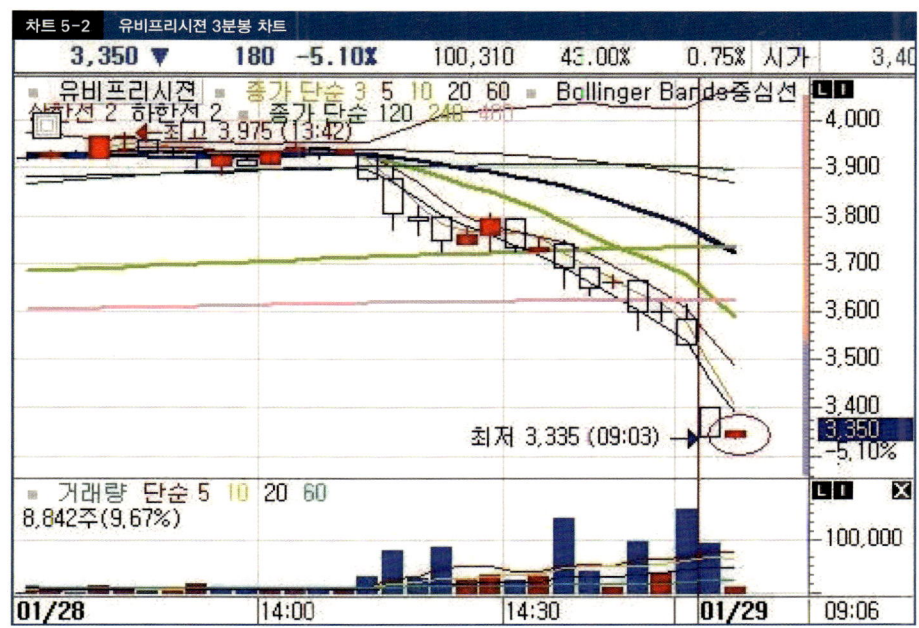

위의 차트에 나오는 자리에 매수하였다면 제대로 된 트레이더입니다. 이후 주가의 흐름을 보시길 바랍니다. 매수세 증가와 함께 급등을 하였고 이후 주가는 지속적으로 상승하여 +6.09%까지 상승함을 볼 수가 있습니다.

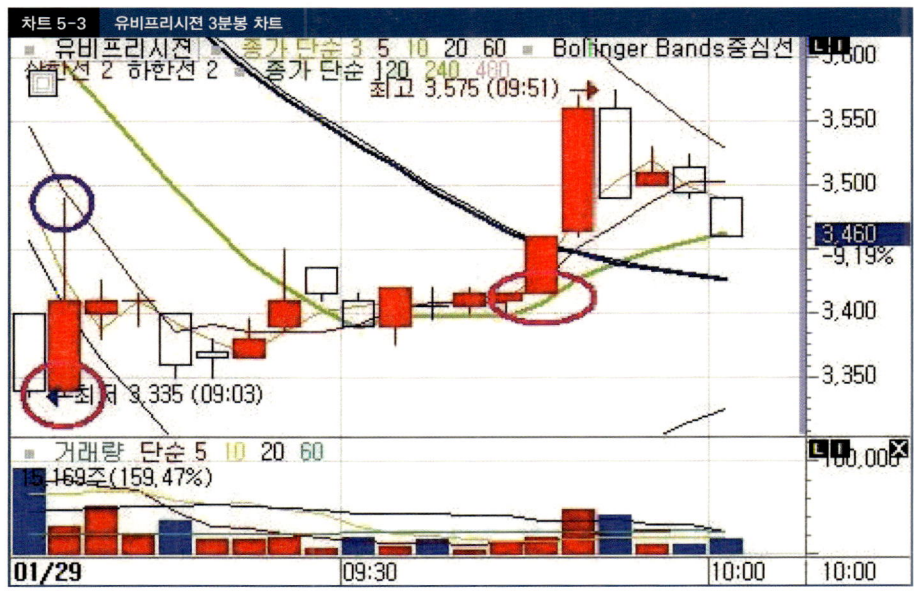

이후 일봉의 모습입니다. 자, 어떻습니까? 장 초반 힘없는 일봉 차트가 이렇게 멋진 양봉으로 변신하였습니다. "매수는 지지 라인에서 한다."를 그대로 보여 준 종목입니다.

제6장
급등주 최적의 매도 자리란?

아직도 수많은 트레이더들이 급등주를 잡고서도 제때 매도를 못하고 수익 본 걸 다 토해 내고 공포감에 떠는 개미투자가분들이 많은 실정입니다. 매도의 룰은 개개인마다 다를 수 있지만, 일반적인 범위에서 말씀드리도록 하겠습니다. 필자가 이전에도 늘 강조하였던 게 바로 주가의 일반적인 흐름입니다. 특정한 흐름을 보인다면 그대로 룰을 잡고 매매할 수 있으며 흐름이 불규칙하다면 가급적 매매를 삼가거나 또 불규칙 특성에 맞게 역발상으로 매매할 수도 있습니다.

급등주일 경우 상승의 흐름이 매우 일정한 규칙성을 보입니다. 대부분 연상 가는 종목들은 이러한 일정한 시가의 폭을 보이거나 전장 상한가를 말거나 또는 후장 들어 상한가를 만들거나 아예 시가부터 연속된 상한가를 만들며 가기도 합니다. 아래의 종목들은 시가부터 거의 상한가로 출발하여 밀리더라도 +10%룰을 깨지 않고 재차 감아 올린 유형입니다.

어느 종목이 시가가 계속 상한가인데 어느 날 시가가 +8%라면 이전과 다른 흐름이 나왔기에 보유자는 전일 종가를 깨는 폭락의 기미가 보이면 가차 없이 던지고 나와야 합니다. 급등주의 최후의 매도 기준점은 전일 상한가 종가로 잡고 매매하는 것입니다.

아래 예상 체결가 보시면 조선선재와 같은 급등을 보였던 cs홀딩스가 시가가 하한가임을 알 수가 있습니다. 이때 조선선재의 시가를 보니 상한가 가격대에 매도 물량이 있었고 여전히 강한 상한가를 유지하는 모습을 보였습니다.

점상으로 급등을 하였던 cs홀딩스가 시가가 하한가라면 이날 조선선재가 상한가에서 시작한다고 해도 물량을 뺄 가능성이 높기에 일단 시장가로 매도 주문을 넣고 생각하는 전략을 세울 수 있어야 합니다. 어차피 다시 상한가에 진입한다면 그때 다시 사면 그만이니까요.

    장 시작 몇 초를 앞두고 상한가였던 조선선재의 시가가 14%~3%대에서 시작하였습니다. 상한가도 아닌 3%니깐 일단 보유자는 무조건 매도를 던져야 합니다. 앞서 말한 대로 이전에 강했던 모습이 아닌 다른 얼굴로 바뀌 버렸기 때문입니다. 또 이전 급등을 보였던 리홈과 이미지스도 다 하한가로 시작하였기에 조선선재도 전혀 영향을 안 받을 수 없었기 때문입니다. 주식은 흐름을 읽는 심리 싸움입니다. 보유 종목이 이전과 흐름의 양상이 다르다면 보유로 지켜보는 게 아니라 일단 수익 실현 후 관망하는 게 올바른 투자 자세입니다.

그림 6-1 예상 체결가창

종목명	예상가	대비	등락률	예상체결량	매도잔량	매도호가	매수호가	매수잔량	연속
제너비오믹스	10 ▼	5	-33.33	865,687	6,724,992	15	10	26,817,285	1
테스텍	1,190 ▼	210	-15.00	4,465	729,931	1,190			1
CS홀딩스	102,500 ▼	18,000	-14.94	558	1,432	102,500			1
브이에스에스티	4,130 ▼	725	-14.93	451	209	4,130			1
옵티머스우	6,390 ▼	1,120	-14.91	90	100	6,500			2
리홈	24,050 ▼	4,200	-14.87	3,205	36,897	24,050			2
이미지스	18,400 ▼	3,200	-14.81	20,828	461,913	18,400			2
룩손에너지	1,560 ▼	270	-14.75	6,820	545,087	1,560			2
브이에스에스티	290 ▼	50	-14.71	55,204	2,927,485	290			2
지앤이	1,160 ▼	200	-14.71	3,068	1,749,060	1,160			2
GK파워	740 ▼	125	-14.45	65,026	1,263,350	740			1
엑스로드	120 ▼	20	-14.29	99,221	2,713,298	120			2
베리앤모어	270 ▼	45	-14.29	1,153	7,504,562	270			3
오페스	335 ▼	55	-14.10	182,950	28,967,643	335			5
무한투자	275 ▼	45	-14.06	48,620	43,029	275			1

조선선재

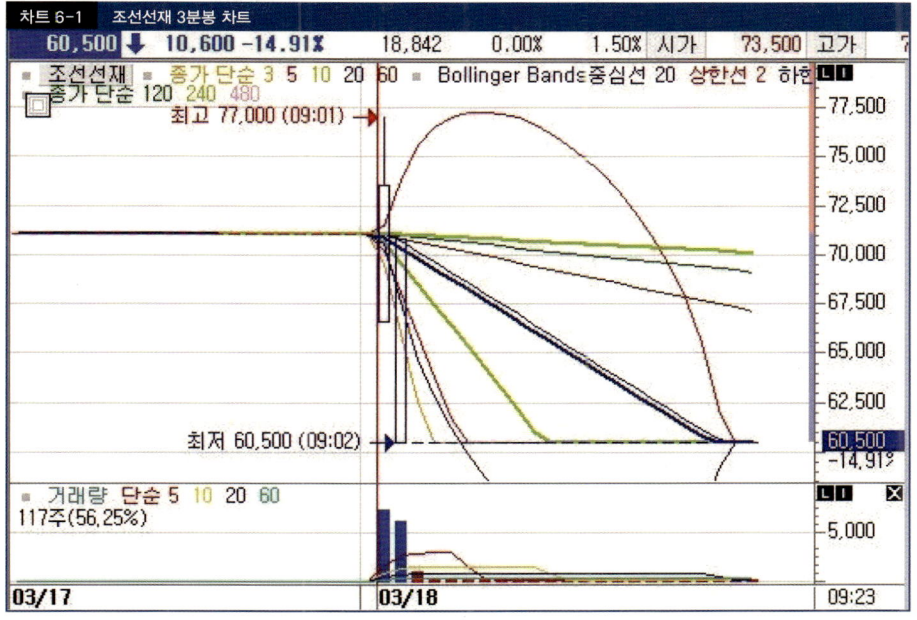

조선선재는 그나마 양반 종목입니다. 이전 3노드디지탈은 수초 사이에 매도 기회도 주지 않고 곧바로 점하를 여러 방 주었기 때문입니다. 조선선재를 못 판 사람들은 이날 심각한 문제가 있는 사람들입니다.

위의 3분봉 차트를 보더라도 한 방에 팔 기회를 못 주고 하한가에 진입한 게 아니라 충분히 여유롭게 팔 기회를 주면서 하한가에 진입하였기 때문입니다. cs홀딩스는 아예 점하로 시작하였기에 팔 기회조차 없었던 데에 비해 대장주인 조선선재에 몸담았던 투자가분들은 정말 큰 복을 입은 것인데도 떡하니 하한가 가는 게 보이는데도 팔지 못하였다면 이들은 복을 발로 차 버린 사람들입니다.

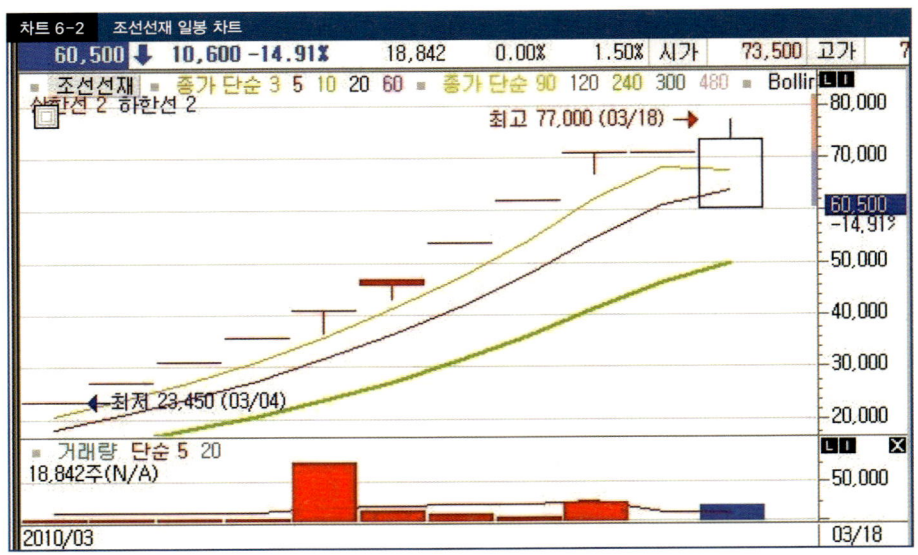

CS홀딩스

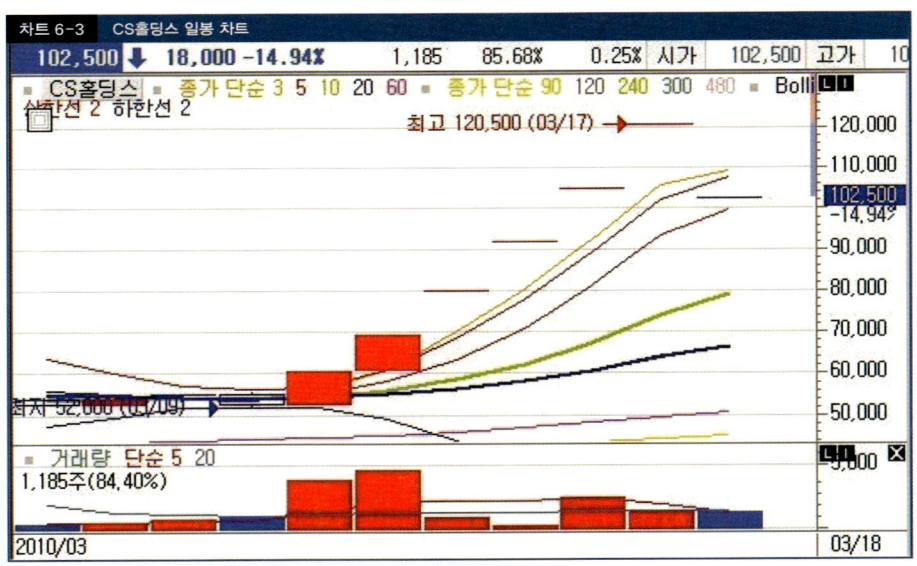

이미지스

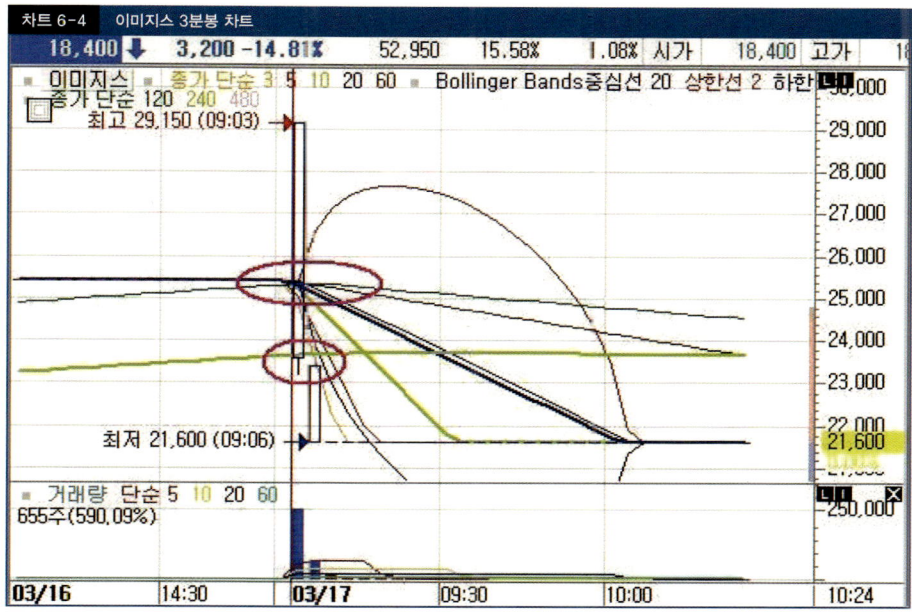

차트 6-4 이미지스 3분봉 차트

이미지스와 리홈 3분봉 차트입니다. 이미지스는 상한가에서 급락 후 하한가에 진입하였지만 여전히 충분히 팔 기회를 주며 폭락을 하는 모습을 보여 주고 있습니다. 강력한 매도세로 무기력하게 전일 상한가 종가를 깬다면 '무조건 도망쳐라!' 하였는데, 이러한 모습을 보고서도 못 파는 개미들이 있으니 참 답답하기만 합니다. 이후 하한가 잔량을 쌓는 모습을 보고서야 '아, 뭔가 잘못되었구나!' 하며 덩달아 같이 하한가 매도 잔량에 물량을 담거나 오만한 개미 중 일부는 끝까지 미련을 버리지 못해 수익 본 걸 다 토해 내고 원금의 반토막 나서야 매도하거나 그냥 그대로 물고 가 버립니다.

리홈

아래 차트는 리홈 차트입니다. 연상 가던 종목이 시가가 보합에서 시작합니다. 전일 종가를 깨려는 힘이 나오면 매도라고 했으니깐 일단 시가가 -로 시작 안 한 걸 감사하게 생각하고 시장가 대도를 실행하여야 합니다. 이후 주가의 모습은 시장가로 판 사람들에게만 매도 기회를 주고 잠시 좀 지켜볼까? 하는 개미들에게 팔 기회조차 주지 않고 하한가로 문 닫아 버리는 모습을 보실 수가 있습니다.

자! 급등주의 매도 노하우란? 크게 전일 상한가 종가를 깨는 힘이 나올 때 가차없이 매도하는 것입니다.

세밀하게 들어가면 이전 주가의 흐름과 현재가창 흐름 동향으로 파악하여 재빠르게 판단하고 매매할 수 있겠으나 이런 건 어느 정도 경지에 오른 다음에 스스로 터득하게 될 내용이니 우선 위에 말한 내용만 잘 이해하시고 실행해 보신다면 어느 정도 급등주 매매에서 최적의 매도 자리를 찾아 매매할 수 있는지 스스로 알게 되실 것입니다.

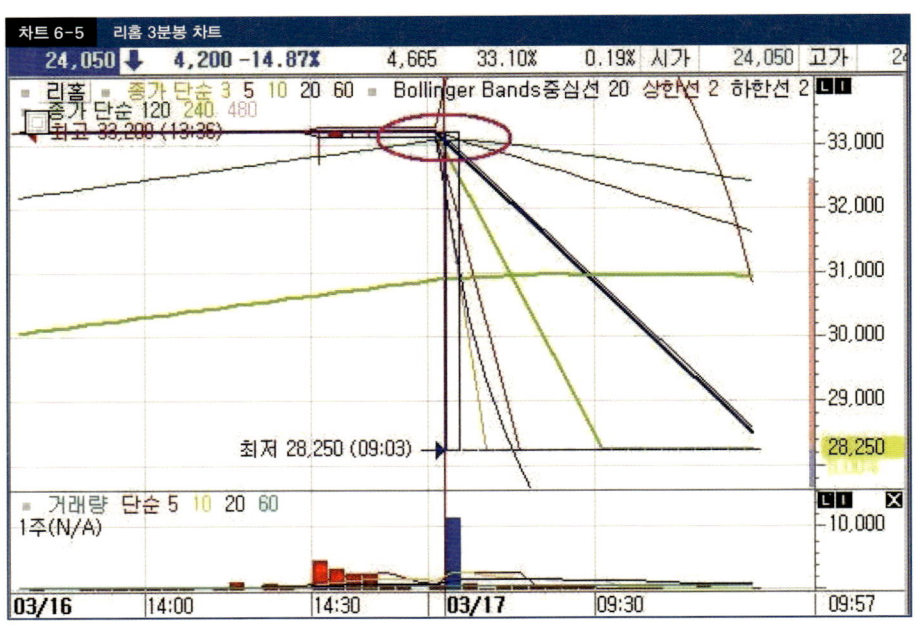

쉬어가는 코너

상승장에서 놀아라!

　필자가 주식하면서 중요하게 생각하고 있는 게 있습니다. 또 종목 추천이나 어떤 종목을 매수하면 좋으냐? 하는 질문에 늘 똑같은 대답을 하곤 합니다. 주식 투자는 상승장에 매수하고 하락장엔 쉬는 게 좋다고 말하곤 하는데 이는 상당히 중요한 요소를 내포하고 있습니다. 주식은 확률 게임이므로 어떠한 룰에 유리한 조건을 갖고 하는 게 중요합니다.

　모든 매매 기법도 확률상 우위에 있는 조건 값을 갖는 그런 것이지요. 어떤 종목이 10,000원에서 완만한 상승 추세를 타고 50,000원까지 갔다고 봅시다. 그럼 이 종목 투자하여 당신이 손해 볼 확률이 얼마나 될까요? 확률상 몇 달간 지속적으로 상승을 하였는데 하필 그날 당신이 매수한 날 바로 급락이 나올 확률은 극히 적습니다. 즉 하락을 하더라도 당신은 단 몇%라도 이익이 난 상태가 되겠지요. 확률상.

　반대로 하락장에서 종목이 싸 보인다는 이유로 매수하였을 때 당신이 이익을 볼 확률은 얼마나 될까요? 지속적으로 하락하면서 반등은 할 수 있지만 확률적으로 봤을 땐 손실이 불 보듯 뻔한 게임이 됩니다.

　주식 투자할 때 가장 쉽게 매매하는 방법은 추세가 완만히 계단식 우상향일 때 복잡한 생각과 각종 어려운 보조 지표 또는 뉴스를 보고 매매 타이밍을 잡는 것보다는 20일선을 주가가 침범하지 않는다면 끝까지 홀딩하는 마음으로 매수하는 것입니다. 어찌 보면 무모하고 단순 무식해 보일지 몰라도 확률적으로는 먹고 들어갈 확률이 매우 높은 매매 방법이 됩니다. 좀 더 기교가 붙으면 좀 더 싼 가격에 매수도 가능하겠지요. 이때 어정쩡한 고점에서 물리더라도 밑에 든든한 이평선이 있기 때문에 쉽게 회복이 되며 큰 수익도 낼 수가 있습니다.

　반대로 하락장에선 물리면 더 물리고 쉽게 회복이 안되고 연일 하락장에 맞는 각종 안 좋은 뉴스와 악재가 연일 지속적으로 나와 심리적 공포 속에 속 쓰림을 당하는 경우가 많습니다.

상승장에선 그 어떤 악재도 쉽게 그 상승 추세를 무너트리기 힘듭니다. 부동산도 그러한데 부동산 대폭등하였을 때 정부의 각종 규제책이 나오든 말든 더 급등했던 게 바로 우리나라 부동산 시장입니다. 부동산 시장이나 주식 시장도 이와 같은 일이 자주 벌어집니다. 폭락장에선 각종 증시 안정화 대책이 나오고 금리 인하 등 여러 좋은 호재 아닌 호재거리를 만들어 내보내도 시장에서 잘 먹혀들지 않습니다. 오히려 이를 매도 기회로 삼는 세력들이 이런 미끼 호재로 쉽게 매수하는 개미들에게 물량만 떠넘기는 호재로 삼는 경우도 많습니다.

일반적으로 고수건 하수건 가장 많이 쓰는 매매법인 눌림목 매매도 상승 확률이 높을까요? 하락할 확률이 높을까요? 답은 간단합니다. 상승 확률이 높기 때문에 하는 것입니다. 눌림목이 아리까리하여 매수 후 떨어질까? 고민할 필요가 없습니다. 그저 눈에 보이는 시그널이 포착되면 과감히 매수하고 지정된 라인에서 벗어나면 매도하면 그만이기 때문입니다.

보통 초보일 경우 매수 타이밍을 자주 놓치는 경우가 많습니다. 매수할 때 떨어질까? 하는 공포감과 또 매매 기준에 자신이 없어서 그러합니다. 자신이 설정된 기준에 부합하면 일단 배팅 후 그 라인이 깨지면 매도하면 그만이라는 아주 단순한 사고로 매매에 임하시면 의외로 단순한 생각뿐인데도 쉽게 매매가 가능합니다.

이전에 종목 상담을 많이 해 주고 놀란 적이 있는데 이들 상담을 요하는 종목들이 95%는 손실을 보고 있는 상태에 전전긍긍하다 묻곤 합니다. 이들 종목들의 공통점을 보면 거의 대부분이 코스닥 잡주들이고 차트상 수급이 깨진 역배열인 종목과 급등 후 하락의 나락을 향해 달리는 종목들이 대부분이었습니다. 역배열에서 홀딩해 봤자 결과는 어떻게 되겠습니까? 계좌 잔고는 더욱더 손실만 커지게 됩니다. 반대로 상승 추세에서 홀딩하면? 당연히 조정 후 계좌는 - 나더라도 다시 밑에 깔린 든든한 이평선 힘으로 다시 추세를 살려 상승할 가능성이 크므로 수익 날 확률이 커지게 됩니다.

이 글을 쓰는 이유는 간단한 투자 원칙을 몸에 새기고 나름 생각 있는 매매를 하자입니다. 일단 상승장이 아닌 이상 하락장에선 게임 룰에서 한 방 얻어맞고 들어가는 것이므로 개미들이 게임에서 이기긴 힘들다는 것을 인식하고 가급적 매매를 하지 말자입니다. 필자도 폭락장에선 욕심을 버리고 반등을 이용한 매매도 자제한 채 인내하며 추세가 완만히 진정될 때까지 기다리곤 합니다. 매매를 한다면 할 수는 있겠지만 조그만 수익에 굳이 스트레스 받으면서 어려운 매매를 하지 않기 때문입니다. 시장이 잘 나갈 때 배짱 있게 크게 배팅하여 수익금을 몇 배로 불리는 게 진정한 선수다운 면모를 갖춘 사람입니다.

굳이 가격이 싸다는 이유만으로 묻지마 매수는 하지 마시길 바랍니다. 굳이 하신다면 긴 시간에 싸워 이기실 분만 하시길 바랍니다. 매매 스킬이 좋아지면 장세 상관없이 수익을 맛보면 좋겠지만 주식에서 안정된 수익률(1년 이상)을 올린 적이 없는 분들이라면 이 원칙 '상승장에 매매하고 폭락장 드는 하락장에선 매매 쉬기'를 맘속으로 새겨 보시길 바랍니다. 지금은 못 먹어도 후에 많이 먹을 수 있는 장이 반드시 옵니다! 그때를 기다릴 줄 아는 지혜로운 님들이 되시길 바랍니다.

제7장

매수는 지지를 보고 한다

휴먼텍코리아

주식을 매매하는 방법은 무척이나 간단하지만 그 속내를 정확히 들여다보려는 인간의 욕심 때문에 한 권의 책을 읽고 끝날 것도 긴 시간 새로움만 쫓아다니다 스스로 어려운 미로 속에 헤매게 됩니다. 또 긴 시간 많은 공부로 내공을 쌓았다 하더라도 막상 실전 매매에 임하면 그동안 배운 건 어디로 갔는지 온통 기억도 안 나고 미팅에서 생판 처음 보는 사람마냥 늘 어색하기만 합니다.

이전에 글에서도 언급했듯이 천재는 "복잡함을 단순화"시키는 사람이라고 했는데 각종 복잡한 이론을 자기만의 간단한 이해와 원칙으로만 무장하면 게임은 쉽게 풀어 나갈 수 있습니다. 일단 이렇게 한 번 생각해 보죠. "주식의 매수는 지지를 보고 하고, 매도는 저항을 보고 한다!" 이의 문구대로만 제대로 이해하고 매매한다면 수많은 경제 이론서 및 각종 이론도 다 필요 없이 쉽게 주식을 매매할 수 있습니다.

위에 문구처럼 매수는 지지를 보고 한다고 하는데 그럼 지지가 가장 잘되는 때가 언제일까요? 아하! 바로 상승장! 맞습니다. 이때는 그냥 눈감고 아무거나 매수해도 주가가 지지 안돼 내릴 경우보다 어떡해서든 지지돼서 주가가 상승할 가능성이 커지게 됩니다. 아! 그럼 우린 여기서 힌트를 얻었습니다. '주가가 상승하기 위해 최소한 정배열이 된 종목을 찾고 첫 번째 힘이 나올 때 적절히 매수하고 그때를 놓치면 남들이 말하는 눌림목 줄 때 매수하면 되겠구나.' 이렇게 생각하시면 됩니다.

주식은 복잡하게 생각하고 하면 절대로 못합니다. 실전 매매는 딱 보고 수초 내로 매수할 것인가? 아닌가? 바로 판단이 서야 됩니다. 수학 공식 재듯 이거 매수해? 말아? 하며 고민한다면 남들 갈 때 어어~~ 하며 이미 주가는 올라 허둥지둥 매수하려 하니 고점이라 겁나고 눌림목 때 매수하려 하니 왠지 밀릴 것 같은 공포심에 매수도 못하게 되는 것입니다.

제가 하락장이나 횡보장에서 가장 먼저 찾는 종목이 바로 남들 다 기는데 자기 혼자 반대로 상승하며 올라가는 종목입니다. 예전에 모 증권사 광고할 때가 생각이 납니다. 남들이 "예" 하면 혼자 "아니오!" 외치고 남들이 "아니오." 외치면 나 홀로 "예!"를 외치는... 주식의 이면을 적절히 PR한 광고라 생각이 듭니다. 밑에 그림은 같은 기간 종합 지수와 해당 종목 차트입니다. 특징을 한 번 찾아보시길 바랍니다.

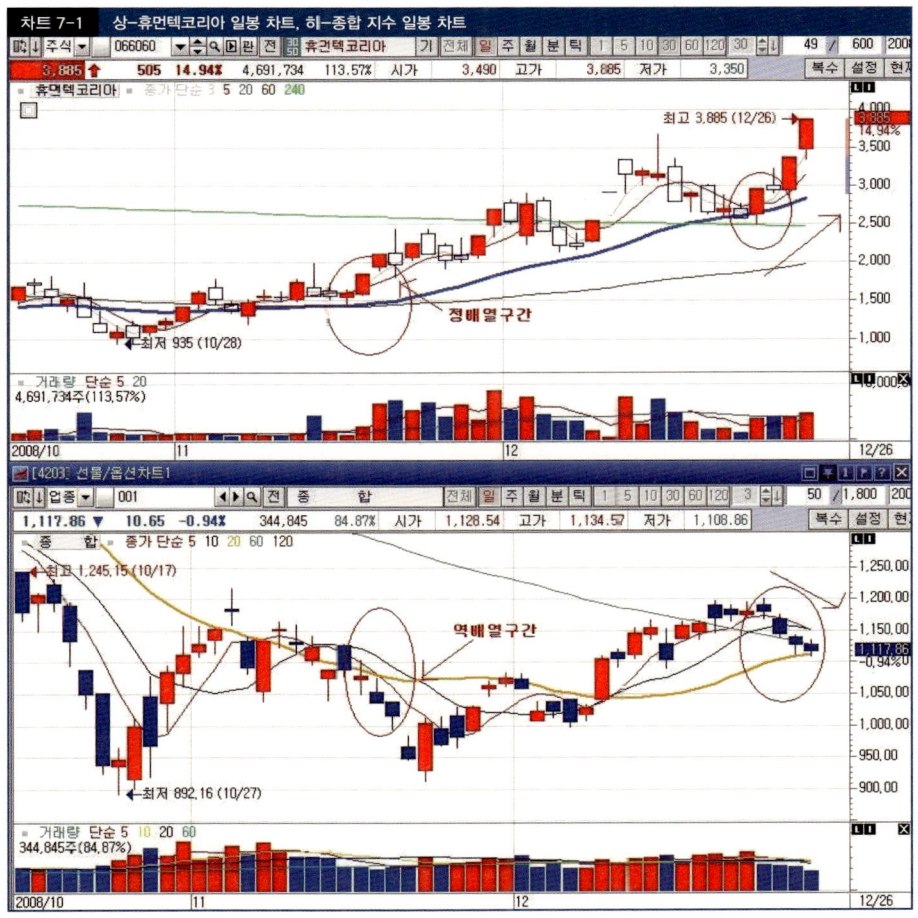

종합 지수는 방향을 찾지 못해 혼자 헤매는데 위에 종목은 종합 지수와 비교되게 혼자 자리 잡고 제대로 옷 빼입은 사람마냥 차트를 예쁘게 그려 나가고 있습니다. 일단 이런 종목은 허접한 종목에선 이런 그림을 그릴 수도 없거니와 기밀한 세력의 힘으로 만든 작품이여야만 가능합니다.

보통 제아무리 잘난 종목이더라도 전체적인 분위기인 종합 지수가 꺾이면 상승하는 종목도 곧장 잘 꺾이게 되어 있습니다. 전문 트레이더 상관없이 개별 종목이 자기 혼자 잘 올라간다지만 선물 지수가 꼬꾸라지면 일단 수익보단 방어적으로 매도키를 누르게 되어 있기 때문입니다.

이제 해당 종목으로 가서 위에서 말한 명제처럼 지지를 보고 매수한다고 했는데 어떤 개념으로 이해하여야 하는지 알아보도록 하겠습니다.

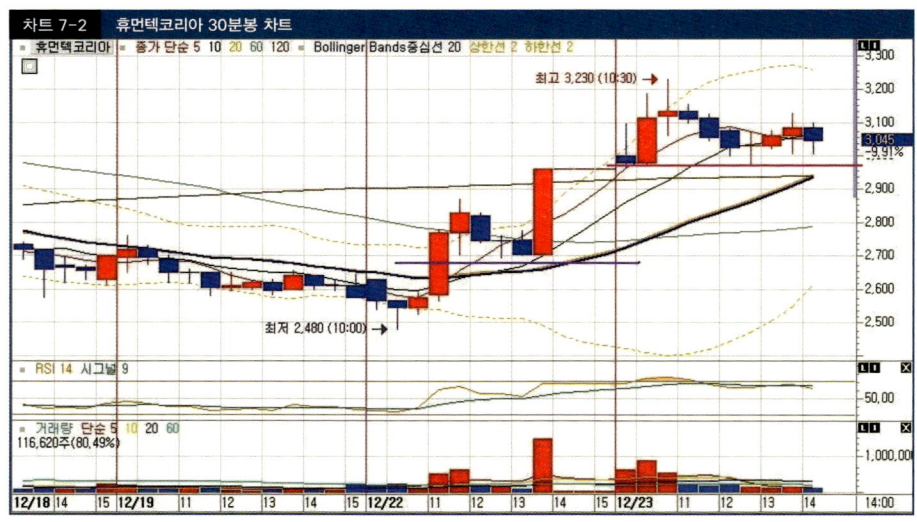

12월 22일 11시경에 그동안 저항선으로 작용했던 20이평선을 뚫는 힘이 발생하였습니다. 일단 모든 주가를 볼 때 힘을 보고 그 힘에 따라 홀딩을 할 것인가? 아닐 것인가? 판단하여야 합니다. 보통 전문 트레이더가 아니라면 첫 번째 힘이 발생된 지점에서 매수는 힘들고 일반인들이 매수를 참여하려고 볼 때는 이미 장대 양봉이 나온 이후이므로 매수가 참으로 곤란할 때가 많습니다.

이후 바로 추격 매수보단 천천히 인내를 갖고 주가의 추이를 관찰하는 게 중요합니다. 초, 중, 고수 할 것 없이 손절보다 더 어려운 게 바로 뇌동 매매에 의한 묻지마! 뻘짓 매수입니다. 보통 역배열에서 골든 클로스가 발생하면 장대 양봉이 만들어지는데 이후 주가 조정으로 밀리며 지지되는 가격더가 대부분 골든을 만든 장대봉의 중심 라인대가 됩니다.

위에 종목도 어김없이 눌림주는 자리가 장대봉의 중심 라인 부근이거나 상승각으로 올라온 20이평선 라인 부근이 됩니다.

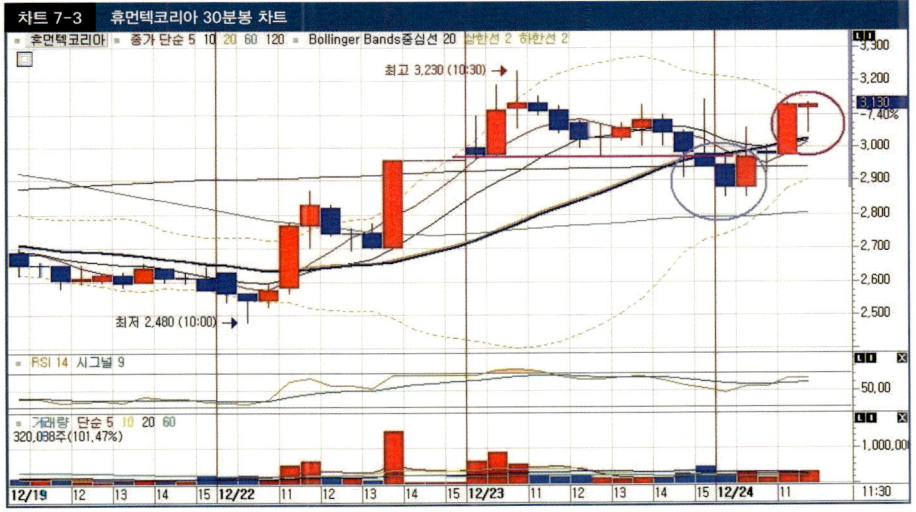

강력한 힘에 의해 상한가를 만들었는데 다음 날 주가의 힘이 영 안 좋아 보입니다. 우리가 상한가 종목을 보유하고 있을 때 다음 날 주가의 추이에 따라 홀딩할 것인가? 패대기칠 것인가? 정하게 되는데 보통 전일 상한가라면 시세의 연속성에 의해 다음 날도 갭에 의한 상승을 하게 됩니다. 다 이런 걸 바라고 상한가 매수를 하는데 익일 주가가 힘없이 갭이 적거나 또는 전일 상한가 머리인 종가를 침범한다면 그날 주가는 보나마나 거의 큰 후폭풍에 휩싸이게 될 것입니다.

위에 차트 보시면 상승 에너지가 약해 위꼬리 달린 양봉도 아닌 음봉이 만들며 힘겹게 장대봉을 만든 후 어설프게 들어온 개미들에게 물량을 이전한 후 주가를 내리고 있습니다. 그것도 금일 시초가도 무참히 깨버리고 전일 상한가 종가까지 이탈해 버리고 있습니다.

다음 날 전일 주가의 영향으로 -권에서 주가가 놀다 재차 힘이 개입되는 모습입니다. 첫 음봉을 감싸는 양봉을 만들고 이것도 모자라 이평선을 깨는 힘이 나왔으니 주가가 지지되는 모습이 보이면 과감하게 매수해야 할 패턴입니다. 장대봉 이후에 음봉에서 밑꼬리 달고 올라간다면 아! 가는구나를 직감적으로 눈치 채셔야 합니다. 음봉은 매도세에 의해 생기는 것인데 밑꼬리가 생긴다는 건 매도세를 압도한 매수세를 의미하기 때문입니다. 골든 클로스도 역배열에서 음봉 상태에서 매수세에 의해 매도세를 압도한 패턴으로 형태는 다르게 보일지 모르나 개념은 동일합니다.

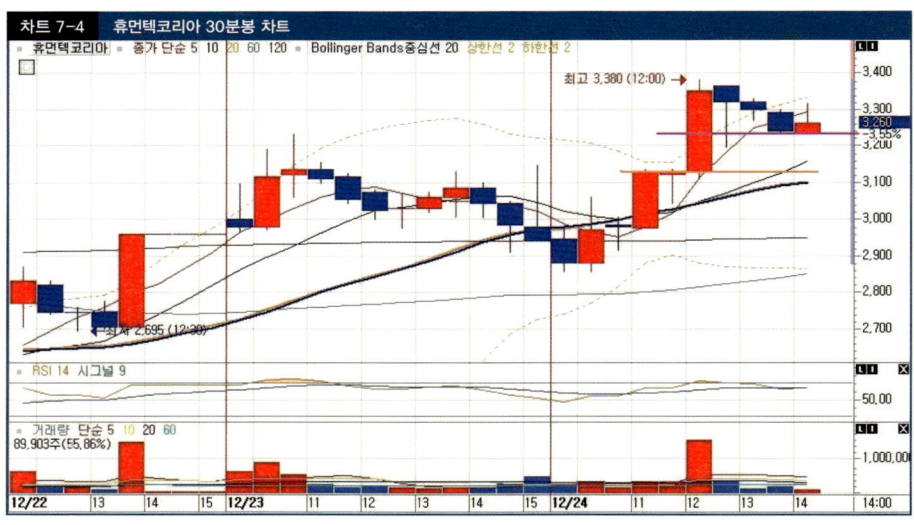

밑줄을 친 라인을 잘 보시길 바랍니다. 만약에 눌림목이 깊다면 어떻게 될까요? 그럼 당연히 주가 상승은 어렵게 됩니다. 눌림목은 너무 얕아서도 너무 깊어서도 안 좋습니다. 적당한 매물 소화 형태인 장대봉의 3분의 1 정도가 가장 이상적인 눌림목 형태가 됩니다. 따라서 밑줄 친 장대봉 허리 라인을 침범한다면 주가는 오를 가능성보다 꼬그라질 가능성이 커지게 됩니다.

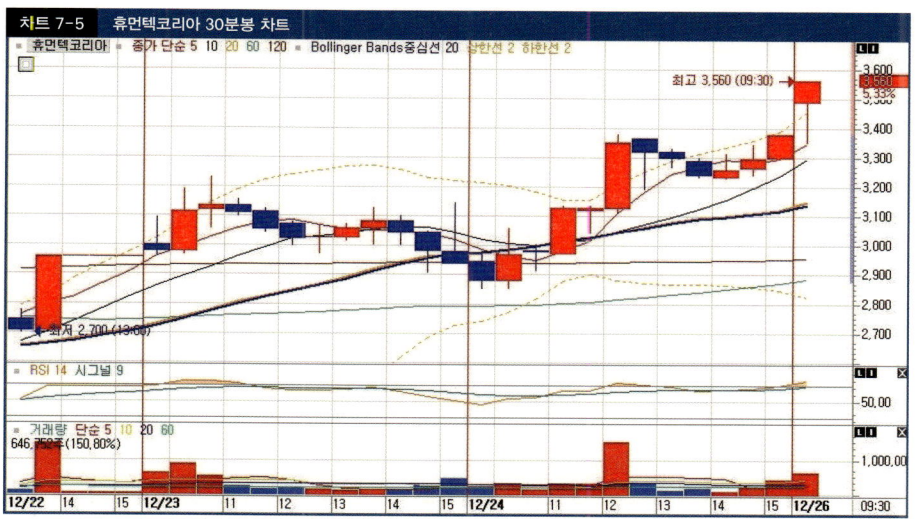

　이상적인 눌림목을 만든 후 다음 날도 눌림목의 또 다른 개념인 망치형의 형태를 만든 후 주가를 끌어올리고 있습니다. 전일 상한가에 물량을 잡은 개미들을 혼란에 빠트리며 손절을 하게끔 만들고 밑에 이평선에서 개미들의 터는 물량을 받은 후 재차 주가를 견인하는 형태가 됩니다.

　위에 같이 정배열에 주가가 가지런하게 상승하는 종목을 잡기 위해서는 일반적인 3분봉이 아닌 상위 봉인 30분봉, 60분봉으로 추세를 판단하는 게 중요합니다. 보통 초보자들은 수익을 내기 위해 매수만 할 뿐 매수 후 이걸 홀딩해? 말아? 이런 딜레마에 빠진 트레이더들이 많습니다. 상승 추세가 강한 종목이라면 변동성이 큰 10분봉 이하 봉보다는 상위 봉으로 추세를 확인 후 20이평선 기준으로 매도 시점을 저울질하는 게 큰 틀에서 올바른 투자 방법입니다.

　단타로 먹으려고 들어왔는데 끝까지 원칙 없이 갈 거 같아서 홀딩한다거나 홀딩 후 장대봉이 나와 이후 음봉이 무서워 매도 물량 쌓아 둔 호가에 매도한다거나 이러면 원칙 있는 매매가 될 수가 없습니다. 홀딩 종목이면 최소한 정해진 라인을 이탈하지 않는다면 끝까지 홀딩으로 승부수를 띄워야 수익을 극대화할 수 있습니다.

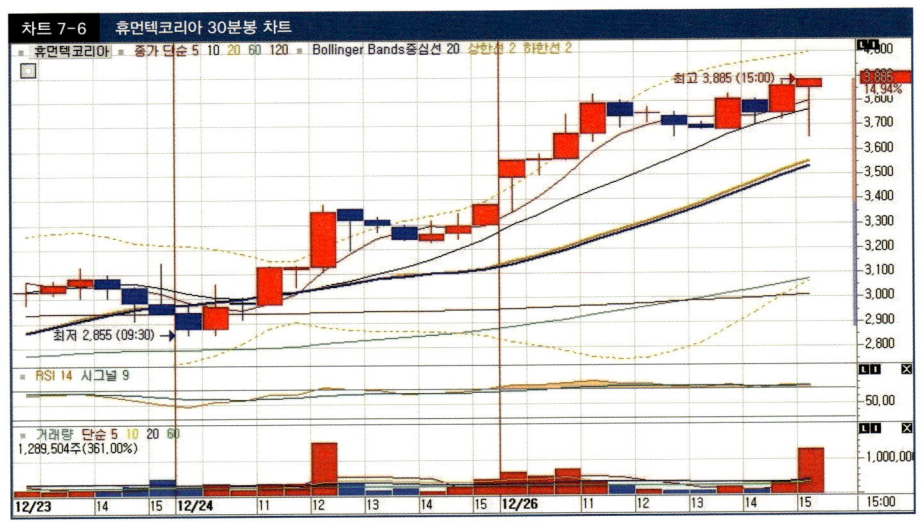

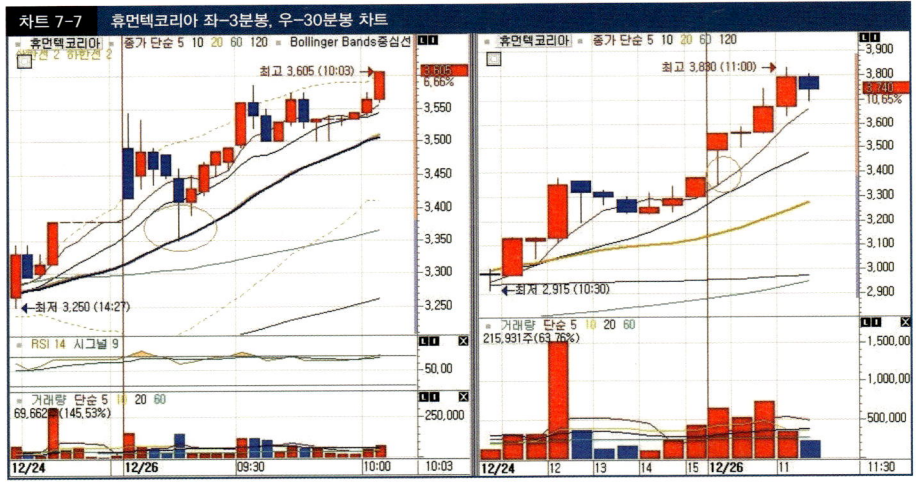

하위 봉인 3분봉과 30분봉의 비교 차트 그림입니다. 3분봉에서는 음봉이 나온 후 주가의 추세를 제대로 인지하기 어렵지만 상위 봉으로 봤을 때 그 추세를 비교적 쉽게 구별이 가능합니다. 초보시라면 한 가지 분봉보다는 일봉 차트와 함께 여러 상위 분봉을 통해 지지, 저항을 찾고 추세를 확인하시면서 매매하는 게 도움이 됩니다.

제8장
매매하려는 종목의 흐름을 보라

삼천리자전거

요즘 그나마 하락장에서 시장이 많이 호전되어 먹을거리 종목들이 많이 쏟아지고 있습니다. 제가 좋아하는 매매 패턴은 매수 후 바로 빠르게 움직이는 종목들을 선호합니다. 역배열이나 흐름세가 좋지 못한 종목들이라면 매수 후 움직임이 없거나 답답하여 특별한 일 없으면 거의 매수를 자제하는 편입니다.

주로 공략하는 종목들은 당일 기가 센 종목들 위주로 공략을 하며 늘 당일 상한가 종목이 어떠한 업종, 테마에서 나오나를 주시하였다가 재빠르게 매수 후 한입 베어 먹고 나오거나 상한가로 강하게 오전 10시 이전에 문 닫으면 홀딩하거나 상한가에 진입하더라도 고가권이거나 장중 상한가가 여러 번 풀리면 일부 매도 후 일정 물량은 앞전 캔들의 지지, 이평선, 첫 캔들의 머리, 시초가를 지지 여부를 보고 매도 단행합니다.

상한가를 가는 유형에서 제일 좋은 건 갭과 함께 빠르게 문 닫는 종목이 제일 좋으나 경우에 따라 장중 파동을 주거나 오전, 오후 일정 %까지 빠진 후 계속 상한가를 말아 올리면서 계속 상승세를 주는 종목들도 많습니다.

　남들 다 길 때 자기 혼자 날뛴 종목으로 고가권을 형성한 후 주가가 어느 정도 빠진 후 금일 앞전 저항선인 20일선을 가볍게 관통하는 힘이 발생하였습니다. 항상 차트를 볼 때 그 힘을 주시하여야 하고 강하게 이평선을 뚫는다면 주의 깊게 관찰하는 자세를 길러야 합니다.

　일단 매매할 때 이전에 시세를 기록했는지, 그냥 평범하게 상한가가 나왔는지 살펴보는 게 좋습니다. 이전에 강하게 시세를 분출했던 종목이라면 시세가 저문 후에도 강하게 치고 올라가는 습성이 있으니 시세를 보고 바로 매수보다 천천히 매매하시려는 종목에 대해 지켜보며 만약 주가 흐름을 모른다면 일단 월봉, 주봉은 아니더라도 일봉상 최근에 시세가 나온 흔적이 있는지 여부를 살피는 습관이 중요합니다.

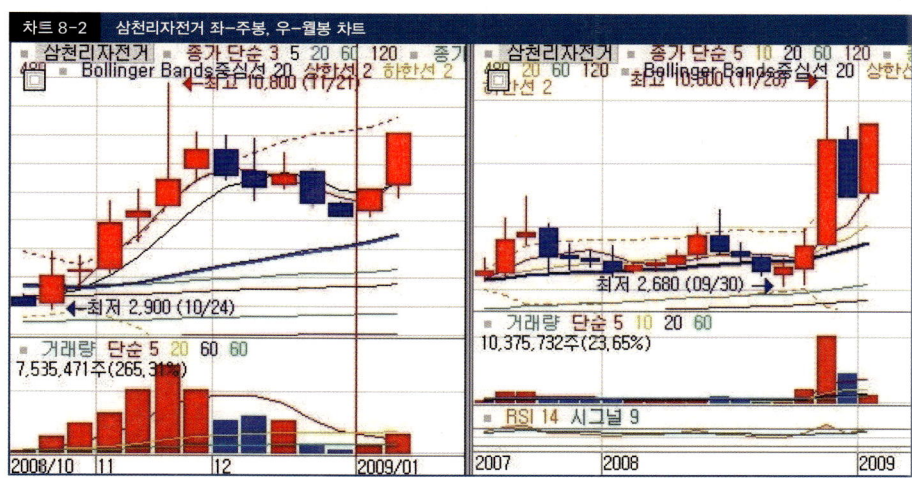

월봉, 주봉, 일봉, 분봉 할 거 없이 매우 환상적인 그림을 연출하여 과감하게 고가권에서 매수할 수 있었던 종목입니다.

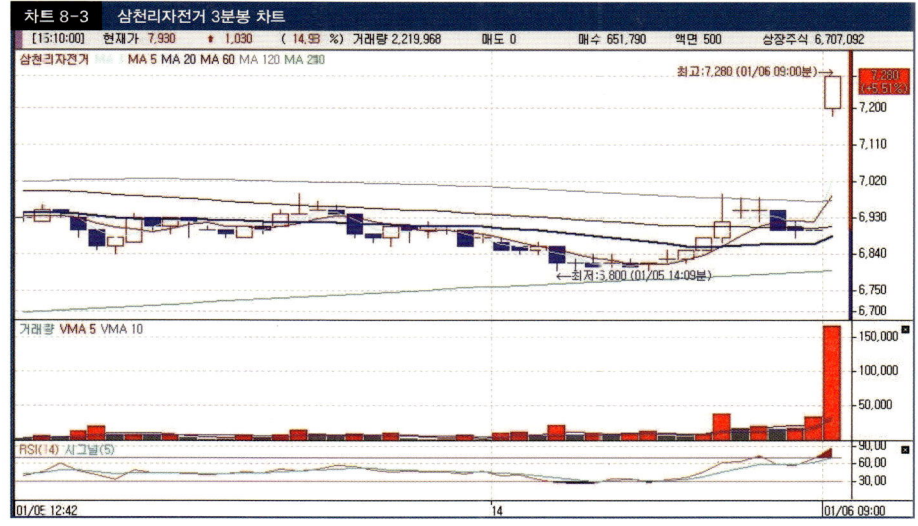

장 시작하자마자 갭을 동반한 캔들이 발생하였습니다. 너무 고가권이라면 매수 자체가 힘든데 적당한 가격대에서 시작한 게 기대감을 갖게 만들었습니다.

일단 첫 봉이 갭이 발생하면 그 갭을 깨는 힘이 발생해서는 안됩니다. 봉 하나하

나가 지지 라인이며 갭은 깨서는 안될 중요한 지지 라인이기 때문입니다. 만약에 그 갭을 침범한다면 그날 주가는 보나마나 힘없이 추락할 확률이 크므로 주의하여야 하며, 일단 위에 모습의 캔들이 발견되었다면 위의 캔들을 다음 캔들이 튼튼히 지지해 주면서 올라가는지 잘 관찰한 후 현재가창을 통해 빠르게 들어오는 매수세가 감지되면 추격 매수하며 적당한 수익권에 매도하실 수 있습니다.

스켈 매도의 범위는 짧게 매수 후 이전 봉보다 더 큰 봉을 그리며 강하게 클라이맥스처럼 치달아 오를 때 오름세의 속도가 둔화되면 매수세가 약한 걸로 판단 후 재빨리 매도하실 수 있으며 추세가 살아 있는 종목들은 한 방에 매도보단 좀 더 수익 극대화를 위해 일부 물량 매도 후 나머지 물량은 차트와 현재가창을 통해 힘의 강도를 보고 매도하실 수 있습니다.

위의 매도처럼 실행을 하시려면 많은 매매로 다져진 동물적 감각 있으신 분들만 가능하시고 감각이 둔하신 분들은 약간 늦은 신호로 그려지는 차트에서 나오는 이평선, 갭, 앞전 양봉의 머리를 깨는 음봉 보고 매도하시면 됩니다.

단타 칠 때 매수와 매도는 쉽게 말하면 달리는 육상선수들의 체력에 비유됩니다. 1000m 달릴 때 초반부터 200m 달리듯 급하게 달리면 그 선수는 보나마나 200~300m까지는 빠르게 속도를 유지하다 점점 속도의 탄력이 줄어들게 될 것입니다. 단타의 매도 순간도 빠르게 매수세가 체결되는 창을 보시고 이 매수세의 속도가 둔화된다면 곧 매도 시점의 임박을 예시하고 매도하심 되겠습니다. 이후 상승세가 주춤하다 다시 상승하는 경우도 있지만 대부분이 빠른 매수세와 더불어 매도 물량도 급속히 나오게 됩니다. 주가는 이렇듯 치고 달리다 쉬었다 다시 달리면서 계단식 상승을 시도하는 예가 많습니다.

다시 본론으로 들어가서 3분봉에서 첫 봉이 나오자마자 바로 시장가로 매수하면 만약 주가가 하락 시에는 몇 초 사이에 엄청난 손실을 입을 수 있으니 매수 안 하면 잃지도 않는다는 생각으로 첫 봉의 지지를 잘 보시고 대응하시면 되겠습니다.

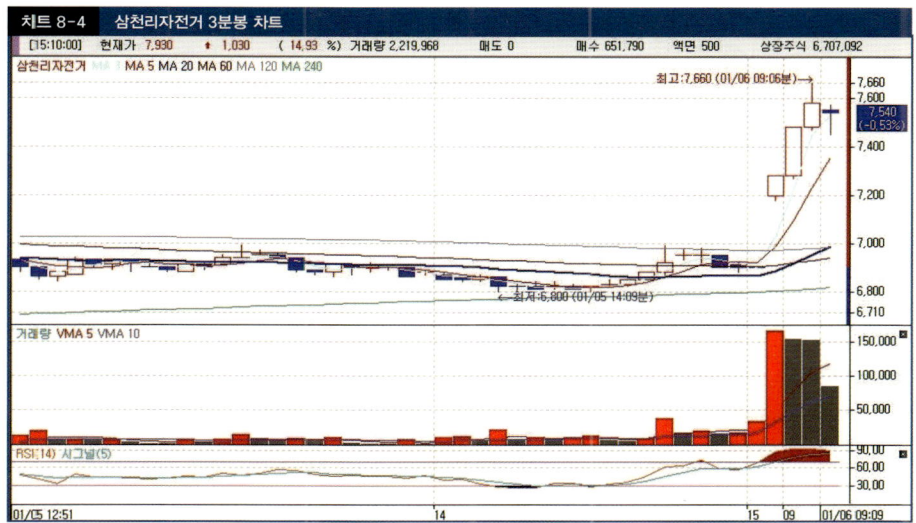

　위에 그림은 강한 매수세로 첫 봉이 나온 후 주가 급등 후 단타들의 매도 물량에 의해 잠시 주가가 밀리고 있는데 이러한 모습이 나오면 주가가 이전 봉을 잘 지지해 주는지 관찰한 후 이전 봉을 뛰어넘는 봉이 출현하면 과감히 추격 매수하여 수익을 취해야 합니다.

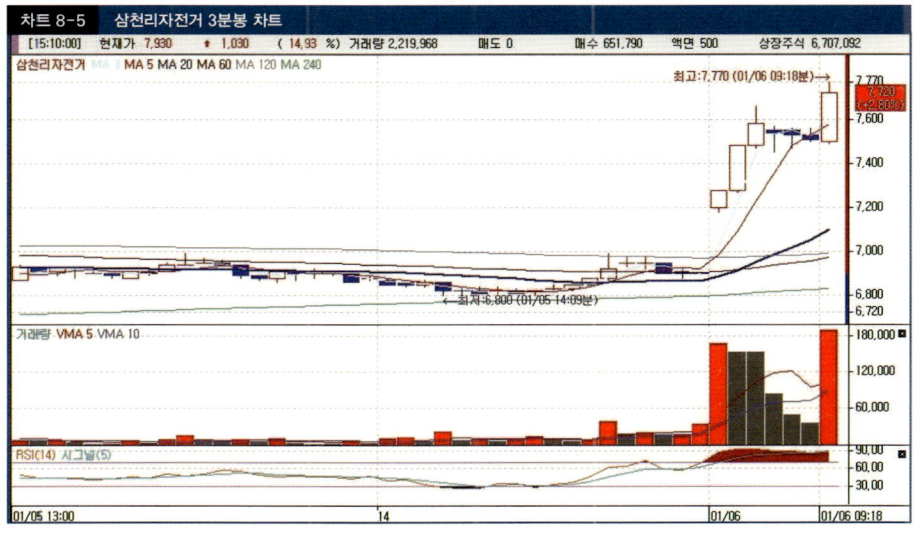

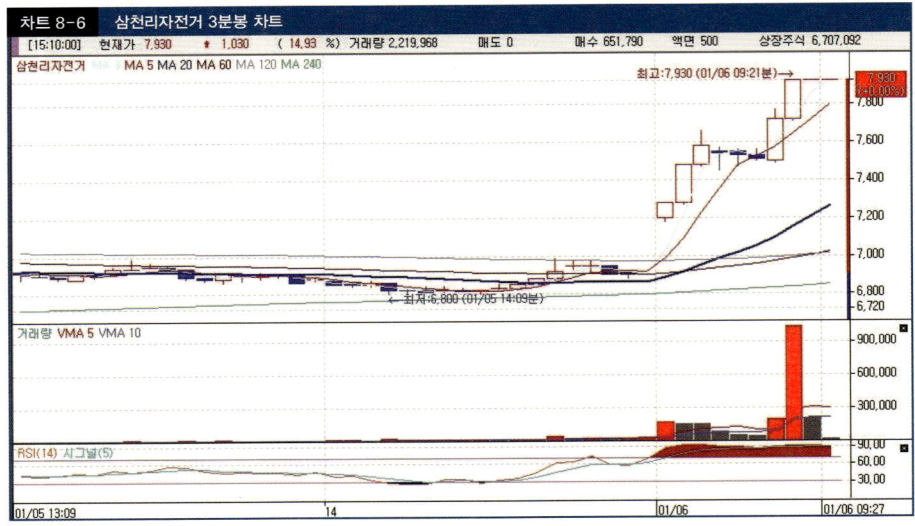

강한 매수세로 9시 30분 이전에 상한가로 마감한 모습입니다.

월, 주, 일, 분봉으로 완벽한 차트를 만들고 상승하므로 좀 더 확신에 찬 마음으로 보유하면 되겠습니다. 상한가로 날아가는 종목은 일단 상승 추세가 지속되더라도 다음 날 주가의 갭이 5% 미만으로 시초가가 시작된다면 보유 물량의 절반은 매도 후 시초가를 잘 지키는가 여부를 잘 보시고 장중 시초가를 위협하는 힘이 나오면 전량 매도하시고 재상승 기미가 보이면 그때 재매수하면 됩니다. 아무리 차트가 환상적이라도 언제나 급변할 수 있는 게 주식인지라 전날 상한가 매수 후 홀딩하신다면 가급적 이와 같은 원칙을 지키는 게 중요합니다.

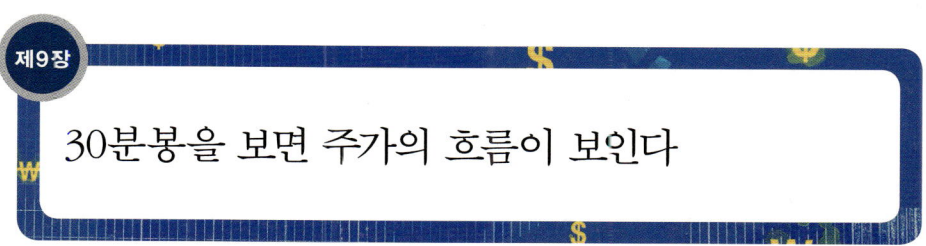

30분봉을 보면 주가의 흐름이 보인다

르네코

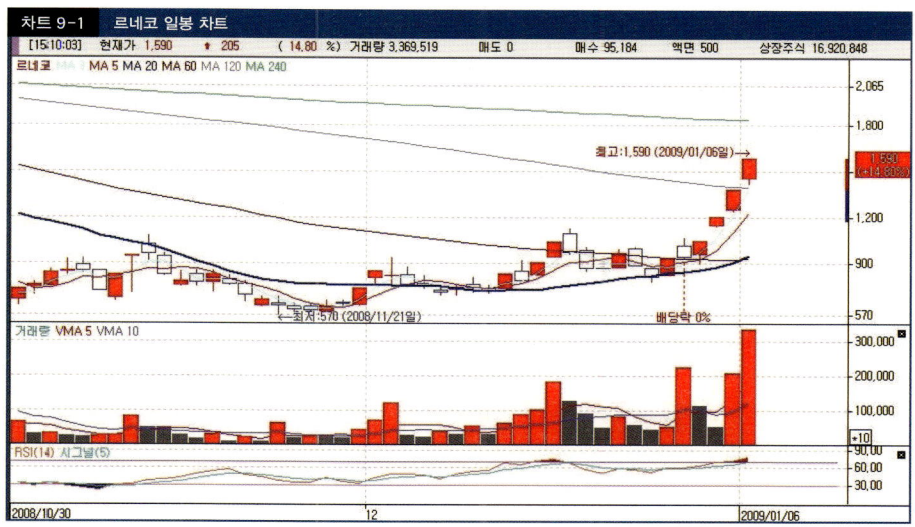

위에 종목을 보시면 상한가 나올 때마다 봉의 길이가 커지며 거래량 또한 같이 증가하는 모습을 보이고 있는데, 이는 체력의 한계를 드러내는 징조이므로 참조하시고 그렇다고 해서 바로 급락하거나 그렇진 않습니다. 보통 이런 상승 유형에서 흔히 볼 수 있는 게 주가 상승 시 위에 장기 이평선인 240일선이 있다면 보통 240일선까지 상승하려는 경향이 매우 큽니다. 그래서 중, 소형주에서 강하게 며칠 상한가 간 종목들을 쉽게 매매하게 되는데 이건 위에 말한 대로 그러한 경향이 크기 때문에 심리적 안정 속에 매매가 가능하기 때문입니다.

연속해서 상한가 종목에서 체크해야 할 부분은 저의 기준으론 다음 날에서 갭이 강하게 유지되어야 하고 봉의 크기 또한 변동성 없이 가는지 체크를 하며 테마주에 속해 있는 종목이라면 대장을 못 잡고 그 외 2등주를 잡았다면 당연히 대장주의 움직임도 면밀히 추적하면서 지켜봐야 합니다.

갭 하나로만 보더라도 그날 그 주가의 향방을 알 수 있기 때문에 매우 중요하며 봉이 커진다는 건 그만큼 상승 에너지 고갈을 의미하기 때문에 단타들에겐 좋은 먹잇감이 될 수도 있지만 일반적인 홀딩자 입장에선 심리적 불안감을 증폭시키므로 매도세에 의해 주가 상승에 브레이크 작용을 하기도 합니다.

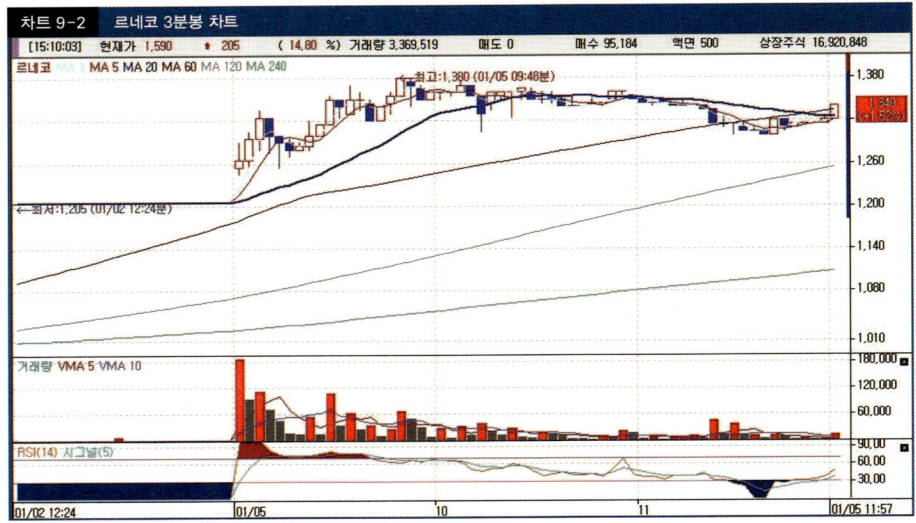

상승 힘이 좋은 종목들은 첫 봉을 잘 지지해 주는가를 잘 보시고 계단식으로 상승 후 11시 넘어가면 상승 탄력이 떨어지게 되는데 이때 하위 봉으로 보면 20분선을 깨거나 추세가 불안정해 보여 잡은 물량도 쉽게 토해 내게 되는데 좀 더 상위 봉을 봄으로써 추세를 확인하면서 심리적 안정을 꾀할 수 있음으로 늘 같이 보면서 매매하시길 바랍니다.

저도 내공이 부족한 관계로 한 화면에 작은 화면으로 쪼개서 한 종목에 3분봉, 10분봉, 30분봉으로 추세를 살피며 매매를 합니다. 밑에 차트는 상위 30분봉 차트이며 위에 차트랑 비교 시 추세 확인이 쉬워 상한가 진입 후 매도 물량에 의해 순간적인 급락이 오더라도 상위 봉에서 거래량과 지지 여부를 보면서 재빠르게 매수하거나 홀딩할 수 있습니다.

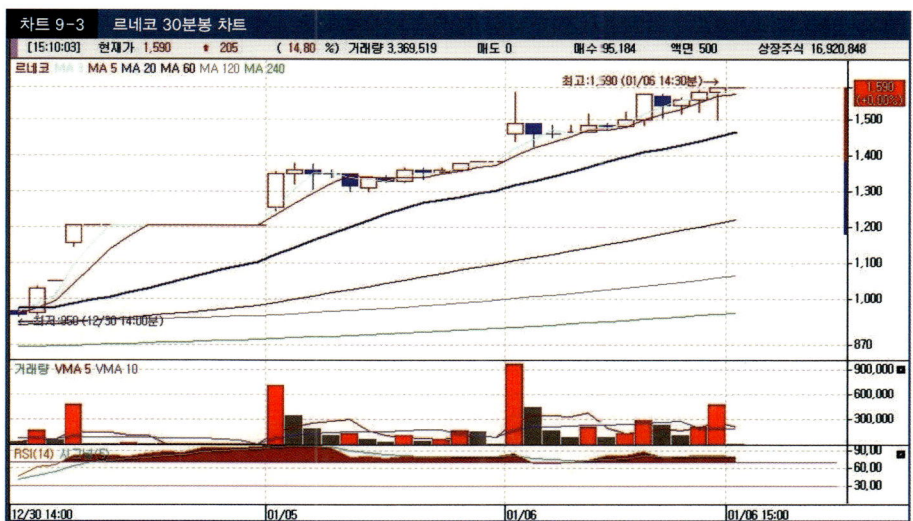

제10장
테마주 매매 방법

마이크로로봇

15일 미증시 영향으로 아침부터 갭 하락 시작하여 거의 모든 종목이 -4% 갭 하락하여 장 시작부터 한 방 얻어맞고 시작을 하였습니다.

전일 끼가 있던 종목들도 여지없이 -4% 한 방 먹어 아침부터 제법 큰 손실액이 발생하였습니다. 아침부터 운 없이 첫 손실에 당일 어떤 종목이 좀 오르나 등락률 상위율을 살펴보니 헬스케어 관련주로 분리된 유비케어, 비트컴퓨터, 인성정보는 동반 상한가를 보이며 강력한 테마 형성하였고, 이어 청호컴넷, 마이크로로봇이 폭락장에서도 시초가가 + 갭 상승하며 시작하였습니다. 전일 상한가 영향도 컸지만 어제 상한가 간 종목들 절반 이상이 나가 떨어진 폭락장에 시초가 + 냈다는 것에 나름 기대를 걸고 그중에 마이크로로봇을 선정해 매매를 시작하였습니다.

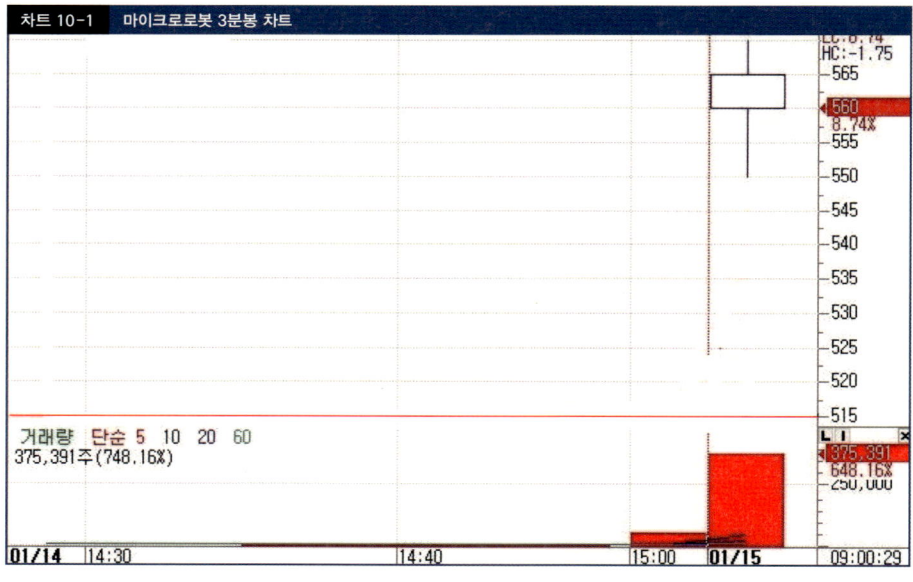

시초가 나온 후 바로 주가가 밀리기 시작하여 잠시 지켜보며 재빨리 일봉, 주봉, 월봉 등을 몇 초 동안 돌려 보며 위에 저항대가 있나 살펴보았습니다.

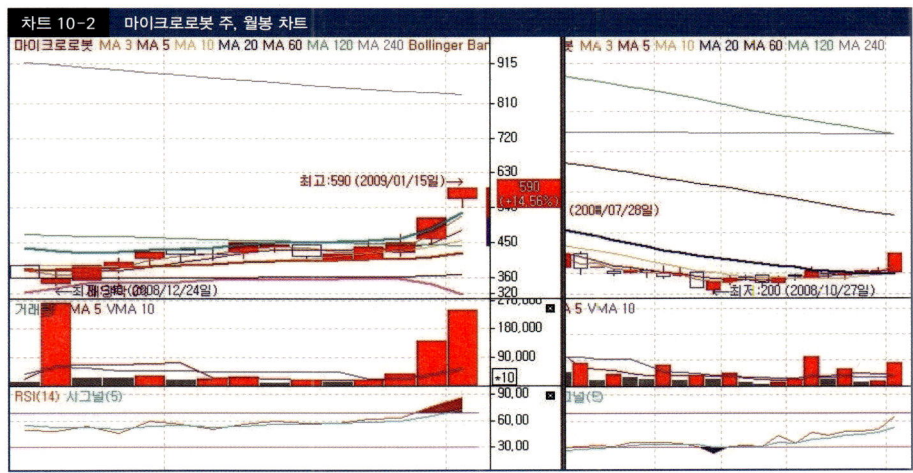

음... 차트를 보니 거의 환상적인 모습을 하고 있었습니다. 볼린저 밴드 안에 갇힌 주가도 전일 양봉에 이어 당일도 지지하는 모습에 어느새 저의 입가엔 미소가 흐르고 있었고, 좋은 재료에 관련주들의 흐름도 좋아 냉큼 매수 물량 세팅 후 매수 대기를 하였습니다.

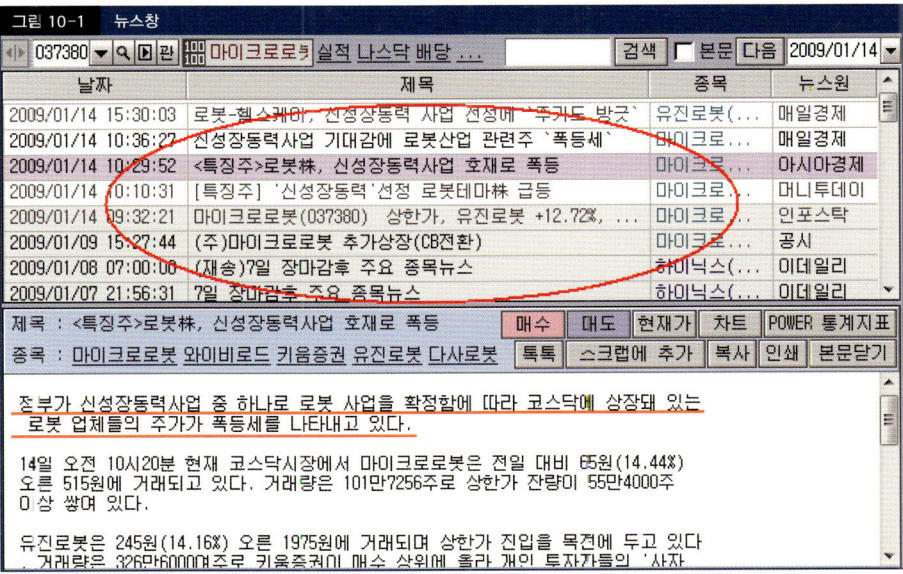

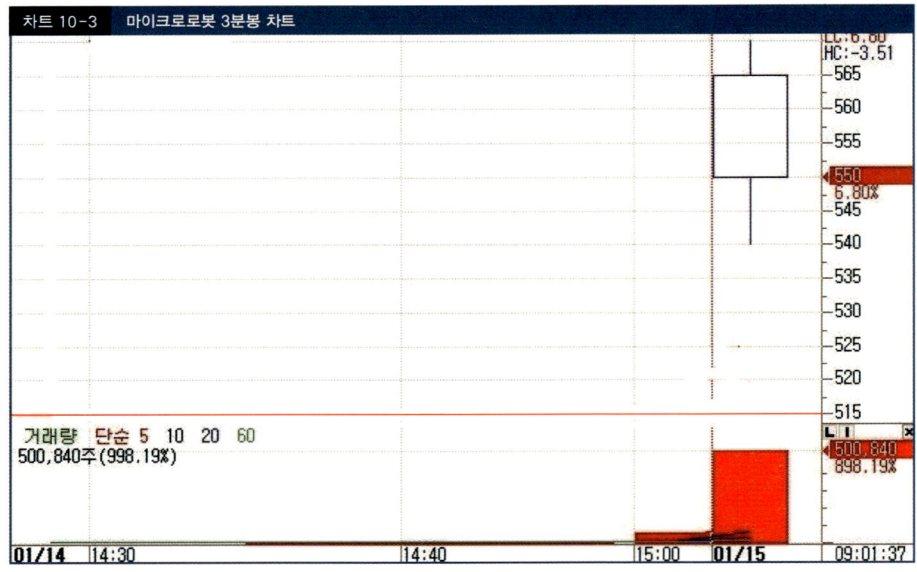

3분봉 첫 봉에서 밑꼬리 부근까지 장대 음봉을 빠르게 호가를 먹어 가며 장대 몸통을 먹어 치우기에 1차 분할 매수를 실행하였습니다.

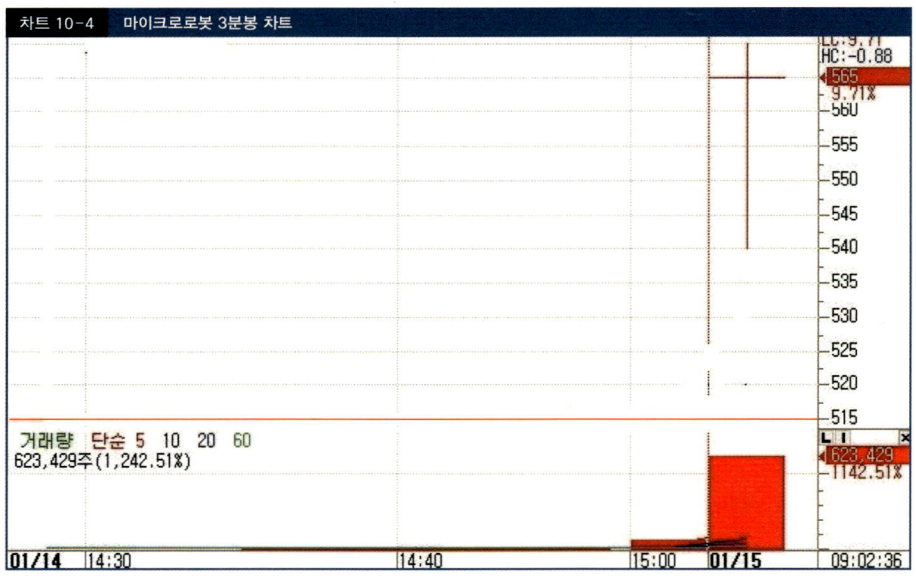

1차 분할 매수 이후에 빠르게 현재가창을 통해 매수세가 들어왔고 장대 음봉 몸통을 재빨리 먹어 치우는 힘의 역전 현상이 극대화되는 지점에 과감히 2차 분할 매수를 완료하였습니다.

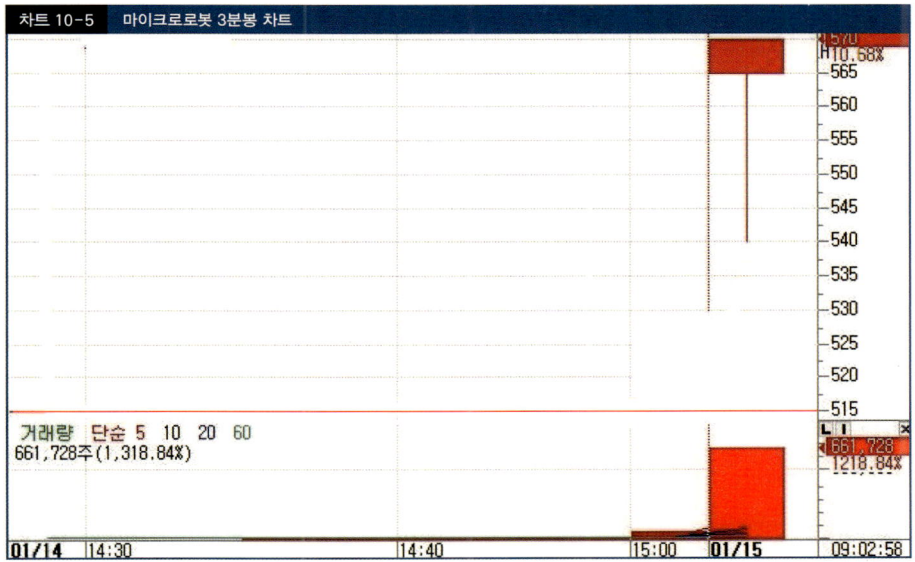

곧이어 장 시작 후 불과 6분 만에 강한 매수세로 인한 상한가를 가는 기염을 토해 내었습니다. 개인적으로 장이 좋을 때보다 장이 안 좋을 때 힘을 보여 주는 종목이 더 오래 강하게 가게 되어 있습니다. 또 반대로 장이 안 좋을 때 강하던 종목들은 장이 호전되면 시세가 저물게 될 확률이 높습니다.

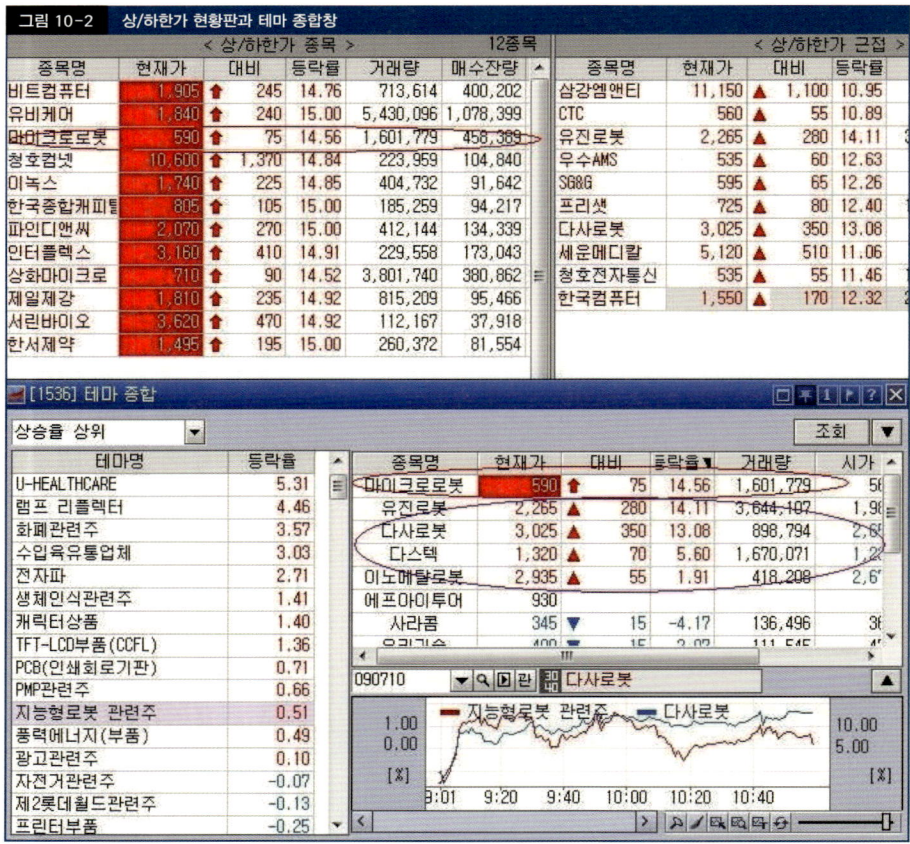

마이크로로봇의 힘에 따라 뒤이어 2등주들이 시세를 내뿜고 있습니다. 대장을 놓치면 2등주도 좋은 매매 대안입니다.

다사로봇

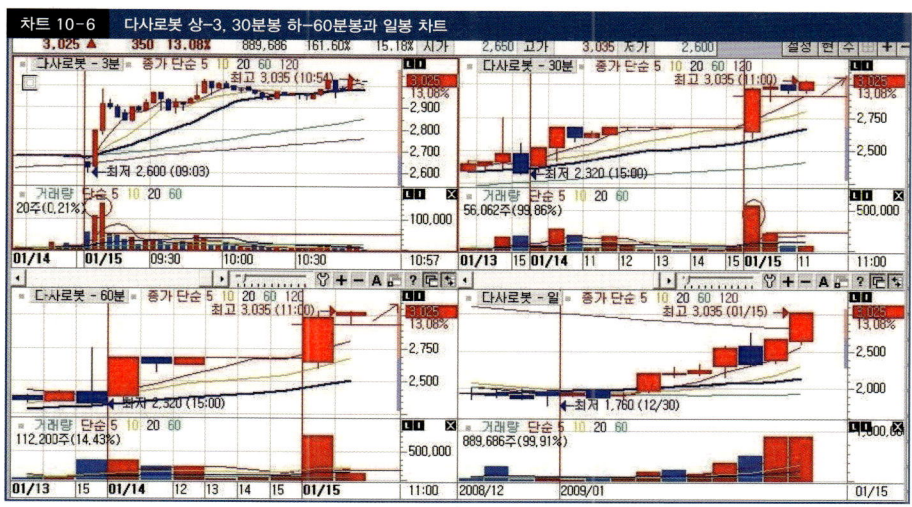

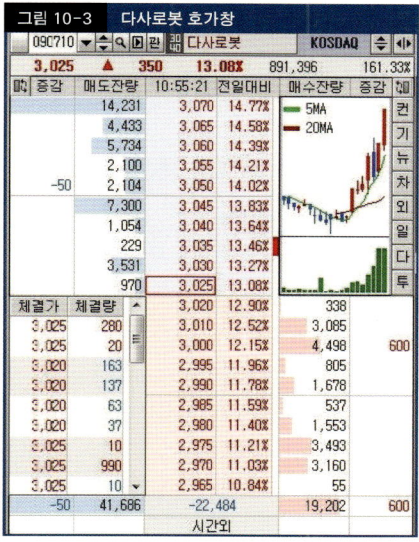

나름대로 잘 지지되어 상한가를 기대하였는데 지지선 이탈로 시세가 밀리는 모습입니다. 유심히 보아야 할 부분은 30분봉에서 첫 장대 양봉의 허리까지가 최대한 봐줄 수 있는 구간이며 이 라인을 깬다면 대부분 급락이 나오므로 주의해야 합니다.

좀 더 빠르고 확실한 매매 신호를 포착하시려면 3분봉, 30분봉 동시에 보시는 게 도움이 되며 3분봉에서 10시 이전에 상한가를 못 가는 종목들은 대부분 20이평선 지지도 시원치 않고 곧 받치던 20이평선을 관통하며 주가는 하향 곡선을 그리게 되므로 수익의 욕망으로 어설픈 매수 진입은 손실 극대화의 지름길이라는 거 잊지 마시길 바랍니다.

강한 트레이더라면 무조건 9시 30분 이전에 수익을 확보하여야 하며 10시 이후 장중 매매 시 수익이 나더라도 보통 짤짤이 수준의 %이며 수익률에 비해 매매의 난이도나 위험성은 오전 매매 위험 대비 수익률은 최악이니 가급적 장중 매매는 관망이 최선이며 오전에 첫 힘이 나온 종목에서 지지가 잘되는 종목을 선별하며 오후에 거래량을 내주며 우상향하는 종목 매매에 힘쓰셔야 합니다. 같은 시간대에 주가의 변동 종목은 동시간 대비 거래량 급증으로 순차적으로 검색해 보시면 쉽게 매매 종목을 찾을 수 있으며 경험 많은 트레이더는 자신만의 색깔로 검색식을 활용하여 매매하시면 됩니다.

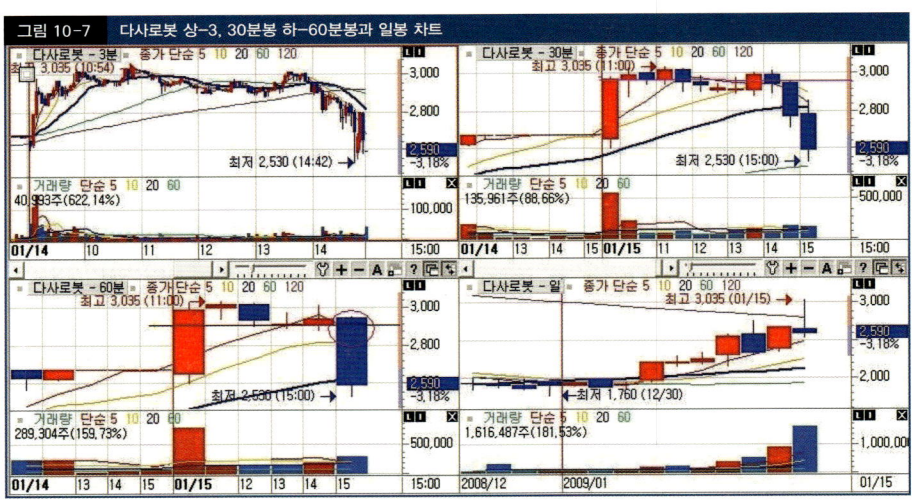

제11장

호가창 매매 방법

참좋은레져

밑에 그림은 참좋은레져를 매매하면서 캡처한 현재가창입니다. 현재가창을 보시면 매수합 대비 매도합이 많습니다. 보통 이러한 모습이라면 긍정적으로 보시어 곧 주가 상승이 있을 것으로 예상하여 매매할 수 있습니다.

보통 매수합 대비 매도합이 많은 상태에서 5호가 이상에서 특정 가격대에 대규모 매도 물량이 있으면 보통 그 물량대까지 빠르게 상승을 하는 경향이 있습니다. 반대로 매도합 대비 매수합이 많고 특정 가격대에 큰 물량이 받치고 있다면 보통 주가는 받치고 있는 가격대까지 떨어지게 됩니다. 이러한 현상은 세력들의 주가 관리 때문에 그러하며 이러한 호가 변화를 통해 매집 또는 물량 처분을 반복적으로 자행하면서 나타나기도 합니다.

매도 물량을 보여 주는 것은 자기 패를 속이고 겉으로 나 이 정도 물량 있는데 한 번 뚫어 봐라! 하는 것인데 자신이 매도하려면 굳이 남들 보이게 부담스런 매물대를 쌓지 않을 것입니다. 즉 매도, 매수는 보여 주는 호가창에 의해서가 아닌 보이지 않는 패에 의해 좌지우지 합니다. 따라서 보이는 매도 가격대에 물량이 많다면 '자, 이 정도 물량 있는데 뚫을 것 같으냐?' 하며 개미들의 투매와 진입을 막는 것이고 매수 물량이 많이 쌓여 있으면 '자! 나 이 정도로 받치고 있는데 주가 안 무너지니 안심하고 어서 좀 사 봐.' 하는 것과 같습니다. 따라서 보이는 거와 반대로 이해하며 매매에 적용하여야 합니다.

또 매도합 대비 매수합이 많은 상태에서 주가가 오르지 못하고 주가가 오히려 거래량은 터지면서 밀린다면 이는 세력의 물량 처분으로 바로 빠져나와야 합니다. 또 반대로 매도 물량이 많이 쌓여 있는데도 주가가 떨어지지 않고 매수세로 한 호가씩 먹어 들어간다면 이는 주가 상승으로 이어지는 경우일 가능성이 높으니 잘 관찰하여야 합니다.

　호가별 매수 잔량과 매도 잔량이 균등하게 쌓여 있는 경우도 있는데 그러할 때는 가급적 접근하지 마시고 관망하여야 합니다. 보통 이런 현상을 보이면 주가는 지지부진하며 오히려 하락할 가능성만 높기 때문에 차트와 현재가의 흐름을 보며 확신이 없는 구간이라면 일단 어설픈 진입보단 관망이 최선입니다.

[그림 11-1 참좋은레저 호가창]

　전일 상한가에 이날도 주가는 이평선을 타며 잘 상승을 그리고 있습니다. 이때 보아야 할 것은 의미 있는 거래량이 터진 첫 봉의 지지가 중요합니다. 가장 좋은 모습은 첫 봉의 머리를 깨지 않고 적당히 조정을 거친 후 다시 강한 거래량으로 재차 상한가에 들어가는 모습이 좋습니다.

1) 장대 양봉의 머리 위에서 주가가 지지되면서 조정을 보이면 가장 좋고
2) 장대봉의 허리까지가 마지노선입니다.

따라서 상승을 하더라도 허리까지 침범하면 보통 첫 봉의 하단까지 밀리는 경향

이 있으며 지지받는 듯하다 아예 시초가도 못 지키고 밀리는 모습을 보일 수도 있으므로 항상 매수 후 지지선을 잘 살려 나가는지 아니면 야금야금 지지선을 붕괴하면서 나가는지 잘 살펴보아야 합니다. 밑에 그림을 잘 보시고 생각해 보시길 바랍니다.

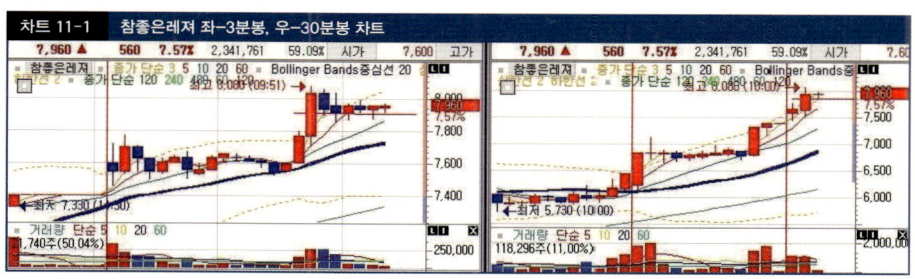

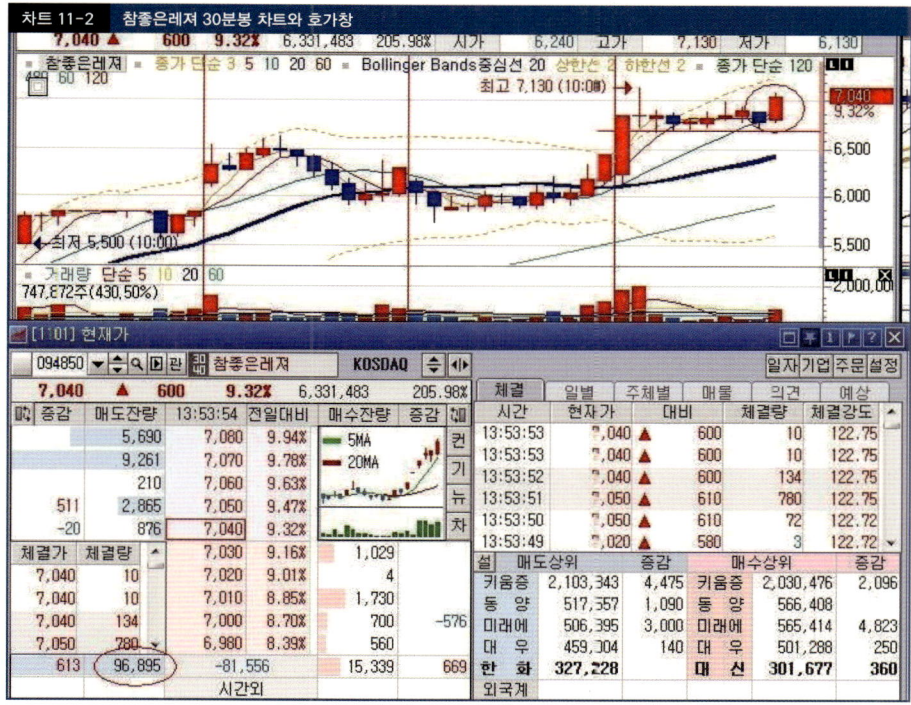

분봉상 장대봉의 지지로 재차 거래량이 터지며 양봉을 만들고 있는 모습입니다. 일봉상 그림을 보더라도 급등 후 주가가 쉬어 가는 패턴에서 바로 재차 힘이 개입되는 모습이므로 좀 더 자신감 있게 매수할 수 있는 조건입니다.

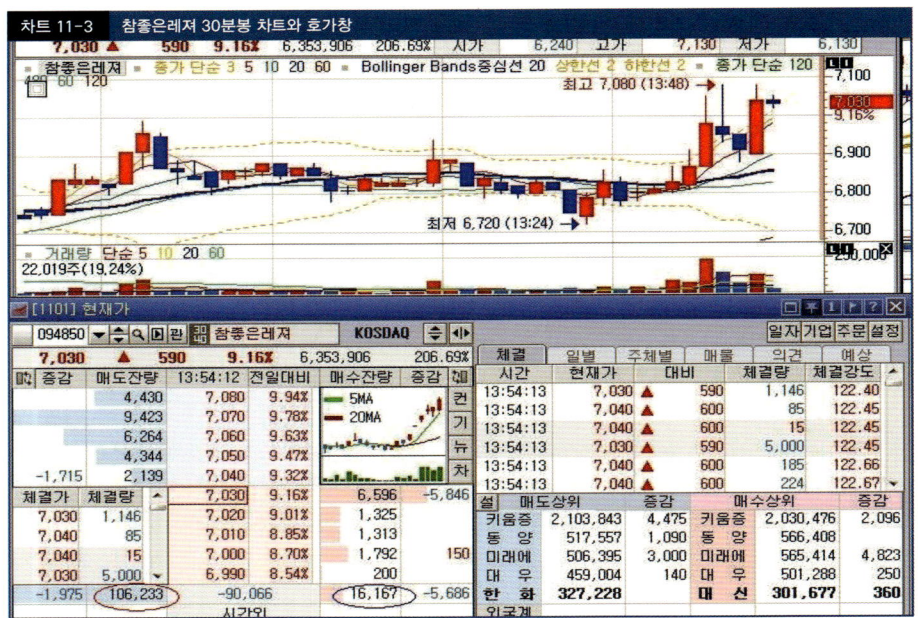

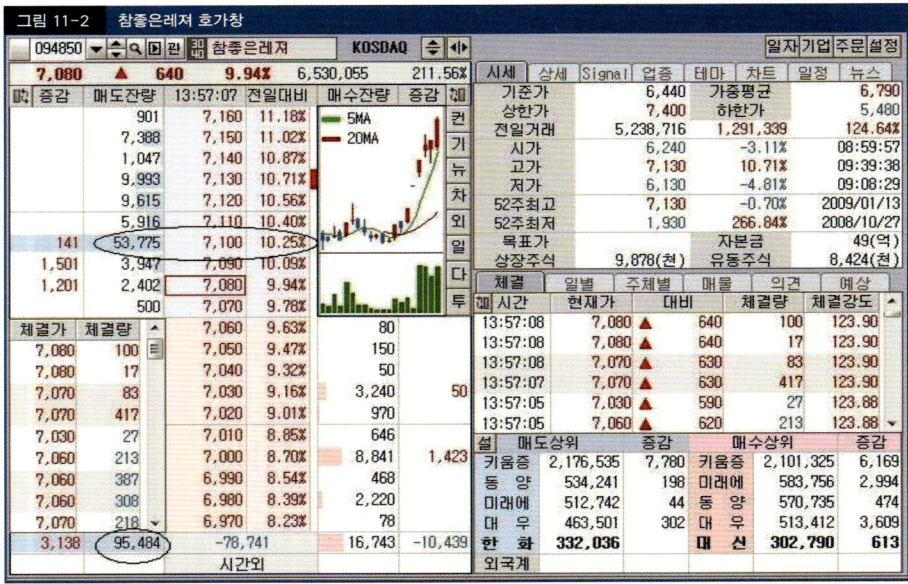

    총 매도 물량과 특정 가격대에 물량이 많은데도 오히려 주가가 더욱더 상승 가속도를 내고 있습니다. 적극 매수하여야 할 패턴입니다.

주식 타짜들의 노하우

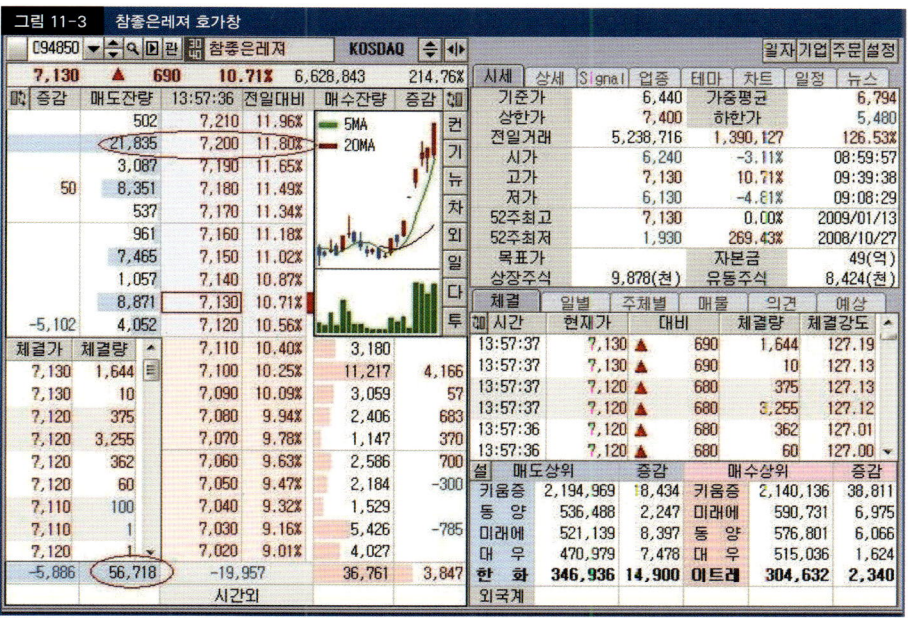

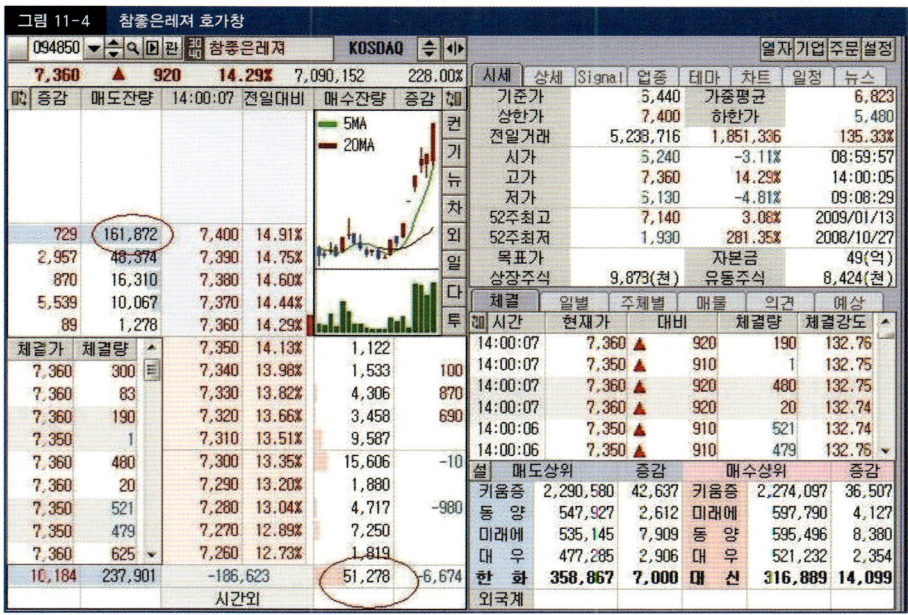

뒤늦게 보더라도 고점이라 겁을 먹을 필요가 없습니다. 일봉상 전전일의 가격대를 강력한 거래량으로 돌파하였고 분봉상으로도 안정적으로 매물을 먹어 치우며

079

상승하므로 강하게 매수해도 되는 그림입니다.

보통 분봉상 이러한 상승 패턴을 보인 종목들은 익일 갭 하한가 가는 일은 거의 없으며 다음 날 장대 음봉이더라도 보통 고점을 만들며 하락하기에 언제든 먹고 나올 수 있는 기회를 주므로 겁먹지 말고 하나하나의 매수 요건이 나타난다면 고민하지 말고 바로 신속히 매수하여야 합니다.

추격 매수는 이러한 종목에서 실행하는 것이고 매수 시그널이 나왔음에도 '고점이라 겁나서 매수 못하겠다!' 하시는 분들은 급등주를 먹을 수 없는 실력이므로 좀 더 경험과 공부를 통해 내공이 쌓여 확신이 들 때 매매에 참여하면 되겠습니다.

기회가 주어질 때 과감히 한입 먹고 나와야 진정한 승부사 자질을 갖춘 트레이더입니다.

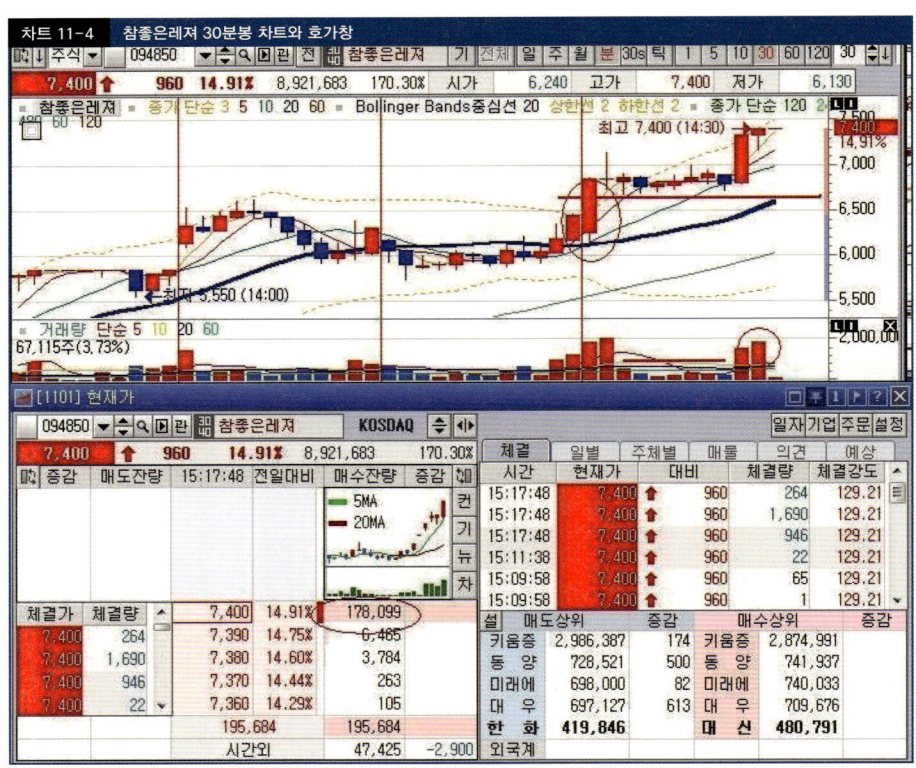

제12장 각봉에 대한 매매 방법

중앙디자인

저의 매매 스타일은 테마장일 땐 강한 놈 한 놈만 파는 스타일이라 여타 다른 종목으로 초단타는 가급적 삼가는 편입니다. 보통 매매를 많이 한 날에는 수익보다 깨이는 날이 더 많습니다. 특히나 오전 첫 매매부터 손실이 발생하면 이를 복구하려는 무리한 배팅을 하게 되는데 그런 심리 상태가 되는 날에는 거의 수익보단 손실로 끝나는 날이 많습니다.

오늘은 금일 매매 후 보유 종목으로 설명드리고자 합니다. 금일 아침 시초가가 좋게 시작하여 관심을 둔 종목이 중앙디자인입니다. 일단 필자는 초단타를 치더라도 일봉의 모양을 중시합니다. 그 이유는 어설픈 차트에서는 시세가 짧거나 제대로 된 종목의 흐름을 알 수 없기 때문입니다. 분봉에 같은 그림이 그려지는 차트라도 일봉의 모양, 주봉의 모양에 따라 상승 강도가 다르기 때문입니다. 같은 소고기더라도 1등급이 있는 반면에 또 낮은 등급의 소고기도 있는 것처럼 주가도 이러한 특성을 가지고 있으므로 항상 매매할 때 제일 1순위는 테마주가 됩니다.

가장 빠르게 불을 붙이고 출발하는 종목이 바로 이러한 종목들이며 이러한 종목에서 시세의 탄력성은 일반 종목에 비해 엄청나므로 같이 상승하더라도 늘 매매의 1순위는 급등 경력이 있는 테마주가 됩니다. 장 시작 후 등락률 순위에서 시초가가 매수 요건에 드는 흐름이 나오면 재빨리 일봉 차트를 봅니다. 며칠 전에 점상이 나올 정도로 강하게 상승하며 조정 후 20일선에서 지지 후 금일 5일선을 탈환하는 힘이 개입되기 좋은 모양을 갖추고 있었습니다.

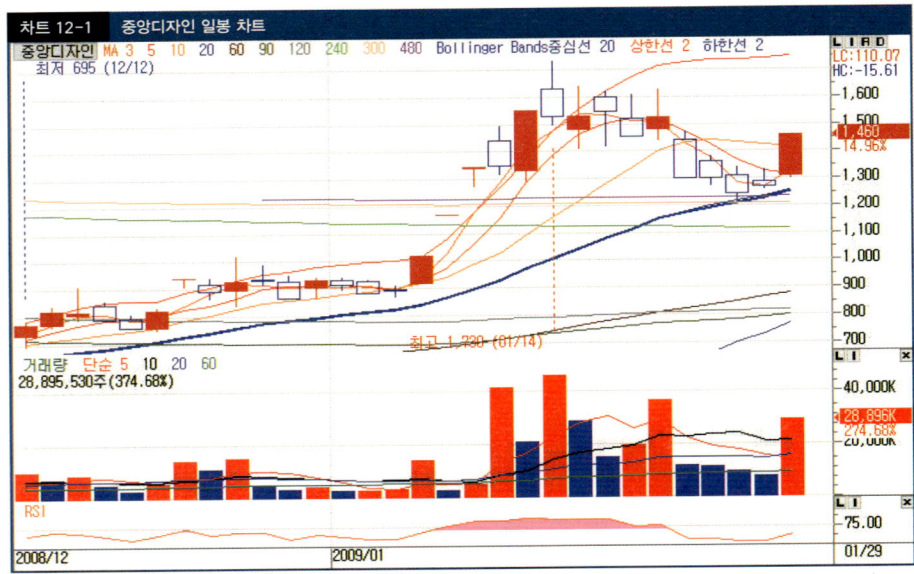

　밑에 차트는 중앙디자인 차트입니다. '왜 일봉만 보지, 뭐하러 귀찮게 주봉 차트 보느냐?' 하시는 분들도 더러 계실 겁니다. 주봉 차트는 매매할 때 저항과 지지를 찾는 중요한 차트가 됩니다. 즉 일봉상 위에 저항대가 없어 상승 추세가 좋더라도 주봉에서 상위 이평선이나 볼밴 상단선이 강력한 저항선 역할을 하기에 상한가 공략할 때도 일봉상 흐름이 양호해도 주봉을 열었을 때 주가 바로 위에 저항선이 있으면 거의 그 저항 라인의 돌파보다 위꼬리를 달고 주가가 하락하는 경우가 매우 많습니다.

　따라서 현명한 투자가라면 초기 강한 종목을 잡으려면 위에 매물 라인이 있는지 항상 살핀 후 자신이 본 라인대에서 주가가 주춤한다면 일단 일정 물량 정리 후 주가 추이를 지켜보다 낌새가 안 좋으면 전량 매도 후 그 라인 돌파 후 지지된 연후에 들어가시는 게 현명한 투자자의 자세입니다. 밑에 중앙디자인 주봉을 보시면 장기 이평선이 밀집이 되어 강력한 지지 라인이 형성되는 걸 확인할 수가 있습니다. 제가 장 막판에 재차 배팅한 이유도 다 이러한 연후여서입니다.

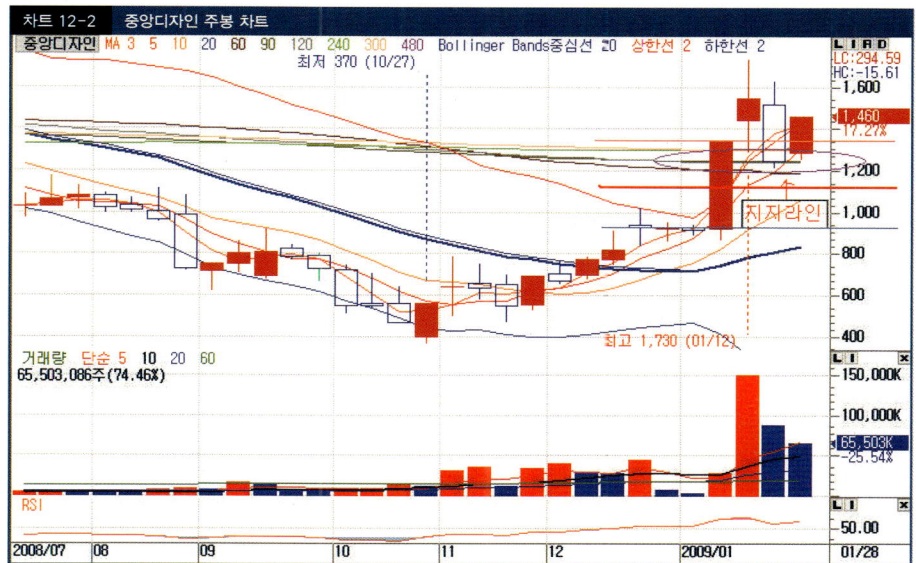

일단 분봉으로 돌아와서 왜 시초가가 좋았는지 알아보도록 하겠습니다. 일단 전일 주가가 기는데 금일 갭으로 모든 저항대를 돌파하는 힘으로 시초가가 탄생하였습니다. 일단 주목 후 바로 매수보다 다음 봉 나오는 모양을 본 후에 진입하는 게 좀 더 안전한 투자 방법입니다.

첫 봉의 짧은 양봉 이후에 주가가 떨어지지 않고 저점을 높이며 이평선의 이격을 줄인 채 재차 상승각을 높이는 단봉의 양봉이 탄생하였습니다. 필자는 이때 공략을 하였는데 공략 후 점점 봉의 크기가 커지면서 거래량이 증가하는 모습을 볼 수 있습니다. 상승하면서 거래량이 증가가 없다면 주가는 대부분 상승 탄력이 약해져 하락할 가능성이 커집니다. 이날 현재가창은 정말 예술이었습니다. 커다란 매수 물량이 초고속으로 체결되면서 중간중간 매도 물량이 나와도 곧바로 강력한 매수 물량이 빠르게 체결되어 상한가까지 가겠구나 생각을 하였습니다. 상승할 때 봉의 모두 양봉입니다. 너무나 아름다운 모습입니다.

거래량 체결량이 더욱더 빨라지면서 중간중간 추가 물량을 매수하였고 상한가 진입 후 2~3초 후 큰 매도 물량과 상한가 물량 취소가 빠르게 전개되어 곧 상한가 진입 후 주가는 빠르게 하락하였습니다. 저는 이때 위어 현상을 목격 후 재빨리 전량 매도하였고 현재가창에 이후 허매수 물량이 설치면서 주가는 하락을 하였습니다. 보통 고점에 큰 매물 후유증 없이 완만히 하락하면 10시 이전에 20이평선 지지되는 확률이 커지나 보통 10시 넘어가면 상승 탄력이 떨어져 대부분 20이평선 지지 없이 하락하니 이평선만 믿고 받치는 매수는 절대 해서는 안됩니다. 이후 이 종목은 관심 등록 후 장중 주가의 흐름을 지켜보다 장 막판에 재공략을 하였습니다.

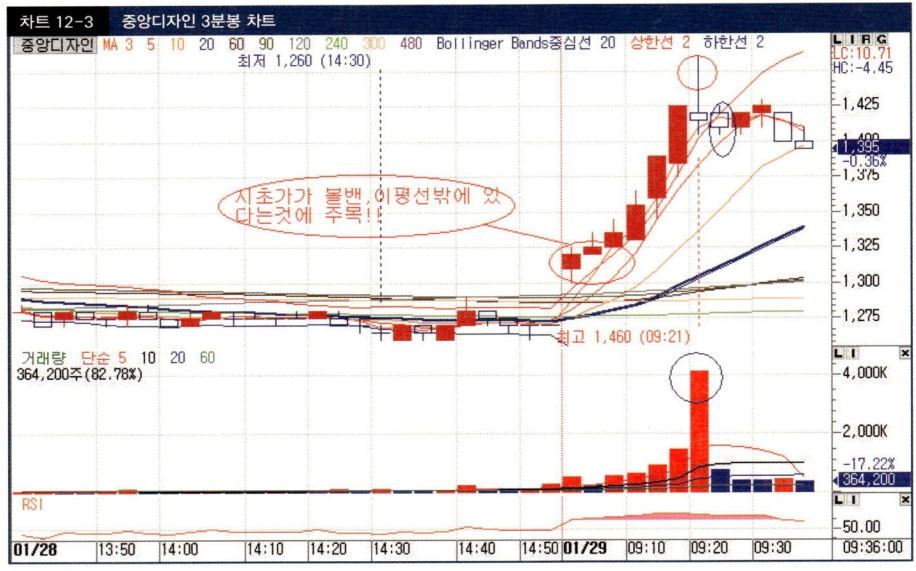

1번째 상승 파동이 나온 후 어설프게 추격 매수하여 -1% 손절을 하고 지켜보았습니다. 이후 20이평선 지지로 n자형 전형적인 눌림목 패턴이 완성이 되었습니다. 이때 계속해서 현재가창을 주목하다 큰 물량의 매수 물량이 체결이 빨라지는 걸 보고 재빠르게 매수한 후 1차 매도 시점을 1차 고점인 볼밴 상단선으로 잡았으나 급속한 매수 체결량으로 주가는 급등을 하여 보유하다 현재가창에서 주가의 매수 체결 속도가 줄면서 매도 물량이 나오는 순간 일부 매도 후 지켜보다 분봉상 상승 고점 지지를 확인한 후 재차 추가 매수하여 상한가에 진입하여 보유한 종목입니다. 장중에 하위 분봉, 상위 봉, 일봉과 같이 보므로 한눈에 지지와 저항 추세를 여유롭게 보며 장 막판에 상한가에 확신을 갖고 매매한 종목입니다.

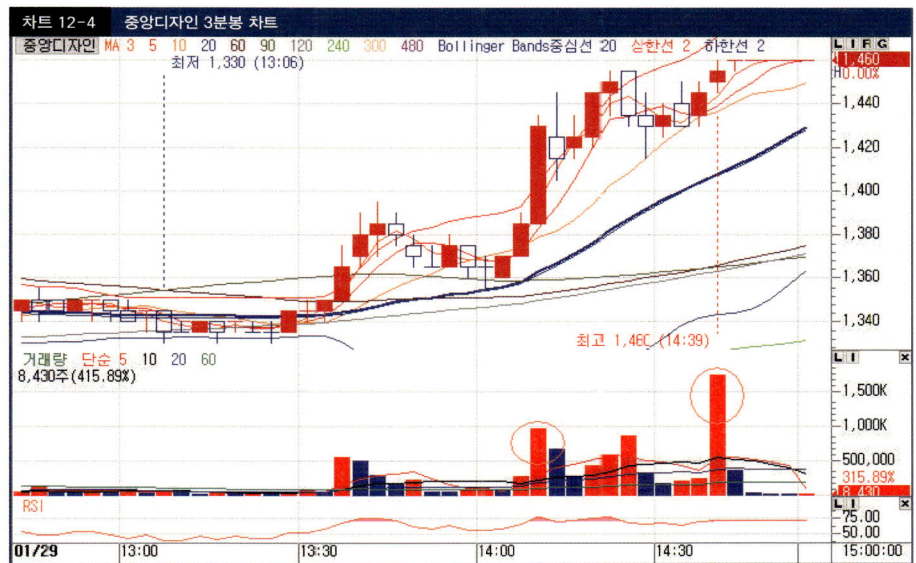

세방전지

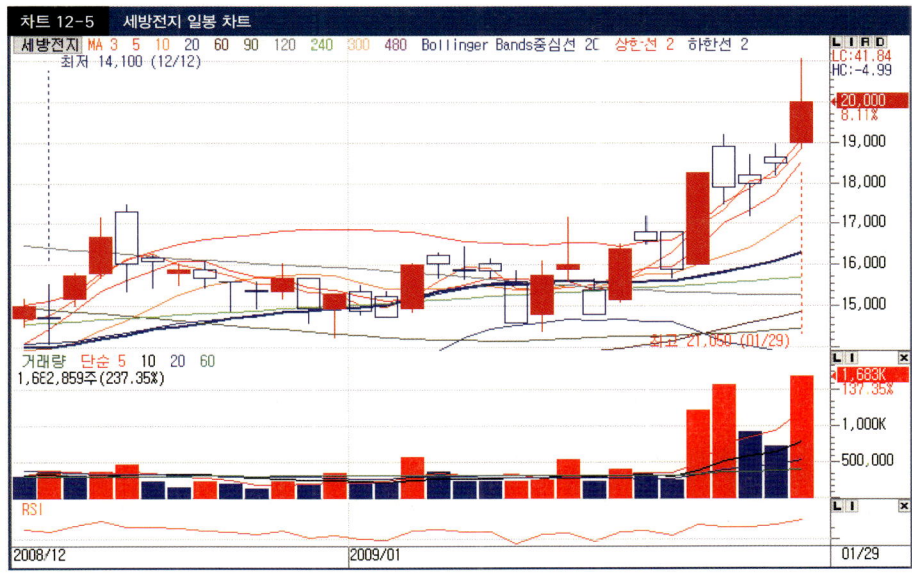

　세방전지도 오전부터 관심 있게 본 종목입니다. 주가의 위치와 차트상으로는 급등이 나올 수도 있는 모습을 연출하여 이 종목은 지속적으로 체크해야 할 종목입

085

니다. 이 종목은 조금 길게 보유하려고 오전부터 일부 물량 매수 후 현재 보유하고 있는 종목입니다. 매수 이유는 일, 주봉상 강력한 저항선인 볼밴을 돌파 후 지지의 모습으로 이후 큰 시세를 줄 수 있는 모양을 갖추고 있기 때문입니다. 금일 위꼬리에 일부 팔까 고민도 하였지만 이왕 확신 있게 가져가는 거 주가의 흐름을 본 연후에 30분봉상 단기 이평선인 10 또는 20이평선을 깨지 않는 한 지속적으로 물량 축소와 재매수를 통해 가져갈 생각입니다.

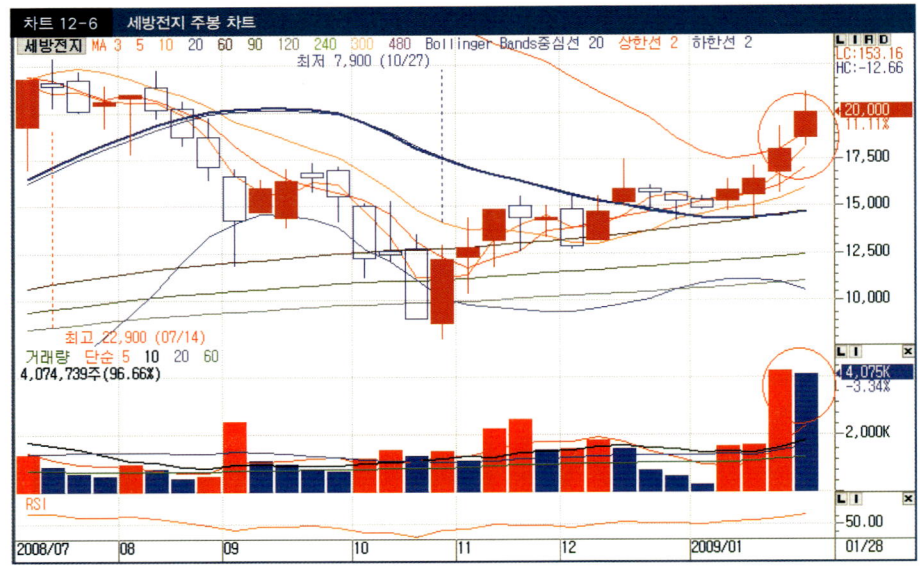

밑에 차트는 60분봉 차트이며 일봉으로 주가의 흐름을 보기 어려운 분들께서는 일봉보다 상위 분봉을 통해 흐름을 확인하시면 좀 더 쉬운 매매를 하실 수 있습니다. 금일 매수한 이유가 다 나온 분봉 차트입니다. 힘이 개입된 양봉의 머리 부근에서 놀다 금일 볼밴 위에서 양봉으로 시작. 봉의 커짐으로써 상승예감. 앞으로 이 종목은 이러한 모양으로 재차 상승 조정을 반복하면 지속적으로 상승 가능성이 크므로 관심 등록 후 지속적으로 주가를 관찰해 나가면서 수익을 쌓아 나가 보시길 바랍니다.

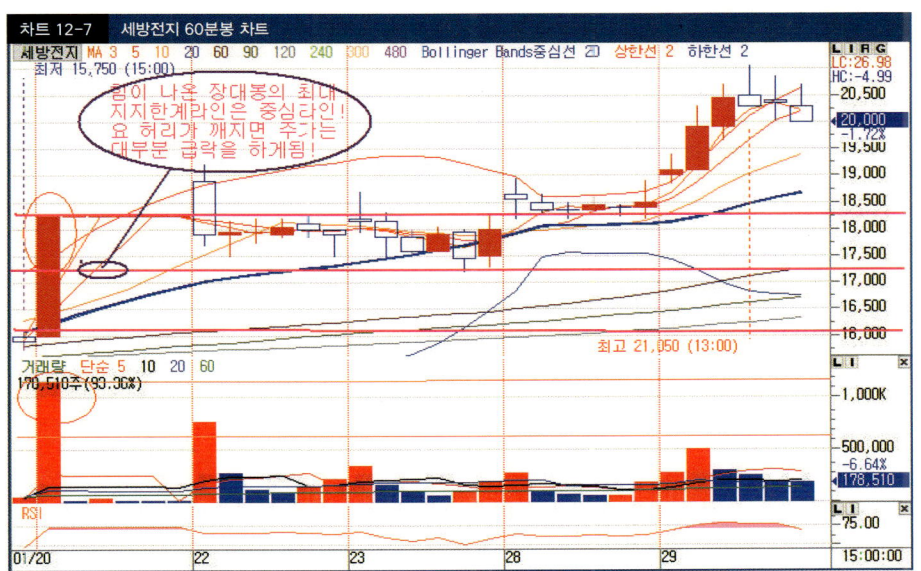

 쉬어가는 코너

불패의 매매 비책이란?

　보통 일반적으로 주식에 관심 갖게 된 계기는 재테크 수단으로 투자 대비 수익이 높기 때문이다. 그래서 많은 사람들은 주식을 선택하고 선호한다. 수많은 재테크 서적을 보지만 수익률이 시시한 금융 상품들 위주고 장기간에 걸쳐 꾸준한 노력으로 이어져야 비로소 책에서 말한 수익률이 나온다. 그러나 장기간 재테크를 하면서 늘 변수가 있기 마련이고 자신이 원하던 원치 않던 장기간에 걸친 재테크란 허울 좋은 떡이 되기 십상이다. 늘 그렇듯 단지 상위 몇%만 하는 그런 것이다.

　돈을 굴리는 방법 중에 투자 대비 고수익을 내려면 보통 3가지를 떠올리게 된다. 보통 주식, 부동산, 사업 이렇게 3가지이다. 부동산은 투자금이 높고 또 장기간 걸쳐 기다림이 있어야 하기에 일반인이 여러 채 사고팔기보단 일반적으로 1채를 빚으로 구입 후 전세 주고 자신은 전세로 살다 자신이 구입한 아파트 가격만 막연히 오르길 기다리는 방식이다. 사업은 투자 대비 잘하면 대박이지만 확률적 범위에서 성공하기 힘들고 안정적인 수익원이 나오는 사업일수록 투자 대비 비용이 커지는 단점이 있다. 그중 소액으로도 일반인들이 쉽게 소액으로 단기간에 고수익을 얻을 수 있는 주식을 많이 선호한다. 잘만 하면 큰돈을 만질 수 있기도 하지만 잘못하면 그만큼 고수익 고위험 구조 덕분에 깡통 차기 쉬운 룰을 가지고도 있다.

　이러한 주식도 주가가 비싼 주식일수록 투자 대비 수익률은 적고 또한 변동성이 적다. 하지만 저가주일 경우 투자 대비 수익성이 높은 반면에 그만큼 리스크를 안고 있다. 일반적으로 개인들이 선택하는 주식은 대부분이 코스닥 저가주 위주이며 테마주를 많이 노리게 된다. 투자 대비 소액으로 그만큼 빠른 투자 수익을 올릴 수 있기 때문이다.

　하지만 주식 투자의 게임상 다수가 돈을 잃고 일부 소수들만 돈을 벌어가는 전통을 가진 시장이므로 많은 이들이 시장의 확률상 돈을 잃을 수밖에 없는 근본적인 구조를 안고 있다. 화투를 칠 때도 그렇지만 자신이 돈을 잃을 거라 생각하며 게임에 참여하는 사람은 없다. 대부분 부푼 희망에 차 수익률을 꿈꾸며 게임에 참여하는 것이다. 이는 모든 일에도 적용된다. 그럴싸한 겉모양으로 모든 이들이 돈을 벌 수 있는 것처럼 보이고 꾸미지만 실제로 게임에 오랜 기간 투자해 본 투자가라면 이곳이 불공정하고 수익을 얻기 힘든 게임장이라는 걸 느끼게 된다.

인간의 심리상 주가가 싸져도 하락세이기 때문에 매수를 주저하게 되고 또 그렇다고 주가가 상승한다고 해도 이미 비싸진 가격 때문에 또 대수를 주저하게 된다. 그리고 해당 주가가 비싸진 가격보다 훨씬 더 많이 상승을 하면 이내 겁을 먹게 되고 겁을 먹게 된 이후로부터 더 멀리 주가가 고공행진을 벌이면 개인들은 이를 참지 못하고 매수에 동참하게 된다. 매수는 자신감 넘치는 확신으로 나온다. 겁이 난다면 무리하게 투자할 필요가 없는 것이다. 분할 매수가 무엇인가? 바로 이럴 때 써먹는 방법이 아니던가.

또 투자금 날려도 아쉽지 않는 돈으로 투자하라고 수차 말하지 않았던가? 매수를 주저하는 이유는 꼭 잃으면 안되는 금액으로 배팅하기 때문에 초초해지고 불안감에 타이밍이라는 타이밍은 다 놓치게 된다. 또 큰 폭의 손실을 입었을 땐 그야말로 절망의 나락으로 빠져들게 된다. 보통 이때 초보 투자가들은 모든 일에 대한 의욕이 사라져 버리고 사는 게 사는 것처럼 안 느껴지는 시기이기도 하다. 심하면 자살 충동까지 일어나게 된다. 자기 파괴 본능이 절실히 들어나는 게임이 바로 주식 게임인 것이다.

이러한 게임에서 이기기 위해 필자가 얘기하고 싶은 건 바로 주식 격언대로 투자하라는 것이다. 격언을 모두 알 필요는 없다. 그중 맘에 드는 것만 몇 가지 이해하고 지키기만 하면 되는 것이다. "상승장에 매매하고 하락장에 수는 것"이 투자 원칙이라면 그렇게 해야 하며 "10% 수익 나면 판다"라는 단순한 기준을 세웠으면 더 상승할 것 같더라도 팔면 그만이다. 완전히 확실한 원칙은 사실 존재하지 않는다. 그저 욕심에 기대어 어느 정도 조율할 뿐이다. 필자도 더 갈 거 같음 원칙이건 나발이건 일단 욕심과 어느 정도 타협을 한 후 배팅을 하게 된다. 시장이 강세라면 큰 수익을 주지만 어설픈 감에 의한 매매일 땐 오히려 큰 손실을 발생하기도 한다. 투자 원칙이라는 건 반복되는 손실을 막기 위한 최소한의 장치인 것이다. 일정한 룰을 정하면 그 룰에 벗어나는 위험을 피할 수 있게 된다. 따라서 위험을 최소화하고 확률 있는 환경에서 매매하므로 수익을 낼 수 있는 것이다.

일반적으로 개인들이 착각하는 게 상승장에 어영부영 편승해서 나름 공부하고 분석한 자료로 투자를 해서 수익이 나면 자신의 실력과 매매 기법에 감탄을 하고 그러한 기법에 의해 수익을 났다고 생각하는 경우가 많은데 따지고 보면 상승장에선 어떤 매매를 해도 수익이 난다. 음봉에 매수해도 수익이 날 수 있는 조건 값을 가지고 있고 양봉에 매수하든 뭘 하든 수익이 발생할 확률이 크다. 상승장에서 수익을 번 투자가라면 그 기법을 과시하고 자만하게 되고 이때 보통 수백억 부자가 된 것처럼 늘 자신감에 넘치고 전업을 가장 많이 생각하는 시기이기도 하다. 하지만 그러한 꿈은 하락장이 오면서 곧 물거품이 되어 버린다. 상승장에서 잘 맞던 불패의 매매 기법이 하락장에선 전혀 통하지 않기 때문이다. 또 이러한 단순한 시장의 룰을 알기까지 기나긴 체험이 있어야 비로소 통찰로 이해하게 된다.

이 글을 읽는 투자자라면 매매 기법이 얼마나 비효율적 기법인지 이해하기 바란다. 수익률 수천% 되는 사람들이 책을 쓰거나 대회를 나가 수백, 수억을 벌면 그 사람의 기법을 찾으려 하고 또 그 기법을 알면 자신도 돈을 벌 수 있을 거라 생각하는데 전혀 그렇지 않다. 여러분들이 찾는 백전불패의 법칙이 있다면 그것은 아마 상승장에서 매매하는 단순함일 것이다. 주식 격언 중에 "시장에 순응하라." 이 말이 주는 뜻만 잘 이해한다면 굳이 피 같은 돈과 엄청난 시간을 공들일 필요가 적어지는 것이다. 이 말은 시장이 강세라면 시장의 흐름대로 수익 주는 장이므로 수익 내면 되고 반대로 하락장이라면 수익 내기 어려운 장이므로 잠시 쉬는 게 돈 버는 길이라는 걸 알 수 있다. 길게 공부하고 백전불패 기법을 찾아 분석할 필요가 없다. 우리는 그저 시장이 수익을 주는 장인지 아닌지만 구분하고 투자하면 그만인 것이다.

제13장
지지와 저항

대한은박지

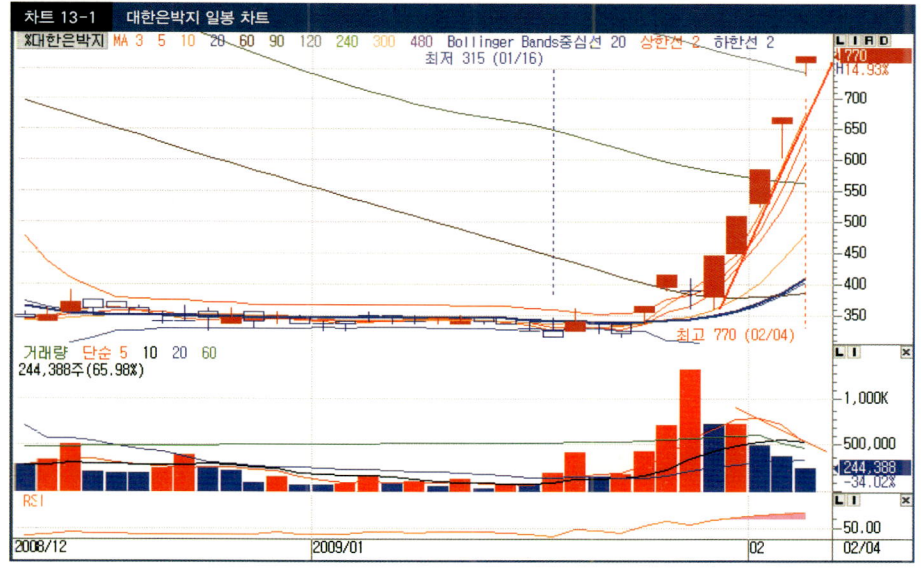

차트 13-1 대한은박지 일봉 차트

    대한은박지는 제가 현재 3일째 보유 중인 종목이며 금일 10여개 매매 종목 중에 주성엔지니어링, STX팬오션을 설명해 드리려 합니다. 대한은박지는 초기 상승 때에는 별 관심 없게 보다 저가주 특성상 한 번 날아가면 끊임없이 날아가는 습성상 02월 02일 시초가부터 과감히 배팅하여 현재까지 보유하고 있는 종목입니다.

    매수 사유를 보면 차트 모양만 보더라도 전형적인 급등 세력주의 표본이며 하루하루 양봉이 나올 때마다 전일보다 봉의 길이가 짧아지며 거래량 또한 줄어드는 모습이 상승의 힘이 더욱더 강해짐을 알 수 있습니다. 상대 강도 지표인 RSI 지표도 과열권을 나타내며 힘의 세기를 알려 줍니다.

이러한 강력한 힘이 분출되는 종목은 그림만 본다면 상당히 위험할 거 같지만 오히려 매매 방법은 쉽고 고수익이 가능한 점이 있습니다. 이전 제가 쓴 상한가 공략 기법 몇 번만 읽어 보신다면 충분히 초보자라도 쉽게 매수 후 수익으로 연결 지을 수 있으실 겁니다. 09년 하락장에서는 특정한 큰 주체의 테마보다 개별적인 종목의 힘으로 날아가는 종목이 많을 걸로 판단이 됩니다. 따라서 매매하실 때 늘 상한가 나온 종목들을 면밀히 살피셔서 날아간다는 판단이 서면 과감하게 배팅하여야 합니다.

밑에 차트는 대한은박지 주봉 차트이며 대략 어느 라인까지 상승할지는 기술적으로 주봉의 볼린저 밴드 상단선 라인으로 잡으시면 되고 이 라인에서 위꼬리를 달거나 힘이 주춤하면 일단 매도 후 관망하여야 합니다.

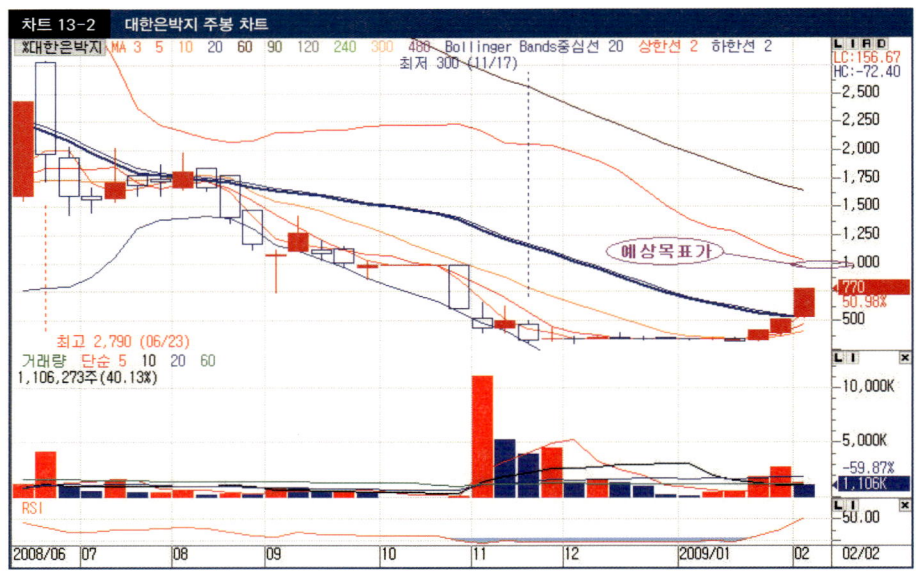

항상 매수할 때 제일 먼저 살펴야 할 것이 바로 해당 종목의 저항대입니다. 그래야 매수 후 어느 라인에서 털고 나올지 남들보다 빠르게 알 수 있어 바로 대응할 수 있기 때문입니다. 급하게 매수를 하더라도 일단 일봉, 주봉, 월봉의 저항대 등을 살펴 그 라인대에 도달하거나 위꼬리를 단 모습을 보이면 수익, 손실을 떠나 매도 후 지켜봐야 합니다. 대략 이 정도만 알아도 어느 종목에 진입해서 큰 수익을 얻고 또 어느 라인에서 최고가에서 매도하는지 저절로 알게 되오니 제가 말씀드린 저항대에 대해 공부해 보시길 바랍니다.

주성엔지니어링

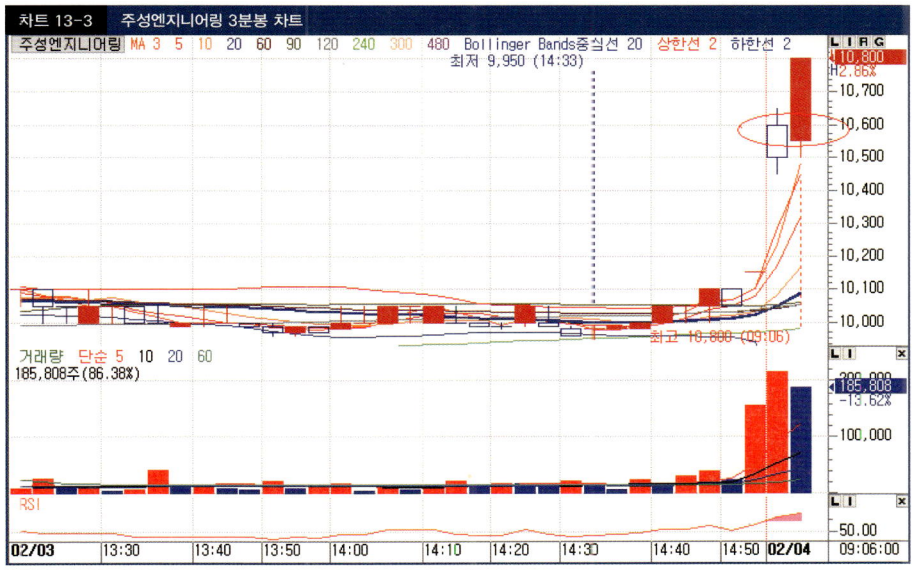

주성엔지니어링은 시초가 +로 시작하여 시초가 정배열에 볼밴 상단선 위에서 시작하였습니다. 이때 주의하여야 할 점은 첫 봉이 지지 상단선 위라고 무조건 매수보다 다음 봉을 보면서 천천히 매수하여야 합니다. 매수는 항상 급하게 지르고 나면 후회하는 경우가 많으니 자신이 판단한 확실한 신호가 나타내지 않는다면 무리한 배팅보단 종목의 힘을 보며 분할 매수로 대응하는 것이 좋습니다.

3분봉상 첫 봉이 음봉이고 2번째 봉에서 주가와 이평선 이격을 줄인 채 바로 음봉의 몸통을 관통하는 힘이 나오면 양봉 몸통을 만들며 상승하는 경향이 크므로 이러한 현상을 보았다면 현재가창의 힘의 흐름을 보며 매수할 수 있습니다. 배팅을 하였다면 이제 볼 것은 강하게 날아가는 종목은 절대 볼밴(지지) 상단선을 깨서는 곤란합니다. 깬다면 주가는 대부분 20이평선 지지 없이 힘없이 하락하게 될 가능성이 커지게 됩니다.

　매매 감각이 있으신 분이라면 이전 봉보다 더욱더 커진 장대봉이 이후 발생하며 거래량이 폭증할 때 위꼬리 달면 일단 일부 물량이라도 매도하여야 하며 좀 더 추세를 지켜보자 하시는 분들은 볼린저 상단 라인이 깨지는지 확인하고 주가가 밴드 안으로 들어오면 무조건 전량 매도하여야 합니다. 한 번 상승하던 주가가 볼밴 상단선을 깨면 지속적으로 매수세가 강한 종목들은 밑에 하위 이평선인 5.10이평선에서 지지된 후 다시 상단 볼밴까지 상승하는 경우가 있으나 일단 그런 걸 제쳐 두고서라도 일단 볼밴 안으로 들어온 종목은 주의하시는 게 좋습니다.

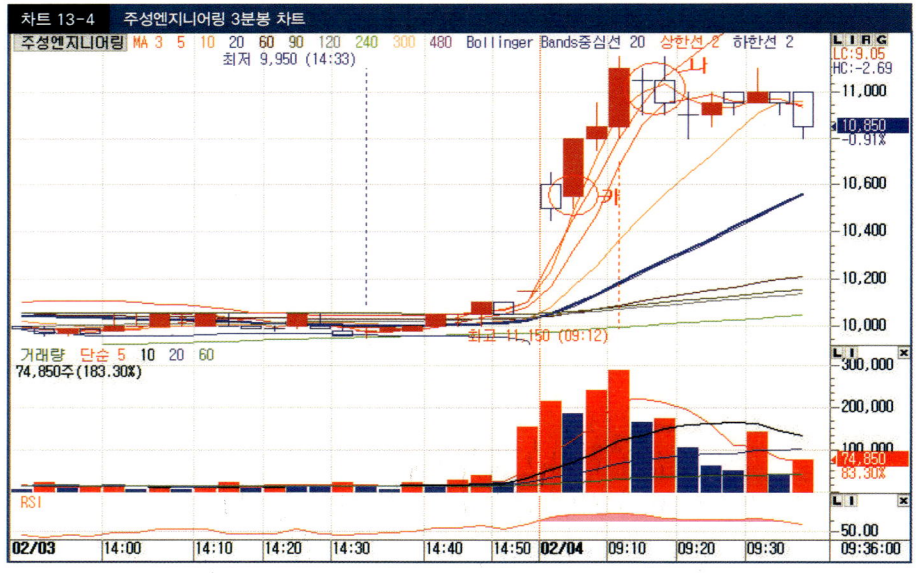

　위에 차트에서 음봉을 로켓포처럼 강하게 가) 양봉으로 제압하면 일단 매수하여야 하고 나)의 모습처럼 주가가 볼밴 상단을 깨면 위꼬리 단 양봉이나 음봉 또는 연속된 2개의 음봉이 나오니 이런 모습이 보이면 무조건 도망쳐야 합니다.

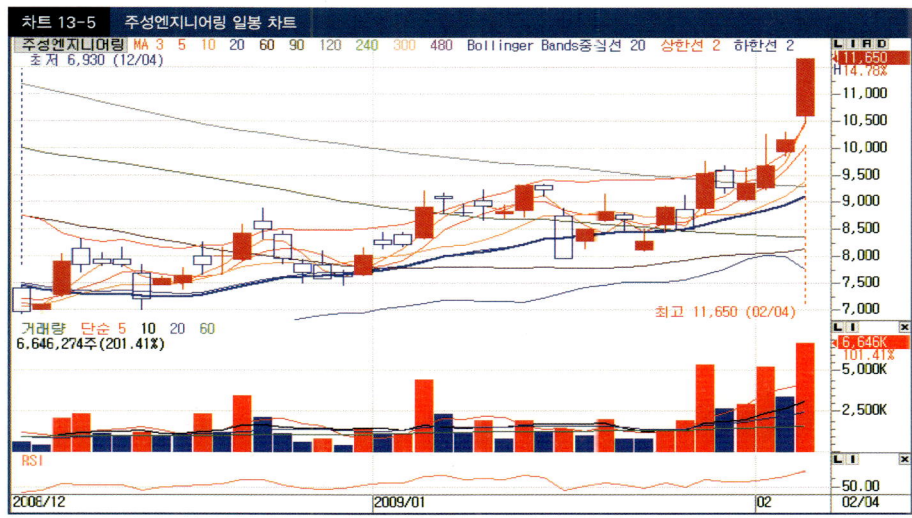

주성엔지니어링 매수 사유는 다음과 같습니다.

일봉상 저항대가 없고 강력한 저항선인 볼밴의 상단선을 지지 기반으로 떠 있으므로 주가의 상승 가속도가 붙을 것으로 예상하였습니다. 또 주봉상 강력한 저항선인 볼밴의 상단선을 돌파하였고 일봉상 이전 매물대를 돌파하며 양봉 + 대량 거래량이 완성되어 힘의 분출을 알렸으므로 강한 추세 상승을 엿볼 수 있는 대목이었습니다.

보조 지표상으론 RSI 지표가 과열권에 첫 진입하면 박스권에 있던 주가가 박스 상단선을 뚫고 돌파하였다는 의미랑 같습니다. 증권사에서 제공하는 기본 값으로 보실 경우 차트보다 신호가 늦게 나타나므로 설정 값을 낮추어 사용하시면 되고 강하게 정배열된 종목에선 이미 모든 지표가 과열권이므로 보조 지표상 의미는 떨어지게 됩니다.

일부에선 RSI 지표가 과열권에 진입하면 앞뒤 돌아보지 말고 매수하라는 전문가들도 있는데 시장의 흐름은 측정 불가할 정도로 변칙적이므로 지표에서 나타나는 신호만으로 맹신한 채 매수를 실행한다면 실패로 이어질 가능성이 농후하므로 아무리 유용한 지표라도 장세와 종목의 흐름보다 앞설 수 없기에 기법 이전에 매매하고자 하시는 종목의 주포의 흐름을 파악하는 게 최우선시되어야 함은 기본입니다.

주성엔지니어링 다음 날 주가는 주봉의 240이평선 돌파 여부에 달려 있다고 봄니다. 따라서 주봉상 240이평선 근방에서 주가가 지지부진하면 무조건 물량을 털고 나와야 합니다. 주성엔지니어링 차트는 모든 매수 조건에 충족하는 모양이 나왔습니다. 이런 모양을 보고서도 배팅을 주저한다면 주식할 이유가 없는 것이겠죠. 보기 좋은 떡이 먹기가 좋듯, 주식도 보기 좋은 차트가 먹기에도 좋습니다. 못생긴 차트에서 연연할 필요가 없습니다.

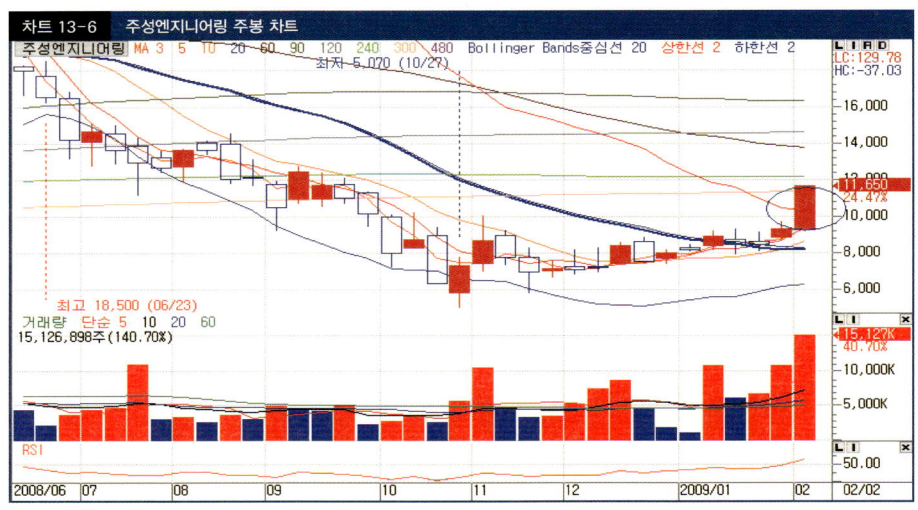

STX팬오션

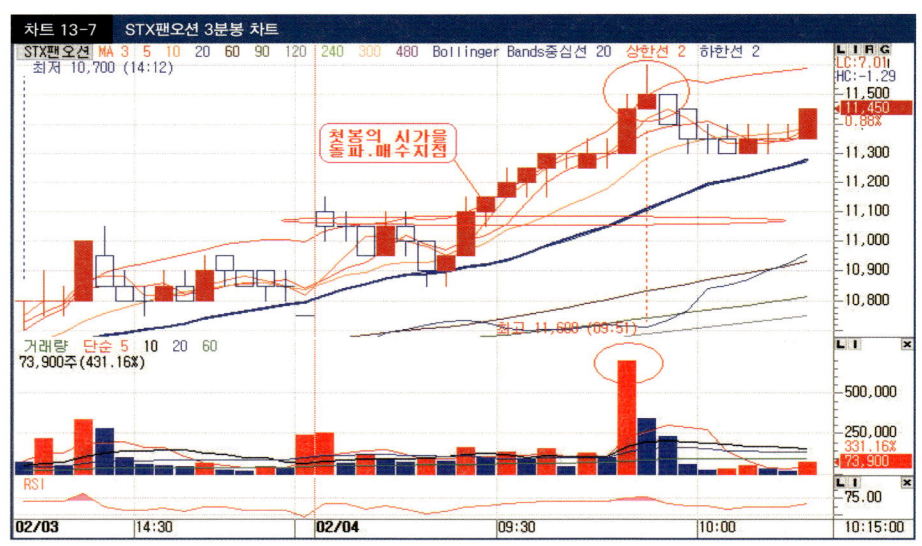

STX팬오션은 오전에 매수하여 크게 승부를 본 종목입니다. 위의 라인대에서 매수 후 최고가에서 매도하여 유유히 수익을 챙겼는데 매수 요건은 위와 같습니다. 3분봉상 첫 번째 봉이 음봉이라 오전 초기에 관심을 두고 있지 않다 장중에 동시간 거래량 급증창에서 다시 클릭 후 보니 20이평선을 지지를 하고 이후 시초가를 제압하는 양봉이 나와 일단 매수 후 지켜보다 중간 중간 매도 물량이 나오는데 현재가창 체결량에서 매도 물량 후 재빨리 빠른 매수세를 지속적으로 보여 줘 매도 욕구를 참고 거래 폭증에 커다란 장대봉을 만들 때 전량 매도하였습니다. 이때 매도를 안 했더라도 주가가 볼밴 상단선 안으로 들어오는 거 보고 매도해도 되나 그러면 수익이 줄어듦으로 일단 거래량 폭증 때는 일부 물량의 절반 이상은 분할 매도 후 위꼬리 나오는 양봉이 나오거나 주지지선 안으로 진입하려는 모습이 보일 때 과감히 전량 매도하여야 합니다.

3분봉상으론 주가의 큰 추세를 확인하긴 어려우나 30분봉상에선 가)지점의 음봉 상태에서 누군가 밑에서 물량을 받아 음봉을 먹어 치우며 양봉으로 전환시켰고 그 다음 봉에서 힘이 적극적으로 분출이 된 후 위꼬리를 달고 재차 다음 봉에서 이전 봉의 위꼬리 매물에 막혀 주가가 하락하고 있습니다. 나)지점처럼 쌍봉 형태의 모습이 보이면 무조건 개도입니다. 이후 멍하게 지켜보다 매도 못하셨으면 다)지점에서는 무조건 털고 나와야 합니다.

다)에서 양봉인 상태에서 볼밴 상단선 저항에 막혀 음봉이 발생하였습니다. 보통 이런 모습이라면 주가는 어느 정도 빠지게 되어 있으나 금일 장이 좋아 이 종목은 장 마감에 상승 전환하였습니다. 일단 단타로 먹기 위해 들어갔음 지지선 붕괴가 진행되면 일단 매도하여야 하며 '에잇, 물렸는데 장 마감까지 한 번 들고 가 보자.' 하며 그냥 내버려 두시면 안됩니다.

진입할 때 항상 단타로 짧게 먹기 위해 들어갔음 무조건 그와 같은 원칙에 충실히 하시고, 길게 보고 들어간 거라면 장중에 주가를 쳐다볼 필요도 없이 그냥 장 마감 때와 다음 날 오전에 딱 하루에 2번만 쳐다보시는 게 심리에 휘둘리지 않고 쉽게 매매하는 방법입니다.

매매는 항상 오전 10시 반 넘으면 매매를 자제하시길 바랍니다. 그리고 장중에 하루 종일 시세도 보지 마십시오. 인터넷도 하고 게임도 중간 중간하며 지켜만 보십시오. 이것이 돈 버는 최고의 비결입니다.

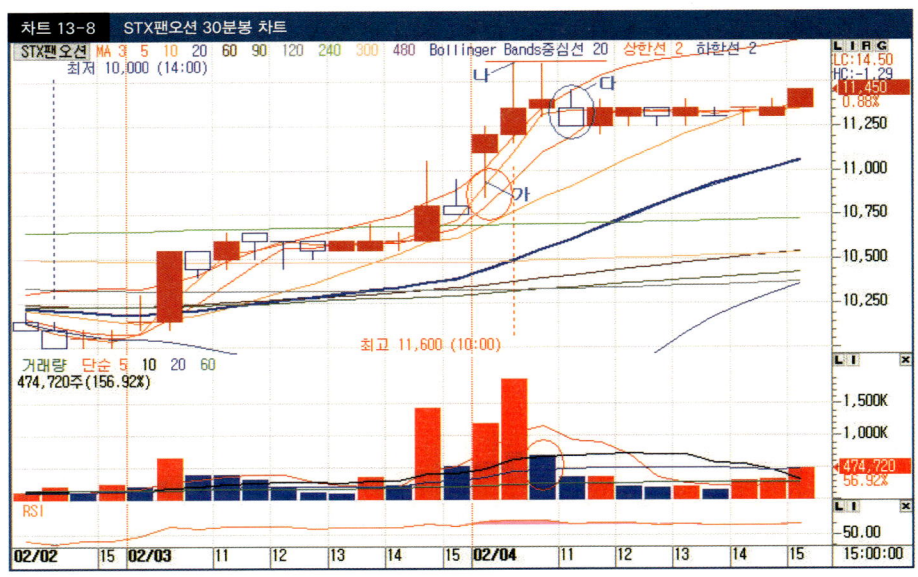

주식 타짜들의 노하우

제14장

상한가 흐름 매대법

C&중공업

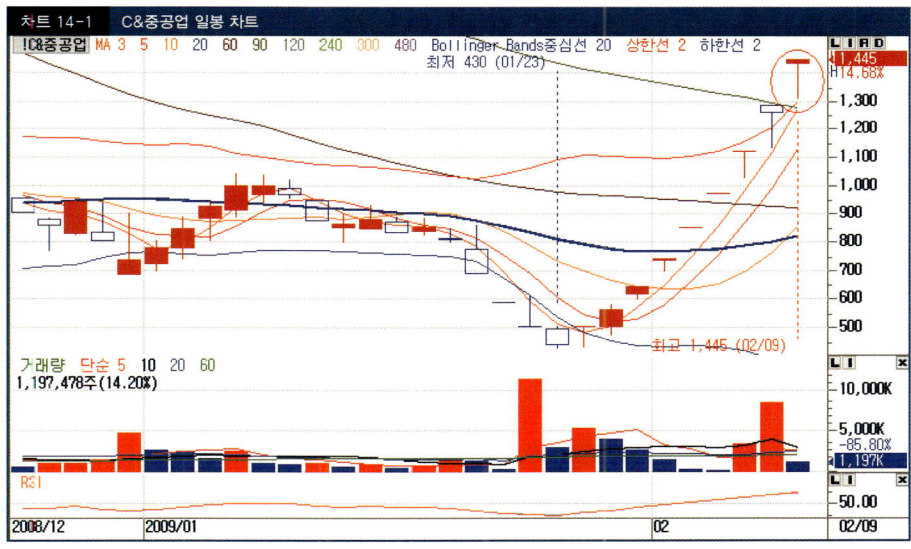

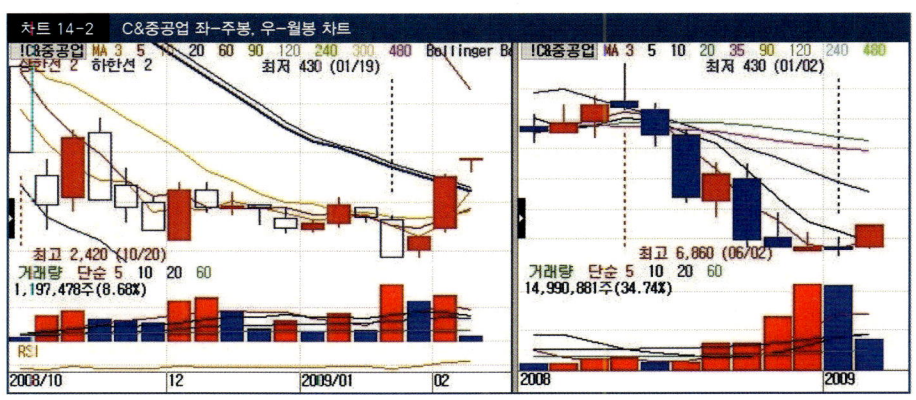

99

C&중공업은 첫 상한가 간 날 잡을 수 있었던 종목인데 매수할까? 말까? 고민하다 다른 종목 매수로 놓친 종목입니다. 이후 점상으로 날아가는 모습을 보며 다른 종목 매매할 때 답답한 기분이 들었던 종목입니다. 이런 종목 제대로 잘 올라타면 그해 연도가 편안해집니다.

　위의 차트는 금일 차트이며 일반적인 흐름이라면 전일 첫 거래 터진 날이 일봉상 볼밴 상단으로 거의 모든 대부분의 종목들이 전일 위치에서 주가가 멈춰야 하는데 금일 전일 뭔 일이라도 있었나? 할 정도로 여유롭게 금일도 상한가에 진입하였습니다. 주, 월봉상 특별한 저항대는 없고 일봉상으로도 그러합니다.

　따라서 금일 그동안 잡지 못하였던 이 종목을 잡게 되었습니다.

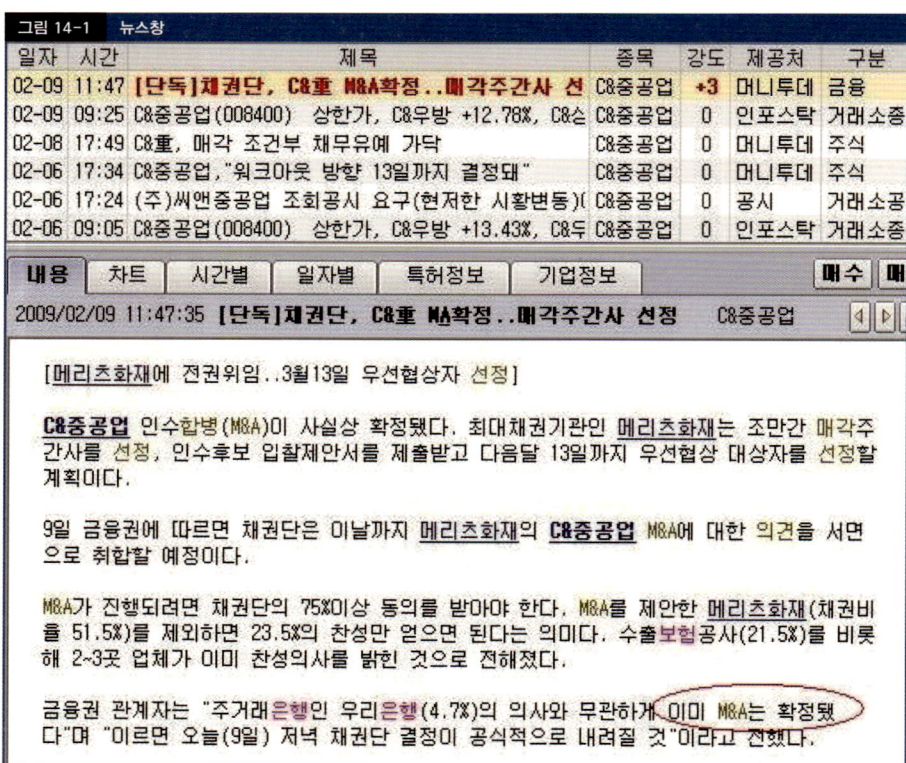

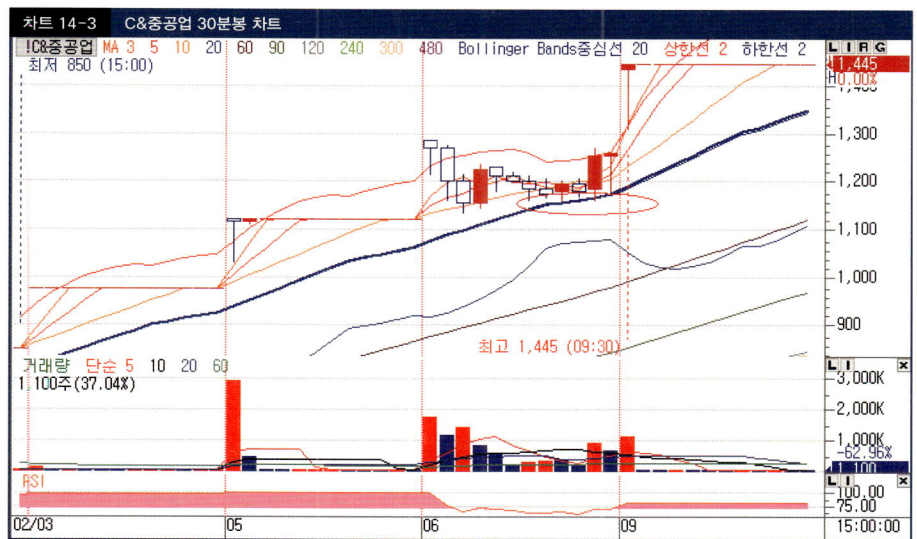

상한가를 가는 종목에도 일봉상으로는 모르지만 30분봉으로 확인해 보면 장중에 어떠한 상한가 유형의 종목인지 확인이 가능합니다. 이전에 유성금속이 급등하였을 때에는 상한가가 거의 10방 가까이 나왔는데도 깔끔하게 오전에 상한가를 진입하지 못하고 계속 장중에 풀렸다 하면서 가는 형태를 보였습니다.

최근 상한가 유형에도 그렇지만 오전에 상한가를 찢고 곧바로 물량 터지면서 장중 내내 지루한 공방을 보이면서 곧 하한가 갈 것처럼 장대 음봉을 만들며 장 후반에 다시 상한가를 말아 올리는 유형이 많습니다. C&중공업을 보면 분봉상으로 아주 깔끔하게 오전에 한 번 상한가 가면 거의 풀리지 않는, 바로 우리가 바로 노려야 할 상한가 패턴을 보여 주고 있습니다.

주식 공부 좀 하신 분들은 현재 주가의 위치를 보고 이내 겁을 먹고 배팅 안 하시는 분들이 많으실 걸로 보입니다. 하지만 주가 위치라는 건 현재 높아 보여도 그 이상 상승한 상태에서 보면 그때 높게 보였던 자리가 또 발바닥처럼 낮게 보이는 겁니다. 그런 생각할 시간에 일단 소액이더라도 일단 잡고 보는 게 좋다는 생각입니다. 필자가 늘 강조하는 부분이 있는데 "가는 종목만 더 많이 더 높게 간다."라는 겁니다. 보통 첫 매수 후 - 나면 어떻게 하지 조마조마하다 매수 후 바로 -3% 찍히면 이내 투매 물량 보고 매도하고픈 공포감을 많이 느끼게 됩니다. 하지만 종목의 흐름 파악과 매도 기준이라는 게 확실히 정립되어 있다면 그러한 공포감에서 어느 정도 벗어나실 수 있으실 것입니다.

   자신이 판단한 조건에 충족하다고 느끼면 일단 손실의 공포를 버린 채 일단 과감하고 빠르게 매수하는 게 중요합니다. 늘 늦게 판단하고 오를까? 말까? 하다 보면 자칫 주가가 상승하기라도 하면 바로 추격 매수가 되기 십상이기에 늘 매매자는 자신감 있는 빠른 결단을 실행한 연후에 자신의 생각과 달리 주가가 움직이면 그때 매도하는 능력을 키워야 합니다.

주식 타짜들의 노하우

제15장

가는 종목이 더 멀리 간다!

대한은박지

제가 좋아하는 문구입니다. 이전 글에서도 설명하였지만 현재 올려 드리는 차트는 이전에 급격한 상승에 일반개미들은 이내 겁을 먹고 매수한다면 '미쳤군.' 하며 생각하는 차트의 모습입니다. 밑에 글에서도 썼지만 아무리 고점처럼 보여도 고점인지는 아닌지는 지난 후에 주가의 모습을 보고 그 당시 주가가 발바닥인지 고점인지 알 수가 있는 겁니다.

그래서 우리는 장대 음봉이 나오거나 이평선이 이탈하지 않는 한 막연히 자신의 생각으로 하락할 거 같다고 판단해선 안됩니다. 늘 시장에 유연히 대처해야 하며 주어지는 수익이 있으면 그저 시장에 감사하게 여기고 그저 참여하여 한입 먹고 나오면 되는 겁니다. 아무리 고점, 저점 상관없이 자신만의 매매 전략과 원칙이 있다면 그 어떤 자리에서도 유유히 매매할 수 있어야 합니다.

밑에 차트는 보이는 그대로 고점 상태를 유지한 그림이며 그 다음 그림은 오늘까지의 주가 모습입니다.

103

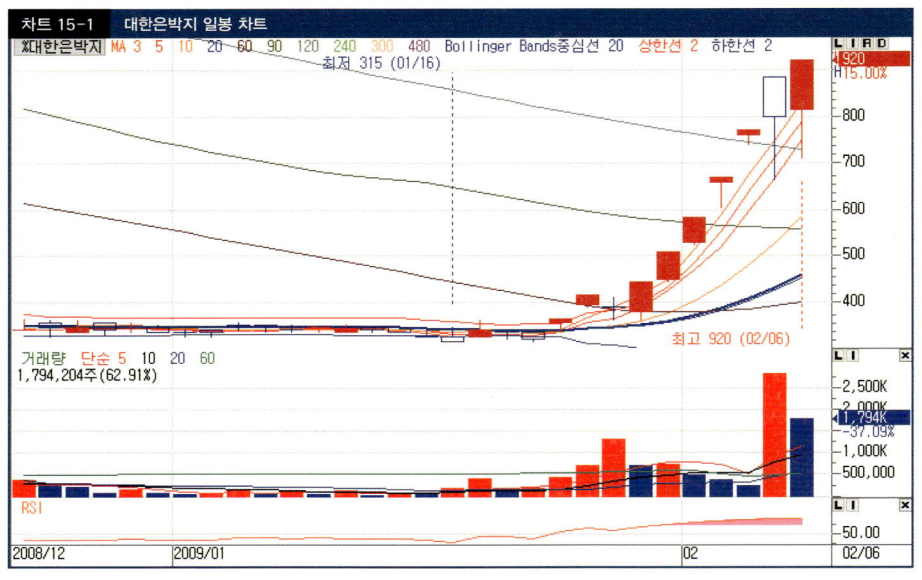

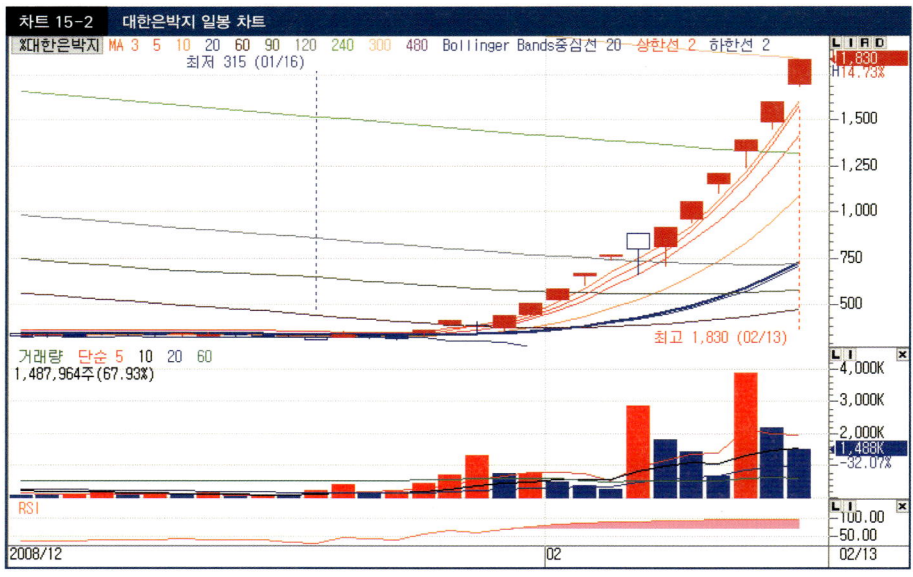

C&중공업

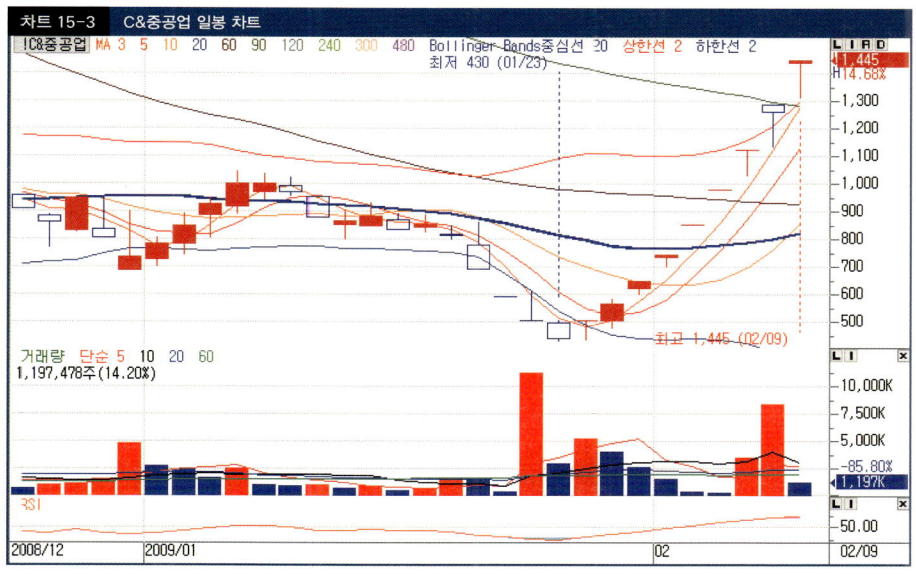

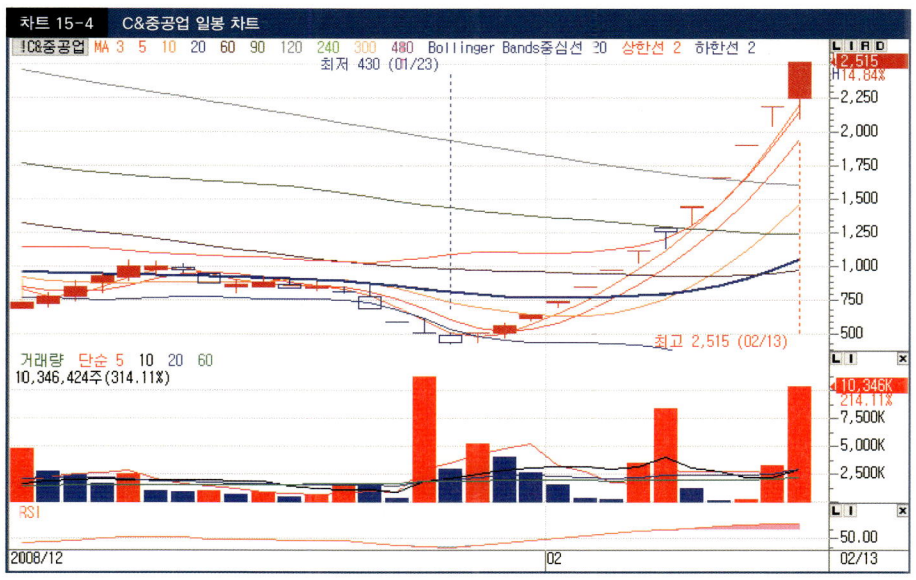

위에 그림을 보면 어떻습니까? "시세는 시세에게 물어보라!"라는 말이 있습니다. 그저 시세가 강하면 올라타는 것이고 시세가 약하면 버리면 됩니다. 현재까지 모습을 보면 아직도 기운이 강해 보입니다.

급등하는 종목은 내려갈 때 심하게 급락을 할 수도 있지만 대부분이 충분히 매도할 신호와 기회를 줍니다. 최근 급등 후 장대 음봉 맞은 종목들 한 번씩 유심히 여러 번 잘 살펴보신다면 매도 기회가 늘 충분히 있었음을 확인하실 수 있습니다.

C&중공업은 금일 금요일이라 요일적인 불안감도 있었지만 주봉상 볼밴 상단에 걸쳐 매물 출회가 많이 되었습니다. 다음 주 월요일 시가가 갭으로 강하게 시작해 준다면 3차 랠리도 가능하다고 보여집니다. 시가가 -로 시작한다면 주봉 밴드 안에 갇히는 형국이므로 강하게 거래량으로 뚫어지지 못한다면 주가는 파국을 맞게 되겠지요.

주식 타짜들의 노하우

제16장
상한가 매매법, 힘의 역전 현상을 이용한 단타 기법

대한펄프

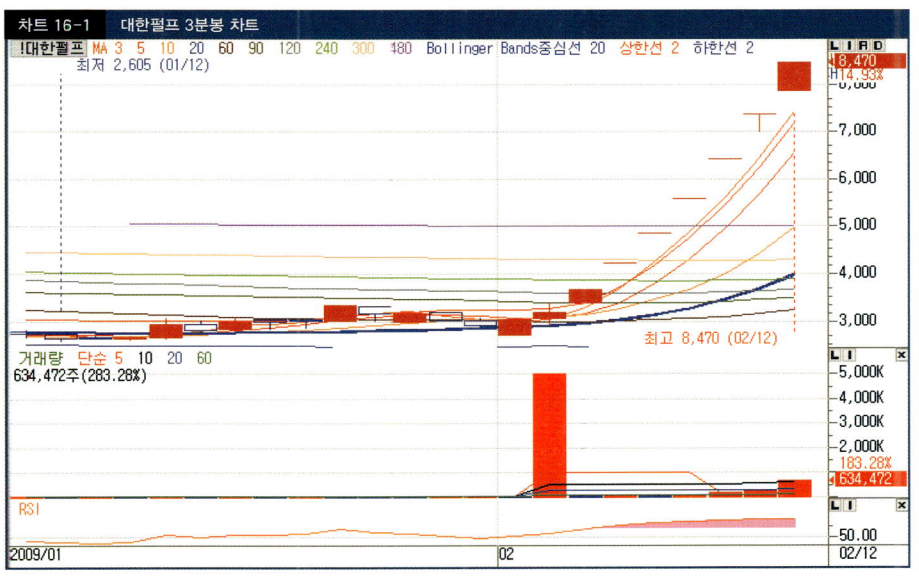

　대한펄프는 초기 급등 후 연일 점상 행열로 매수 기회가 없었는데 차트에 보이는 이날은 매수 기회를 주어 상따로 잡은 종목입니다. 일반적인 날아가는 종목의 좋은 형태로는 장대봉에서 급등하는 동안 봉의 길이가 점차 짧아지는 형태가 좋으면 또한 거래량도 당연히 적어야 합니다. 다만 이렇기 연일 점상으로 가는 종목에선 첫 거래 터지며 재차 상한가에 진입한다면 이후 2차 랠리도 빈번하게 출회하므로 잘 살펴보아야 합니다.

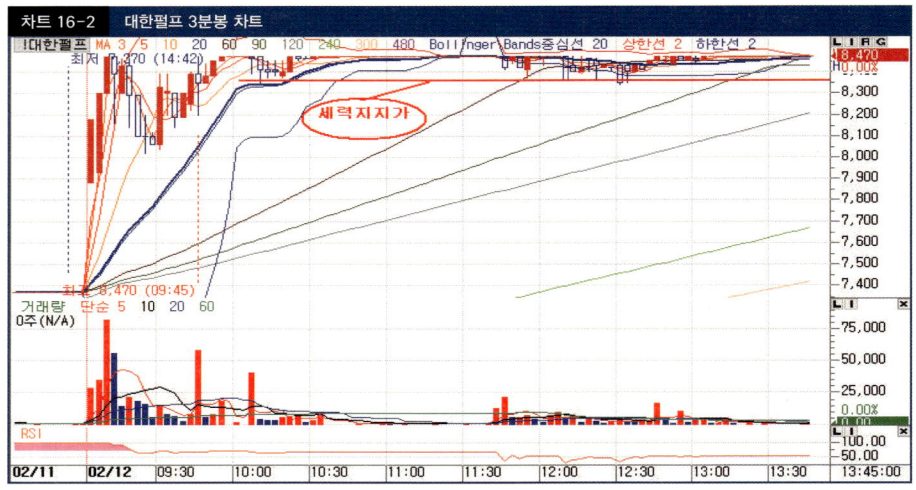

오전에 강하게 상한가를 문 닫지 않으면 위에 그림처럼 대부분 상한가에서 풀었다 잠겼다 하는데 첫 상한가 진입 후 이후 상한가에서 이탈하고 지지된 가격대가 세력 지지가 됩니다. 따라서 재차 상한가 가격에서 이탈하더라도 이전 지지된 가격대는 꼭 지켜 줘야 됩니다. 재차 이 가격대를 침범하면 순간적인 급락이 나올 수도 있으므로 주의하여야 하고 순간 거래량 없이 급락할 경우 개미들의 시장가 매도 집중 현상으로 인해 보통 전일 종가 가격까지 하락 후 재빨리 밑꼬리를 달고 상승하는 경우가 많으므로 손이 빠르신 분들이라면 음봉 밑꼬리 먹기 매매도 유효합니다.

전일 매수 후 금일도 강한 시세를 기대하였는데 금요일이라 시가가 이전 급등할 때에 비해 힘없이 낮게 시작하였습니다. 시가 시작 후 순간 장대 양봉을 만들며 이내 위꼬리를 달고 음봉 몸통을 만드는 순간에 일단 바로 물량을 던진 후 지켜보다 다시 올리며 한 방 먹고 나올 심정에 기다리고 있는 터… 몇 분 안돼 그러한 흐름을 만들어 주는 모습을 보여 매수 세팅하고 대기하였습니다.

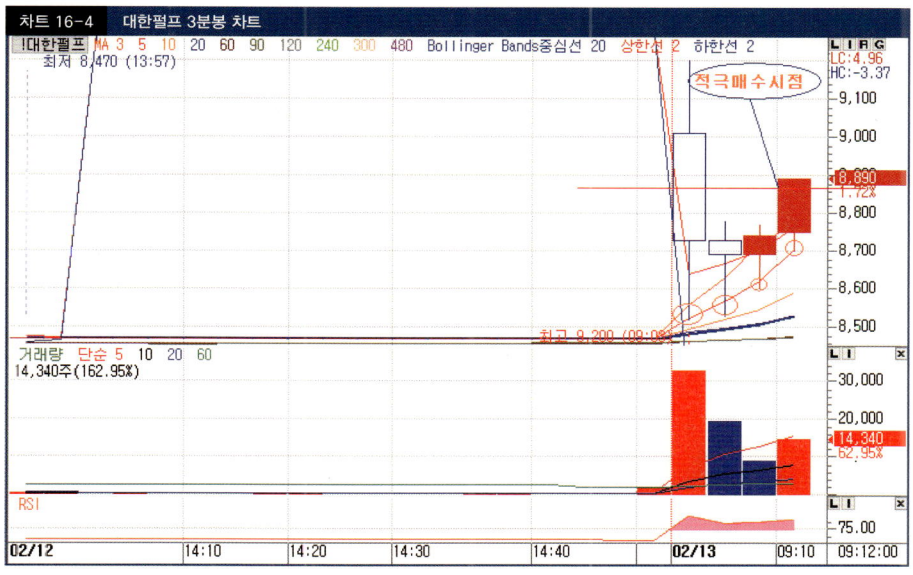

이전 시초가 매매 방법에서도 설명했듯이 제가 가장 선호하고 신뢰하는 모습이 연출되었습니다. 힘의 역전 현상이 벌어집니다. 음봉을 깨는 힘! 이 힘을 보면 일단 재빠르게 매수하여야겠죠. 보통 장대 음봉의 허리 라인대까지 장대봉이 깨고 들어오면 일단 매수하는 겁니다. 제가 즐겨 쓰는 매매 방법이 바로 샛별이, 상승장악형 모양이 되겠습니다. 둘 다 매도세를 이기는 형태이므로 이러한 모습이 연출이 될 성싶을 때 미리 매수 세팅 후 과감하게 배팅하여 수익을 얻어야 합니다.

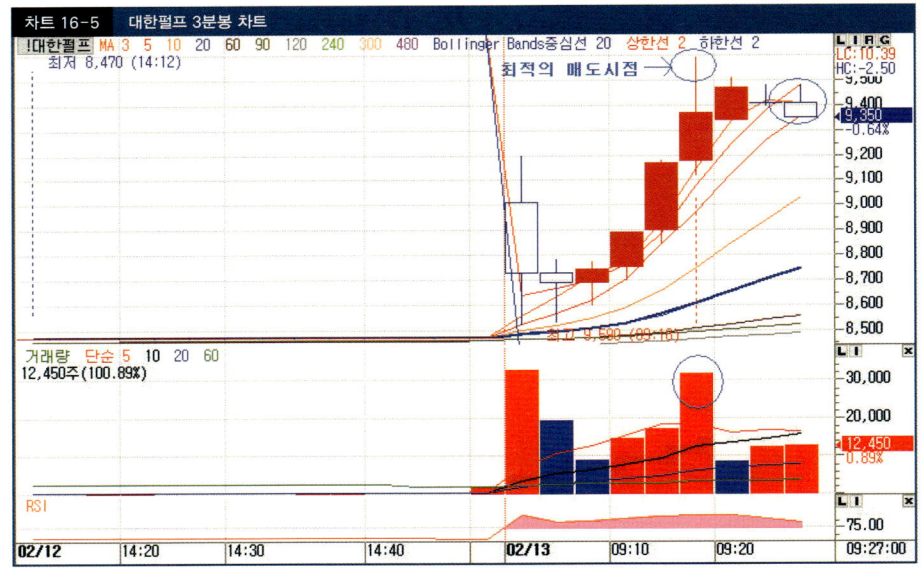

    이후 강하게 상승하고 최고점 자리에 매도하였습니다. 지금 자료도 그렇고 밑에 있는 자료도 다 제가 매매한 종목들 매매 방법을 설명하는 것이므로 잘 익혀 두셨다가 자신한테 맞는지 확인 매매도 해 보시고 수익 내시길 바랍니다. 최고의 매도 자리는 늘 상승할 때 이전 장대봉보다 더 커지는 장대봉에서 거래량도 터지면서 위꼬리 달 때가 최고의 매도 급소 자리가 됩니다.

    또 비슷한 유형으로 장대봉이 큰 놈이 점차 봉이 짧아지면서 거래량을 점차 줄여 간다면 이때도 매도 시점이 됩니다. 보통 주가가 장대 음봉을 돌파하며 상한가 가격대까지 가면 일반개미들은 이거 상한가 가겠구나 생각을 하겠지만 한 번 일반적으로 생각해 보시기 바랍니다. 보내면 그냥 아침부터 개미들 참여 못하게 빨리 보내 버리지 왜 이런 소모전을 하겠습니까?

    이유는 간단합니다. 개미들 털기나 지옥보내기 수순으로 보면 되겠지요. 늘 주가가 계단식 상승 말고 위에 같이 변동성이 큰 모습이 연출되면 상한가에 가더라도 절대 한 번에 못 갑니다. 여러 번 상한가 진입 후 이탈을 시도하며 재수 없으면 하한가까지 갈 수도 있는 겁니다.

밑에 차트는 응용 차트입니다.

샛별이형은 천천히 생각하며 매수할 기회를 주는 좋은 먹기형이고 약간 난이도가 있는 게 장악형 패턴입니다. 장악형 패턴은 순간 트매를 만드는 공포감의 장대음봉을 잡아먹는 장대 양봉에서 과감히 매수하여야 하고 짧은 시간에 승부를 지어야 하기에 빠른 판단과 많은 매매 경험이 있어야 가능합니다. 장악형은 장대 음봉에서 밑꼬리 출현 후 다음 봉에서 장대봉 허리를 덕으려고 하면 일단 재빠르게 매수하여 수익을 얻어야 합니다. 또 현재가창에서 시장가 매수, 매도로 호가 체결폭이 크면 시장가 주문보단 위, 아래 2~3 적정 호가 정해서 주문하는 게 효율적입니다. 그냥 아무 생각 없이 시장가 매수하게 되면 급격한 체결 변동성에 의해 5호가 이상의 최고가에 매수 체결될 수도 있습니다.

조비

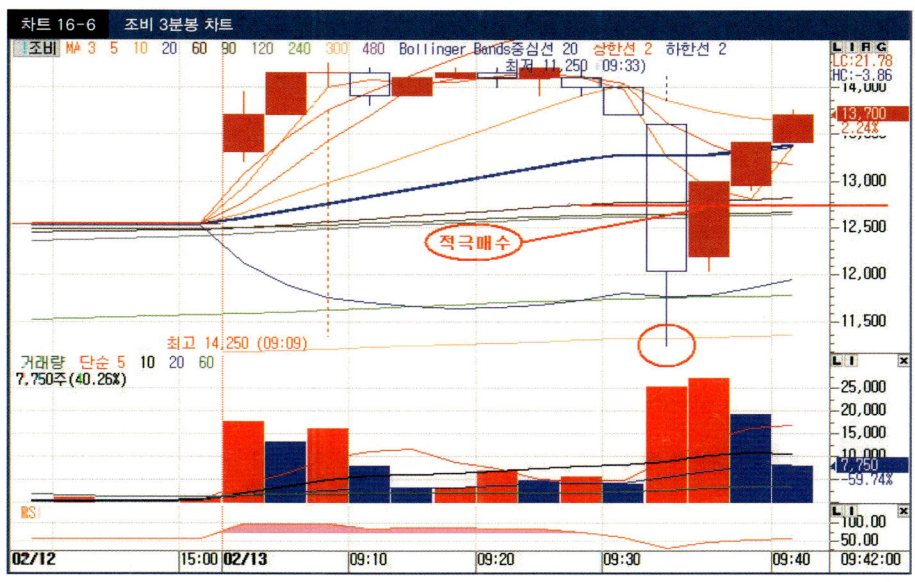

C&중공업

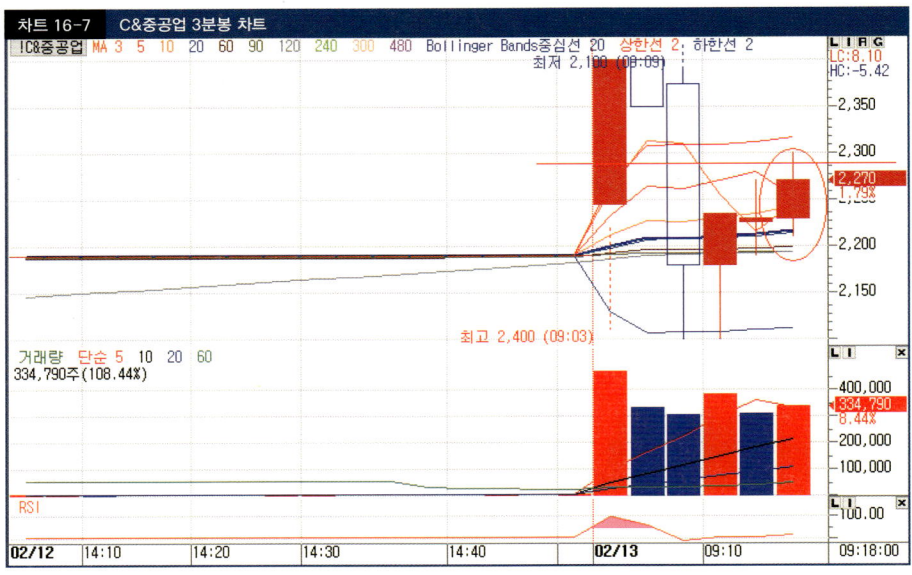

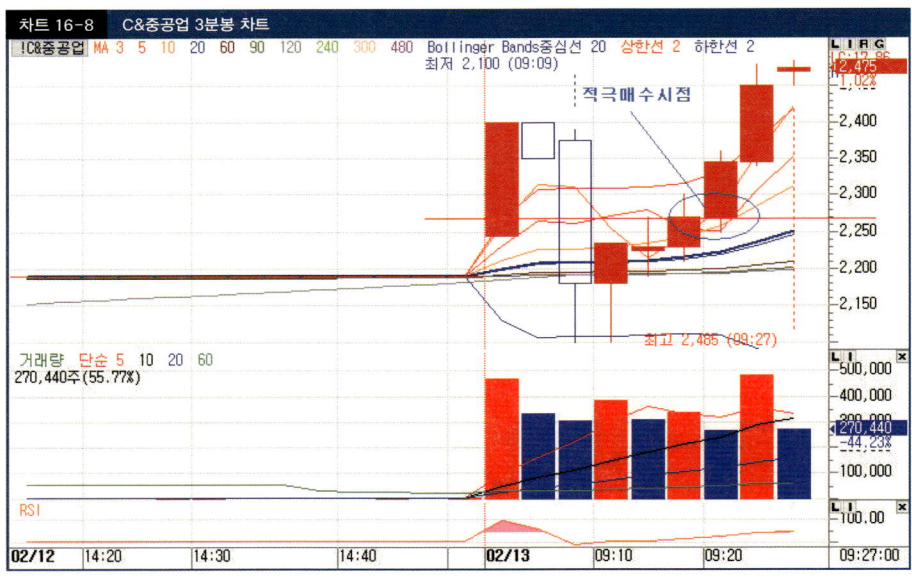

주식 타짜들의 노하우

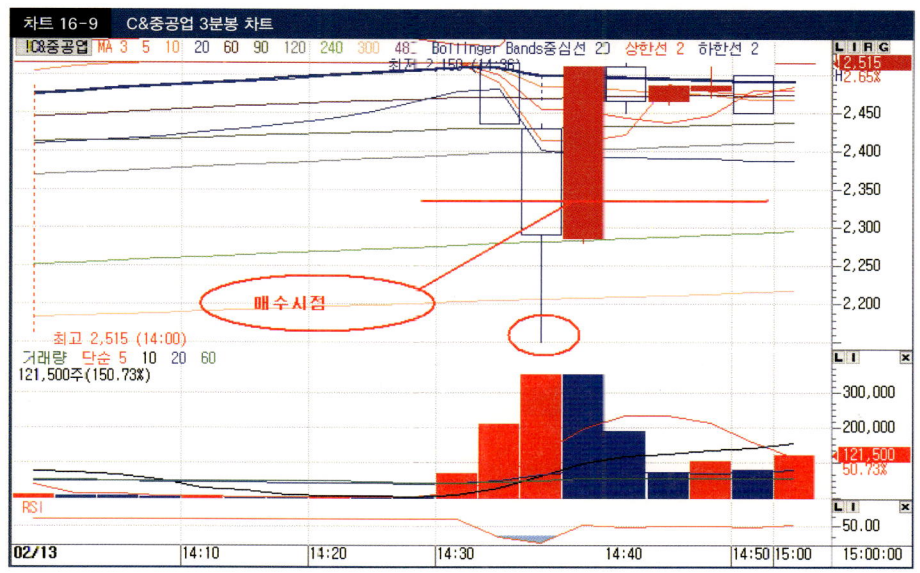

대한은박지

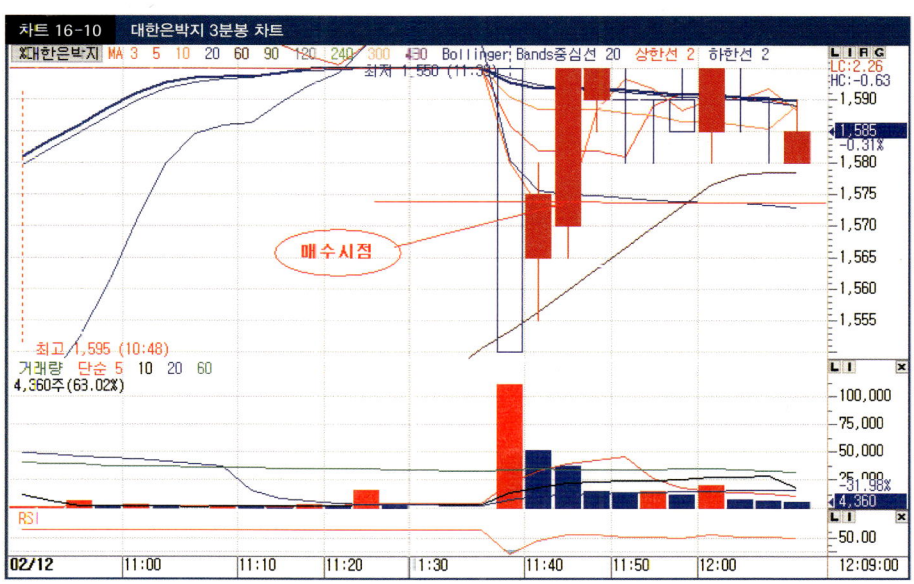

113

몸통 돌파 매매법

셀트리온

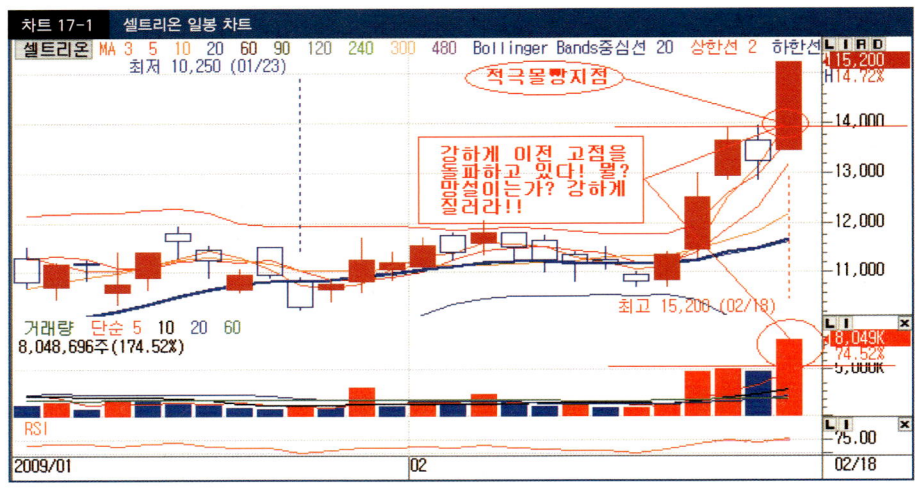

　　셀트리온 일봉 차트를 보더라도 한눈에 매수 시점을 확인할 수 있습니다. 이전 고점을 깨고 거래량도 증가하고 이런 모습을 봤는데도 고점이다, 불안하다, 물릴 거 같다는 이유로 매수에 주저한다면 주식할 이유가 없는 거죠. 항상 매수 사정권에 맞는 종목이 들어오면 과감하고 신속하게 매수할 수 있어야 합니다.

　　일봉상 보더라도 이전 2개의 봉을 돌파하는 양봉이 치고 나오며 거래량도 같이 폭증한다면 상승을 예견하는 시그널로 인식하여 이를 노린 매매를 하여야 합니다.

　　밑에 있는 차트는 30분봉 차트입니다. 제가 이처럼 차트를 여러 개 보라는 이유는 한 개의 차트를 보고선 제대로 확신과 지지, 저항을 알 수 없기에 같이 보면 한 순간에 이 종목이 갈 놈인지? 아닌지 바로 판단 후 빠르게 매수할 수 있기 때문입니다. 30분봉에서 첫 봉의 양봉이 나온 후 힘이 나온 양봉의 허리를 침범하지 않고 제대로 적당히 조정을 받은 후 첫 힘이 발생한 양봉의 상단을 돌파하는 순간에 망설이지 말고 매수하라는 겁니다.

이렇게 매수하여 손실이 난 경험은 거의 없으며 이러한 매수 시그널을 보고서도 매수에 주저한다면 경험과 실력이 미흡한 것이므로 '정말 나는 이 바닥에서 꼭 성공하겠다.' 하시는 분들은 소액이더라도 이러한 수익 모델을 만든 후 검증 테스트를 걸쳐 자신감을 쌓은 연후에 투자 금액 높여 수익 내는 그림이 들어올 때 배팅하여 승리로 연결 지어 보시길 바랍니다. 일봉과 30분봉 차트를 보시면 매수 시점을 아주 잘 나타내 주고 있습니다.

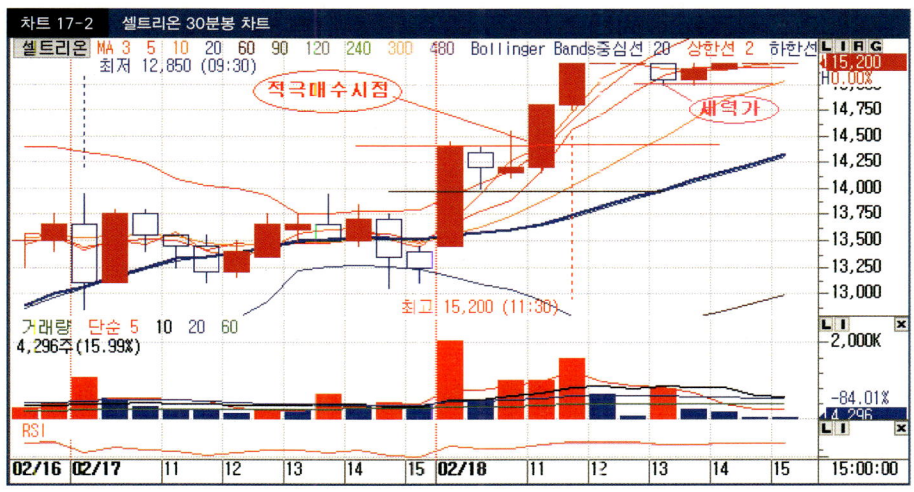

밑에 차트는 서울반도체입니다. 힘이 불끈 솟은 양봉이 나온 후 볼밴 상단 저항에 걸쳐 조정을 받으며 재차 힘이 나오려고 하는 그림입니다. 첫 힘의 양봉 허리를 돌파하며 장대봉을 만들었습니다. 단기 매수 급소이며 이러한 힘이 나오면 늘 주목하고 매수 대기를 하여야 합니다.

서울반도체

상승할 때 항상 저점을 높이는 양봉이 출현하는지 관찰하여야 하며 이러한 모습이 나오면 세력이 장악하고 있다고 인식하고 적극적인 사고로 매매에 임해야 합니다. 특히 첫 봉이 작은 봉이었다가 다음 봉이 커지고 이후 다음 봉이 더 커지면 이것은 위의 차트처럼 대박이 나올 수 있다는 시그널로 인지하고 적극적인 매매하여야 합니다. 저는 이처럼 이평선 위에 양봉이 저점을 높이며 봉의 크기가 커질 때 매수하며 클라이맥스 장대 양봉이 나오면 최꼭지에서 매도를 하곤 합니다. 단타를 하더라도 늘 상승 추세 안에서 하여야 물러도 버틸 수 있으며 또 가파른 상승을 기대할 수 있는 것입니다. 어정쩡한 추세의 종목과 작별을 고하고 깨어 있는 종목인 상승세를 타는 매매가 성공 트레이더가 되는 지름길입니다.

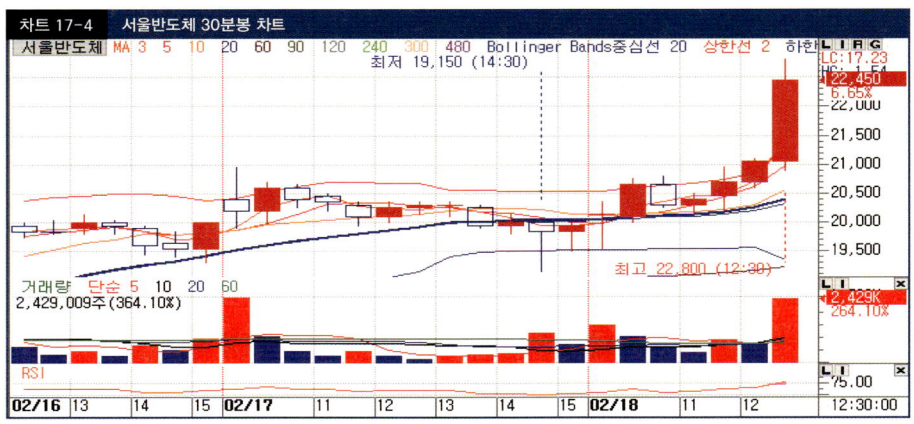

금일 매매를 할 때 일봉상 볼밴 상단에 주가가 자리 잡고 있어 재빠르게 상한가에 진입을 못하고 밀린 채 마감을 하였습니다. 이처럼 볼밴 상단에 주가가 주춤하면 단기 매도 급소이며 금일 들어온 트레이더라면 다음 날 상승을 바라지 말고 일단 매도 후 생각해야 됩니다.

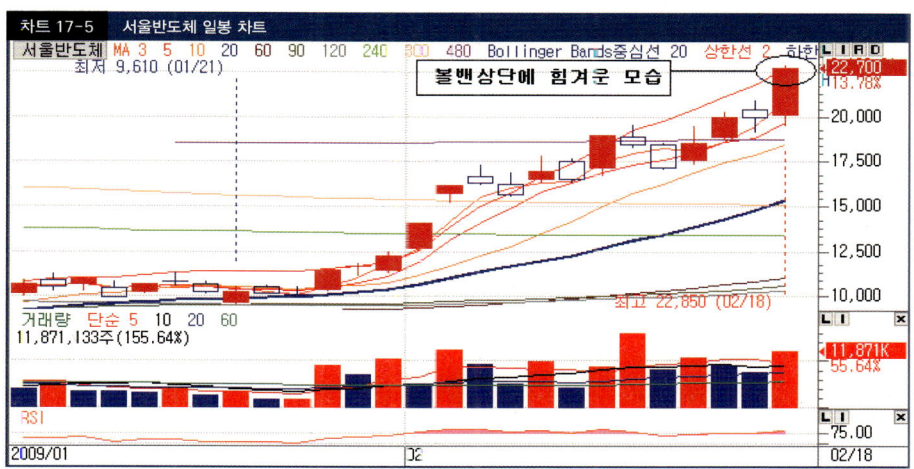

서울반도체는 일, 주, 월봉 상관없이 상승 추세가 좋은 종목이므로 늘 관심권에 두고 사냥해야 됩니다.

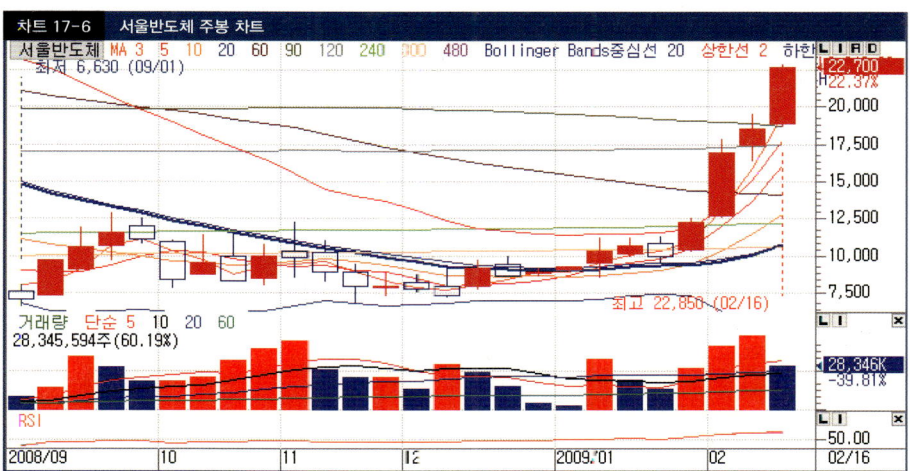

제18장
종목의 흐름을 이용한 상한가 매매법

알앤엘바이오

알앤엘바이오도 지속적으로 보유하고 있는 종목이며 전날 첫 봉이 음봉이 나와 절반의 물량을 털고 지켜보다 다음 양봉의 허리를 깨지 않고 지지하다 상한가에 진입하였습니다. 금일도 장대봉의 든든한 지지목을 만들며 이후 거래량을 줄인 단봉의 캔들이 발생하여 상한가에 진입하였습니다. 역시나 금일 첫 양봉의 3분의 1 정도의 지지로 아래꼬리를 지속적으로 다는 모습이 아름답습니다. 이 종목에선 30분봉상 3번째 봉에 확신을 갖고 추가 물량을 더 담았습니다.

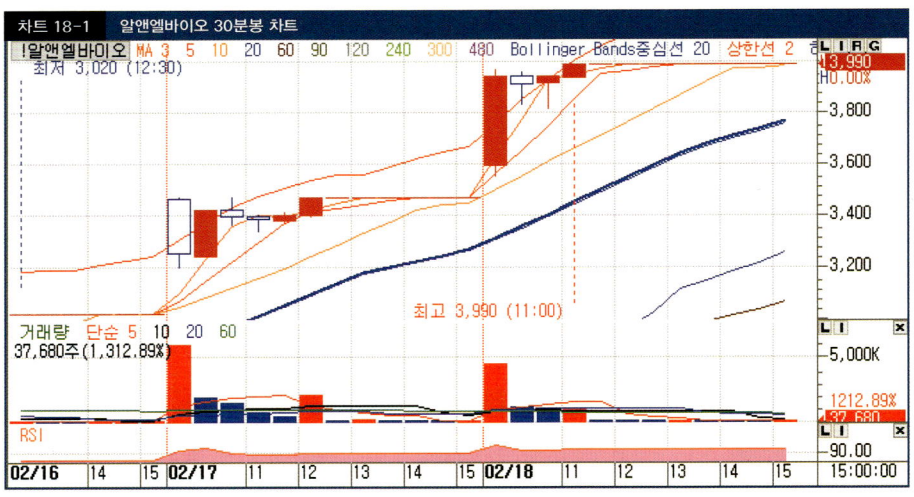

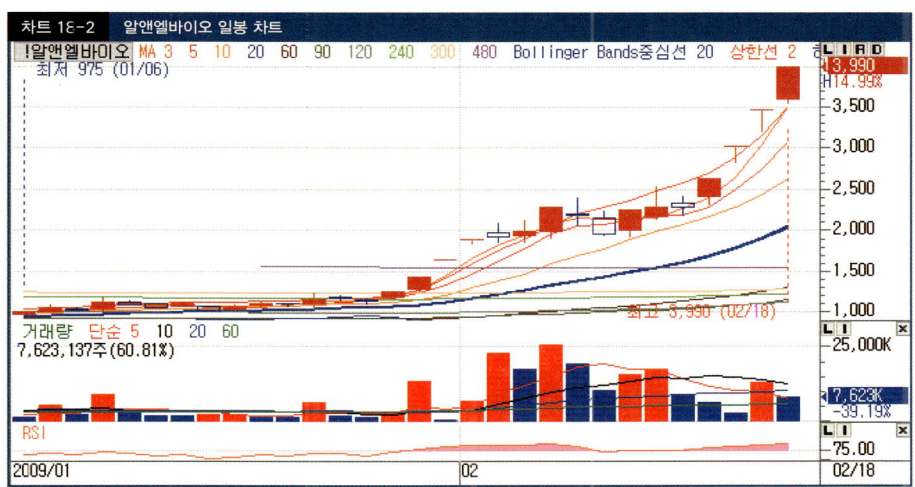

알앤엘바이오는 일, 주, 월봉 차트 볼 거 없이 상승세가 무척이나 강한 종목이니 이놈도 늘 사냥감으로 등록 후 상승 폭이 5% 내외면 시초가 매수나 상한가 공략 등으로 수익을 쌓을 수 있겠습니다.

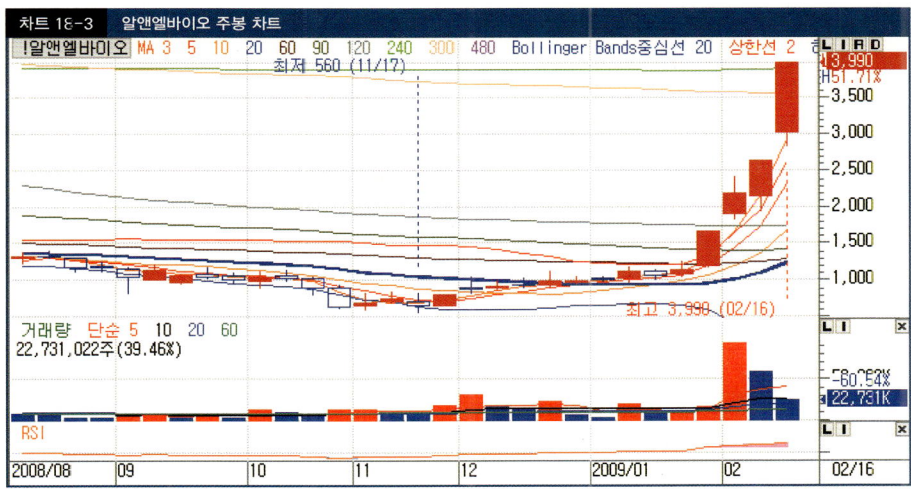

에피밸리

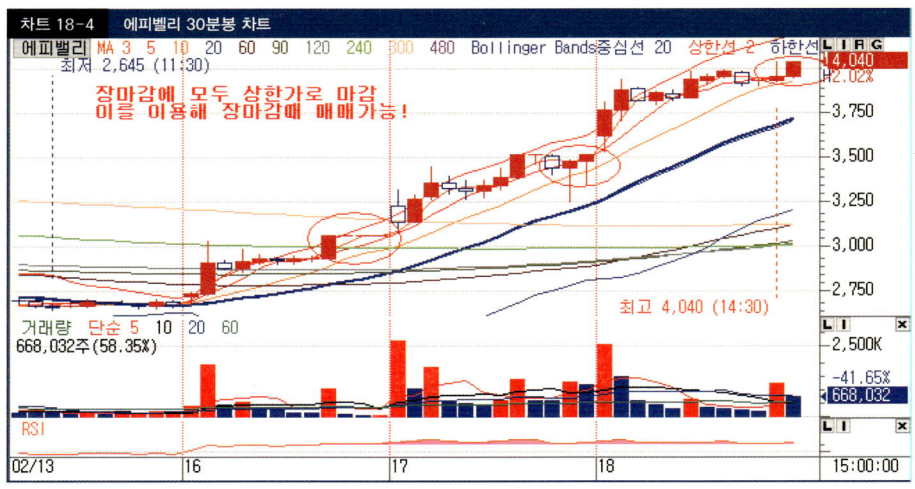

에피밸리는 상한가 진입 후 오전에 팔고 다시 장 마감 때 상한가에 팔고 재밌게 가지고 논 녀석입니다. 필자는 상한가를 가더라도 그냥 오전부터 강하게 상한가에 문 닫는 종목을 선호하며 네오위즈나 애피벨리처럼 장중 지루하게 상한가에 들어 간 종목은 매매 순위에서 잘 쳐주지 않습니다. 이러한 종목에서 좋은 점은 장 마감 때 보통 10% 이상 주가를 유지하고 있으며 거의 2시 45분 이전에 상한가에 진입하 는 특성을 이용하여 11% 매수하여 상한가에 매도하는 방식이나 또는 보유 후 다 음 날 아침에 파는 방식으로 이용합니다.

에피밸리랑 중앙바이오텍은 금일 둘 다 상한가 진입하였으나 기존 상한가 보유 종목이 3개 이상이므로 보유하지 않았습니다. 이유는 다음 날 아침에 여러 종목을 보다 보면 집중이 잘 안돼 제대로 된 매매를 할 수 없기 때문입니다. 따라서 해당 종목들은 소액으로 장 마감 12%대 매수 후 상한가에 매도를 걸어 놓고 하는 방식 으로 아주 쉽게 2~3% 수익 얻을 수 있었습니다. 이 방법은 어렵지 않게 아래 그림 과 같은 지지 후 매수세 나오면 같이 매수하여 상한가에 매도하는 전략을 취할 수 도 있고 차트상 일정한 패턴으로 상한가로 문 닫는 종목들은 매수하기도 그만큼 수월하므로 그 흐름을 보고 매매에 참여하면 됩니다.

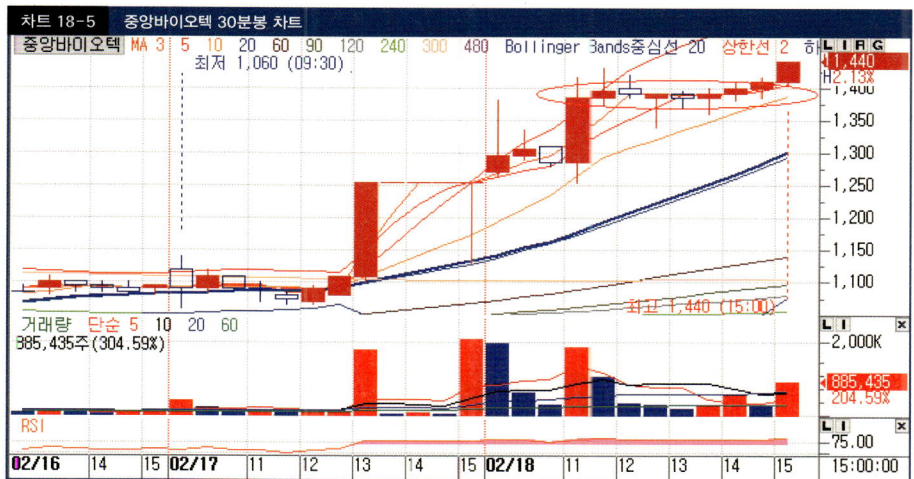

 쉬어가는 코너

남의 기법이 내 것인가?

　주식을 배울 때 고수들이 늘 하는 말이 있습니다. 자기 스스로한테 잘 맞는 매매법을 찾아라. 말은 쉽지만 정말 어려운 것입니다. 왜냐면 이런 매매법을 찾기 위해선 단기적이 아닌 산전수전 다 겪고 생각 있는 사람만이 통찰로 비로소 얻어질 수 있는 것이기 때문입니다. 그런데도 경험이 미천한 일반 개미들은 그러한 것은 잊은 채 그저 남이 주는 떡밥만 먹으면 그저 돈 벌어지는 줄 착각을 합니다. 제 친구놈 중에도 주식을 하는 놈이 있는데 이놈은 말이 전업이지 백수나 다름없고 곧 얼마 안 가 투자금을 다 날려 깡통이 될 겁니다. 왜냐? 공부는 하기 싫고 그저 쉽게 크게 돈만 벌려 하니 그렇습니다. 통 노력은 하지도 않는 채…

　탁월한 주식 고수들도 매매로 그리 쉽게 돈을 벌진 못합니다. 많이 노력해도 까이는 판이 주식판인데 뭔 생각으로 전업을 하는지 이해할 수가 없습니다. 그래서 성공하고 싶냐? 물어보면 그놈은 자기는 무조건 올해 1억 번다고 큰소리칩니다. 그리곤 제가 한 마디 합니다. '너는 거지 깡통 될 거라고!! 성공하고 싶으면 지금이라도 성심을 다해 열심히 공부하고 자만하지 말고 너에게 맞는 틀을 찾아서 그걸 기법화시키다 보면 그게 원칙이 되고 수익은 그때부터 차근차근 늘게 될 것이라고.' 하지만 이놈이 제 말을 듣겠습니까? 그냥 한 귀로 듣고 한 귀로 흘리는 것이겠죠.

　이처럼 똑같이 주식 투자를 하지만 사람마다 가지각색입니다. 강한 종목도 어떤 이는 고점이라도 강하게 매수하는 반면에 또 어떤 이는 먹을 만큼 먹었다 하고 그쯤에서 매도할 수도… 또 어떤 이는 하락의 두려움으로 그저 바라만 보고 있을 수도 있겠죠. 깡통 차는 이들은 다 그런 실패 조건에 부합을 하는 사람이라고 저는 단언합니다. 팍스넷에서 실패담에 쓰는 분들 10편만 읽어도 공통점이 바로 나옵니다. 일관되게.

　필살기 기법을 보고 불나방처럼 이 불패의 기법만 알면 누구나 떼돈 벌 거 같지만 실제로 경험 많고 매매 많이 해 보신 분들이라면 매수 기법의 차이는 그리 크지 않습니다. 매매의 성패는 각자 투자하는 사람의 심리에서 비롯되기 때문입니다. 모든 사람들은 맛있는 걸 좋아합니다. 하지만 내가 치킨 좋아한다고 해서 다른 사람들도 그 치킨을 좋아하진 않습니다. 즉 아무리 뛰어난 불패의 필살기가 있다 한들 나와 맞지 않으면 못 쓰는 겁니다. 보통 초보 입문자들이 오해하는 부분이 어떤 기법이 있으면 그게 자신한테 딱 맞아 보이고 똑같이 고수와 같이 수익 낼 수 있을 거라 생각을 하는데 이는 상당히 잘못된 생각입니다. 내가 골프 치는 기법을 잘 안다고 해도 볼을 치는 감각이 다르고 생각이 다른데 어찌 공을 쳐서 매번 똑같이 나갈 수가 있겠습니까?

그래서 똑같이 배우고 똑같이 한 종목에서 매매해도 어떤 이는 수익을 또 어떤 이는 손실이 발생하게 됩니다. 또 수익을 내는 사람들 중에도 수익의 폭은 다 제각각입니다. 왜냐? 투자하는 사람마다 심리 강도와 생각이 다 다르기 때문입니다. 이는 아인슈타인의 상대성이론과 얼추 동일합니다. 주식에선 절대 H 책이란 존재하지 않습니다. 그저 뻔한 말로 불패의 비책이라면 시장에 순응하며 시장이 가는 대로 잘 따르는 게 바로 비책이라면 비책이겠죠. 다만 그런 걸 체계화시키며 지수가 역배열이면 지수와 반대로 가는 정배열 종목을 선정하여 요리조리 매매할 수 있겠지요.

주식에서 돈 벌 때란 다 때가 있는 것이지 실제로 실력 차이는 그리 크지 않습니다. 다만 그걸 자각하냐 못하냐 차이겠지요. 아무리 초절정 고수도 종목 자체가 비실비실거리면 수익은 결코 낼 수 없을 것입니다. 돈 번 사람들은 다 그 당시 시대에 맞는 테마나 강한 종목이 있기에 가능한 것이었죠. 그래서 우리는 늘 때를 기다릴 줄 알아야 하며 시장이 아닐 때는 잠시 쉬고 시장이 때를 알리면 그때 같이 동참하여 수익을 취할 수 있어야 합니다. 그러므로 우리는 늘 공부하고 심리를 다스릴 줄 알아야 합니다. 주식에서 돈 버는 비책이란 바로 이러한 때를 포착하고 제때 과감하게 배팅하는 자신감이라는 생각이 듭니다.

제가 알려 준 매매 기법대로만 매수단 한다면 큰코다치게 될 것입니다. 기법의 매매 신호일 때 왜 박스권을 형성하던 주가가 저점을 높이며 상승하는 구간인지, 왜 거래량이 터지는지 주가 위치 매물대 돌파 등 여러 형상과 함께 자연스레 공부를 해야 기술적인 틀에서 벗어나 자연을 보듯 차트를 즐길 수 있을 것입니다. 이런 말하는 저도 허접이지만 다만 말씀드리고 싶은 건 기법만 줄줄 외지 마시고 그러한 형성 원리 이해를 연구하시어 공부하신다면 주식에서 일어나는 현상을 보고 유유히 시장과 소통할 수 있을 거라 생각이 듭니다. 부디 요행이 아닌 성실과 지혜로써 이 시장을 평정해 나가시길 바랍니다.

제19장
테마주 매매법과 저항대에 대해

울트라건설

> **생태하천·한일해저터널 이슈 부각.... 관련株 동반 급등**
>
> "최근 국내 증시의 '그린테마' 열풍에서 소외돼 있던 SOC 관련주들이 일제히 급등했다. 정부가 국가 하천과 지방 하천 정비를 '4대강 살리기'의 핵심 사업에 반영한다는 소식이 기폭제가 됐다. 수면 아래로 가라앉았던 한일해저터널 이슈가 재부각된 점도 SOC 관련주의 날갯짓을 도왔다. 이날 상승세는 국토해양부가 전날 새 정부 출범 1주년을 맞아 '녹색뉴딜'의 일환인 생태하천 조성 사업을 4대강 살리기의 핵심 사업으로 추진하겠다고 밝히고 나선 때문이었다."

울트라건설 첫날 상한가 진입할 때 위에 겹겹이 쌓인 매물대에 의해 금일 주가가 무너질 것으로 예상하였으나 바로 강하게 20일선을 돌파하는 힘으로 상한가 진입 후 오후에 한 차례도 안 풀린 채 상 진입을 하였습니다. 필자는 오전에 일봉상 20일선을 돌파하는 힘을 보며 매수하였으며 짧게 먹고 매도하였습니다. 나름 중간에 풀릴 것으로 생각을 하였기 때문입니다.

이후 장중 따라오는 똘마니 종목들의 시세로 단타를 치다 오후에 상한가 갈 것처럼 액션을 취하다 몇 개 종목만 상한가 진입 후 다른 나머지 종목들은 매물대 폭탄을 맞아 장 후반에 급락하는 모습을 연출하였습니다. 항상 매수할 땐 지지 라인, 매도 라인을 나름 생각한 후에 매수하여야 하며 생각한 자리에서 힘이 없을 때에는 일단 매도 후 생각하여야 합니다.

이미 무너지고 있는 것을 확인 후 매도를 하게 된다면 손실이 커지기 때문입니다. 항상 매수 후 강하게 추세가 살아 있지 못한 종목에서 매수 후 주가의 움직임이 둔해지거나 오히려 호가가 밑으로 빠진다면 일단 매도하여야 합니다. 짧게

1~3% 먹으려고 들어갔는데 매수 후 -1% 났다는 건 진입 시점 판단이 잘못되었다는 걸 의미합니다.

밑에 울트라건설은 주가 위에 가장 강력한 240일선이 버티고 있고 또 그 상단에 볼밴 상단선이 자리 잡고 있습니다. 따라서 해당 종목의 보유자라면 일단 이 라인대에서 일부 매도하여야 하며 위에 라인에서 주가가 빠른 속도로 진입을 못한다면 무조건 매도입니다.

이미 지겹게 우려먹은 재료로 상한가에 진입하면 시세의 연속성이 떨어지기 마련이니...

"네가 가면 내가 가고 네가 못 가면 나는 널 버린다"는 식으로 맘 잡고 매매하시길 바랍니다. 안 가는 놈 미련 남아 잡아 봤자 남는 건 후회와 손실의 대한 처절한 아픔뿐입니다. 후에 운이 좋게 상한가에 가더라도 그럴 확률은 적으며 그런 원칙 없는 감에 의한 매매는 늘 수익을 토해 내는 최악의 매매 방법이 될 것입니다.

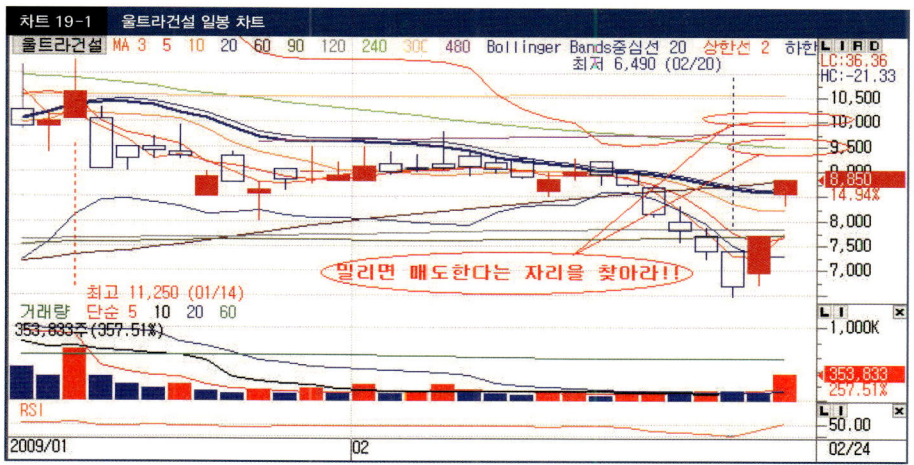

제20장
30분봉 20이평선 돌파 기법과 매도 시점

서울반도체

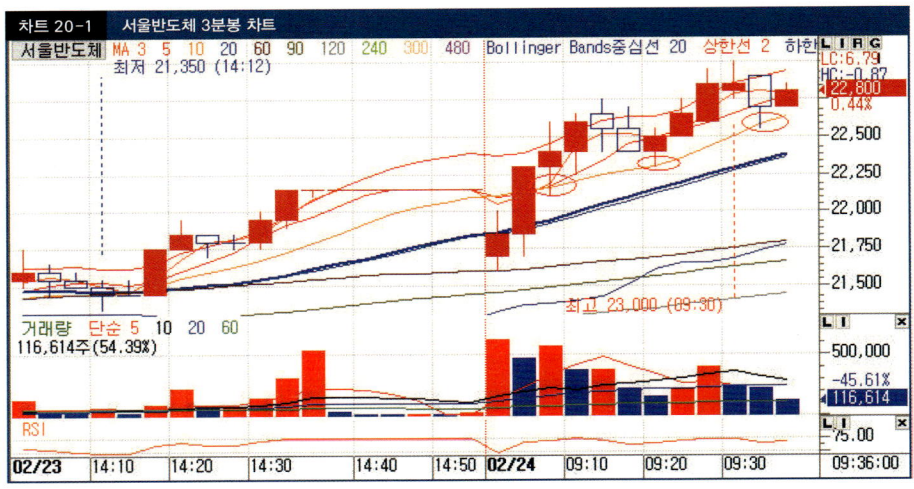

서울반도체 차트 모습입니다. 전일 상한가 진입 후 보유하다 금일 전량 매도한 종목입니다. 전날 상한가 확신에 무리하게 물량을 담았는데 금일 미증시 하락 여파로 시초가는 -로 시작하였습니다. 속이 부글부글 끓어올랐지만 시초가부터 일단 보유 물량 절반은 눈물을 머금고 매도 후 나머지 물량은 전일 강하게 상한가 갔겠다, 추세도 강하니 한 번의 반등은 주겠지 하며 나름 기도를 하며 보유하였습니다.

다시 재진입한 시기는 "30분봉상 20이평선을 다시 재탈환할 때"입니다. 전량 매도는 조금 이른 당일 처음 볼밴 상단에 닿을 때 매도하였습니다. 매도하고 나니 이놈이 옆으로 야금야금 흘러가는 게 아니겠습니까? 그래 '요놈, 오늘 시세 좀 주려

나 보다.'하고 매도한 금액의 30%에서 다시 재진입을 하였습니다.

　밑에 차트를 보시면 3분봉상에서도 흐름이 일정하게 흐르는 것을 확인할 수 있습니다. 보통 이러한 흐름이 나오면 아래와 같은 모습이 연출될 확률이 큽니다. 최고의 매도 시점은 봉의 길이가 커지며 볼밴 상단을 돌파할 때 보통 이러한 장대 양봉이 나오면 일반개미 입장에서는 '우아~! 이거 상한가 가겠네.' 생각을 하겠지만 매매 경험이 많은 트레이더들은 곧 매도 시기의 임박을 눈치 챕니다. 장대 양봉은 누구나 이익을 얻는 구간입니다. 이제 남은 건 매물 출회뿐입니다. 이전 상승할 때는 야금야금 매물을 주고받으면 계단식 상승을 하였지만 상승 중에 이전 봉을 넘나드는 장대봉이 나오면 그 많은 돌량을 다 담아 주는 맘 착한 세력은 별로 없을 것입니다.

　밑에 그림은 알아두면 좋은 패턴입니다. 이러한 패턴에 속지 않으시길 바랍니다. 역시나 매도 시점은 거래량이 터지는데 더 이상 상승치 못하고 위꼬리가 달린 캔들이 출현할 때이며 양봉의 몸통이 음봉으로 변하는 순간에는 무조건 매도를 하여야 합니다. 이때도 둔하게 매도를 못하였다면 언제가 매도 자리일까요? 바로 볼밴 상단을 침범하거나 3이평선을 이탈할 때, 그림상으로 2개의 음봉이 출현할 때입니다.

　이미 일봉상으로 볼밴 상단 위꼬리를 단 채 밴드 이탈하는 것을 확인하실 수 있으며 이처럼 매도 시점 파악은 어렵지 않습니다. "힘이 소멸이 되는 시점" 즉 흐름이 점차 둔해지는 때가 바로 매도 자리가 됩니다. 장대봉의 매도 시점은 쉽게 말해 400미터 달리는 선수가 그냥 처음부터 전력질주하게 되면 봉의 모양은 장대봉 그리고 힘의 소진으로 점차 작아지는 단봉으로 표시될 것입니다.

　하지만 초반에 무리하지 않게 달리다 맨 마지막 클라이맥스를 향해 달릴 때에는 차트상 아래 같은 차트가 만들어지는데 단봉에서 점차 커지는 봉이 나오며 마지막 힘의 분출이 되었을 때에는 이전 봉을 넘나드는 큰 장대 양봉이 만들어지게 됩니다. 거래량을 통해 보더라도 늘 클라이맥스 때 거래량 분출이 제일 크게 나타냄을 알 수가 있습니다.

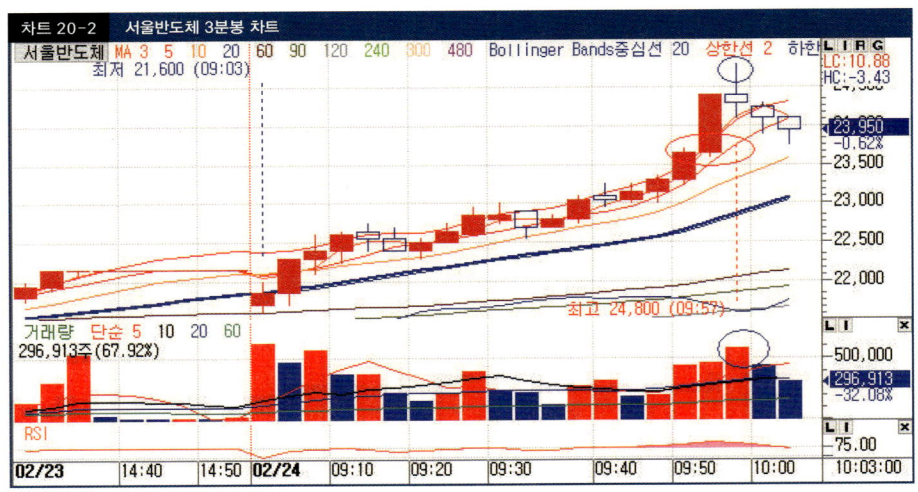

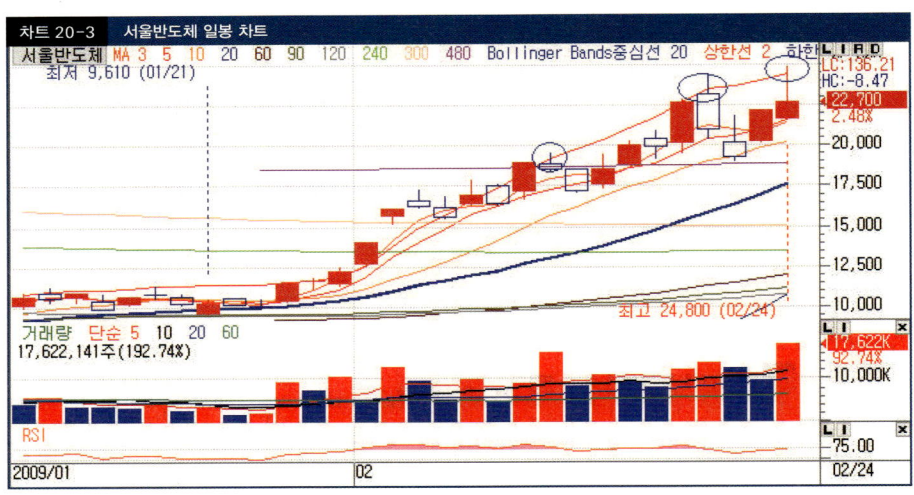

주식 타짜들의 노하우

제21장
양봉의 허리 지지 매매법과 급락시 스켈법

알앤엘바이오

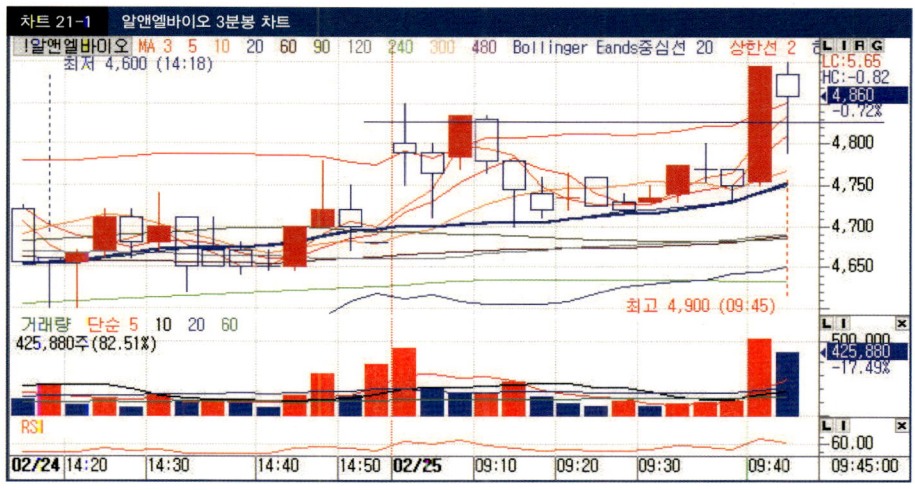

알앤엘바이오 오전까지만 해도 기술적 분석상 판타스틱한 일봉, 주, 월봉을 보여 줬는데 장 마감은 하한가로 마감하였습니다. 이전 호재성 재료로 인한 상한가가 대부분이었는데 금일 나온 재료는 애완견 복제 성공이란 재료였습니다.

> 알앤엘바이오는 이날 미국에 거주하는 한 고객이 의뢰한 페키니즈(Pekingese) 종의 애완견 복제를 세계 처음으로 성공했다고 밝혔다.

물량을 던진 후 주가가 왜 올랐나? 궁금함에 종목 뉴스를 통해 알았는데 '이전

129

엔 재료 뜨면 무조건 상한가였는데 오늘 나온 재료로 상한가를 못 만드는 거 보니 혹시 터는 재료 아냐?' 하는 생각이 문득 들게 되었는데 이것이 오후 장 되면서 현실이 되고 말았습니다.

항상 차트가 완벽한 모습을 갖추더라도 무너지는 건 한순간입니다. 늘 어느 정도 상승한 고점에선 개미들에게 '자... 어서 잡아 봐!' 하며 매수하라는 신호를 부추기지만 곧 상승할 거 같았던 주가는 이내 거래량 폭증과 함께 떨어지게 됩니다. 이때 운이 좋다면 진입하여 큰 폭의 수익도 얻을 수 있겠지만 대게 장대 음봉으로 인해 주가는 하락하게 됩니다. 문제는 하락하는 모습을 보면서도 매도를 못하는 초보 투자가분들이 많다는 사실입니다. C&중공업, 대한은박지 등 주식 종목 게시판 들어가 보면 하한가인데도 불구하고 매수를 부추기는 글들을 많이 볼 수 있으며 또 이러한 글들에 속아 다시 오른다는 생각에 매수하신 분들이 많아 참으로 안타까울 따름입니다.

위에 차트 보시면 제가 즐겨 사용하는 장대 양봉을 이용한 매매 방법에 대해 알 수 있습니다. 계속 반복하는 부분이니 실전에 이러한 모습이 나오면 장대봉에서 바로 매수보단 일단 기다렸다가 매수하는 게 좋습니다. 장대봉에선 자칫 추격 매수를 하게 되면 큰 폭의 손실을 가져올 수 있기 때문입니다. 순간적으로 힘이 분출된 양봉에서 겁나서 매수를 못하였으며 예상되는 허리 값에서 조정 후 재차 양봉이 나오면 매수하는 전략으로 갈 수 있습니다. 상기 그림이라면 매수 시점은 아니며 좀 더 지켜봐야 할 모습입니다. 못 사더라도 늘 천천히 확인하고 매수하는 게 중요합니다.

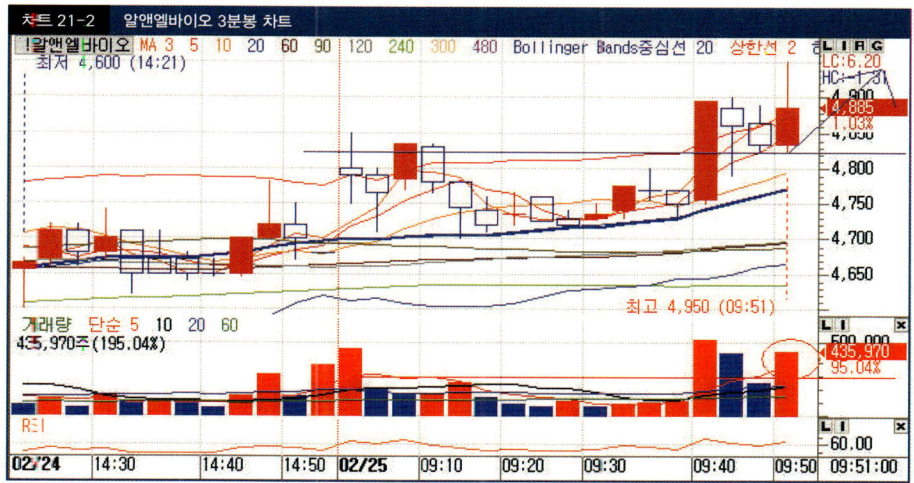

　위에 차트는 이미 3번째 봉에서 여러 번 허리를 지지하며 양봉이 나온 모습인데 실전 매매에서는 정확히 매매하기 위해선 허리 값 근처에선 양봉이 만들어지는 초기 단계에서 현재가창으로 체결 물량의 유입 속도를 보고 결정해야 합니다. 이미 쭈욱 치고 올라간 양봉 고가권에서 매수 후 떨어지기라도 하면 큰 폭의 손실이 두렵기 때문입니다.

　끝에 차트는 매도 자리를 나타내는 차트입니다. 역시나 매도 자리는 이전 봉을 넘나드는 쓰나미 장대 양봉이 나오며 거래량이 분출할 때입니다. 위꼬리 단 양봉상태에서 현재가창을 보실 때 고점에서 멈춘 현재가 가격을 잘 기억해 두시고 체결 속도는 빠른데 주가가 좀처럼 안 올라갈 때가 보통 위꼬리를 단 모습이 연출이 됩니다. 거래량이 증가하면 빨리빨리 올라가야지 주춤해진다면 현재가창에서 개미들에게 보이는 매도 호가 물량이 아닌 숨어 있는 진짜 매도 세력의 물량이 쏟아져 나오는 겁니다. 이때 호가를 보면 보통 매도 세력이 시장가로 마구 패대기치므로 현재가에서 현재 호가보다 몇 호가 위, 아래로 심하게 요동치며 체결이 이루어집니다.

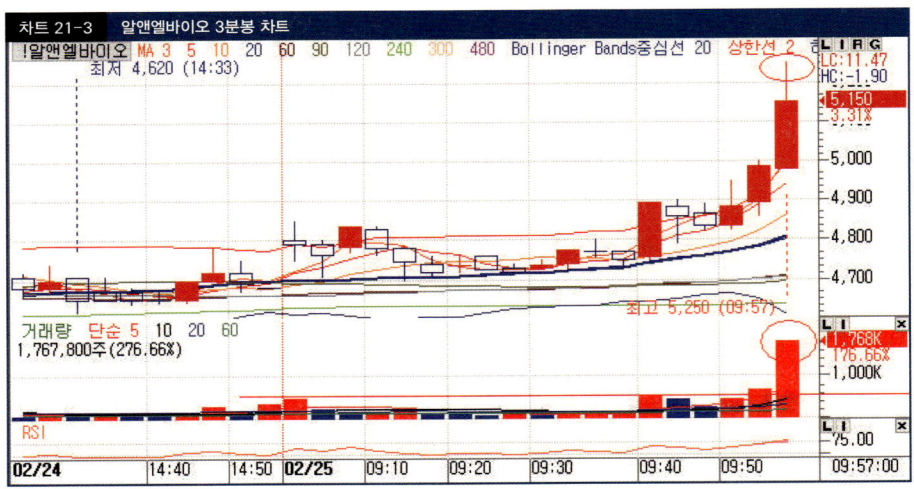

　이후 매도한 자리보다 주가가 더 상승하는 경우도 많은데 그 다음 상승분은 다음 개미들에게 주는 것이고 적당히 먹었음 매도한 종목은 관망하는 게 좋습니다. 매도 후 재차 재진입을 하면 대부분 산 자리에서 수수료도 건지기 힘든 채 다시 매도해야 하는 상황이 많으므로 매도 후 고가권에서 재매수는 하지 않는 게 시장에서 장수하는 한 비결입니다.

　종목의 기가 센 모습으로 상한가에 가려 한다면 상한가 가격대에서 매수하는 편이 더 나은 편입니다. 늘 개미들이 고가권에서 추격 매수하여 물리는 가격대가 보통 10%~12%대입니다. 요 가격대는 위로 먹을 건 별로 없고 하락의 공포감이 극대화되는 지점이므로 누군가 매도하면 쫓아 매도하는 구간이므로 이 구간에선 진입 안 하는 게 돈 버는 길이라는 것은 차츰 많은 시간 매매를 하시다 보면 자연히 느끼시게 되실 겁니다.

주식 타짜들의 노하우

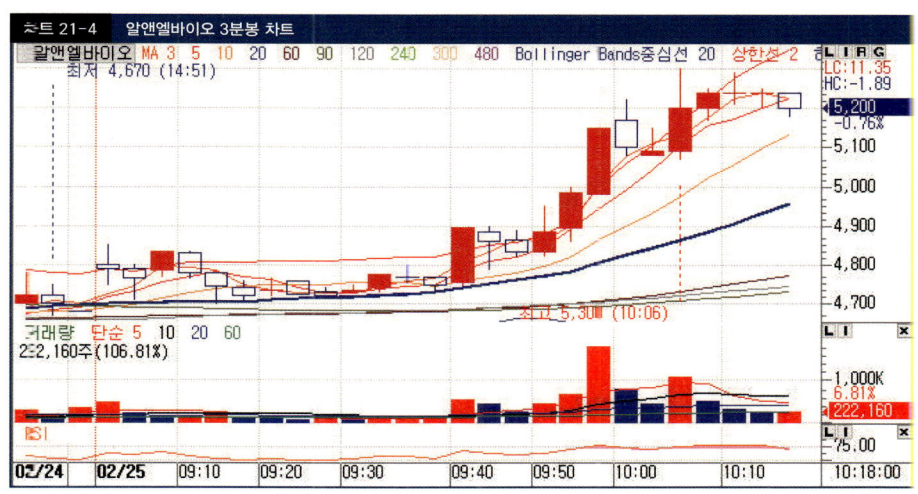

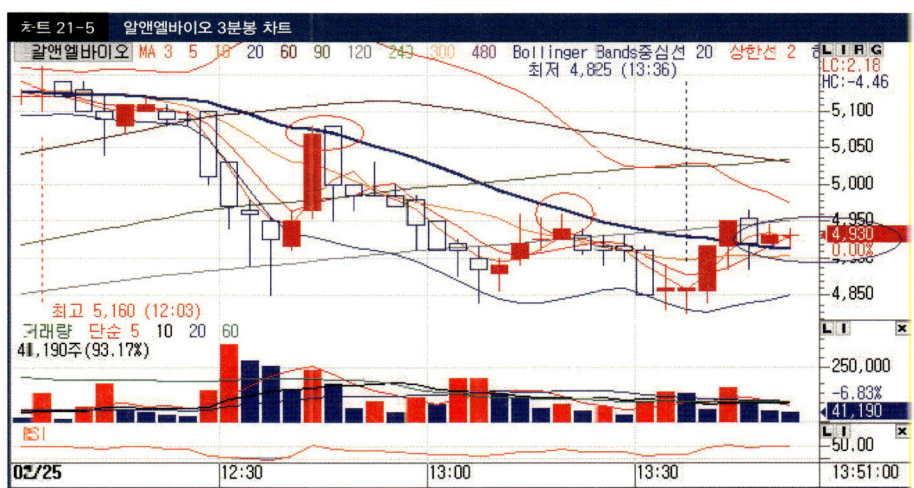

　오후에 적은 금액으로 단타한 자리입니다. 이전 20이평선을 뚫으려다 두어 번 실패 후 차트상 체크한 부분에서 지지하는 모습을 보여 줬습니다. 소액으로 3차례 분할 매수하였습니다. 매수 후 몇 분 지나지 않아 급격한 매수세가 유입되었고 필 자는 양봉의 중심 정도만 먹고 매도하였습니다.

　항상 장 후반은 오전과 달리 긴장하여야 합니다. 수익보단 손실이 더 커지기 쉬운 구간이며 양봉이 나와도 시세의 연속성이 떨어져 쉽게 가라앉기 때문입니다. 오

133

전 같으면 다시 양봉의 허리 지지 매매법으로 수익이 나올 수도 있지만 아래 차트처럼 거기서 시세를 마감하였습니다.

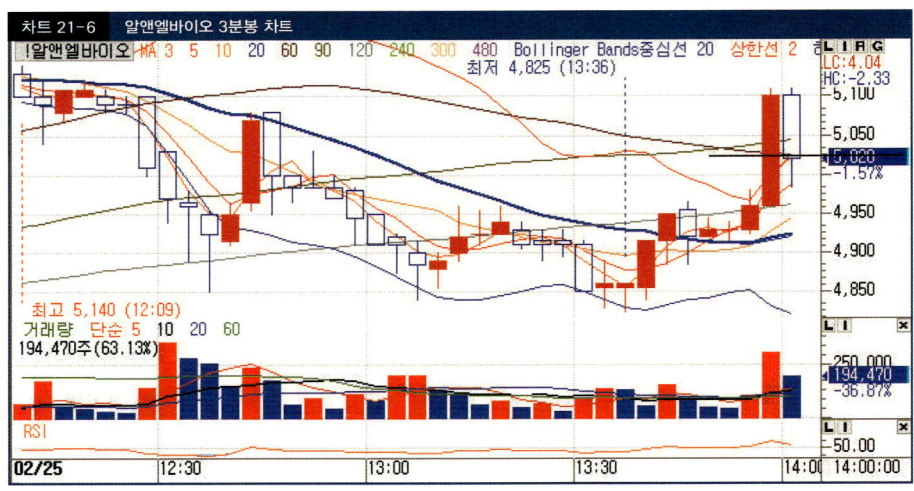

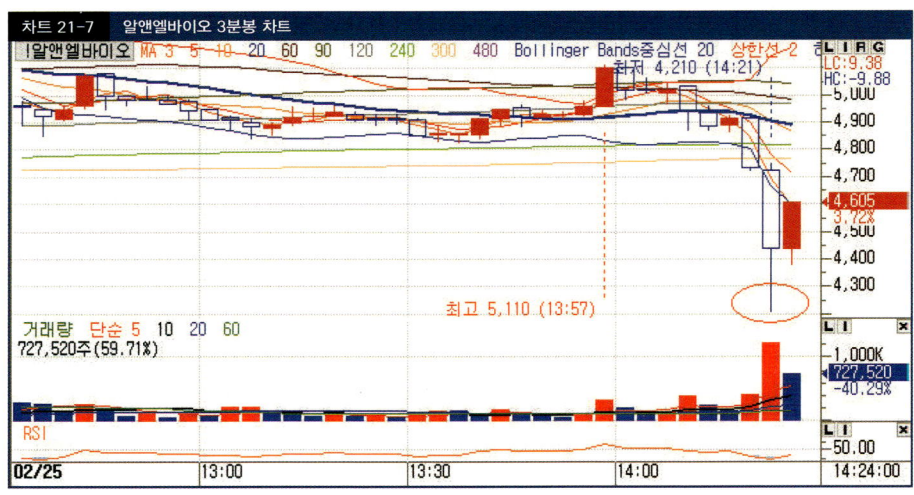

장 막판에 급락하는 모습입니다. 필자가 좋아하는 매매 방법인 급락 후 반등 먹는 방법입니다. 이 매매 방법은 어떻게 보면 상승 추세의 양봉 먹기보다 더 쉬울 수가 있습니다. 또 빠른 시간에 스릴 있게 1~2% 수익이 가능하므로 절반 이상의 초단타꾼들이 선호하는 매매 방법이 됩니다. 이 종목은 밑꼬리에서 잡으려 했지만 체결 변동 폭이 워낙 커 그냥 매매를 포기한 차트입니다.

동부CNI

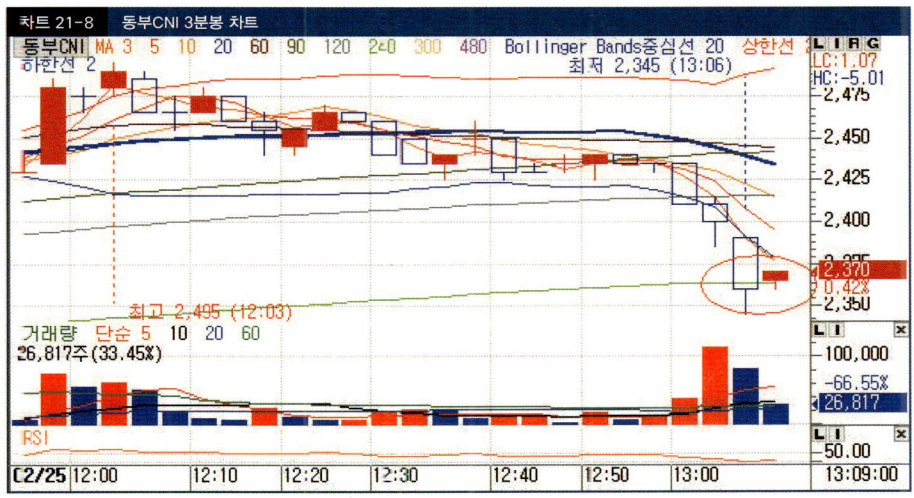

위에 종목은 매수 후 2%가량 수익을 얻은 종목이며 현재가창에서 매도 물량의 체결 하락 속도가 빨라지다 점차 줄어들 때가 매수 포인트입니다. 차트 모양으론 더설푼 음봉이 아닌 큰 장대 음봉이 나와야 밑에서 거래량도 터지며 빠르게 매수세가 들어와 짧은 양봉을 먹으며 수익을 취할 수가 있습니다. 이러한 매매 방법은 으히려 불꽃 양봉을 보고 추격 매수하는 것보다 안정적이며 매매의 난이도 낮으므르 쉽게 적용할 수 있는 매매 방법입니다.

밑에 차트는 완성된 차트이므로 20이평선 찍고 내려오나 실전에선 체크한 양봉의 절반도 못 가고 다시 꼬꾸라지는 경우도 많습니다. 짧게 먹어 치우는 기법이므르 다음 봉이 음봉 전환될 때 확인 후 매도하면 자칫 실패한 매매가 될 수 있으므르 매수세 유입이 빨라지면 그때가 매도 포인트가 됩니다. 즉 개미들이 '다시 오르는구나.' 하고 추격 매수할 때 그때 던지는 겁니다. ^^

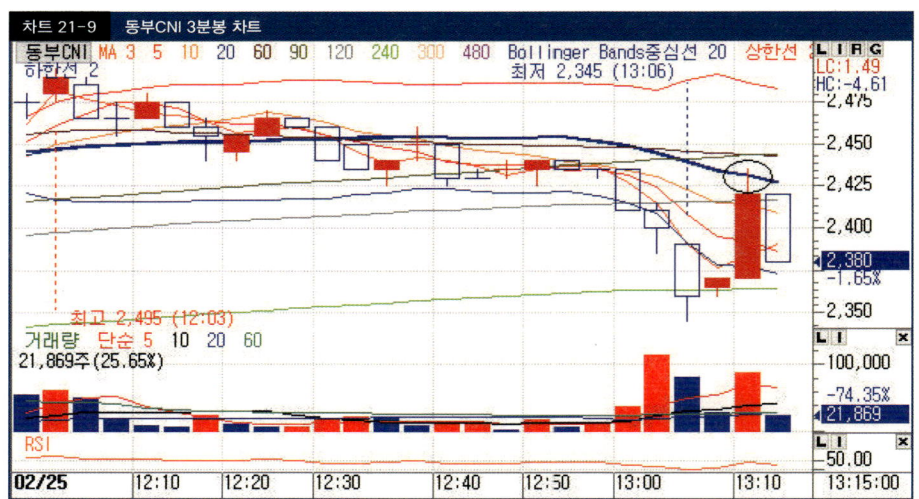

제22장
정배열 종목에서 하락할 때 거꾸로 매매법

일진전기

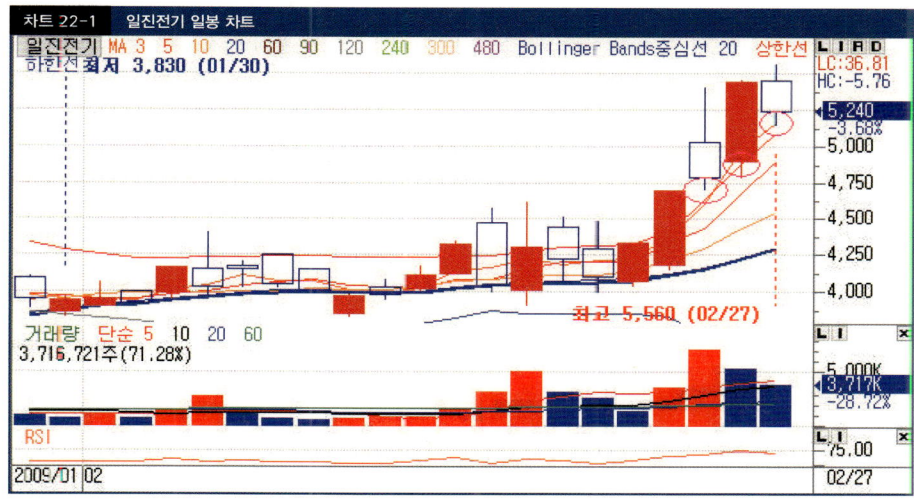

요 며칠 동안 매매한 종목이 일진전기입니다. 금일 서울반도체는 일봉상 볼밴 상단까지 상승하길 바랐습니다만, 힘의 소진으로 인해 금일 음봉으로 하락 마감하였습니다. 일진전기는 일, 주, 월봉 할 거 없이 현재 장세와 반대로 상승하는 종목입니다. 이러한 상승 추세의 종목에선 단타 치다 손실을 나도 버틸 수 있는 것입니다. 어정쩡한 종목에서 놀다 물리면 그야말로 단기간에 엄청난 손실을 볼 수도 있지만 이러한 종목에선 버틸 수 있다는 큰 안점이 있습니다. 5일선을 강하게 살리면서 양, 음, 양 패턴으로 보기 좋은 도습 연출하고 있습니다. 양봉에서 들어온 개미들을 다음 음봉에 내쫓고 다시 양봉을 살려 나가는 것이 아름답습니다.

금일 일진전기로 많은 매매를 하였습니다. 울트라건설도 여러 차례 매매로 모두 승리하였습니다. 매매한 방법은 일반적인 단타꾼들이 가장 많이 사용하는 방법입니다. 보통 필자는 이러한 매매를 잘하지는 않으나 현재 시장의 장세상 꾸준히 버틸 만한 종목이 눈에 안 띄므로 욕심 부리지 않고 조금씩 벌어 가고 있습니다. 늘 매수 후 진입이 잘못되었을 경우 버티다 매도하는 자리에서 다시 반등이 이루어지며 자신이 산 가격보다 높게 가는 경우를 많이 경험해 보았을 겁니다. 상승 추세가 강하게 사는 종목에서 하위 분봉에서 역배열은 좋은 먹잇감을 안겨 줍니다. 올라가는 종목 잡는 것보다 떨어지는 종목 잡는 게 심적으로나 수익률 측면에서도 전혀 꿀리지 않은 좋은 매매 방법이 됩니다.

밑에 차트 보시면 하락을 할 때 밑에 특정 이평선이 있거나 전일 특정 라인에서 지지된 자리에선 보통 급락하다 다시 재반등하는 경우가 많습니다. 이러한 특성을 이용한 매매를 하면 빠른 시간에 스릴을 맛보며 안정된 수익률을 쌓을 수 있습니다. 상승하는 종목에서 어영부영 매수하여 손실을 본 투자가라면 반대로 이러한 매매로 그동안 잃었던 돈을 꾸준히 다시 벌 수가 있습니다.

밑에 체크한 부분은 필자가 매수한 자리입니다. 이러한 매매 방법은 매수 후 다시 밀리는 경우도 있으므로 항상 분할 매수로 대응하여야 하며 큰 금액보다 손실 봐도 감당될 수 있는 적절한 금액으로 배팅하는 게 좋습니다. 항상 매수, 매도할 때에는 평균 호가 잔량을 염두에 두시고 매매하시길 바랍니다.

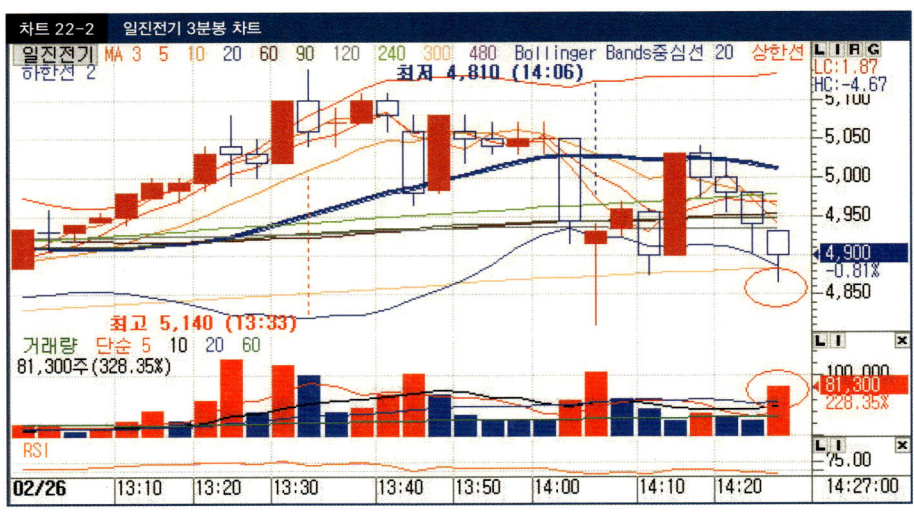

주식 타짜들의 노하우

전일 필자가 매수 후 바로 예상과 달리 급격히 상승하는 모습을 보여 줬습니다. 밑에 차트는 이미 다 만들어진 차트이기에 최상위 봉에 매도할 수는 없었습니다. 상승의 강도가 감이 잡힐 때에는 항상 한 번에 전량 매도보다 적정한 구간에 일부 이익 실현을 하면서 수익을 극대화하여야 됩니다.

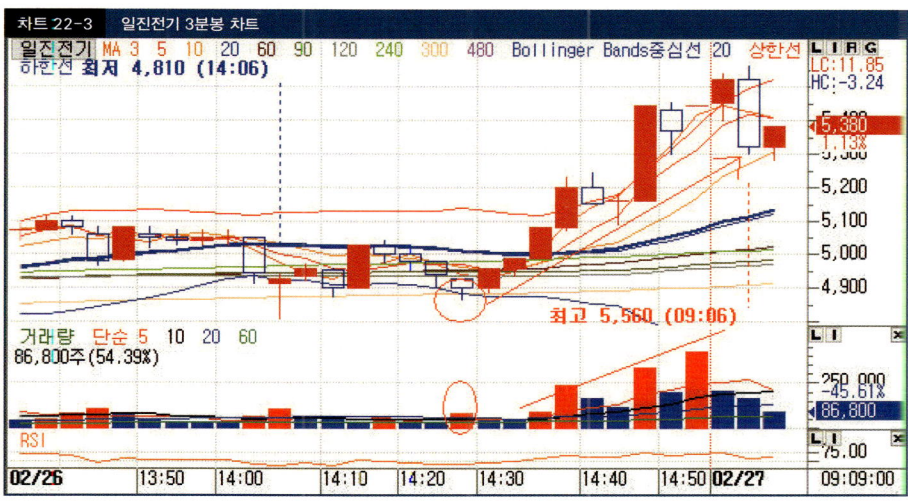

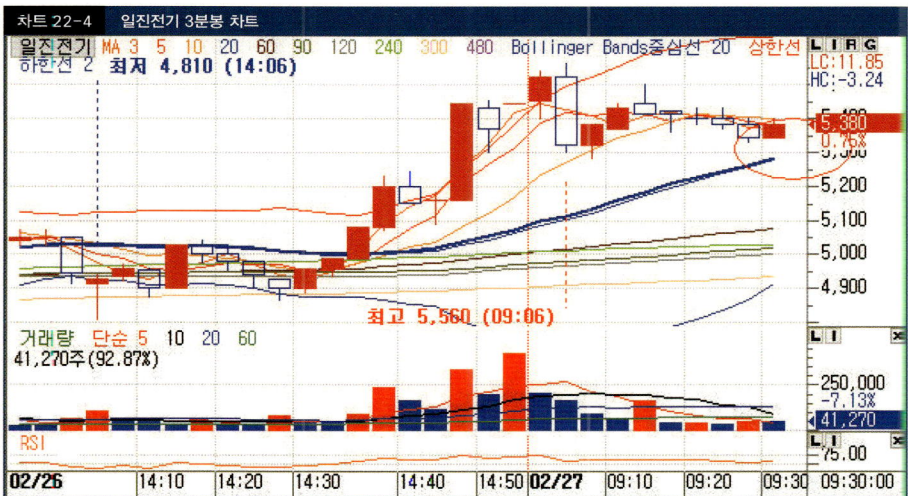

위에 차트는 일반개미들이 급격한 상승이 진행된 후에 20이평선에 받치거나 매수를 하는 자리입니다. 급격히 변동성이 있게 상승하였을 경우에는 보통 20이평선 눌림이란 거의 없으며 보통 20이평선을 깨며 하향 이탈하게 됩니다. 따라서 급격히

139

상승이 진행된 후에는 절대 20이평선 눌림목 기대를 하여서는 안됩니다. 보통 20이평선을 하향 이탈 후 주가 밑에 이평선과 볼린저 하단이 만나는 지점에서 반등이 이루어집니다. 이러한 룰을 이용해 단기 매매로 짧게 먹고 나올 수가 있습니다.

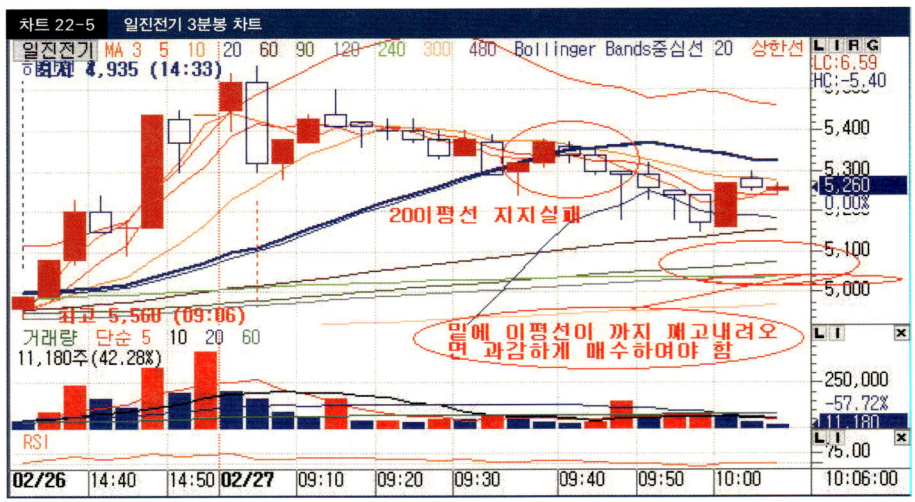

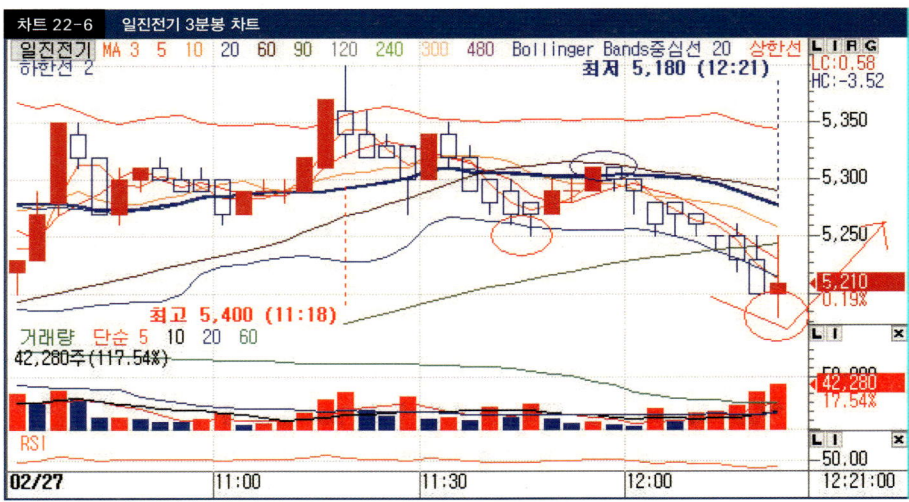

체크한 부분은 매수 시점을 가리킵니다. 좀 더 확실한 매매 구간은 밴드 하단을 이탈하여 급락이 나올 때이며 이때 거래량 증가와 밑꼬리를 단다면 빠르게 매수하여야 합니다. 보통 회귀되는 가격대는 볼밴 중심 라인인 20이평선이 됩니다. 보통 이 가격대에서 매물을 먹고 다시 음봉으로 진행이 됩니다. 간혹 강하게 뚫는 경우도 있는데 이런 건 결과론적인 이야기이고 실전에선 20이평선 가격대에서 아주 강한 큰 물량이 빠르게 체결되지 않는 이상 일반적으론 하락으로 재차 진행되며 이때는 전량 매도 처리하여야 합니다.

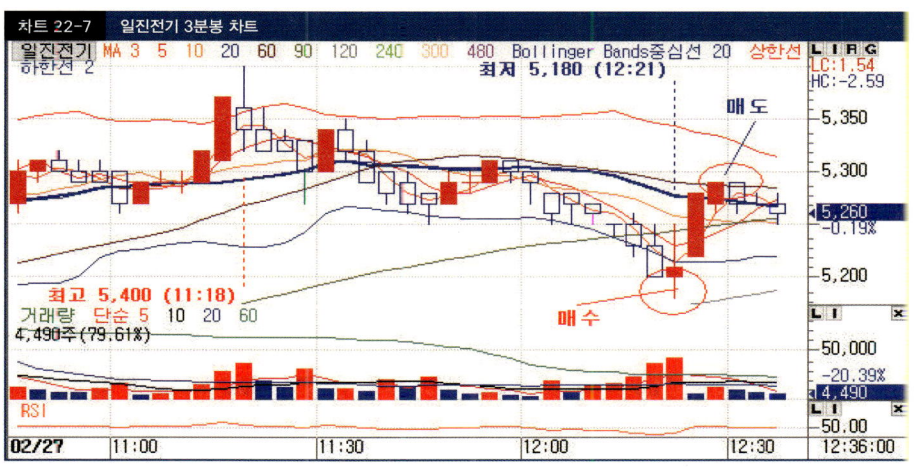

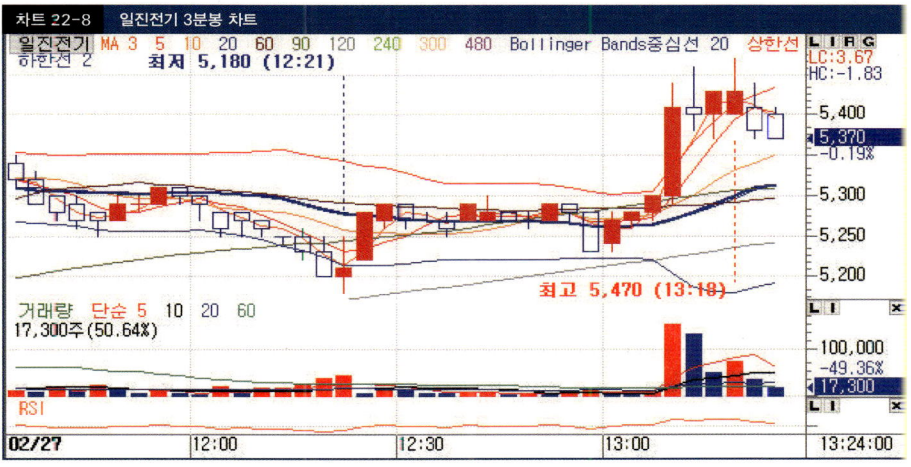

위에 차트도 13시경에 20이평선을 거래량 없이 하향 이탈하는 음봉이 출현 후 바로 볼밴 하단에서 양봉이 나오며 시세를 주고 있는 모습을 볼 수가 있습니다. 밑에 차트도 음봉으로 진행 후 개미들의 투매 물량 이후 재빨리 다시 회귀하는 모습을 보여 주고 있습니다. 이러한 매매를 몇 번이고 연습해 보시길 바랍니다. 며칠도 안돼 자연히 몸에 숙달되실 겁니다.

볼린저 설정하고 안 하고의 차이는 이렇듯 엄청나게 크게 작용을 합니다. 볼밴의 신뢰성은 가히 기대 이상입니다. 보조 지표 중에 신뢰도가 가장 큰 게 바로 볼린저 밴드입니다. 꼭 설정하셔서 차트가 말해 주는 지지와 저항을 눈으로 확인 후 매매해 보시길 바랍니다. 이러한 매매야말로 초보에서 중수로 중수에서 고수로 만들어질 수 있는 매매 방법이기 때문입니다.

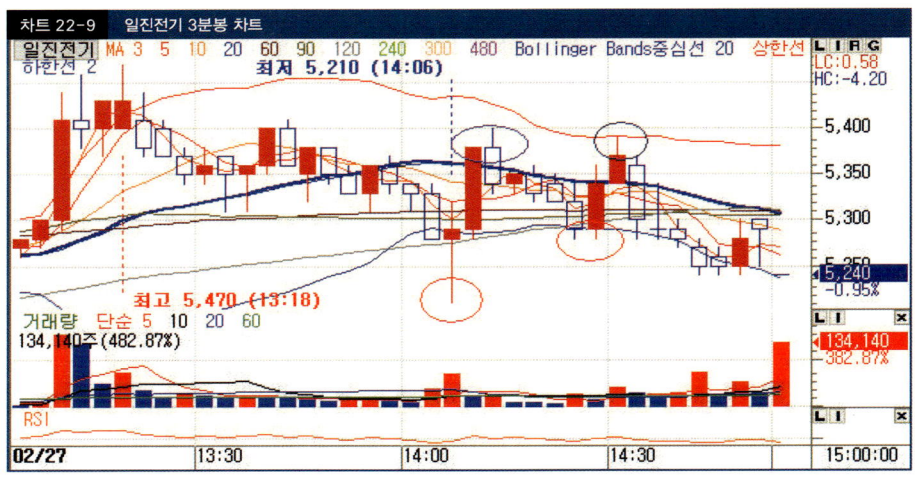

신한지주

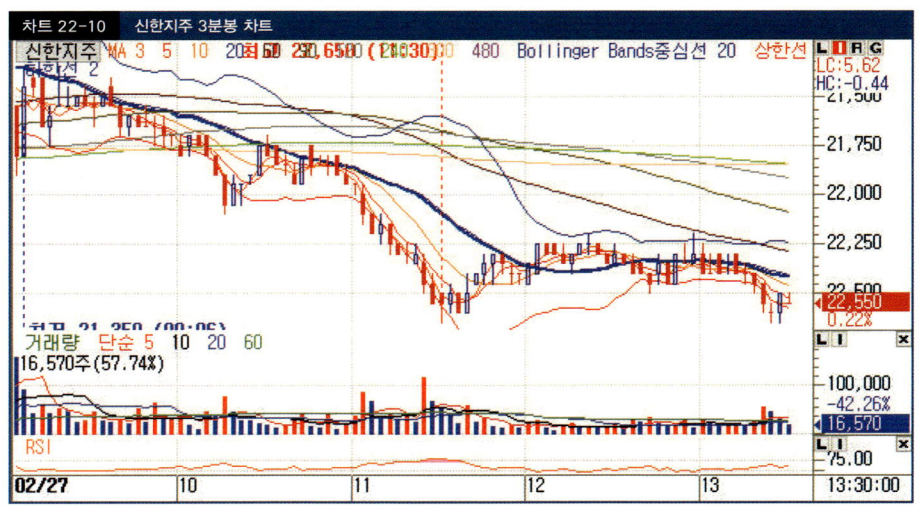

위에 차트는 상승하는 차트의 거꾸로 본 화면입니다. 추세의 방향이 알쏭달쏭할 때 한 번 반대의 방향으로 보시면 많은 도움이 되실 수 있습니다.

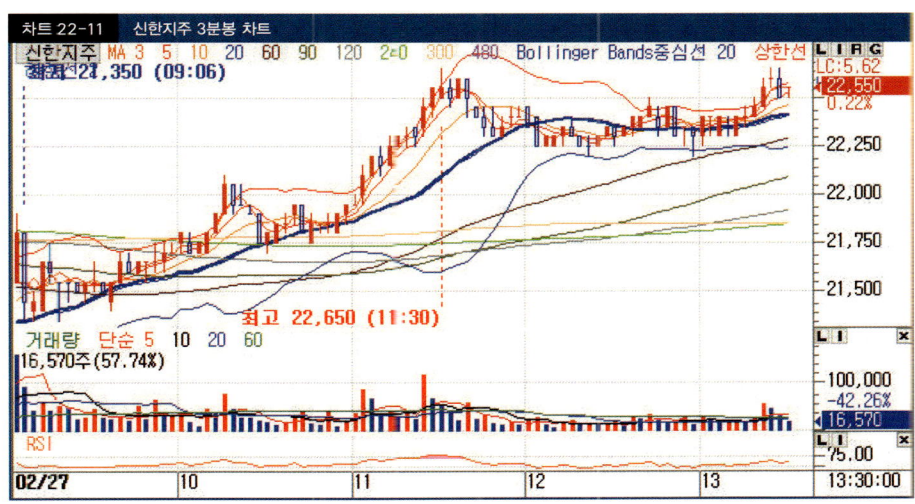

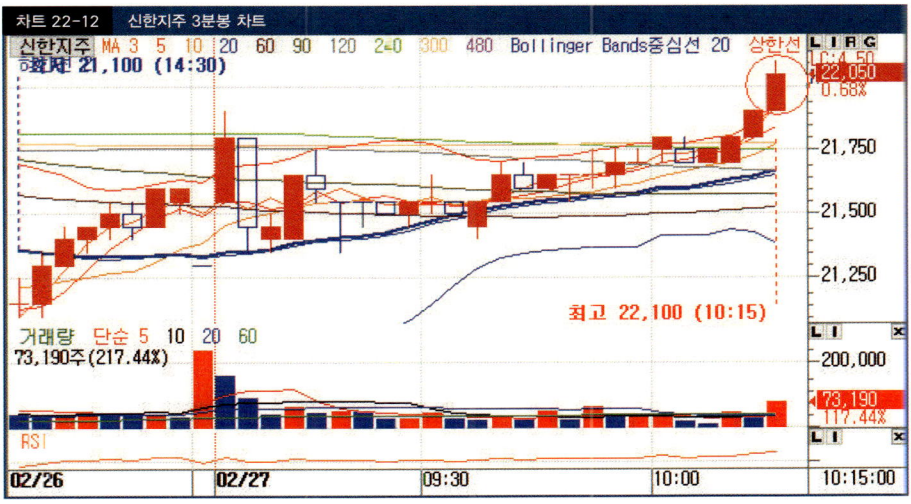

신한지주 금일 큰 폭의 상승을 한 종목으로 위에 차트는 보통 개미들이 차트의 모습에 현혹되어 과감하게 매수하는 자리입니다. 늘 개미들이 산 자리는 죽음의 자리가 되며, 이후 차트의 진행은 이전 고점에서 눌림 주고 재차 고가를 형성한 차 장 마감하였습니다. 이전 글에서 설명하였듯 봉의 몸통이 작아지다 점차 커질 때는 매도 시점의 임박을 의미한다고 배웠습니다. 늘 이전 봉을 압도하는 쓰나미 큰 장대봉이 나오면 매수 시점이 아니라 매도 시점으로 봐야 합니다. 이후 개미들의 무덤을 만들며 하락하는 모습을 보여 주고 있으며 늘 그렇듯 "개미가 사면 하락이요, 팔면 재차 상승"이라는 구조적 모순을 보여 주고 있습니다.

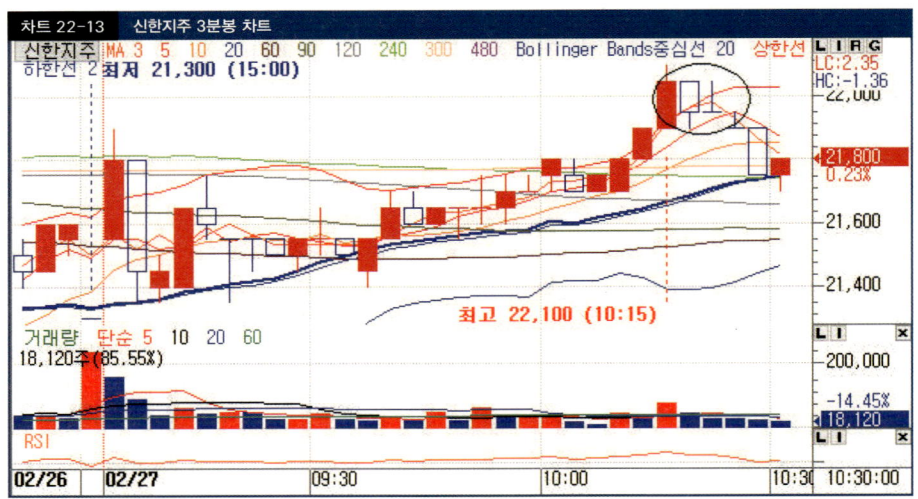

제23장
강한 종목을 잡아라

필자가 매매할 때 주로 이용하는 창이 바로 상한가 현황판이라고 이트레이드에서 제공하는 창을 씁니다. 실시간 10% 이상 뜨는 종목들이 바로 화면에 표시되어지고 이때 저는 10% 이상 뜨는 종목들 위주로 재빠르게 일봉을 보고 매수를 신중히 선택하고 일봉상 매수 조건이 나타나면 재빨리 주봉과 월봉을 보며 바로 앞전에 저항대가 있는지 없는지 여부를 살핍니다.

만약 일봉상 모양이 아무리 좋아도 바로 주봉상 볼밴 상단이 주가를 짓누르고 있는 모습의 종목들은 바로 관심권에서 배제를 시키며 또, 이런 종목들은 운 좋게 상한가를 가더라도 장중 상한가 풀림이 자주 발생하여 심지어 후장에 급락이 나올 수도 있습니다. 항상 가장 우선하는 종목의 기준은 다음과 같습니다. 일, 주, 월봉상 주가가 볼밴 상단 위에 위치하는지 여부입니다. 주가가 이와 같이 위치한다는 건 모든 저항대를 이겨 낸 가장 강력한 종목이므로 이런 종목이 +10%대에서 논다면 거의 상한가 갈 확률이 높으므로 늘 매매 1순위입니다.

또 이러한 종목에서 자칫 잘못된 매매 타임으로 인해 손실을 입더라도 손절 안 하고 버틸 수 있는 겁니다. 대부분 곧바로 자신의 산 가격 이상으로 상승을 해 주기 때문입니다. 따라서 강한 종목 노릴 때에는 단타 개념보다 추세의 개념으로 대응하는 게 현명한 투자가의 자세입니다. 하루 종일 단타로 진입해 봐야 한 종목 그냥 스윙주보다 월별 결산을 해 보면 오히려 더 수익률이 낮은 경우도 허다하실 겁니다.

다시 강조하지만 늘 매매의 첫 번째 조건 중에 조건은 강한 놈만 잡는다는 것입니다. 다시 본론으로 들어가서 범우이엔지는 시가 +8.65%의 강한 갭으로 시작을 하였습니다. 여기서 우리가 관심 있게 봐야 할 것이 일봉인데 일봉상 밴드 안에서 추세적으로 상승하는 종목에서 밴드 상단을 돌파하며 강한 갭을 준다는 건 뭔가 일을 낸다는 것입니다. 3분봉상으로는 볼밴 상단을 위에서 시작하여 시초가 매매로 바로 매수가 가능한 모델입니다. 3분봉상 주가가 밴드 상단을 끝까지 지지한 채 빠른 매수세로 상한가에 진입하였습니다. 이런 종목을 고점이라고 겁이 나서 매수 못하시는 분들이 많이 있는데 자신이 아는 만큼 주식이 보이는 겁니다. 이제부터라도 갈고 닦고 배워 이후 강한 종목이 나타날 땐 절대 놓치지 말고 매수에 동참하여 수익을 낼 수 있도록 노력해 보시길 바랍니다.

이때 무서워서 덜덜덜 떨 때 매수에 확신을 갖게 해 주는 게 일, 주, 월봉상 볼밴 상단을 돌파하며 강하게 우상향하는 것입니다. 이렇게 상승하는 종목은 거의 물릴 일이 없습니다. 또 이 종목의 수급적인 면에서도 이미 며칠 전에 강조해 드렸지만 기관, 투신권에서 기나긴 매집을 한 종목이므로 시세를 내더라도 화끈하게 상승시키고 저물 것이기 때문입니다. 하위 봉이나 상위 봉에서도 이처럼 볼밴 안에서 추세로 우상향하는 종목에서 상단을 돌파하는 장대봉이 나오면 클라이맥스로 시세의 힘이 최대한 증폭이 되며 이후 일반적으로 주가는 서서히 하락하게 됩니다.

그림 23-1 뉴스창

KB투자증권은 13일 원자력발전이 향후 20년간 호황을 누리며 '원자력 르네상스'가 도래할 것으로 분석했다. 최선호종목으론 범우이엔지(083650)를 꼽았다.

변준호 KB투자증권 연구원은 "정부는 2020년까지 총 26조2155억원을 투입해 원자력발전소 13기를 건설할 계획"이라며 "원자력 발전량 비중은 작년 35%에서 2020년 48%로 늘어날 것"이라고 말했다.

이어 "한국 뿐 아니라 전세계적으로 '원자력 르네상스'가 도래할 것"이라며 "미국이 향후 20년간 30기의 원전을 건설키로 했고, 중국과 유럽 등지에서도 신규 건설에 나설 것으로 보인다"고 전망했다.

변 연구원은 원자력발전 호황으로 범우이엔지에 대한 투자매력이 높아질 것으로 판단했다.

그는 "범우이엔지는 도시바와 미쓰비시공업, 알스톰 등 원전관련 글로벌기업과 거래관계를 유지하고 있다"며 "원전설비 수주에 유리할 것"이라고 설명했다.

또 "원자력분야 미국기계학회(ASME) 인증을 취득해 세계시장 진출에도 유리하다"고 덧붙였다.

위에 뉴스를 보고 무엇을 느끼십니까? 이미 매집을 다해 놓은 상태에서 띄우기성 뉴스를 통해 급등시키는 전형적인 짜고 치는 고스톱 모습을 보여 주고 있습니다.

범우이엔지

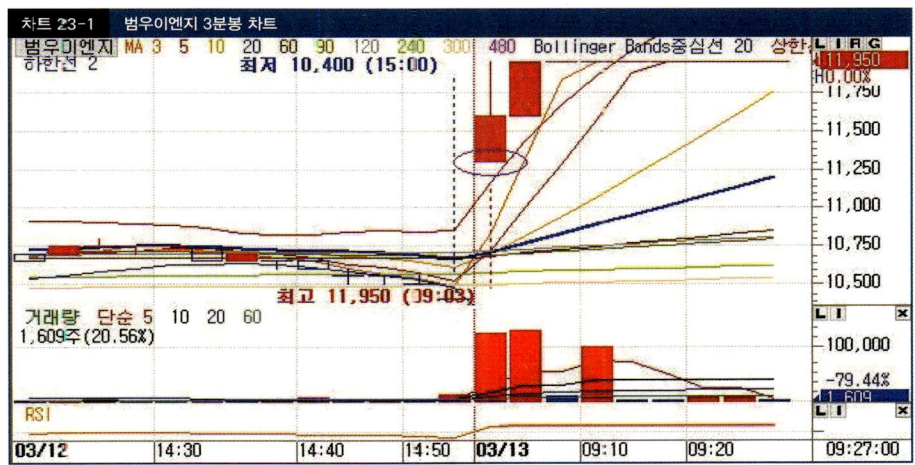

　　추세적으로 우상향할 때 주지지선을 찾아야 합니다. 중, 장기적인 관점에선 20일 선이지만 단기적으론 10일선 지지 기반으로 상승함을 알 수가 있습니다. 단기로 보고 들어간 사람이 주가 하락 시 주지지선인 20일선까지 하락을 기다렸다가 깨면 매도하겠다고 정하시면 이미 수익 먹은 거 다 토해 내고 또 고점에서 잡은 사람들은 큰 폭의 손실을 입을 수 있으므로 자신의 평균 매수 단가를 고려하시고 이미 큰 폭의 수익이라면 좀 더 지켜볼 수 있는 20일선까지 잡아도 되지만 매수가가 위협되는 투자가라면 단기적인 추세 라인을 찾으시고 그 라인을 깨면 매도하시면 됩니다.

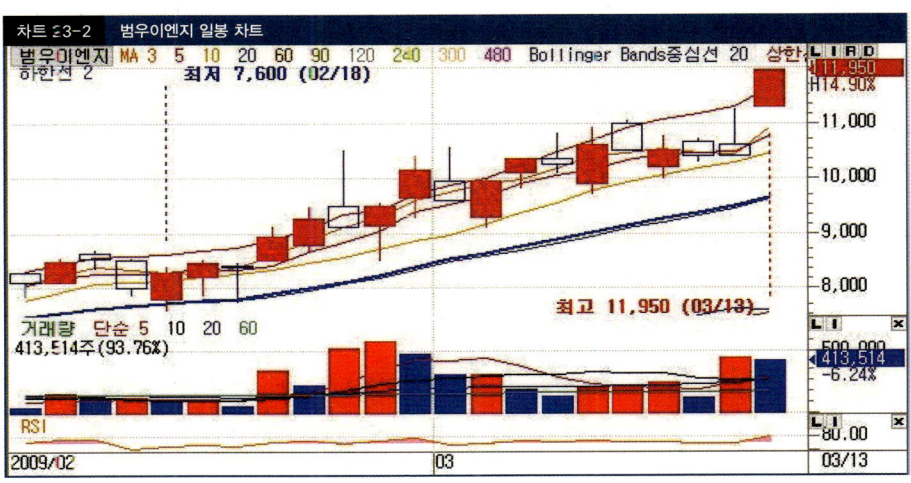

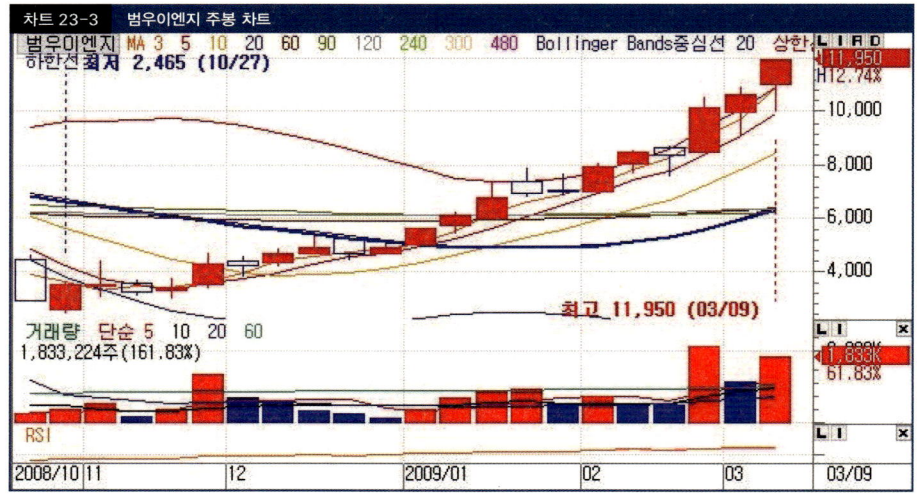

차트 23-3 범우이엔지 주봉 차트

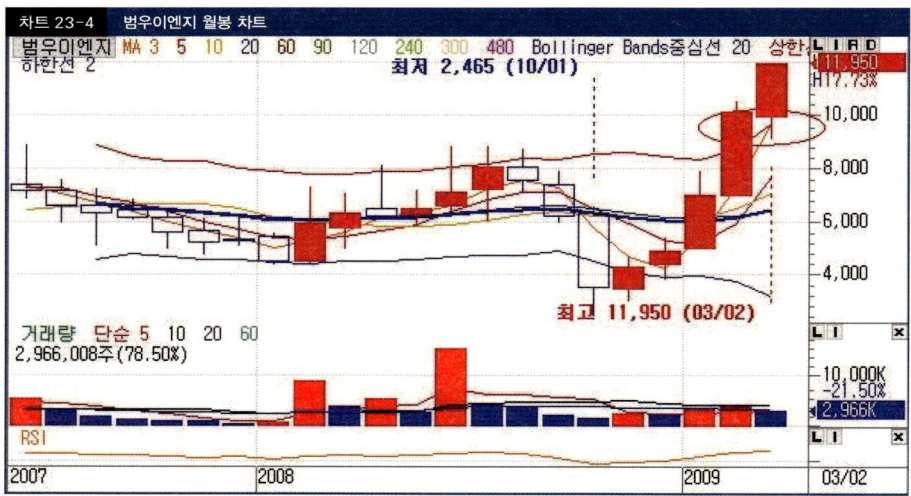

차트 23-4 범우이엔지 월봉 차트

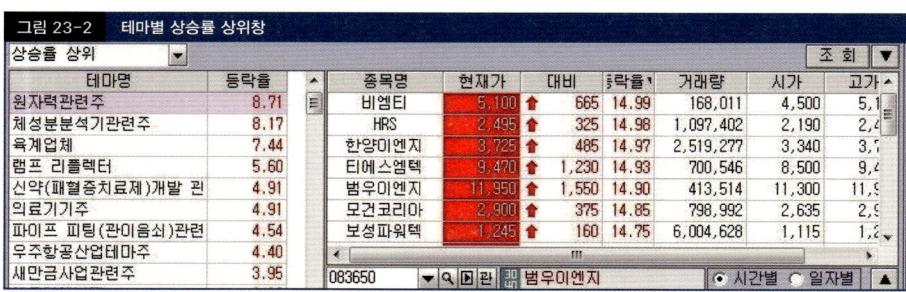

그림 23-2 테마별 상승률 상위창

오전에 범우이엔지을 매수하고 한양이엔지로 두어 번의 단타로 수익을 내었습니다. 방법이라면 이미 원자력 관련주 대부분이 오전 9시 초반에 상한가에 들어갔고 그중에 주가가 비실거리는 놈이 바로 한양이엔지였습니다. 이미 떼거지 시세로 상한가에 갔으니 고가권에서 노는 이놈도 상한가에 한 번은 진입할 것으로 확신을 하였고 매수 체크한 부분에서 매수하여 현재가창에서 주가가 주춤하며 매도 물량이 심심치 않게 출현되었을 때 매도하였습니다.

주가가 갭 없이 이렇게 상승하는 경우가 허다한데 보통 이러한 종목들의 유형에선 한 방에 쭈욱 올려서 상한가 진입하면 거의 대부븐 상한가 입성하여도 풀림이 자주 발생을 합니다. 또 상승할 때 캔들 자체가 크고 상승 형태가 부자연스러우면 늘 상한가 진입해도 깨질 가능성이 크므로 주의하셔야 합니다. 단타로 수익 내고 상한가 진입 후 관심권에서 배제하였는데 또 풀림 현상을 볼 수가 있습니다.

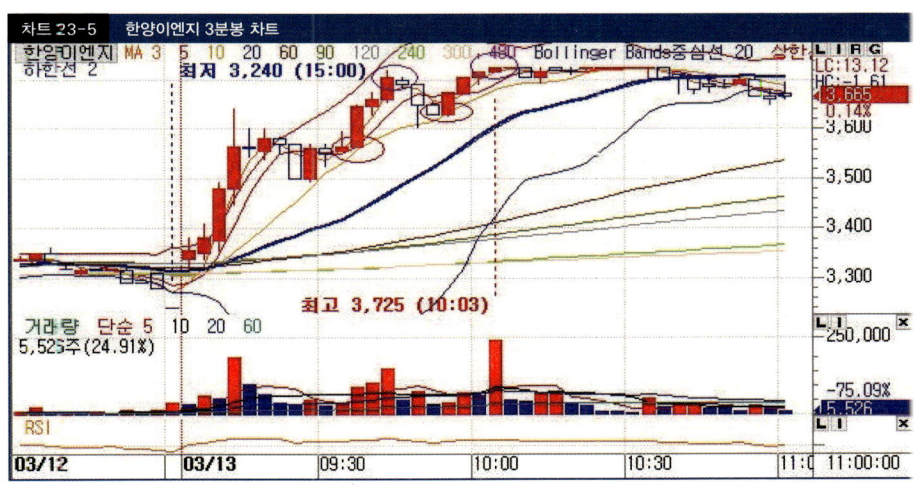

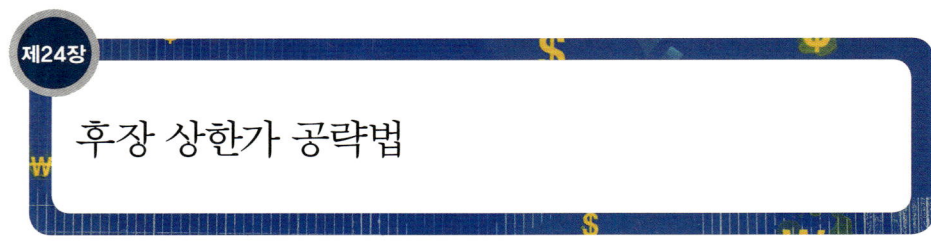

제24장
후장 상한가 공략법

삼성이미징

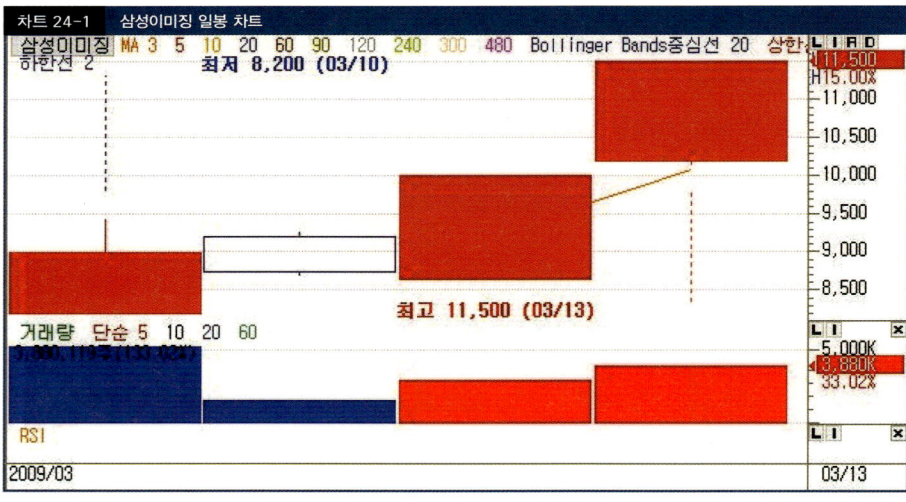

삼성이미징은 상장된 지 며칠 안된 종목인데 흐름상 우상향하고 있어 거래량과 캔들의 조화가 예쁜 종목입니다. 일봉상 거래량과 캔들로 보더라도 대략 힘을 파악할 수 있기에 이것을 보고 매매를 할 수도 있고 좀 더 세밀한 매수를 하기 위해 30분봉을 통해 매수 전략을 세울 수도 있습니다.

보통 후장에 상한가 공략할 때 가장 선호하는 차트의 유형입니다. 이처럼 변동성이 없이 완만한 단봉의 형태의 흐름으로 장 마감 시간 때까지 오면 거의 상한가 갈 확률이 90% 이상입니다. 또 다른 종목에서도 일봉, 주봉, 월봉상 특별한 저항대가 짓누르지 않는다면 거의 90%로 상한가를 갑니다.

손절 기준은 간단하게 그저 첫 봉이 완성되고 이후 밀리는 지점이 세력가를 줍으심 되고 보통 장대봉의 4분의 1 라인까지 조정을 받고 지키는 게 제일 좋고 계단식 상승형의 경우 장대봉의 중심 라인까지 봐줄 수 있습니다. '늘 조정은 적당히 하고 상승하는 게 제일 좋으며 밀리면 세력의 매도하는구나.' 생각하시고 지정된 라인 이탈 시 매도하여야 합니다.

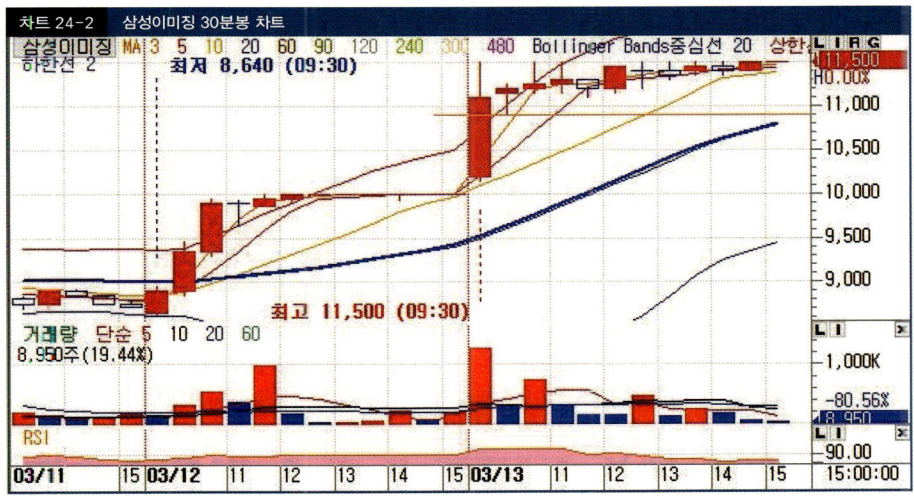

일양약품

일양약품 일, 주, 월봉 차트를 보시면 모든 저항대를 극복한 형태로 매수세가 매도세를 압도적으로 이긴 유형입니다. 즉 매우 강한 종목이므로 이런 종목에서 고점에서 그냥 눈감고 매수하여 손실을 봐도 며칠 후에 수익 나는 그런 차트의 유형입니다. 30분봉상 차트의 흐름이 매우 양호하며 30분봉상 10분선 지지로 우상향하고 있습니다. 상승할 때에는 단봉의 양봉이 많다는 걸 세력이 물량을 먹어 치우면서 매집하는 과정 속에 생겨납니다.

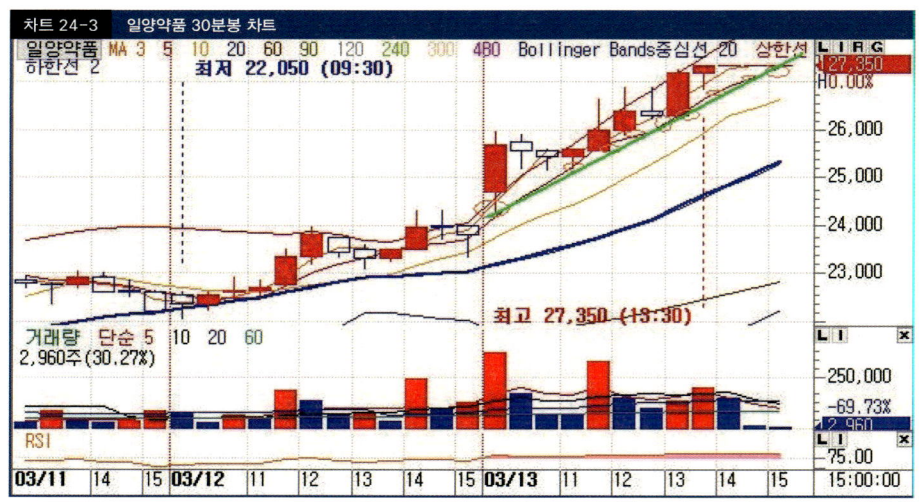

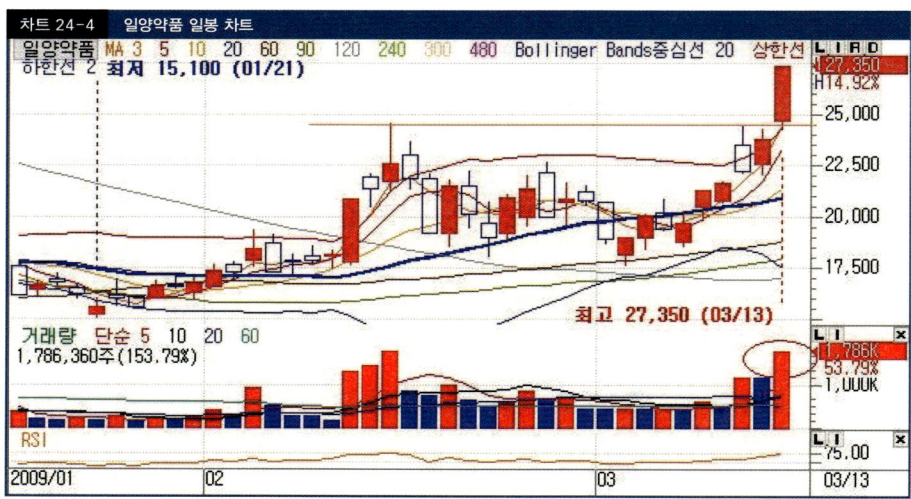

　　일봉상으로 전고점 돌파와 거래량 증가를 보고 과감하게 매수하여야 하며 주, 월봉상으로 바닥권에서 장대봉과 양봉이라면 고가권이라도 덜덜덜 떨지 말고 용기 내어 매수할 수 있어야 합니다. 월봉상 이제 바닥을 다지며 기지개를 펴는 형국이므로 일양약품 상승할 때 어느 정도 음봉도 나오고 조정도 거치겠지만 대략 월봉상 중심선 라인대 가격까지 시간은 걸리겠지만 긍정적으로 상승하리라 봅니다.

주식 타짜들의 노하우

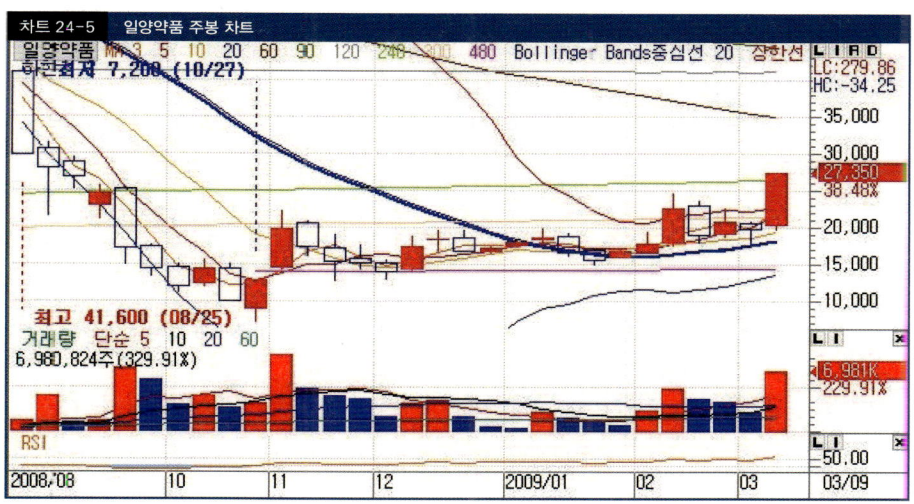

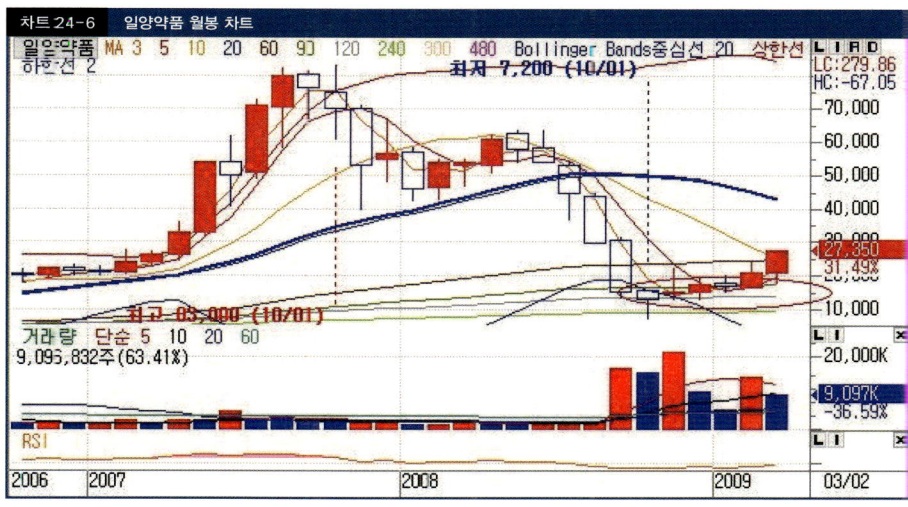

153

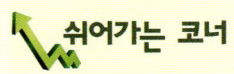 쉬어가는 코너

시장을 이기는 비책(시간대 매매)

이기는 매매를 하기 위해선 그 무엇보다 확률 있는 게임을 하여야 합니다. 확률 있는 게임을 하기 위해선 어느 구간에서 많은 양봉이 나오냐 강하게 매수세가 붙냐 여부를 잘 따져야 하겠지요. 매매하시는 트레이더들에 따라 매매 방법은 다 다르지만 보통 하루 종일 매매하는 트레이더일 경우 시장에서 오랜 기간 동안 생존하기 힘들며 또 많은 수익을 얻을 수 없을 것입니다. 늘 휘둘리는 시세와 싸우며 심리적 극복을 매일매일 이겨 내기 힘들 테니까요.

우리가 노려야 할 구간은 시간대별로 정해져 있습니다. 가장 많은 매수세가 몰리는 시간대 위주의 매매를 하여야 하며 그 시간 이후에는 손실이 났던 수익이 났던 일단 쉬어야 시장의 위험으로부터 자신의 계좌를 지킬 수 있습니다.

시간대 매매 방법에는 장 시작 9시부터~10시까지 오후 2시 이후부터 장 마감 때까지 보통 오전 매매는 수익을 내기 위한 매매가 주를 이루며 장 마감 매매는 내일 먹기 위한 종가 매매를 하게 됩니다. 개인적으로 확률 있고 즐기는 매매를 하기 위해선 수익, 손실 여부를 떠나 오전 9~10시까지 매매하고 정리하는 게 가장 좋다는 생각입니다. 필자의 수년간 경험상 매매 일지를 보면 오전 장에선 대부분 수익, 오후 장 들어서는 손실이 많이 발생하였기 때문입니다.

이 원칙만 지켜도 하루 종일 힘들게 시장과 싸우며 피 터지는 일을 피할 수 있으며 여유롭게 주식하는 맛을 느끼며 성공한 투자자로 시장에 살아남을 수 있습니다. 대부분 실패하는 트레이더가 하는 방식은 하루 종일 되지도 않는 장중 매매를 무리하게 하면서 심신을 피로케 하고 또 오전에 수익 낸 것도 다 토해 내는 악순환의 매매를 반복적으로 하게 됩니다. 필자도 오전 장 매매는 강하지만 장중 단타는 까일 때가 더 많습니다. 그만큼 장중 매매는 고수, 하수할 거 없이 상당히 확률적으로 힘든 게임이 되는 장입니다. 실전 매매를 하더라도 초보자들이 겪는 단타는 늘 짧은 반등형 양봉이 나오면 갈 거 같은 충동에 뇌동 매매를 하며 늘 고점 매수 저점 매매로 당하기 일쑤입니다.

당연한 논리로 오전에 활발히 진행되는 주가는 10시 넘어가면서 급속도로 활동이 위축되며 보통 상승보다 횡보 후 하락을 하며 장 마감 직전까지는 매수세, 매도세 움직임이 둔해 간헐적으로 나오는 매수세에 의한 상승은 상승 탄력이 약해 곧바로 불꽃이 꺼지기 쉽습니다. 이러한 장중 패턴을 아신다면 굳이 목숨 같은 돈을 리스크가 엄청나게 큰 시간대에 매매할 필요 없어야 합니다. 간혹 장중에 가는 종목들 있기도 하지만 그건 일부분일 뿐 장기적으로 장중 매매로 통한 수익률보다 장중 매마로 손실분 금액이 더 커짐은 스스로 시간이 지나감에 따라 자연히 통찰하게 되실 겁다.

저보다 시장 경험이 적거나 늘 주준한 수익원이 없으시다면 가장 매수세가 많이 들어오고 가장 확률 높은 오전 장 매대 공략을 통해 수익을 확보해야 합니다. 매매의 단순함이란 하루 종일 지루한 장에서 벗어나서 가장 확률 있는 오전 장 매매 1시간으로 시장에 참여하는 것이며, 또 시장의 탐욕을 버리는 것 또한 하루 종일 장중 매매로 시장의 돈을 기회 나는 대로 다 빼먹겠다 하는 욕심을 배제한 채 오전 장 매매만 하는 것일 겁니다. 이러한 오전 장 매매 방법은 본 책에서 주 된 내용들이므로 많은 공부로 자신의 매매 방법을 만들어 가시길 바랍니다.

제25장

어떤 종목이 상한가 매매에 적합한 종목인가?

　금일은 간단히 당일 상한가 간 종목에 대해 알아보도록 하겠습니다. 밑에 자료는 금일 상한가로 마감한 종목입니다. 이 중 어떠한 종목이 매수가 가능하며 또 어떠한 종목이 매수하기 곤란하였는가 알아보도록 하겠습니다. 이 많은 종목들 다 일일이 분석을 해 나가면 지면이 너무 길어지는 관계로 몇 종목만 골라 설명토록 하겠습니다. 나머지 종목들은 본인들이 알아서 일봉, 주, 월, 분봉 등을 보면서 이 시점에 매수가 가능하였는지 또는 아니었는지 하나하나 차트 넘겨 가면서 공부해 보시길 바랍니다.

그림 25-1 상한가창

종목명	현재가	대비	등락율	거래량	거래증가율	매도잔량	매수잔량	최종진입	연속
텍슨	760 ↑	95	14.29	444,267	10.34		2,405,504	09:00:00	4
대한은박지	1,995 ↑	260	14.99	86,050	-84.65		1,326,730	09:00:01	2
솔로몬저축은행	3,765 ↑	490	14.96	180,277	-43.45		266,360	09:00:25	2
모코코	865 ↑	110	14.57	1,356,856	1,672.49		295,958	09:03:19	3
진흥저축은행	2,775 ↑	360	14.91	542,496	29.38		110,590	09:27:54	1
소예	755 ↑	95	14.39	18,520,468	-34.89		1,758,707	09:37:16	1
옵트론텍	4,070 ↑	530	14.97	2,034,569	1,840.66		63,343	09:41:34	1
KJ프리텍	2,785 ↑	360	14.85	624,739	794.17		104,688	09:44:51	1
플렉스컴	3,400 ↑	440	14.86	165,433	10.26		42,769	11:46:57	1
젯텍	4,620 ↑	600	14.93	111,077	649.91		76,361	12:07:56	1
우진비앤지	3,465 ↑	450	14.93	531,950	-29.78		406,794	13:09:20	2
두올산업	5,790 ↑	750	14.88	249,012	68.35		18,065	13:23:07	3
세운메디칼	6,080 ↑	790	14.93	170,165	320.92		37,953	14:12:16	1
에스에너지	16,200 ↑	2,100	14.89	1,013,974	645.41		69,420	14:14:18	1
큐앤에스	1,180 ↑	150	14.56	822,824	194.95		4,232	14:22:41	1
엑스로드	2,500 ↑	325	14.94	241,603	68.85		3,573	14:25:54	2
제이씨현	1,925 ↑	250	14.93	1,126,760	218.59		18,440	14:28:51	1
유니온	6,020 ↑	780	14.89	715,695	219.55		111,450	14:37:10	1
풍림산업	3,920 ↑	510	14.96	3,498,340	58.24		180,500	14:41:09	1
르네코	1,155 ↑	150	14.93	1,488,538	680.51		223,055	14:45:06	1

풍림산업

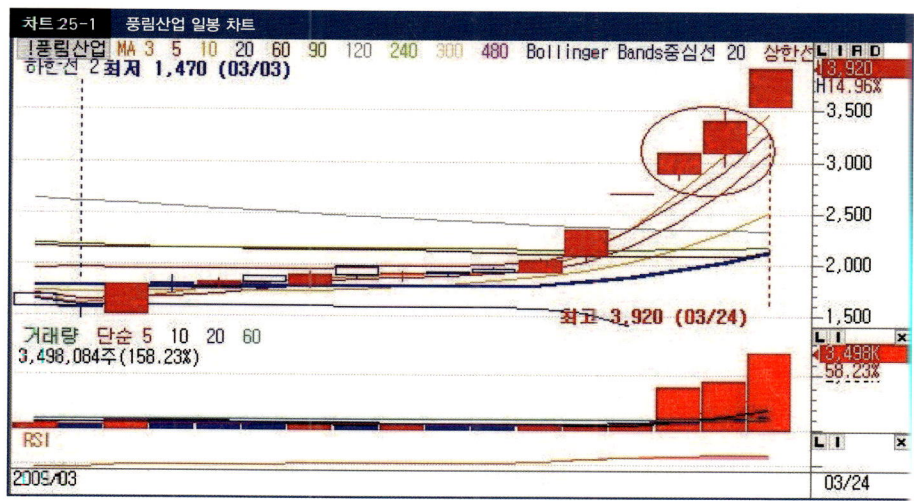

위에 차트는 풍림산업입니다. 상승 초기부터 매매를 해 와서 저랑은 인연이 큰 종목입니다. 전일 연속 상승형 패턴이 완성되었고 금일도 역시나 강한 흐름을 어느 정도 예상을 할 수 있었던 종목입니다. 오전부터 매수 후 적절히 매수, 매도를 반복하며 수익을 실현하였고 현재 일부 물량은 보유중입니다. 그럼 내일의 전략을 어떻게 세울 수 있겠습니까?

일단 상기 차트에는 240일선이 안 보이지만 주가 바로 위에 240일선이 주가 위에 있습니다. 따라서 내일 최적의 매도 자리가 어딜까요? 맞습니다. 바로 240일선 가격대에서 매도하면 최고점에 팔아 치울 수 있는 겁니다. 내일 시초가가 +어느 정도 낮은 가격에서 시작한다면 곧 장대봉을 세우며 240일선까지 상승하다 위꼬리를 달고 하락하겠지요. 또 시가가 240일선 부근에서 시작하여 주춤한다면 바로 매도하여야 합니다.

밑에 차트는 60분봉 차트이며 일봉상 장중 흐름을 한눈에 파악을 할 수가 있습니다. 장중 후장에 상한가 공략할 때 가장 선호하는 흐름이기도 합니다. 늘 의미 있는 장대봉 허리를 침범하면 절대 안됩니다. 침범한다는 건 세력이 주가 상승을 바라지 않거나 세력이 교묘하게 물량을 터는 과정 속에 이런 현상이 벌어지니 늘 장대봉의 허리 상단 위에서 노는 종목을 주목하시고 그 라인이 깨지지 않는 한 깡과 배짱으로 버티어 추세 끝을 먹을 수 있어야 합니다.

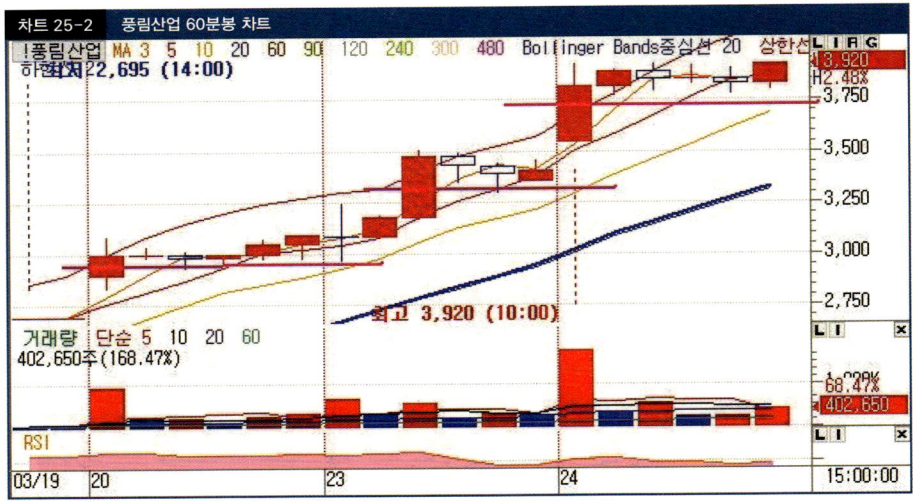

조인에너지

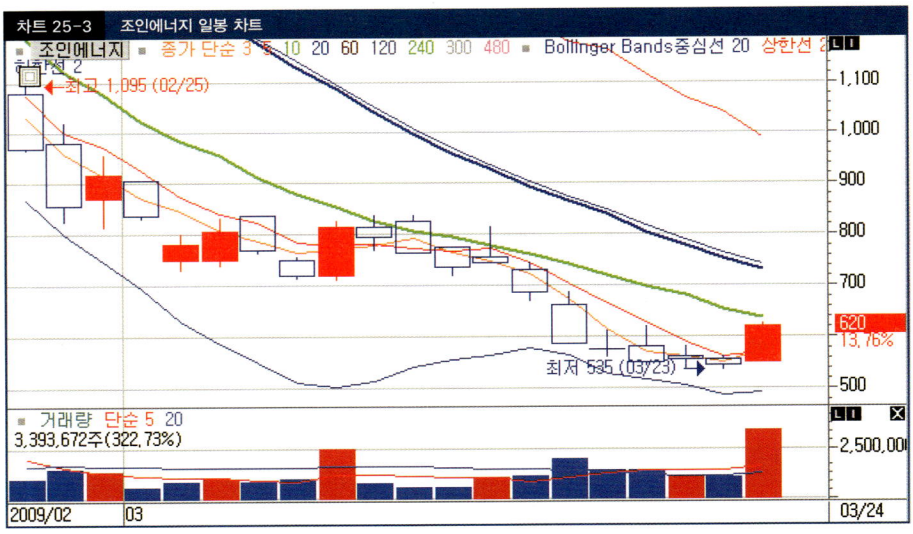

오전부터 강하게 장대봉을 세우며 상한가로 진입 후 후장에 상한가 풀린 채 마감한 종목입니다. 일봉상 역배열에 흐름이 딱 봐서 저질이라면 절대 매수해선 안됩니다. 또 어설프게 상한가 매수하였다면 후장에 풀렸을 때에는 내일의 상승을 바라지 말고 전량 매도 후 빠져나와야 합니다. 보통은 이렇게 마감을 하면 다음 날 음봉으로 진행될 가능성이 크기에 상한가 잡으려고 한 종목이 장 후반에 밀리면 내일을 바라지 말고 바로 자르고 빠져나와야 합니다. 매수는 늘 상승각이 높은 정배열의 종목이 최우선입니다. 이러한 허접한 종목들은 쳐다도 보지 마시길 바랍니다.

남선알미늄

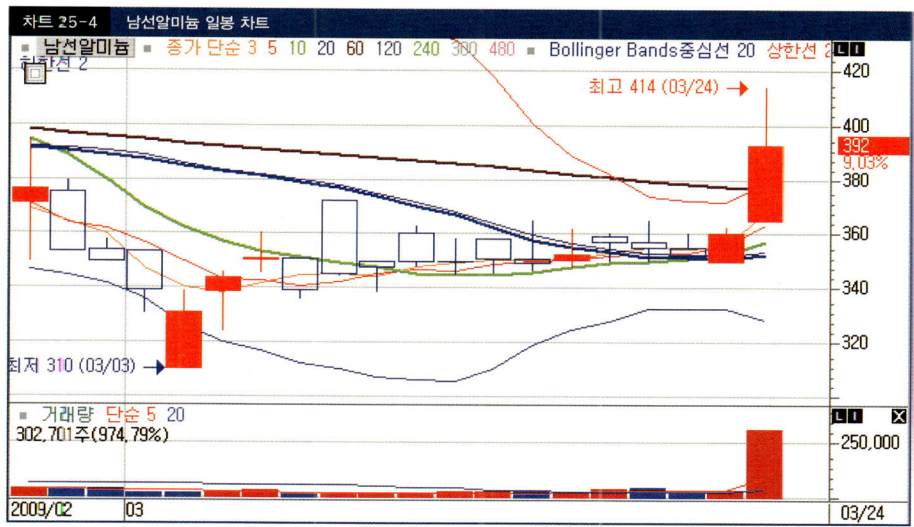

남선알미늄도 분봉상 후장에 상한가 가는 액션을 취하였지만 일, 주, 월봉상 매수 근거를 찾을 수가 없습니다. 상한가 공략할 때 일, 주, 월봉상 배열이 안 좋으면 절대 매수해선 안됩니다. 이후 운 좋게 상한가를 가도 그건 일부분이고 거의 대부분 파투 나게 되어 있습니다.

아래 차트를 보시면 분봉상 변동성이 심한 걸 볼 수가 있습니다. 아래 그림처럼 장대 음봉이 나오면서 변화 폭이 크다면 매수 후 떨어질 때도 한 방에 쭉쭉 떨어지게 됩니다. 아무리 그림이 좋더라도 분봉상 흐름이 안정치 않으면 절대 매수하지 마시길 바랍니다. 위에 차트에서도 강조하였지만 분봉상 흐름은 적당한 갭과 첫 장대봉 상단을 지지하며 안정적인 단봉의 우상향하는 종목이 으뜸입니다.

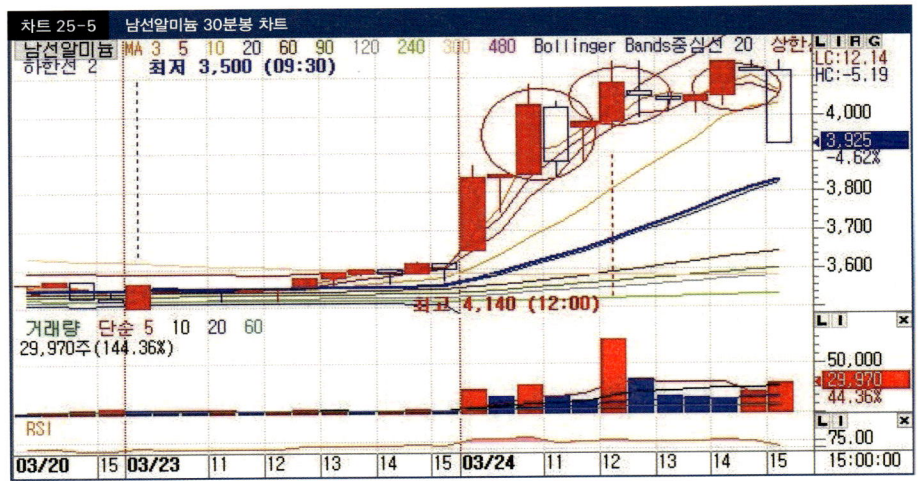

남선알미늄 주봉의 모습입니다. 매집 흔적도 없이 일시적인 기술적 반등 시세임을 확인할 수가 있습니다. 하루에도 매일매일 일, 주, 월봉상 흐름이 양호한 상한가 종목이 쏟아집니다. 굳이 위험한 종목에서 승부수 띄울 일은 없어야 합니다. 야구처럼 투수가 좋은 공을 줄 때 내리쳐야 홈런도 나오고 안타도 나오겠지요. 차트도 그러하니 스트라이크 존 안에 들어오는 종목으로만 배팅하시길 바랍니다. 높은 볼에도 치고 밑으로 떨어지는 변화구에도 그냥 공 날아온다고 방망이가 나간다면 곧 아웃 퇴장되겠지요.

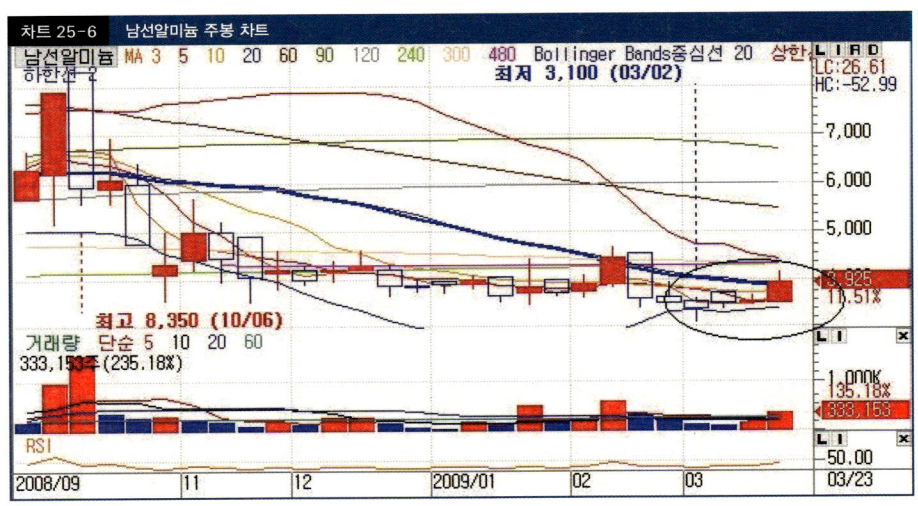

비에이치

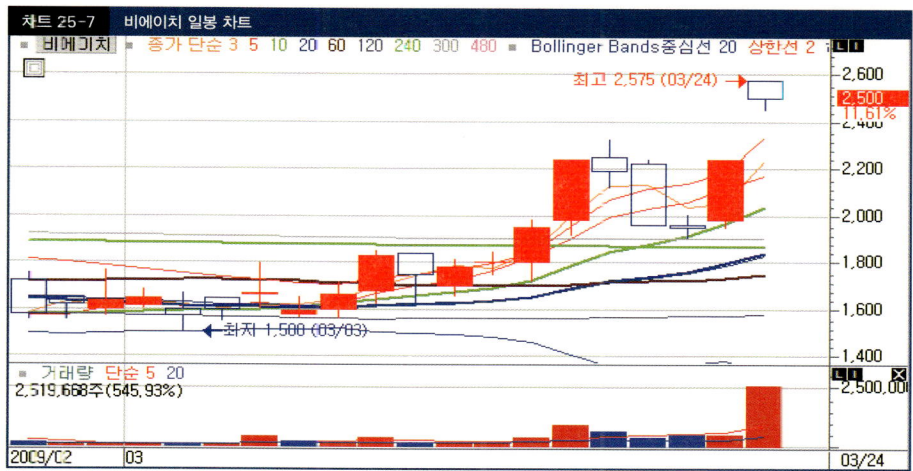

비에이치는 오전에 상한가 안착 후 후장에 아쉽게 밀린 종목입니다. 첫 봉의 잠시 밑꼬리를 달고 상한가 진입 후 재차 풀러 이전 밑꼬리 지점을 지지합니다. 따라서 이런 흐름이 보일 때는 풀릴 때 이전 지지됐던 가격대가 세력가를 잡고 이전 지지되었던 라인 이탈 시 전량 매도하여야 합니다. 상한가 풀릴 때 이전 지지가격대 이탈 여부만 체크하심 됩니다. 밀리던 매도하여야 하며 오전에 빠른 상한가 진입 후인데도 재차 풀림 현상이 지속이 된다면 보유 물량은 줄이고 손실을 감당할 수 있는 물량만 가져가시는 게 좋습니다.

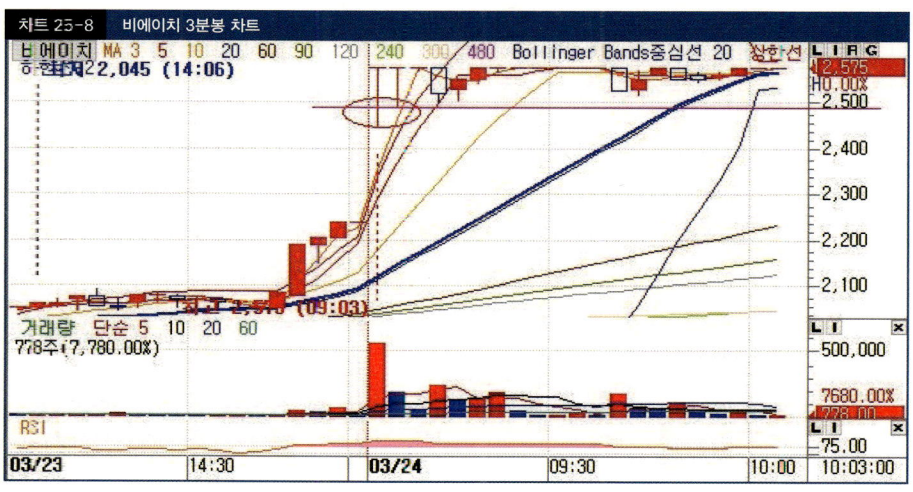

사이버다임

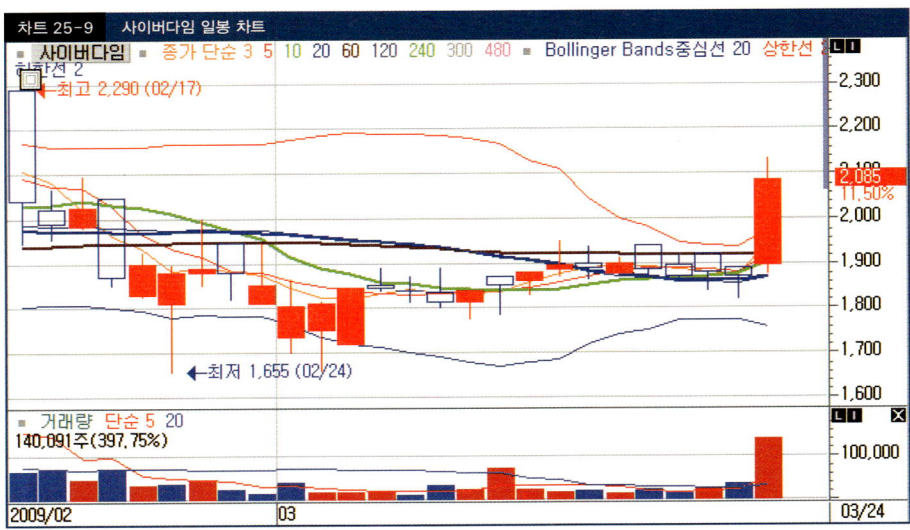

상한가 가격대까지 도달 후 밀린 종목입니다. 일, 주, 월봉상 매우 불량한 모습을 보이므로 절대 매수 금지입니다. 또, 밑에 분봉처럼 장대봉이 거북스럽게 위로 치솟아 올리는 종목은 절대 매수 금지입니다. 장대봉이 나오면 이후 매물 출회를 염려하여야겠죠. 이런 분봉의 모습이 나온 차트는 일봉상 차트 모양이 아무리 좋아도 매수하면 안되는 유형입니다.

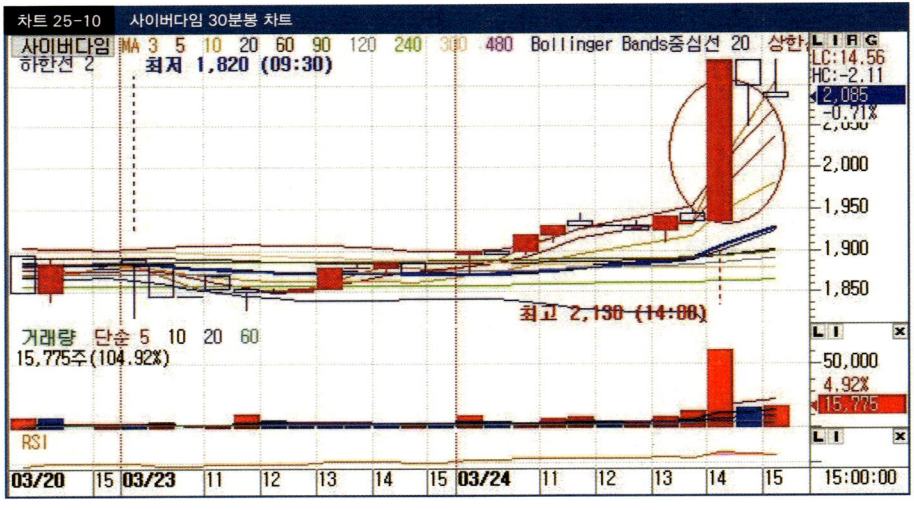

에스폴리텍

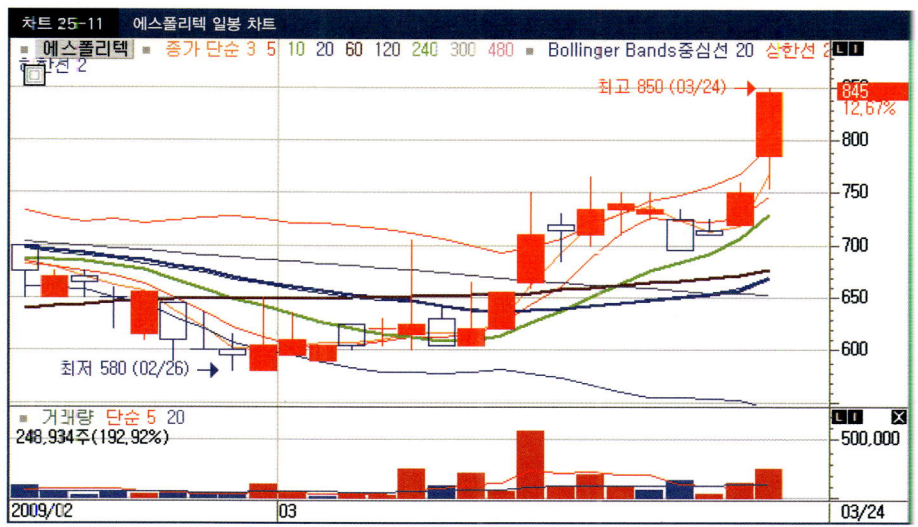

일봉상 흐름은 양호해 보이나 오전에 부족했던 부분이 바로 거래량이었습니다. 이미 장 종료 후 차트가 만들어져 거래량이 어느 정도 오전보다 나왔지만 장대봉이 나오는 종목에서 거래량이 적다면 이것도 매수하면 안됩니다. 언제든 힘없이 밀릴 수 있기 때문입니다.

밑에 차트는 30분봉 차트이며 분봉상 흐름이 매우 불안정합니다. 따라서 분봉상 이러한 흐름이 보이면 절대 매수 금지입니다. 변동성이 크다는 건 무엇을 의미하겠습니까? 바로 매수세도 있지만 매도세도 만만치 않다는 걸 의미합니다. 분봉상 흐름이 단봉으로 예쁘게 계단식 우상향하였음 좋은 모습도 나올 수 있으나 밑에 그림처럼 분봉상 흐름이 불규칙해 매수하면 안되는 종목입니다.

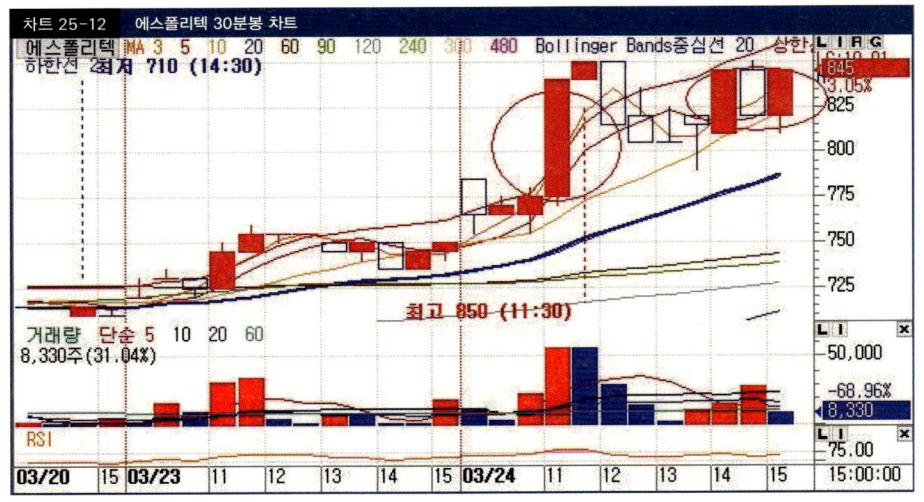

우진비앤지

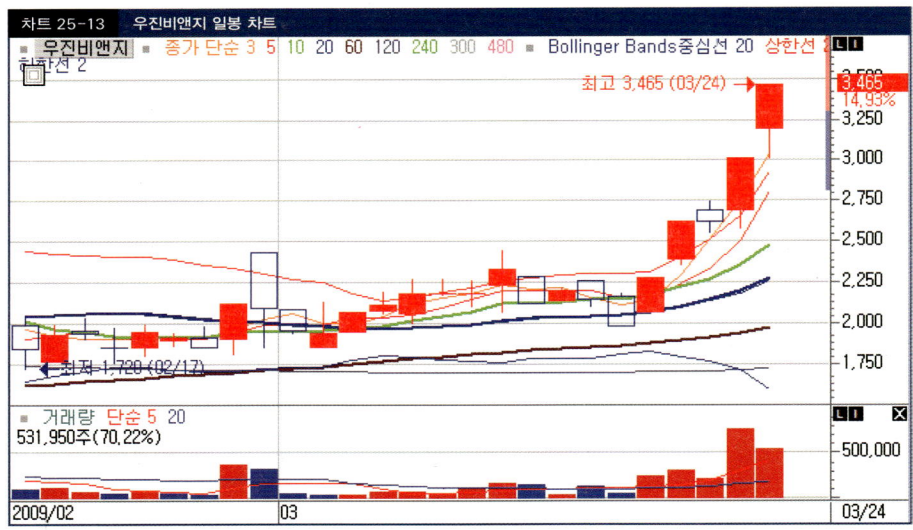

　금일 상한가 나온 종목 중에서 일, 주, 월봉 흐름이 우수한 종목입니다. 항상 매수는 예쁜 종목들 위주로만 하시길 바랍니다.

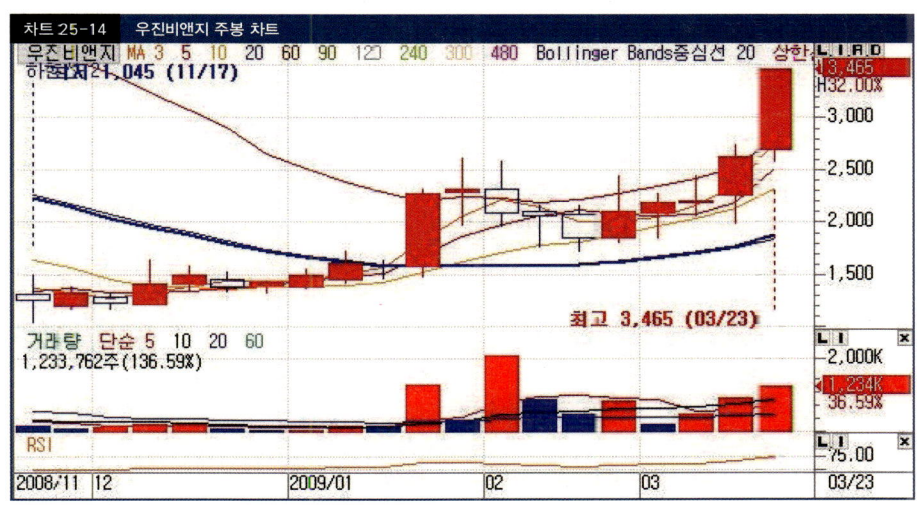

차트 25-14 우진비앤지 주봉 차트

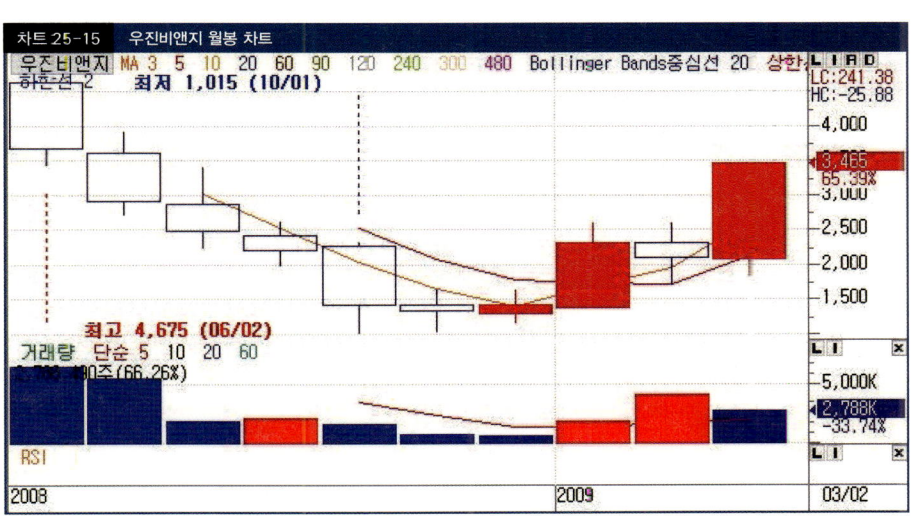

차트 25-15 우진비앤지 월봉 차트

제이씨현

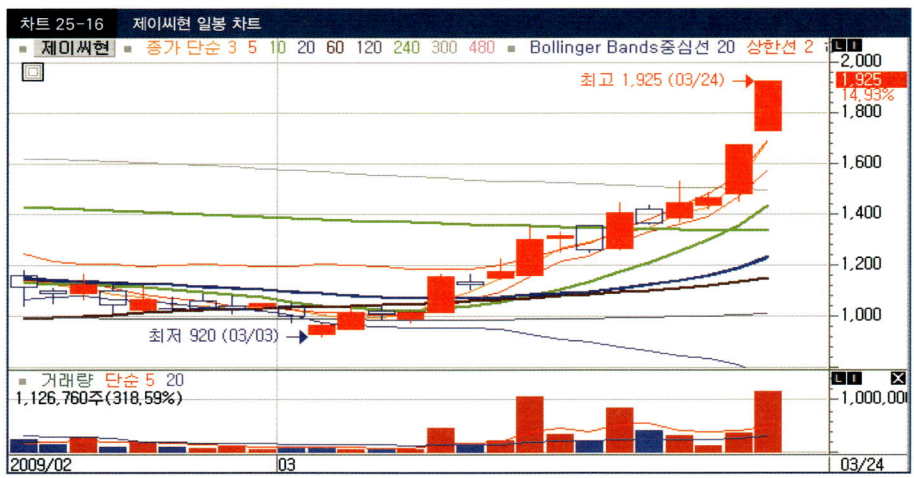

제이씨현도 누구나 쉽게 공략이 가능한 종목입니다. 240일선 지지 기반으로 금일 480일선을 손쉽게 돌파하였고 거래량 또한 좋습니다. 밑에 차트는 60분봉 차트입니다. 첫 장대봉 상단 위에서 단봉의 흐름을 보고 적극 매수하여야 할 패턴을 보여 주고 있습니다. 이렇게 알면 아주 쉽게 강한 종목을 매수하여 큰 폭의 수익을 취하고 나올 수 있는 겁니다. 상승할 때 흐름을 보면 시가가 그리 높게 형성이 안됨을 알 수가 있습니다. 시가 형성 후 오전에 올린 후 지지되는 흐름이니 다음 날 매매 시에 이러한 흐름을 읽고 대응할 수 있겠습니다.

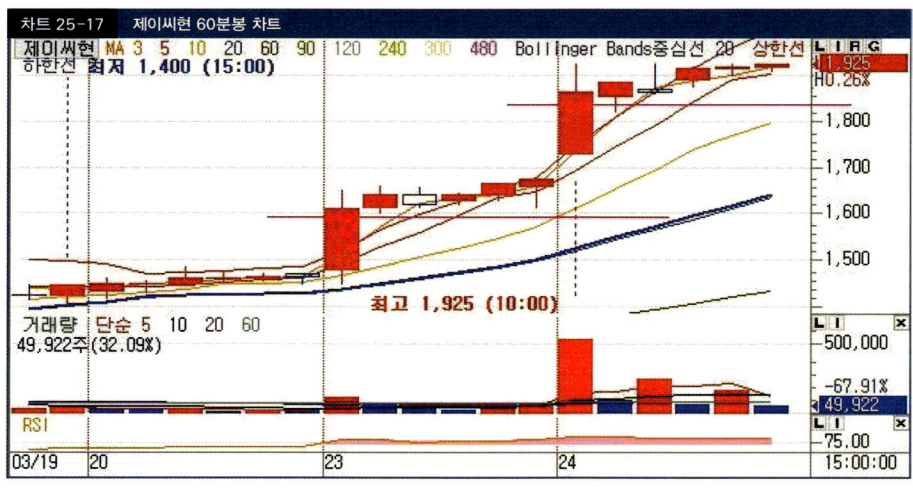

티에이치엔

티에이치엔 일봉상 모습은 매스 조건에 충족하나 역시나 분봉 흐름에서 큰 변동성을 보이고 있습니다. 이전 흐름상 아무리 좋은 차트라도 분봉상 장대봉으로 들쭉날쭉 한다면 상한가 진입해도 쉽게 풀리며 대부분 상한가 진입하려는 액션만 취한 채 이렇게 하락하고 맙니다.

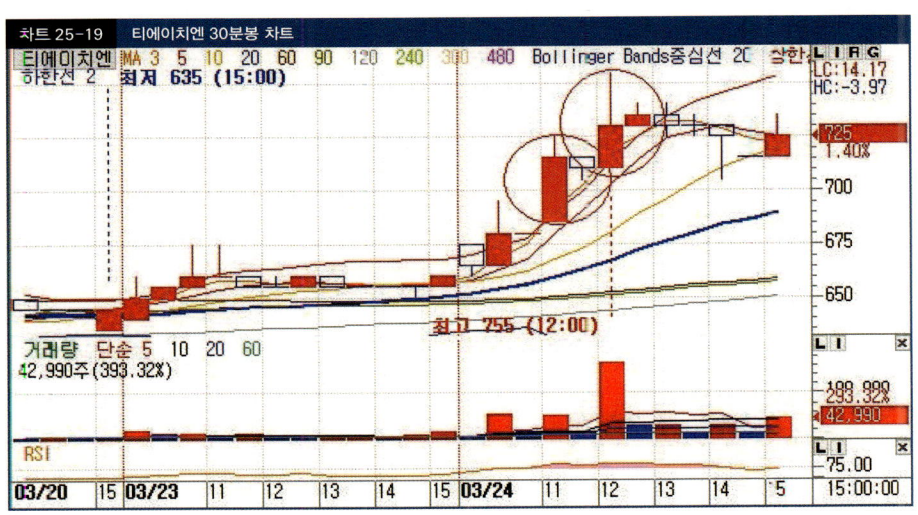

KJ프리텍

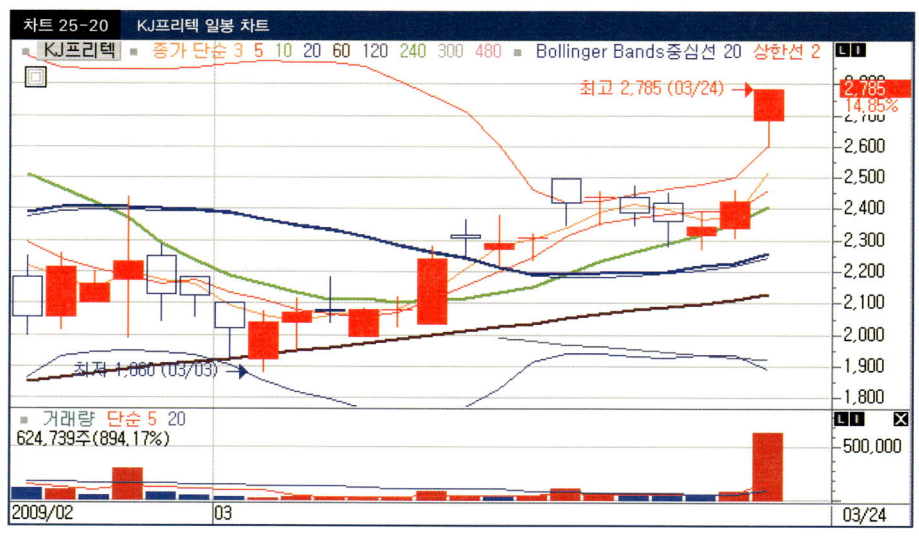

차트 25-20   KJ프리텍 일봉 차트

시가 + 출발 이후 잠시 밀리고 지지한 지점이 볼밴 상단 지점입니다. 이후 지지되며 강하게 상한가 진입을 하였고 잠시 풀림 현상이 발생하였습니다. 매수 보유자라면 일단 풀림 현상에 쫄지 말고 첫 봉의 상단을 지지하는가 여부를 살피고 한 번 풀렸다 지지된 라인을 재차 지지하는가 여부를 보아야 합니다. 만약에 이전 풀렸던 지점을 하향 이탈한 후 첫 봉의 머리까지 깬다면 전량 매도하여야 합니다. 이처럼 알면 심리적으로 평안하며 간단히 내가 매도하여야 할 자리의 이탈 여부만 보시고 대응하면 되므로 쉽게 매매가 가능합니다. 매매하는 기법은 복잡하지 않습니다. 단순한 현상을 보고 흐름에 맞춰 그저 사고팔고 할 뿐입니다.

매일매일 상한가 간 종목의 일, 주, 월봉 저항대를 살피시고 분봉상 흐름을 1주일만 연구하시다 보면 '아... 이거구나.' 하고 느끼시게 될 겁니다. 꾸준히 연구해 보시고 매매해 보신다면 몇 개월도 지나지 않아 안정적인 수익으로 매매가 가능하실 겁니다. 그만큼 상한가 공략은 어려운 게 아닙니다. 배우면 누구나 쉽게 매매하여 돈을 벌 수 있는 매매 기법입니다.

주식 타짜들의 노하우

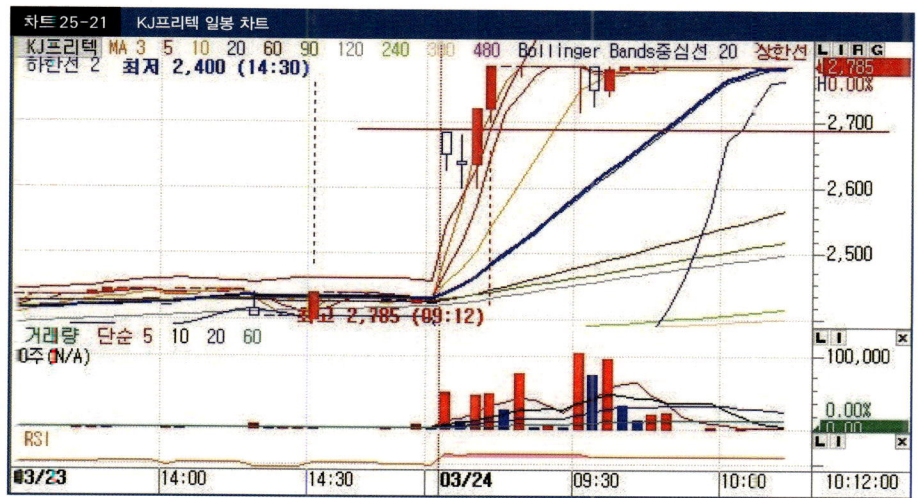

제26장
주가 흐름을 이용한 매매 방법

삼성이미징

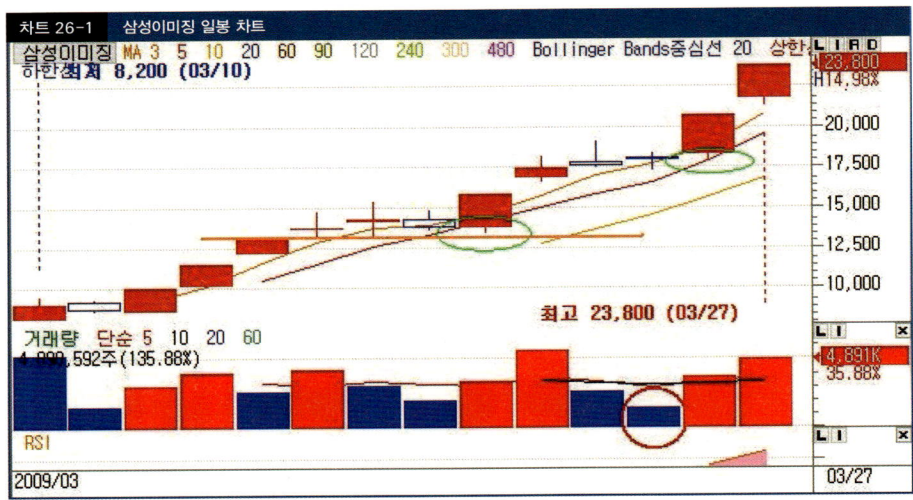

현재 필자의 주력 종목의 주인공인 삼성이미징 차트 모습입니다. 상기 차트는 필자가 가장 좋아하는 차트의 요건을 모두 갖춘 종목입니다. 의미 있는 상한가 양봉을 단봉의 도찌형 지지 캔들로 지지하며 5일선 가격대에서 재차 힘이 개입되어 일관성 있게 차트의 우상향을 만들며 상승하고 있습니다. 상승 초기 때부터 여러 번 매수와 매도를 반복해 가면서 꾸준히 수익을 얻은 종목이며 26일 매수한 이유에 대해 알아보도록 하겠습니다.

03월 20일 3일간의 조정을 거친 후 강력한 상한가를 만든 시점이 바로 5일선 가격대 위에서 발생하였습니다.

주식 타짜들의 노하우

-1번째 매수 단서를 제공한 셈입니다. 이후 3일간의 조정 캔들인 단봉의 지지 캔들이 만들어졌으나, 여기서 주목해야 할 것이 절대 03월 20일 힘을 만든 장대 상한가 머리를 침범하지 않고 지지한다는 것입니다. 즉, 세력들은 기간 조정을 통해 어설픈 개미와 단타들을 내쫓으면서 재차 힘을 만들 시점을 저울질하고 있다는 걸 의미합니다.

-이때 재차 힘을 만들어 낼 시점이 어디겠습니까? 맞습니다!! 바로 이전 20일 날 장대 상한가 만든 5일선 가격대라는 걸 예상할 수 있겠습니다. 따라서 3일간 단봉의 지지 캔들이 5일선 가격대와 만나는 날에 재차 세력의 개입을 염두에 두고 예상하며 매매할 수 있었습니다.

또, 여기서 주목해야 할 것이 03월 25일 이 종목 상장 후 최초의 최저 거래량을 만들고 있다는 걸 볼 수가 있습니다. 거래량이 최저점이라는 건 세력들이 개미들의 참여와 관심을 따돌렸다는 증거입니다. 거래량은 바른 매수세를 의미합니다. 따라서 거래량이 적다는 건 그만큼 개미들의 참여나 단타들의 쉽게 매매할 수 없는 조건 값이므로 이후 최저 거래량을 만든 날 이후에 거래량이 증가하면 주가는 우상향할 수밖에 없는 조건 값을 완성하게 되는 것입니다.

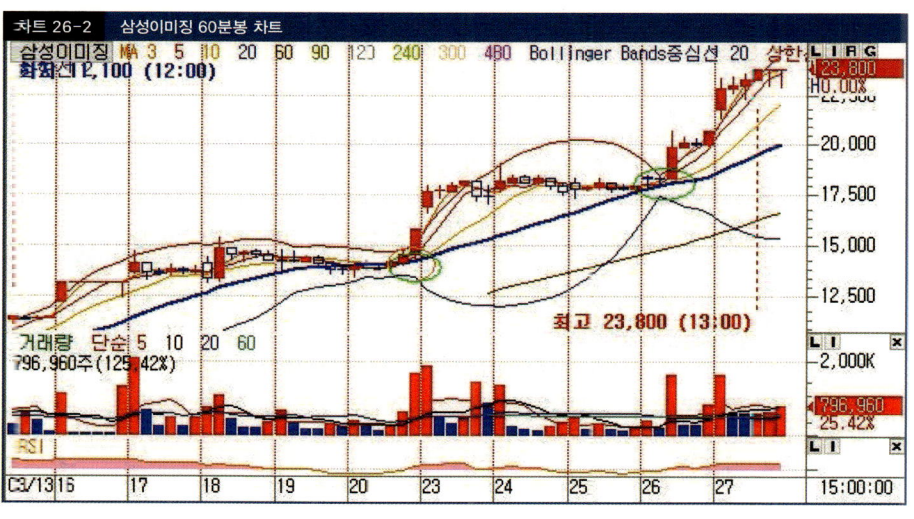

171

이 종목의 상승 도중의 분봉의 특성을 보면 대부분 오전에 빠른 상한가보다 보통 오후 장 마감 시간 근처에 올리는 걸 볼 수가 있습니다. 또 시초가 +된 이후 거의 첫 양봉을 만들며 상승하는 것을 볼 수 있습니다. 단기 공략자일 경우 이러한 분봉상 흐름을 보며 이후 진행될 주가의 흐름을 예상하고 대응할 수 있어야 합니다. 아무런 흐름을 모른 채 매매한다면 해당 종목의 주가의 흐름을 알고 매매한 사람하고, 모르고 단순히 시세만 쫓아 매수한 이하고는 심리적, 수익률 차이에서 큰 폭의 차이를 보일 것입니다.

저는 급등하는 종목을 추격 매수하여 잡을 때도 꼭 30분봉 차트를 보며 오전에 상한가 만든 후 유지하는지, 장중 변동성을 보이며 후장에 상한가를 만드는지 그 흐름을 보고 매매에 참여합니다. 매매하실 때 단순히 일봉상 흐름만 보지 마시고 분봉의 흐름을 읽고 매매 전략을 세우고 진입하시길 바랍니다. 그래야 실패를 줄이고 매매의 완성도를 향상시킬 수 있을 것입니다.

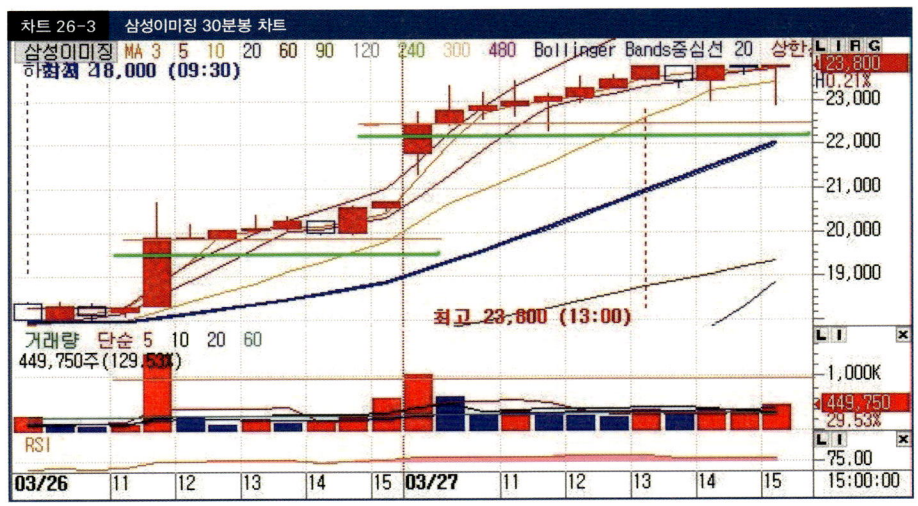

단기로 수익을 쫓아 진입한 사람들은 3분봉의 추세를 보고 매매 시 휘둘림을 받을 수 있기에 30분봉 차트를 통해 흐름을 잡고 매매하는 게 안정적입니다. 가장 일반적인 매도 관점은 장대봉의 허리 라인까지이며 보수적인 투자가라면 첫 장대봉

으 상단을 이전 봉이 지지를 하면서 우상향하는 라인대입니다. 하지단 힘이 있고 추세가 보이는 종목들은 단기 주가의 변동성은 배제한 채, 큼직하게 큰 틀을 잡고 일정 물량은 보유 후 일부 물량만 단기 매도 시그널이 나올 때 매수와 매도를 반복하 나가면서 매매하는 게 안정적이며 수익률 확보 차원에서도 바람직한 투자 방법입니다.

모든 급등주와 세력주는 5일선을 지키며 상승하므로 이 종목의 상승 단서의 5일선 길고 만약, 믿었던 5일선이 침범하면 그때 최적의 매도 라인으로 인식하시여 매도하시면 높은 수익과 짜릿한 추세의 끝을 먹을 수 있을 것입니다.

제27장 강한 종목 매매 방법

비에이치아이

현재 필자가 풀배팅 종목은 비에이치아이입니다. 범우이엔지에서 상호명이 변경되었습니다. 왜 풀배팅이냐? 한 방에 갈리고 몰빵이냐? 하시는 분들도 더러 계실 터인데 필자는 종목을 잡더라도 매수 시그널에 진입한 종목들도 점수가 높은 놈 낮은 놈을 구별하며 나름대로 정해진 점수에 맞게 배팅 금액을 정합니다. 보통은 여러 종목에 배팅하는 걸 주로 하며 확실히 추세가 살고 강하게 로켓처럼 날아가는 종목들은 "강한 놈만 간다!"라는 말처럼 한 종목만 두들겨 팹니다. 보통 이러한 종목들이 시장의 중심주로 자리 잡는 경우가 많고 상기 종목도 그러합니다.

즉, 현명한 배팅에 따라 많이 먹어야 할 때와 적게 먹어야 할 때를 그동안 숱한 시장의 경험을 통해 통찰로써 아는 겁니다. 늘 일정하게 분산된 금액으로 투자하면 리스크 관리상으론 좋을지 모르나 문제는 크게 가는 종목에서 크게 먹지 못하는 룰이 생기고 맙니다. 크게 배팅해야 할 장과 종목이 있고 또 그렇지 못한 시장 상황이 있으니 이를 구별해서 투자하는 게 요령입니다. 주식 투자하는 이유가 크게 먹고 부자 되기 위해 하는 건데 조금 먹고 안전빵만 노리다간 큰 승부사가 되질 못하며 시세의 방관자가 될 가능성이 농후합니다. 시장의 진정한 승부사가 되려면 갈 때 강하게 가는 놈은 과감한 배팅을 통해 크게 먹고 또 이러한 종목이 없거나 테마장이 아니라면 시장을 관망하거나 또는 적은 금액으로 시장에 생존을 하여야겠죠.

다시 본론으로 들어가서…….

03월 31일 그동안 저항대로 자리 잡았던 일봉상 볼밴 상단을 강한 갭으로 돌파하고 장 시작 후 상당히 빠른 속도로 상한가에 진입한 종목입니다. 저는 이때 다른 보유 종목 매도를 준비하는 상황이라 매수는 하지 못하였고 그저 관망만 하였습니다. 이날 오전에 강한 힘으로 상한가 진입 후 오전 내내 한 번도 상한가 풀림 현상이 발생치 않고 있어 2등주인 모건코리아를 주목하고 있었습니다. 그동안 한 종목에 올인하여 단기간 많은 수익을 올린 삼성이미징을 매도한 금액으로 뒤이어 쫓아가는 모건과 보성을 주목하고 이들 종목들도 상한가 갈 것으로 확신하고 모건코리아, 보성파워텍을 매수하였습니다. 31일 이날 위에 종목 외에도 에스에너지도 차트상 매우 흐름이 양호하여 같이 매수하였습니다.

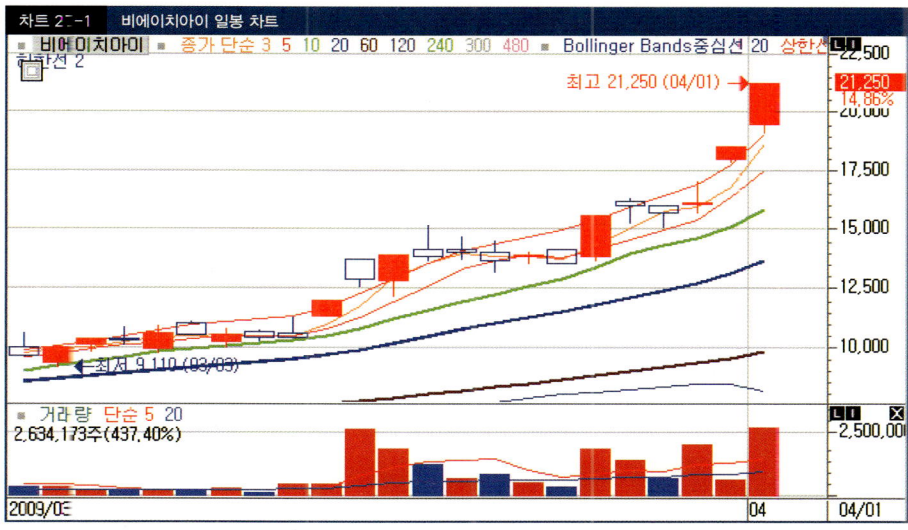

차트상 예술적인 그림을 보는 듯한 착각을 불러일으킬 정도의 멋진 모습을 연출하고 있습니다. 일, 주, 월봉상도 이전 글에서도 밝혔듯이 모든 저항대를 돌파 후 무척 강한 추세로 상승하고 있는 모습을 보여 주고 있습니다. 금일 04월 01일 상한가 공략 시 대략 적정 거래량은 상한가 진입을 하여도 전일보다 2배 정도 증가한 150만 주를 적정 거래량으로 생각하였는데 최고점 거래량을 갱신하며 어렵게 후반 들어 상한가에 진입한 모습을 보여 줬습니다.

필자가 04월 01일 오전에 보유 종목 모두 매도 후 대장인 비에이치아이에 올인을 하였는데 당시 매수 완료시 30분봉 차트는 환상적인 그림과 거래량도 적정 수준 보여 주었고, 또한 상한가 잔량도 7만여 주를 쌓고 안정적인 흐름을 보여 주었는데 얼마 지나지 않아 바로 30분봉상 4번째 봉에서 주가가 떨어지기 시작하여 주가가 재차 조정을 받는 모습이 연출이 되었습니다. 보통 이때 풀려도 차트가 굿일 경우에는 바로 회복되어 상한가를 가는데 이때 바로 회복되지 않고 시간이 지체되다 4번째 봉에서 적정 거래량을 넘기며 아래로 점진적인 하락하였기 때문에 세력들이 파는구나. 속으로 젠장을 외치며 부푼 희망을 꺾은 채 참담한 심정과 공포감으로 보유 물량 절반을 눈물을 머금고 손절 처리하였습니다.

보유 물량도 한 호가 평균 물량의 적정 수준이라면 그냥 한 방에 매도로 빠르게 나가는 게 이때 부담스런 물량을 담은지라 자칫 그냥 시장가 매도 시 저의 물량으로 오히려 더 큰 화를 키울 수 있는 상황이라 조금씩 물량을 나누어 야금야금 팔아 치웠습니다. 나머지 물량의 마지노선으로 잡은 건 30분봉의 첫 장대 양봉 중심 라인하고 겹치는 10이평선으로 정하였으며 이 심리적인 지지선이 깨지면 모두 정리할 생각으로 떨리는 맘으로 숨 가쁘게 지켜만 보았습니다. 신의 도움인지 운 빨인지 점진적인 하락을 보인 주가는 차츰 10이평선에 지지되더니 우상향하여 안도의 한숨을 쉬는데, 이후 역시나 불안한 모습을 연출하며 2시 조금 넘어서 힘이 개입되는 모습을 보고 안도의 한숨과 함께 이제 됐다! 드디어 가는구나! 하며 확실한 맘으로 남은 현금을 모두 올인 처리하였습니다. 금일 하루 종일 이 종목으로 심적으로 상당히 고생을 많이 한 하루였습니다.

밑에 차트는 비에이치아이 주봉 차트인데 거래량도 상당히 많이 증가하고 이전에 보지 못했던 장대 양봉을 만드는 걸 볼 수가 있습니다. 에너지 소진으로 봐도 무방하며 이때부터는 언제든 무너질 수 있기에 늘 긴장하고 매매 전략을 짜야 합니다. 거래량이 터진 장대 양봉의 종가는 절대 건드려서는 안될 기폭제와 같은 것입니다. 따라서 익일 금일 힘을 만든 힘의 종가를 깨려 한다면 "묻지도 따지지도 말고" 무조건 도망치고 봐야겠죠.

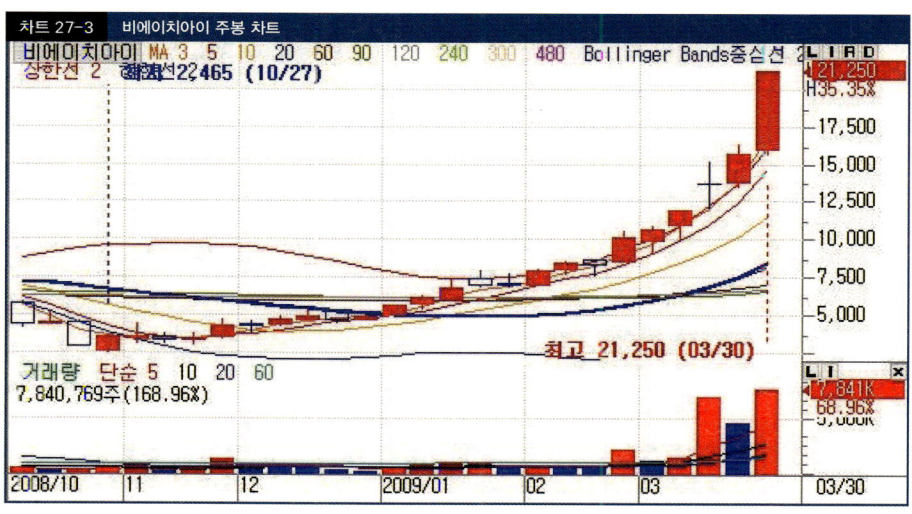

뒤따라오는 2등주 차트 모습입니다.

모건코리아

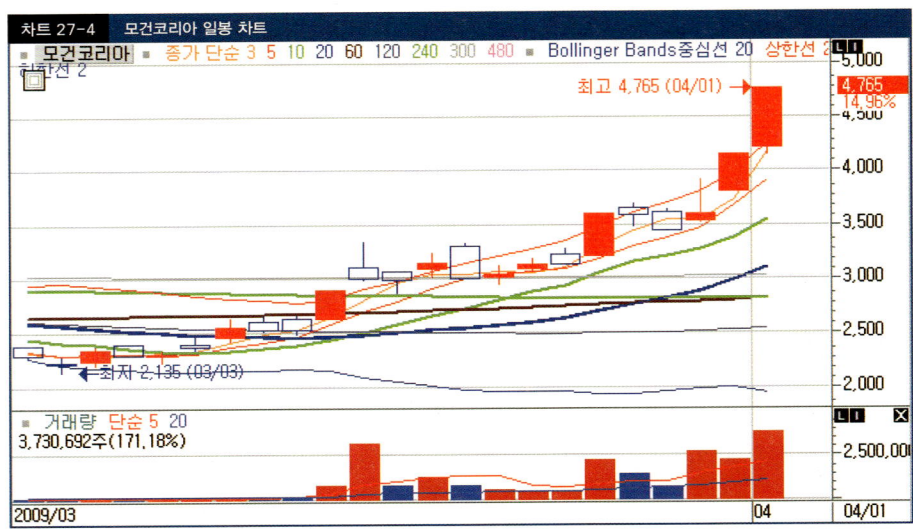

보성파워텍

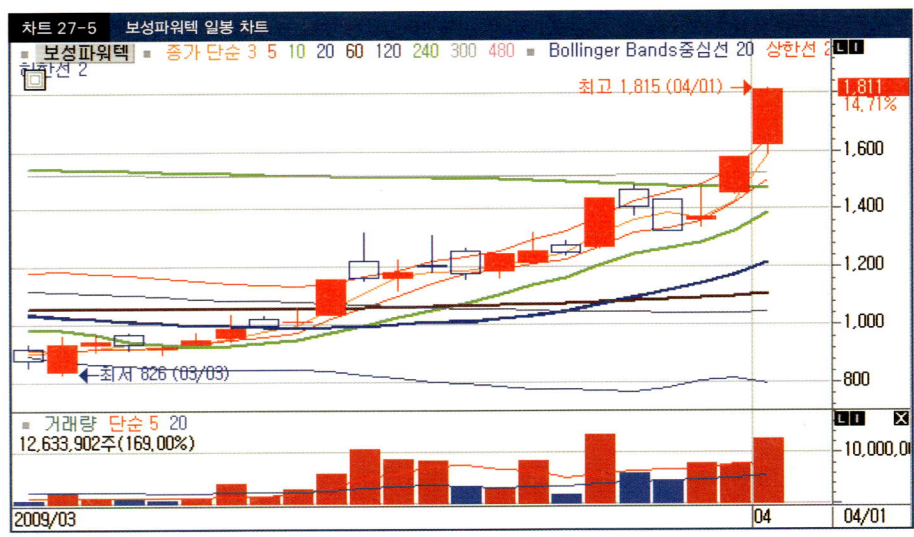

제28장
주가 흐름을 알면 매수가 보인다!

중국식품포장

이번 달 초부터 매수하여 지겹게 연상 맞은 종목이 중국식품포장과 네오피델리티입니다. 노하우 편에서 상한가 공략하는 법에 대해 제대로 공부하신 분들이시라면 아주 손쉽게 매수하실 수 있었던 종목들입니다.

연속 상 나온 종목 중에 내가 그날 매수하여 하락할 확률은 이전 상승일수로 보아 그날 매수 후 손해 볼 확률은 적습니다. 1차 구간에서는 강하게 점상 가는 종목의 밑꼬리가 나올 때 매수 가능하며 2차 구간에서는 실력 편차 상관없이 아무 때나 매수할 수 있는 구간입니다. 1차 구간에서는 거의 점상으로 진행하여 매수 기회를 찾기가 쉽지 않으나 2차 상승 구간에서는 오전에 매일매일 매수 기회를 주며 특정 가격대를 지지하면서 우상향을 하므로 이때는 과감히 매수 진입하여 수익을 쉽게 취하고 나올 수 있어야 합니다.

제가 상한가 진입할 때 보는 것 중에 하나가 이전 상승 흐름을 읽고 현 매수 시점에서 이전과 비슷한 흐름인가 아닌가를 살핍니다. 보통 급등하는 종목들의 특성을 보면 일정하게 상승 그림을 그리며 주가가 형성되는 걸 볼 수가 있습니다. 따라서 세력들의 일정한 패턴을 보이는 그 현상을 읽고 적절하게 매수하여 쉽게 수익으로 연결시킬 수 있습니다.

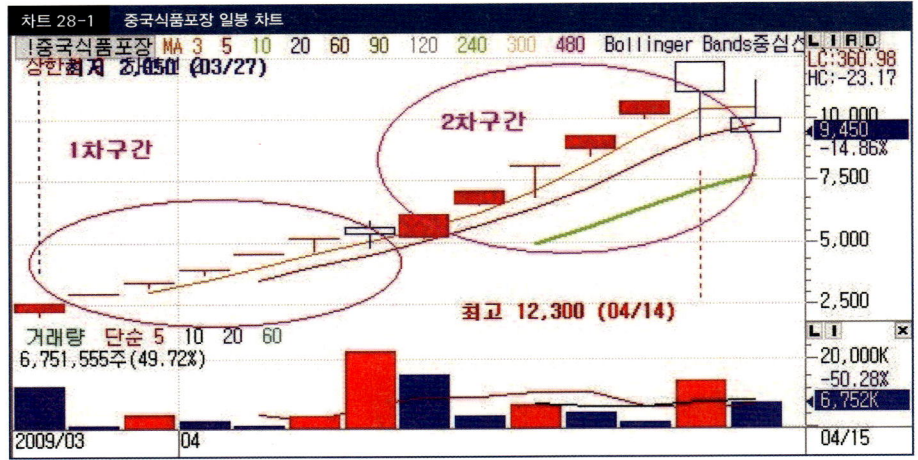

밑에 차트는 60분봉 차트이며 정배열된 이평선 라인 위에 주가가 위치하며 계속하여 우상향을 하고 있는 모습을 볼 수가 있습니다. 첫 봉의 허리 라인을 지지하며 그 다음 봉에서 단봉의 지지 그리고 상한가 순으로 이어지는 걸 볼 수가 있습니다. 이전 삼성이미징글 편에서도 썼듯이 개인적으로 이렇게 쉽고 시장의 중심주로 자리매김한 종목에서 상한가 패턴이 나오면 거의 올인으로 대응을 합니다. 그만큼 저에겐 가장 확실한 매매 신호이기 때문입니다. 이런 신호가 나와서 실패한 적은 거의 없으며 실매매에서 이러한 분봉 흐름이 보일 때는 늘 주목하고 매수할 수 있어야 합니다. 위에 언급한 종목들은 저의 지인과 우리 카페 일부 회원님한테 장중 실시간 매수를 권하며 매수 후 단기간 많은 수익을 취하고 나온 종목들입니다.

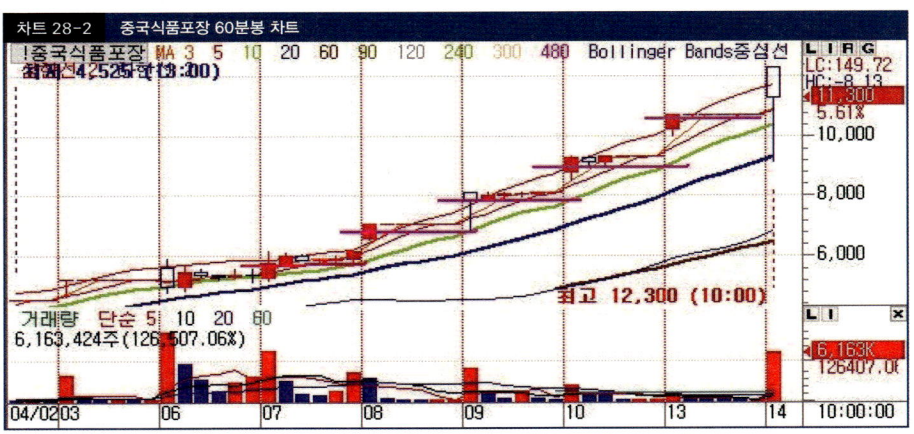

하위 3분봉에서는 주가의 변동 폭이 크고 일정한 추세 형성 라인을 잡는데 어려우므로 상위 분봉을 통하여 큰 추세를 읽고 매매하여야 큰 힘이 있는 종목에서 더섣픈 매매로 인한 손실을 줄일 수 있습니다. 보통 초보 트레이더들이 겪는 것들이 이러한 흐름을 보고 매수하였더라도 매수 후 - 나면 아무 기준 없이 하위 분봉의 음봉에 두려움에 떨며 머도를 한다는 데 있습니다. 저는 큰 추세가 형성되고 상승각이 있는 종목에서는 매수 후 밀려도 큰 그림이 훼손되지 않는 한 매도를 잘 안 하고 버티는 편입니다.

큰 그림의 추세가 있는데 3분봉 하위 봉에서 밀린다고 매도하며 보통 그 매도 자리는 상위 봉 볼밴 상단이나 특정 이평선 가격대까지만 하락 후 재차 상승하는 경우가 대부분이기 때문입니다. 밀리면 재빨리 밀리는 라인을 상위 분봉을 통해 확인을 하며 3분봉상 순간 급락이 나와도 상위 분봉에서 특정 이평선을 지지 후 밑꼬리를 빠르게 달고 상승하면 원래대로 강하게 추세를 형성하며 재차 상 가는 경우가 많기에 이러한 급등주 매매를 할 때 자연히 많이 겪게 되는 현상이니 참고 하시고 밀리면 겁에 떨면 전량 매도하지 말고 오히려 저가 매수 기회로 잡고 매매 할 수 있는 감각을 키우셔야 합니다.

네오피델리티

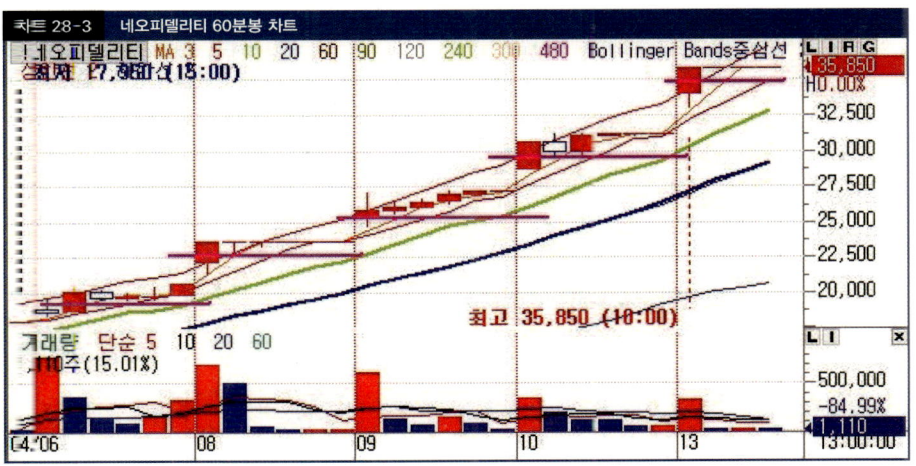

코오롱아이넷

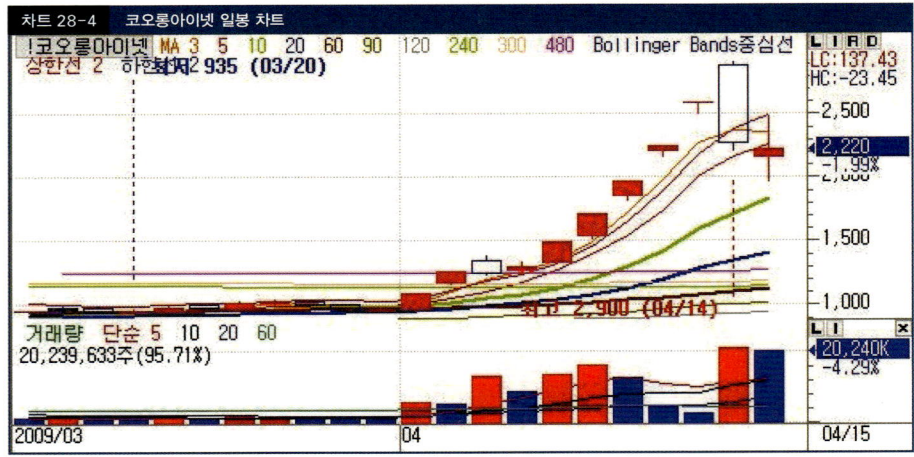

코오롱아이넷 차트입니다. 거래 없는 점상으로 가지 않는 이상 대부분 모든 급등주들은 이러한 매수 기회를 늘 주면서 가므로 알면 모든 종목이 돈이 되는데 모르면 그냥 눈앞에 있는 돈들도 놓치니 단타로 소탐하지 마시고 일, 주, 월봉 차트가 우앙~ 굿일 때 아래 차트처럼 일정하게 상승하는 종목에서는 고가권 상관없이 과감히 진입하여 돈을 벌어야 합니다.

한 가지 추가하자면 아래 차트에서 보시면 시가 시작 후 거의 양봉을 형성하는 걸 볼 수가 있습니다. 따라서 이전 전일 시가 평균 %를 보시고 당일 내가 매수를 하려고 고려하는 상황에서 전일 시가 %랑 비슷하면 시가부터 과감히 매수하여 배팅할 수 있는 전략을 세울 수 있습니다. 그리고 어느 날 일정하게 시가가 형성되지 않고 점상이나 또는 시가가 저가에서 시작하면 그날을 클라이맥스로 인식하고 매수보단 매도 대기를 하며 대응하시면 됩니다.

중국식품포장도 그렇고 많은 종목들이 상승 구간에 평균 시가로 형성되다 어느 날 고가권에서 점상으로 시작하여 물량 풀리면 급락이 나오는 현상을 쉽게 볼 수가 있습니다. 평균 시가에서 벗어나는 점상이 고가권에서 나온다면 상한가 물량이 풀리나 잘 관찰 후 상한가 매수 잔량이 취소되거나 매도 물량이 나오면 일정 물량은 매도하여 수익을 취한 후 전일 종가 밑으로 다 깨버리면서 빠르게 재차 회복되지 못한다면 전량 매도를, 전일 종가 부근에서 재차 빠르게 아래꼬리 달면 매수를, 장중 변동성을 보이며 장중 내내 우상향인지 또는 장중 내내 전일 종가 깨고 밑으로 계단식 하락인지, 또 다른 급등주들이 똑같이 급등 후 여러 종목이 급락이 보이거나 장중 변동성이 보이는지, 종합적으로 판단할 수 있는 능력을 경험으로 쌓아 보셔야 됩니다.

이러한 흐름을 알고 판단하고 매매하려면 백날 이론적인 설명보단 본인이 많은 매매로 시행착오하면서 경험해 봄으로써 이해되는 것이기에 대략적으로 설명해 드리지만 여하튼 매매하려는 종목의 주가의 흐름을 늘 관심 있게 보시고 매매하는 눈을 가져 보시길 바랍니다.

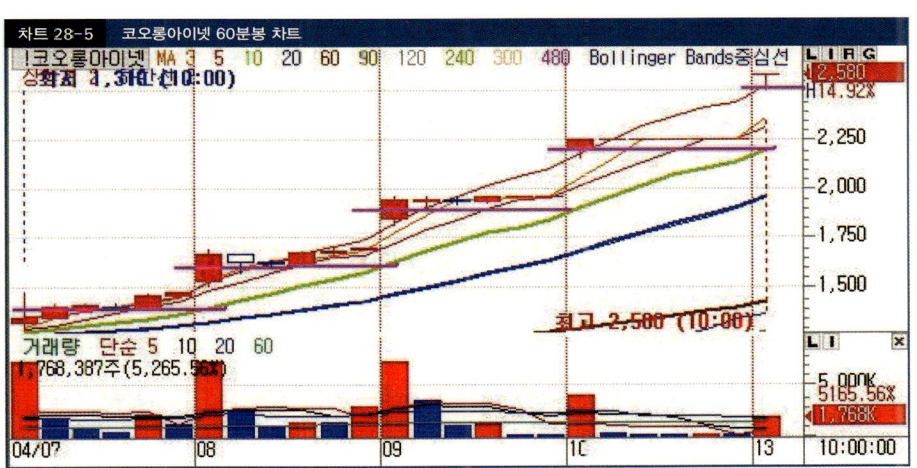

제29장
고가권에서 나타나는 쓰나미 거래량을 주의하라!

동양철관

　@금일 설명드리고자 하는 것은 고가권에서 거래량 쓰나미가 나타나면 상한가로 마감했더라도 주의하자입니다. 요즘 자주 출현하는 패턴 가운데 하나가 바로 연속된 상한가가 나온 마지막 상한가에 대량 장대 거래량을 만들며 종가상 상한가로 마감하는 것입니다. 이러한 상한가가 나오는 이유는 세력들이 자신들의 물량을 처분하는 과정 속에 장중 변동성을 만들기 때문에 그러한데 이러한 흐름이 나오면 상한가로 문 닫았어도 보유 물량의 일정량은 반드시 정리하여야 합니다. 경우에 따라 재차 급등하는 경우도 있지만 보통 거래량 쓰나미가 발생한 다음 날 주가는 시가가 보합권 근처에서 시작하거나 심지어 -로 출발하는 경우가 빈번하기 때문입니다.

　거래원 등으로 이리저리 살펴봐도 일반적으로 정확히 인지하고 매매하기 곤란하므로 가장 쉬운 원칙을 정해 고가권에서 쓰나미 거래량이 발생하면 일단 긴장하고 종가상 상한가라도 일정 물량은 수익 확보 차원에서 어느 정도 꼭 매도하여야 합니다. 매매 시 이러한 룰만 이해하고 매매한다면 구태여 고가권에서 위험을 무릅쓰고 매수해야 할 일은 없어야겠지요. 거래량 쓰나미가 나타낸 종목일 경우 꾸준히 수익률이 상당수 쌓은 경우를 제외하고는 무리한 상한가 따라잡기를 하지 마시고 다음 날 장중 변동 폭이 확대될 때 짧게 끊어 치는 매매로 수익을 내는 게 더 효과적입니다.

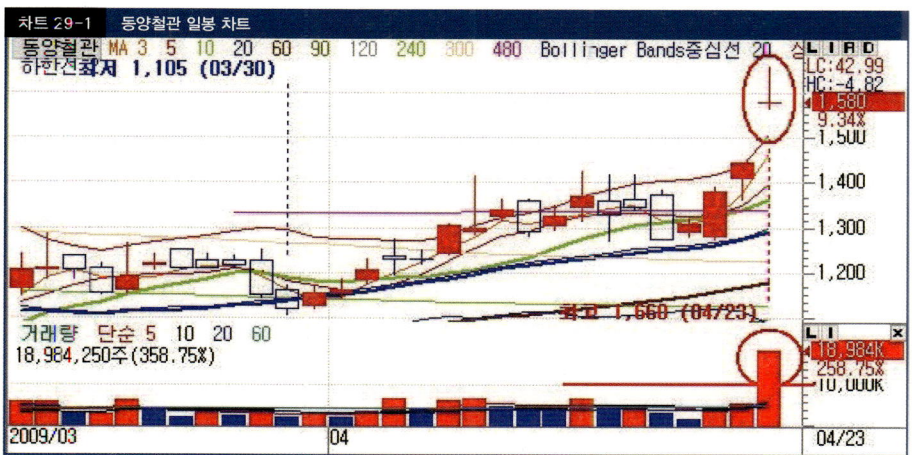

위에 종목은 거래량이 증가하는데 오히려 주가가 시가를 위협하며 장중 변동 폭이 확대되는 모습입니다. 거래량이 증가하는데도 빠르게 상승하지 못한다면 세력이 일단 매도하는구나 생각하시고 꾸준히 보유한 자는 매도를, 신규 진입자는 장중 변동 폭을 이용한 짧게 끊어 치는 스켈 매매로 수익을 내는 게 효과적입니다.

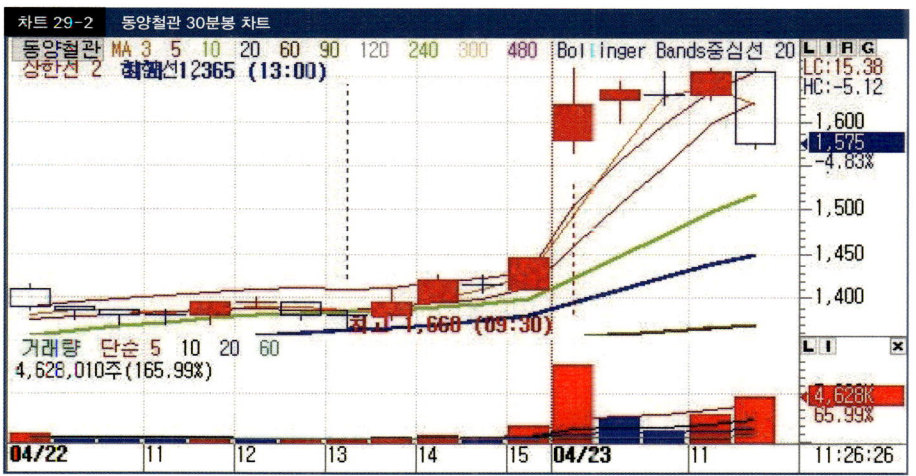

아래 그림은 거래량 폭주 이후에 종가상으로 위꼬리 달린 장대 음봉으로 장 마감한 모습입니다. 거래량 증가와 장대 음봉은 세력의 매도를 나타내는 대표적인 형태로 종가상 이런 모습이라면 중기 투자건 장기 투자건 일단 매도하고 봐야 합니

다. 종목과 시장이 하락을 암시하는데 본인 혼자 희망을 걸고 끝까진 버틴다면 긴 시간 소주로 괴로움을 달래야 할 수도 있습니다.

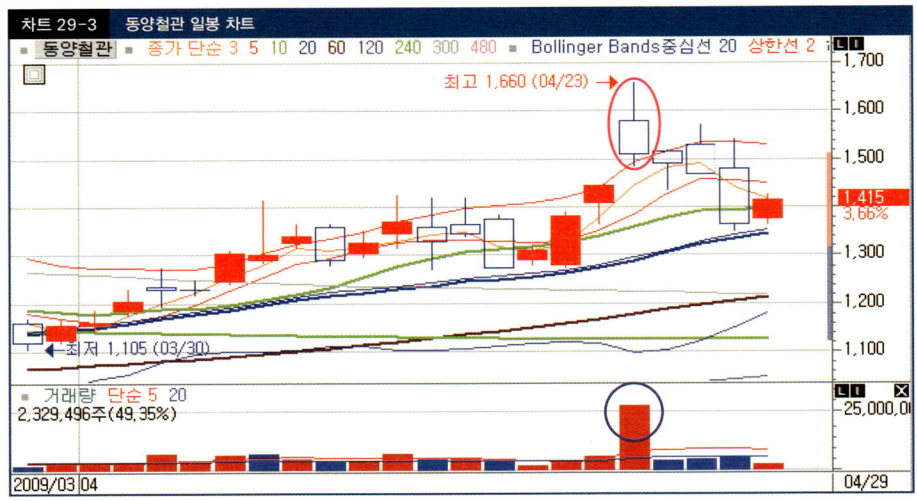

뷰웍스

뷰웍스도 그동안 보지 못한 쓰나미 거래량 이후 갭 하락 후 연일 하한가로 직행하는 모습을 보여 주고 있습니다. 그동안 보지 못했던 쓰나미 거래량이 나타나면 상한가라도 꼭 상당 물량을 수익 실현하시길 바랍니다.

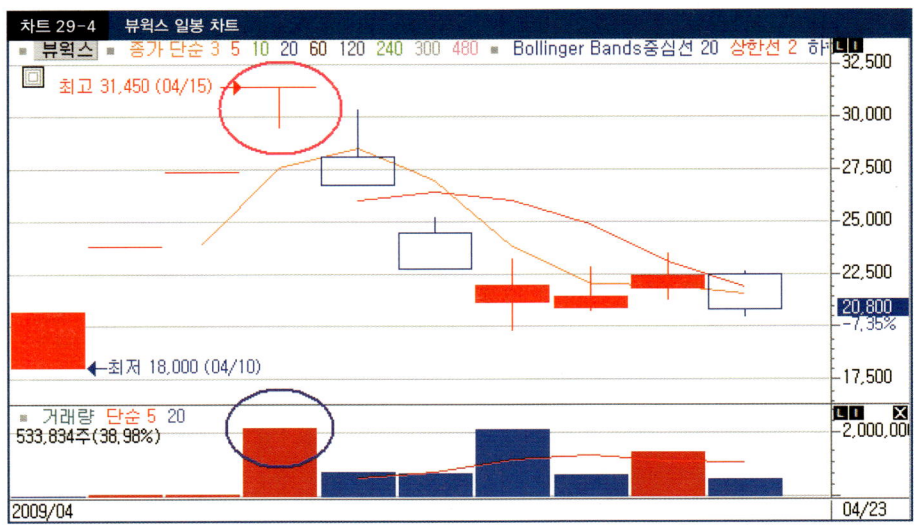

하림

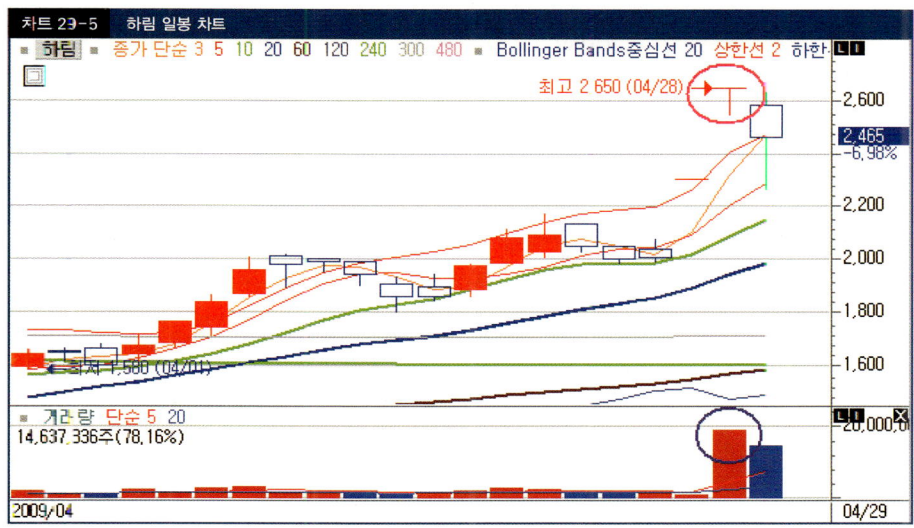

위에 하림 차트인데 저는 마니커를 매수하였습니다. 차트 모양은 동일하니 전일 매수 후 금일 -3% 손절하였습니다. 금일은 전일 많은 상한가 종목 대부분이 시가 +된 종목이 별로 없이 시가 갭 하락 폭탄을 맞은 날입니다. 그 외 보유 주 씨티씨바이오도 금일 큰 폭의 갭 하락 때문에 고작 8% 수익에 만족한 채 매도하게 되었습니다.

오늘의 매매의 반성은 거래량 쓰나미가 나타나면 아무리 종목이 좋아 보여도 욕심을 버린 채 보유 종목은 상당수 수익 실현을! 거래량 쓰나미 종목은 신규 상따는 아무리 호재 있고 좋아 보여도 절대 금지. 차라리 다음 날 장중 변동 폭을 이용한 짧게 끊어 치는 매매로 수익을 내는 전략으로 가자! 입니다.

(이전 삼천리자전거 편에 제가 쓴 글인데 간혹 이전 글을 읽어 보면 이거 내가 쓴 거 맞아? 할 때가 가끔 있습니다. 오늘 문뜩 이전에 쓴 글 몇 개 읽으면서 금일 설명하는 내용하고 비슷한 내용이 있기에 첨부합니다.)

상승하는 종목에선 무엇보다 가장 좋은 패턴이 무엇일까요?

"일단 상승하면서 캔들이 길이가 길어지는 것은 안 좋습니다. 초기 상승형이라면 이후 재차 눌림 주고 상승할 확률이 크지만 일단 기본적인 개념에서 본다면 캔들의 길이는 하루 주가 등락 폭을 말합니다. 상승하는데 강한 매수세만 존재한다면 캔들의 모형은 어떠한 모습이 나와 줘야 할까요? 네, 맞습니다. 바로 짧은 양봉의 캔들이 나와 줘야 합니다.

그렇다면 위에 같이 긴 캔들이 발생했다는 건 바로 강력한 매도세가 발생하였다는 걸 의미하므로 매도세와 매수세의 치열한 공방이 벌어져 주가의 악영향을 미칩니다. 매도세가 강력하다면 이후 추가 매수세도 주춤하게 되고 보유자 입장에선 보유보다 일단 팔고 보자 하는 심리가 발동하게 됩니다. 이처럼 저점 고점 상관없이 강한 매도세는 하루의 변동 폭을 크게 만들어 투자자의 심리를 극도로 불안하게 만듭니다. 따라서 고점에서 주가의 변동 폭이 커지거나 주가는 안 올라가는데 고점에서 거래량이 키우는 종목이 있다면 매도 관점입니다."

투자룰
TIP

쉬어가는 코너

나는 어떤 트레이더인가?

주식을 하면 할수록 더 어려워지며 더 복잡해지고 더 미궁 속으로 빠져들게 됩니다. 주식의 실패 요인으로 들자면 뇌동 매매, 손절 실패, 신용 몰빵 등 무리한 매매 행위 등을 들 수 있지만 좀 더 깊숙이 들어가 얘기하자면 자신이 어떠한 트레이더 유형인지도 모른 채 매매를 하기 때문입니다. 아무 종목이나 오를 거 같다는 생각이 들면 매수하고 물리면 추세 있으니깐 '뭐, 다음 날까지 들고 가 보지.' 하는 생각으로 매매를 하기에 많은 정성과 노력을 쏟고서도 늘 다람쥐 쳇바퀴 돌듯 실패를 맛보게 됩니다.

위에 말한 매매를 다 구사할 정도라면 정말 엄청난 고수들이나 가능한 투자 형태입니다. 고수들은 당일 진입할 때도 해당 종목의 진입 이유가 확실히 있고 단기로 먹고 나올 것인지 또는 평균 단가를 낮추기 위해 지속적으로 분할 매수하여 추세를 먹는다든지 다 계산된 모형에 의해 투자를 실행합니다. 그저 감에 의한 시세 따먹기 게임에 참여하지 않다는 겁니다. 한 가지의 먹잇감을 위해 며칠을 굶고 기다리는 지혜를 가진 이들이 바로 고수라는 사람들입니다.

대부분 개미투자가들의 투자 행태가 어떤지는 잘 알고 계시리라 생각이 듭니다. 시세가 껑충껑충 뛰게 된다면 매매하는 트레이더 마음도 그와 같이 요동치며 진입 타임에 늘 엇박자로 대응하여 "사면 하락이요, 팔면 상승."이라는 슬픈 개미들의 실패 스토리는 늘 깨지지 않고 전개가 됩니다.

우리가 인지하고 있어야 할 사실은 바로 대부분의 개미투자가들이 잡식성 트레이더라는 사실입니다!!

단 한 가지의 매매 기법도 못 살리면서 상한가 갈 거 같으면 상따꾼으로 변신한다든지 어쩔 땐 스켈퍼가 되고 또 어느 때는 중장기 투자가가 되고 이런 변화무쌍한 연기자 같은 투자 형태로는 시장에서 성공하기 힘듭니다. 원칙 있는 매매를 하기 위해선 자신이 어떠한 트레이더 유형에 잘 맞는지 자각하고 있어야 하며 그러한 트레이더에 맞게 행동하는 게 중요합니다. 잡식성 트레이더에서 훌륭한 만능 트레이더가 되기 위해선 스켈퍼라면 스켈퍼다운 매매를, 데이 트레이더라면 그러한 매매를, 스윙 투자가라면 눈앞에 단기 수익이 있어도 이걸 참아 내는 인내가 필요로 합니다.

그럼 각 트레이더의 특징이 무엇인지 알아보도록 하겠습니다.

스캘핑은 매매 즉각 매수와 매도가 같이 나가는 경우가 많기에 주식 보유 시간은 제일 짧은 편입니다. 일반적으로 매매 횟수도 일일 평균 10회 이상인 경우가 많고 회전율 또한 가장 높게 나오게 됩니다. 또한 수익률이나 손절 측면에서도 그 폭이 매우 짧기 때문에 상당히 보수적인 성향을 가진 투자 방법입니다. 매매 횟수가 많다고 공격적인 건 아닙니다. 위에 말한 것처럼 손실을 최소화하기 때문이기도 하고 또한 스윙 트레이더들처럼 10% 이상 고수익률을 잡지 않기 때문에 보수적으로 매매하는 투자 방법입니다.

데이 트레이딩은 보통 10회 미만의 종목을 매매하며 바로 사고파는 스켈핑보다는 좀 더 상승의 힘을 보며 목표 수익률도 다소 높게 잡아 당일 청산 목적으로 길게 보는 투자 방법입니다. 보통 초기 데이 트레이더들은 스켈퍼처럼 매매 종목이 많다가 운용 금액이 커지면서 성숙된 투자가 완성이 되면 보통 하루 매매 종목을 5종목 이내로 압축하여 크게 배팅을 하며 많은 수익을 챙기는 방법으로 가기도 합니다.

스윙 트레이딩은 좀 더 공격적인 투자 방법으로 수익과 손절의 폭이 큰 점이 특징입니다. 스캘핑처럼 매매 감각보단 기본, 기술적 분석과 시장의 장세, 정밀한 차트 분석을 통해 매매를 하며 보유 기간은 보통 1주일 내외입니다. 스윙 매매는 상승장, 테마장의 꽃이며 매매 방법도 단순하여 매일매일 피로한 게임에서 벗어날 수 있으므로 많은 이들이 선호하는 매매 방법입니다.

중장기 트레이딩은 보통 몇 달 기간으로 보며 상승장에서 큰 빛을 봅니다. 매매 종목은 일반 스윙 종목과 달리 대형주 위주 방식을 선호하며, 향후 기대 수익이 예상되는 실적 호전주, 큰 재료가 발표되어 큰 폭의 주가 상승이 예상되는 종목들도 들 수 있습니다. 중장기 트레이더는 손실의 폭이 크며 또한 수익의 폭도 크므로 매우 공격적인 투자 방법이며 주로 주가가 일, 주, 월봉으로 봤을 때에 하락을 마무리 짓고 바닥권에서 거래량이 증가하면 이러한 투자 방법이 늘어나게 됩니다. 중장기 투자의 방법은 큰 폭의 수익이 나거나 큰 폭의 하락이 진행될 때 일시에 자금을 빼는 게 아닌 지속적인 분할 매수, 매도가 필요하므로 철저한 투자 전략이 필요로 합니다.

그럼 트레이더별로 특징을 요약해 보겠습니다.

스캘핑 - 변동성이 큰 조정장에서 유리. 매매 횟수 10회 이상 매수 후 단시간에 바로 매도, 매매 종목은 잡주 상관없이 모두 가능.

데이 트레이딩 - 조정장 유리. 매매 횟수 10회 미만, 보통 5회 이하가 적당 매수 후 분봉 추세를 보며 길게 당일 안에 청산.

스윙 트레이딩 - 상승장, 조정장에 유리하며 보통 1주일 내로 차트가 살아 있는 종목 테마주 적합.

중장기 투자 - 대세 상승장에서 유리. 기간이 몇 달 단위로 김. 매매 종목은 실적 우량주 적합.

자, 본인이 모든 매매에서 승리한 개미라면 이 모든 걸 적절히 구사하며 매매한다면 정말 환상적인 트레이더가 되는 것입니다. 하지만 이는 희망사항일 뿐 보통 제대로 한 가지도 못하면서 잡식성 투자로 원칙 없이 이리저리 시세에 쫓아다니는 매매를 하는 게 보통입니다. 자신이 어떤 트레이더인지 일단 파악 후 매매 방법을 살핀 후 그 매매 방법으로 차츰 연마해 보시길 바랍니다. 밑에 질문에 한 번 천천히 생각해 보시길 바랍니다.

매일매일 장을 볼 수 있는 트레이더인가? 짧은 반등을 이용한 매매를 좋아하는가? 길게 종가 매수 후 다음 날 쉽게 쉽게 수익 얻는 걸 좋아하는가? 상한가 따라잡기를 좋아하는가? 어느 정도의 하루의 수익을 원하는가? 하루에 몇 회 정도 매매를 하는가? 내가 좋아하는 종목은 무엇인가? 잡주인가? 대형주인가? 중소형주인가? 중장기 투자를 해 보았는가? 월간 수익이 일정하게 나는가? 시초가 매매를 잘하는가? 이외에도 질문은 많지만 줄이기로 하고 본인이 어떠한 트레이더인지 일단 살핀 후 매매하시는 게 하나로 압축할 수 있고 단순한 원칙과 기법이 완성될 수 있습니다. 자신의 똥인지 된장인지도 모른 채 막연히 긴 시간 공부하며 투자한다고 하여도 결국 수익 내기 위한 시간은 더더욱 멀어지게 될 것입니다.

자신한테 꼭 맞는 트레이딩을 선택하시어 그걸 꾸준히 연마하며 공부하시길 바랍니다. 이 중 한 가지라도 잘한다면 만능 트레이더가 되는 시간은 그리 오래 걸리지 않을 것입니다. 무리하게 이것저것 다 잘하려 하다 보면 분명 시간은 저만치 흐르게 되고 그 흐르는 시간 동안 남는 건 하나도 없을 것입니다. 급하게 갈수록 더 멀어지는 게 주식입니다. 지금은 좀 더 멀더라도 한 번 뒤돌아가는 지혜를 살펴보시길 바랍니다.

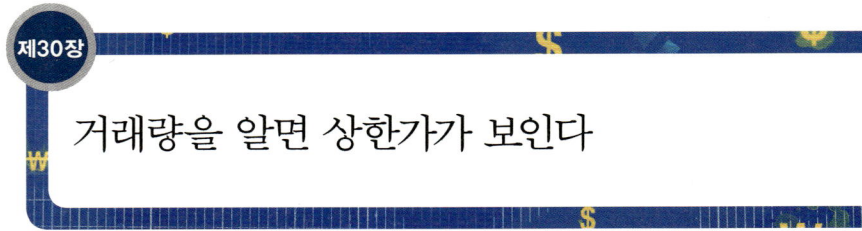

제30장
거래량을 알면 상한가가 보인다

VGX인터

금일 시간은 상한가 진입하는 종목의 일봉상 거래량 등이 주가의 어떠한 영향을 미치는지 알아보도록 하겠습니다.

@금일 밑에 진행되는 내용의 핵심 사항

분봉창 차트가 좋고 상한가 갈 거처럼 올라가더라도 일봉상 거래량이 일정 부분 채우지 못하면 바로 접근하지 말고 주의하였다가 거래량을 어느 정도 메우고 주가가 더 이상 빠지지 않을 때 매수 관점으로 보자입니다.

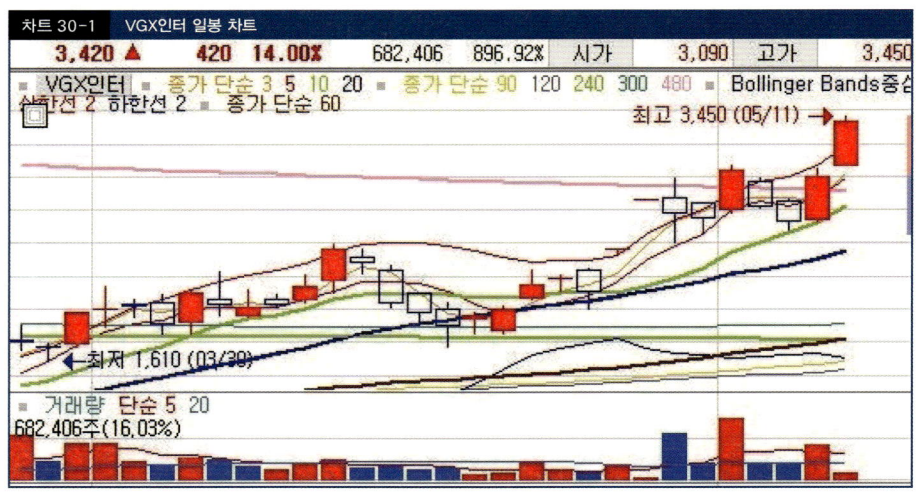

상기 종목은 금일 돼지독감 관련주 시세를 이끈 주역으로써 오전부터 강한 시세를 내주고 있습니다.

(이날 VGX인터에 따르면 미국 모기업인 VGX파마수티컬스는 현재 가지고 있

는 백신이 신종플루에 효과가 있는지를 테스트할 계획을 가지고 있다. 종 조셉 김 VGX파마수티컬스 대표는 최근 "2~3주 이내에 VGX파마가 개발한 백신들이 신종플루 바이러스에 효과가 있는지를 테스트할 계획"이라고 현지 언론과의 인터뷰에서 밝혔다.)

 필자는 이 종목을 오전 초반에 현재가창의 강한 매수세를 보고 같이 매수 후 일정 부분 수익을 얻고 상한가 부근에 매도한 종목입니다. 매도한 이유는 다음과 같습니다. 아래 분봉상 차트를 보면 언뜻 아주 좋은 그림이지만 필자가 매매할 때 눈여겨보는 부분이 일봉상 일정 부분의 거래량을 채우냐? 아니냐? 여부입니다. 상기 위의 그림처럼 일봉상 강한 힘으로 볼밴 상단을 돌파하고 장대봉을 내지만 거래량이 평균 거래량에도 못 미치는 상태에서 시세가 나온다면 일단 상한가 매도 잔량을 먹어 치우더라도 절대 공략을 안 하는 유형입니다.

 여기서 중요한 건 거래량을 일정 부분 못 채운 종목일 경우 정말 재료에 의한 강한 힘으로 상 가서 풀리지 않는 한 보통 일반적으로 상한가 풀림 현상으로 못 채운 거래량을 채운다는 사실입니다. 현재 제가 위에 얘기하는 내용은 그 어떤 카페나 그 어떤 책에서도 나와 있지 않는 실전 내용이니 참조하셨다가 당하는 일이 없도록 주의하시길 바랍니다.

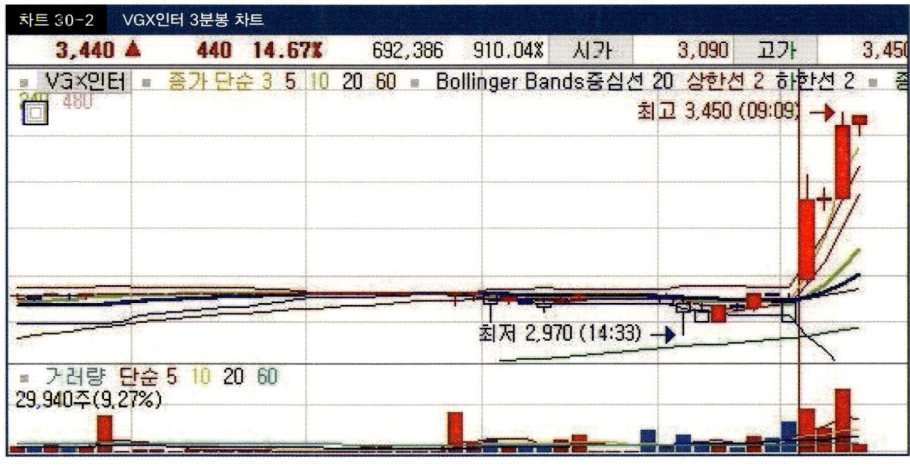

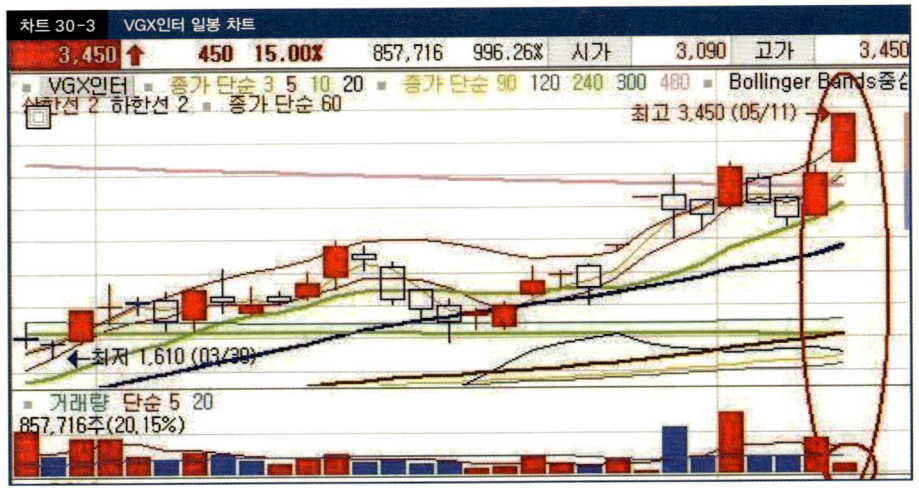

위에 차트는 오전에 강한 시세의 힘으로 상한가 진입 후 상한가 잔량을 쌓은 일봉 차트의 모습입니다. 밑에 차트는 이후 상한가 풀림 현상으로 거래량을 더 만든 후 상한가로 마감한 일봉 차트의 모습입니다. 당일 거래량의 양을 보면 장 종료 후 더 많아진 모습을 볼 수가 있습니다. 이처럼 거래량이 모자란 상태에서 상한가에 진입하면 못 채운 거래량을 마저 채우는 경향이 있으므로 알아 두시길 바랍니다.

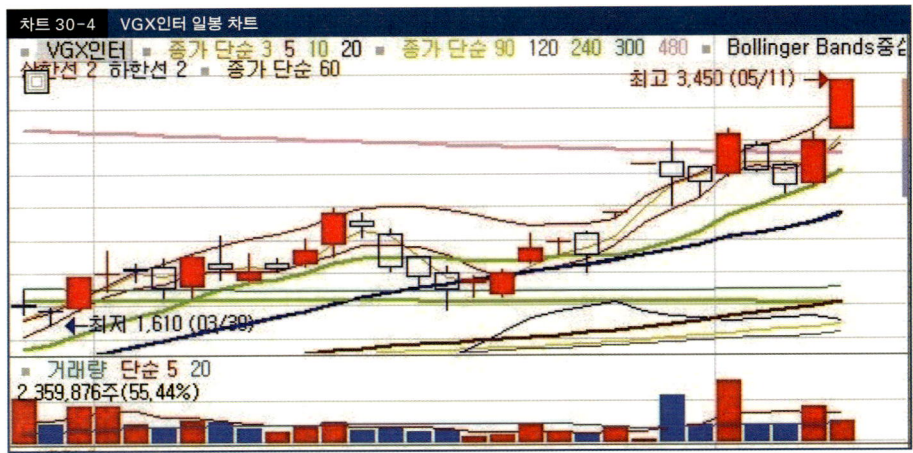

자~ 밑에 그림은 상한가 진입 후 상한가 풀림 현상이 여러 차례 진행되는 모습입니다. 오전에 상따한 사람들은 이때 풀렸을 때 대부분 쫄아서 매도하는 자리이

고 타짜들은 오히려 풀릴 때 이러한 현상을 알아 오히려 더 추가 매수할 수 있는 그런 차트의 모습입니다.

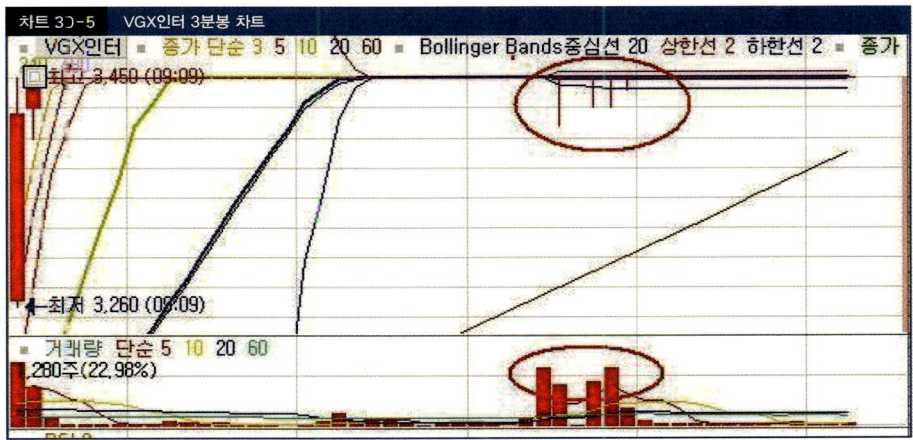

넥사이언

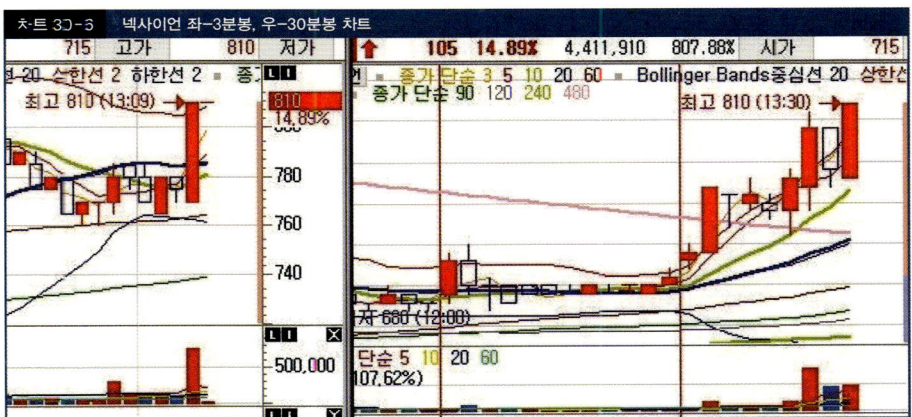

위에 종목은 3분봉과 30분봉 차트 모습입니다. 개인적으로 아무리 차트가 좋아 보여도 상한가 공략할 때 위에 그림처럼 큰 변동성을 보인다면 결코 대수 안 하는 타입의 유형입니다. 왜 매수를 안 하겠습니까? 이전 캔들 길이가 커진 채 결국엔 상 가격까지 와서 상한가 잔량을 쌓아도 이전 변동성이 크면 일반적으로 상한가 잔량을 순식간에 많은 양을 쌓아도 여러 차례 또 풀리게 되어 있기 때문입니다. 따라서 그림만 보고 딱 매수해야 할 상한가인가? 아닌가? 보유자는 매도해야 할 그림인가? 아닌가? 딱 보면 나와야 합니다. 이러한 룰을 모른 채 매매한다면 수익보다 늘 손실 볼 가능성이 높겠지요.

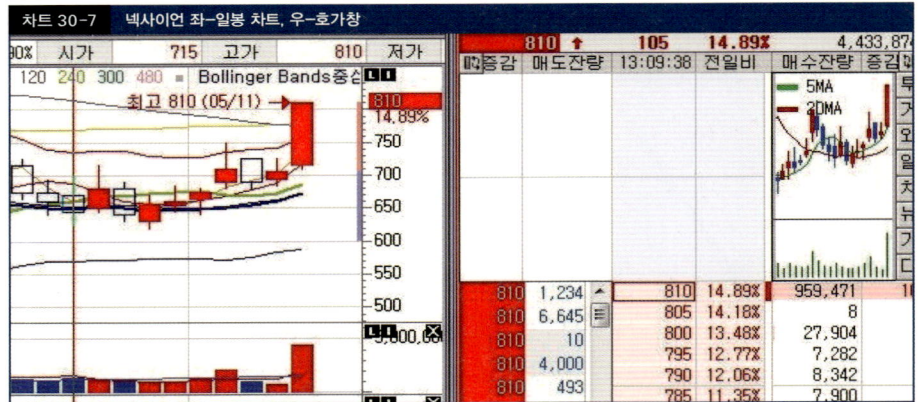

위에 현재가창을 보시면 초기에 120만 주 가까이 잔량을 쌓다 조금 빠진 모습입니다. 이후 어떻게 주가가 진행되었나 밑에 그림을 보시며 알아보시길 바랍니다. 어떻습니까?

분봉상 급격히 상승한 종목은 이렇게 상한가 진입 후 풀림 형상이 발생합니다. 초보 트레이더들이 묻지 마! 상한가 따라잡기 후 가장 많이 당하는 유형입니다. 이러한 내용도 그 어떤 인터넷 매체나 책에서도 나와 있지 않는 생생한 내용들을 여러분들은 공부하고 있는 것이므로 위험 요소를 하나하나 제거해 나간다면 꾸준한 수익으로 이 시장에서 언제든 많은 돈을 버실 수가 있을 것입니다.

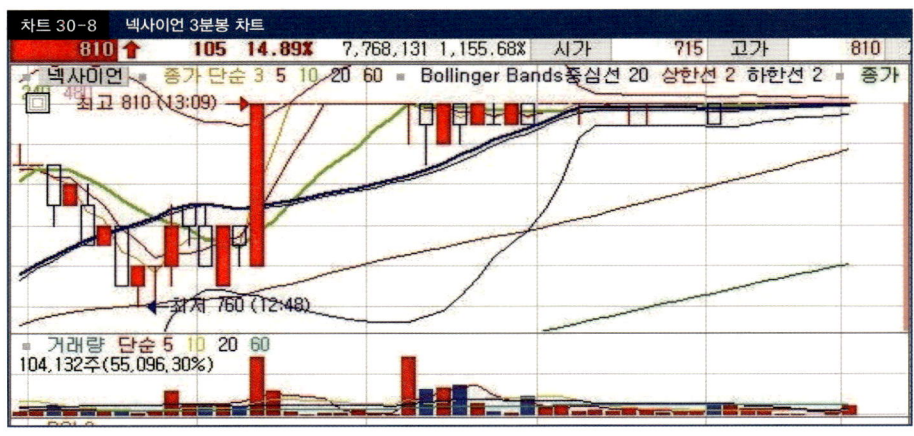

자~~ 밑에 그림은 위에 종목 종가 모습입니다. 그 많던 상한가 잔량은 어디로 갔는지? 허접하게 겨우겨우 상한가 잔량만 남겼습니다. 그럼 이 종목 다음 날 시세는 어떻게 될까요?

금일 일봉상 거래량이 평균 거래량의 5배 이상 어마어마하게 터졌는데도 이러한 흐름이다. 그럼 내일 주가의 모습도 그리 호락호락하지 않다는 겁니다. 즉 보유자라면 무조건 종가에 팔아야 하는 유형입니다. 안 팔고 개기다간 다음 날 시가부터 왕창 -로 시작하는 경우가 너무나도 많으니 한두 번 우연히 수익 본 걸 가지고 막연히 원칙 없이 행동하지 말아야 합니다.

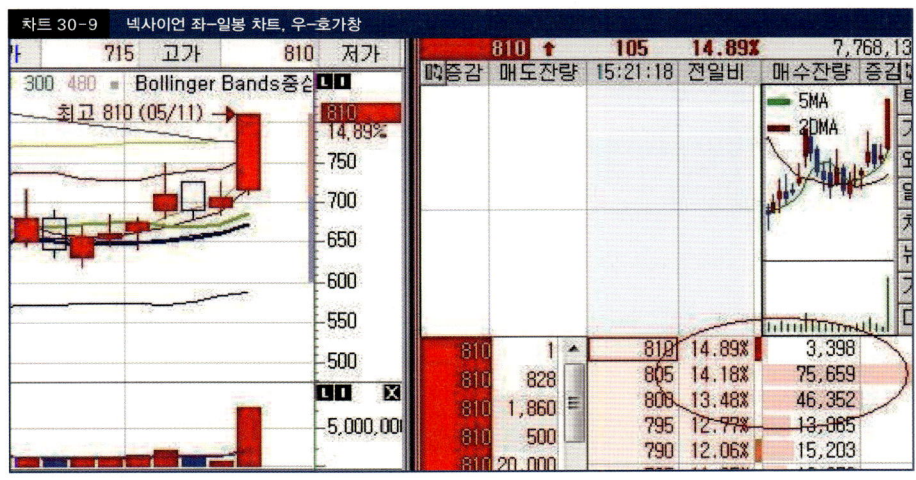

밑에 차트를 보시면 뭔가 허전하지 않습니까? 맞습니다. 거래량은 없는데 캔들은 당일 최고가까지 상승한 모습을 보여 주고 있습니다. 짧은 스켈로 수익은 가능하나, 상한가 갈 거 같다는 생각에 상한가 따라잡기 하면 개미불지옥을 맛볼 수 있는 유형입니다. 현재 이 차트는 오전에 캡처한 그림이고, 이후 종가 그림이 어떻게 끝났나? 확인해 보시길 바랍니다. 공부의 핵심은 거래량과 캔들은 같은 크기로 움직여야 좋습니다. 캔들은 커지는데 거래량이 평균 거래량에도 못 미치면 세력이 올린 시세가 아닌 개미들이 올린 시세로 그 이후 과정에서는 크나큰 변동성이 오니 즈의하여야 합니다.

대한뉴팜

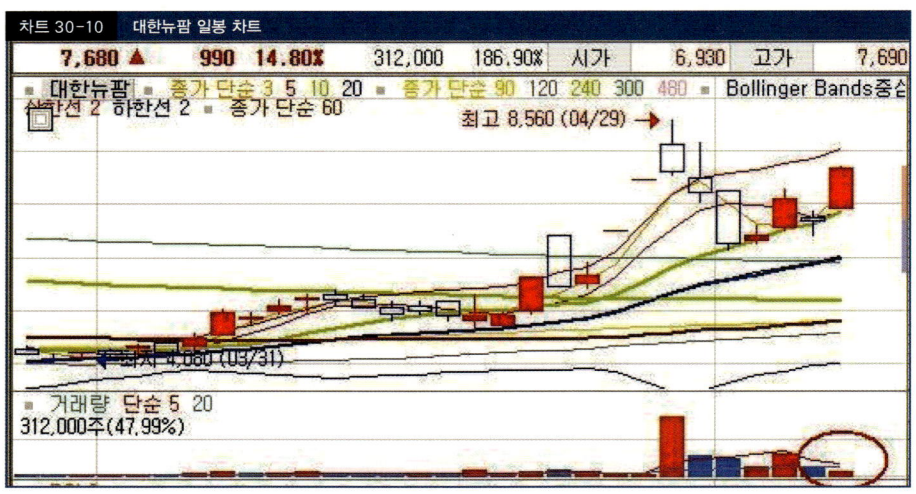

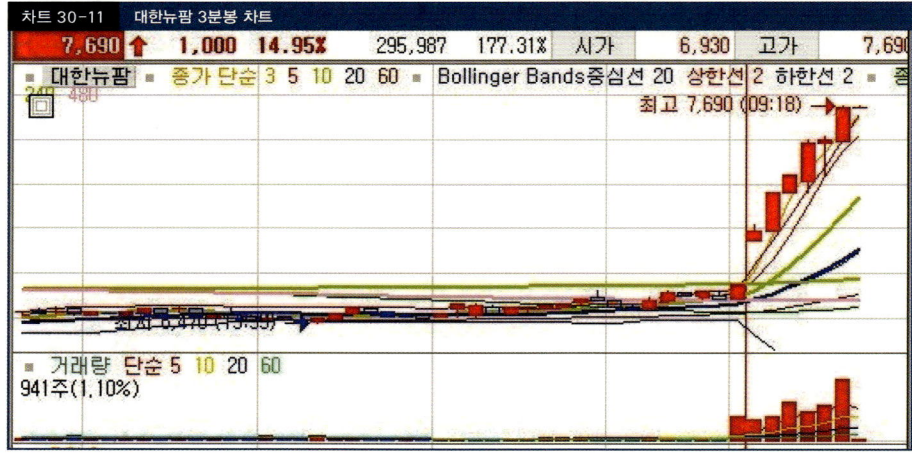

위에 차트는 3분봉 차트이며 아래 차트는 10분봉 차트입니다. 상한가 매도 물량을 해치운 후 상한가 잔량을 쌓자마자 몇 분 지나지 않고 상한가 풀림 현상이 발생함을 보실 수가 있습니다. 거래량과 캔들의 이해가 없는 상태에서 단순한 시세를 보고 고가에서 추격 매수한 개미들은 큰 폭의 손실을 안고 떡실신 되어 있는 모습을 생생히 잘 보실 수가 있습니다.

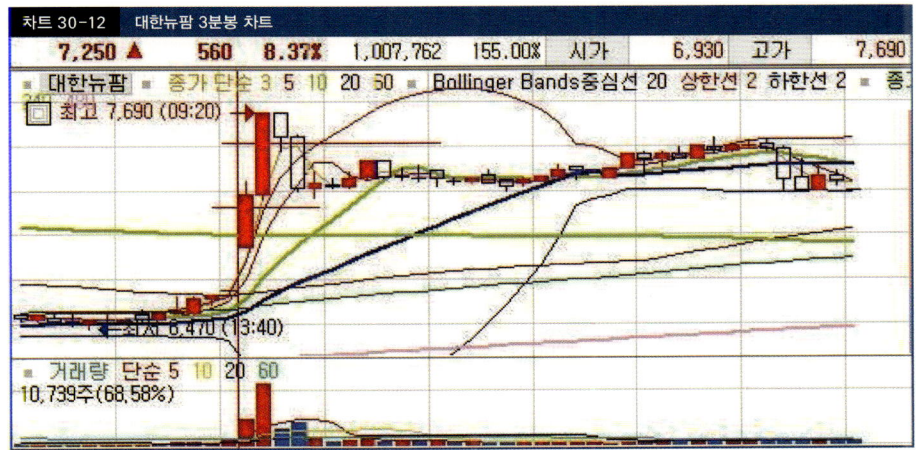

밑에 차트랑 위에 일봉 차트랑 비교해서 보시길 바랍니다. 오전에 나온 시세는 순순히 개미들에 의한 시세임을 알 수가 있습니다. 개미들이 성을 쌓으면 비바람에 너무나도 취약합니다. 개미들은 단결성이 없기 때문에 조금이라도 물량 나오면 서로 투매하기 바쁩니다. 따라서 세력이 팔 때랑 다른 형태가 나오게 됩니다.

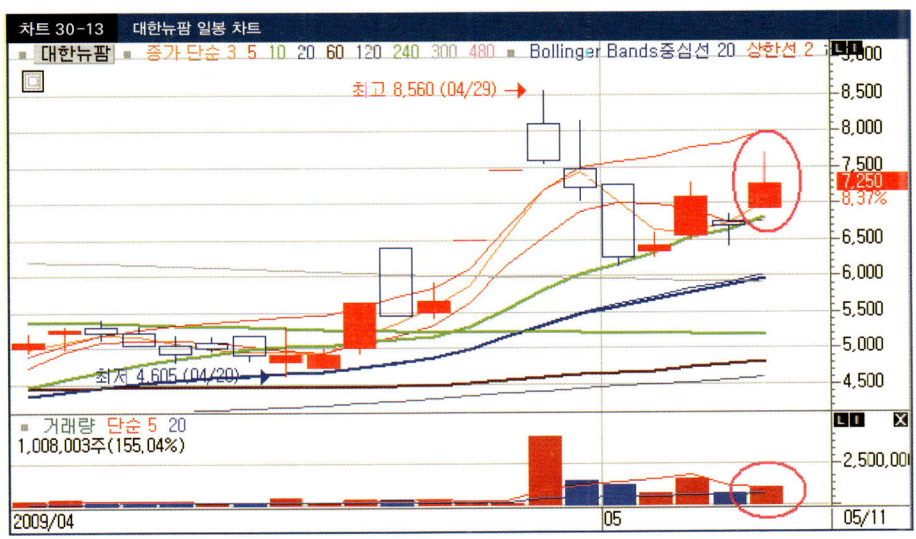

동산진흥

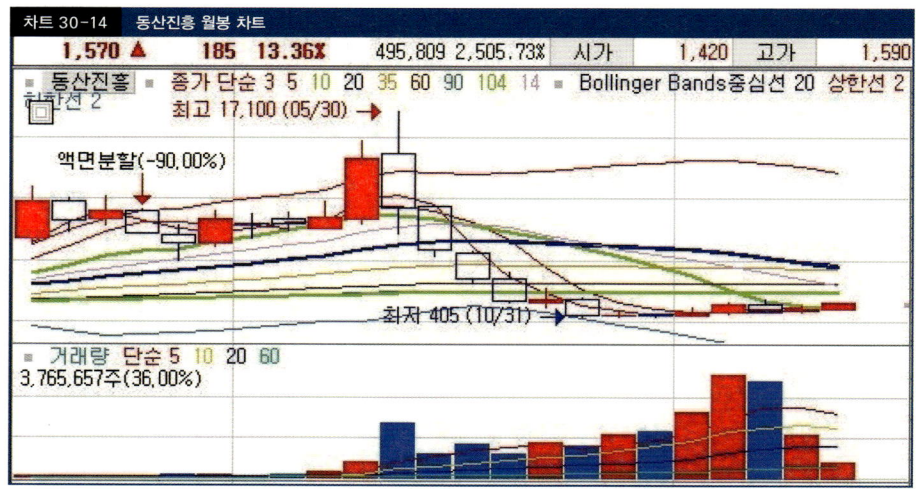

위의 차트는 월봉 차트이고 아래 차트는 주봉 차트입니다. 종목을 공략할 때 가장 좋은 건 저항대가 없는 신고가 종목이며, 차트상으로는 볼밴 상단 위에서 노는 종목이 으뜸입니다. 위의 차트는 띠 모양의 저항대가 산적해 있어 상승하는데 그리 호락하지 않음을 짐작할 수 있습니다.

밑에 주봉 차트에서도 가장 강력한 주봉 볼밴 상단을 돌파하는 과정에 별다른 거래량이 세워 주지 않고 있습니다. 이러한 모습이 보이면 장세에 의해 오르면 오르고, 내리면 또 내리는 힘없는 종목에서 이러한 차트 모양이 발생하므로 가급적 이런 종목보단 거래량이 서 주면서 좀 더 짜임새 갖춘 차트의 모양을 선택하는 게 좋습니다. 찾아보면 완벽히 정배열된 종목들 현재 시장에서 그리 찾기 어려운 일이 아닙니다. 개미들의 실패 요소 중 가장 큰 게 바로 종목 선정 문제에 있습니다. 시장에 좋은 종목 널려 있는데 꼭 본인들이 매수한 종목들은 어디서 보지도 못한 썩어 빠진 종목들만 가져다 담는다는 거죠.~

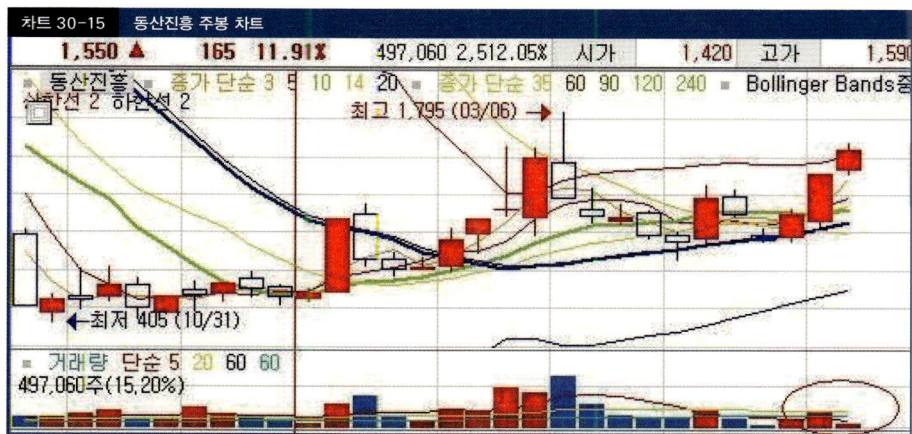

아래 일봉 차트 모습이며 일봉상 그동안의 박스권 생활을 정리하고 볼밴 상단을 돌파한 모양을 보여 주고 있습니다. 장 시작 초반에 이러한 모습이 나오면 매수하여 몇 %는 쉽게 빼먹고 나올 수 있습니다. 하지만 고가권이라면 위에 상위 봉의 차트와 일봉상 거래량 등을 보고 길게 스윙하기보단 당일 청산 목적으로 나와야 함을 알 수가 있습니다.

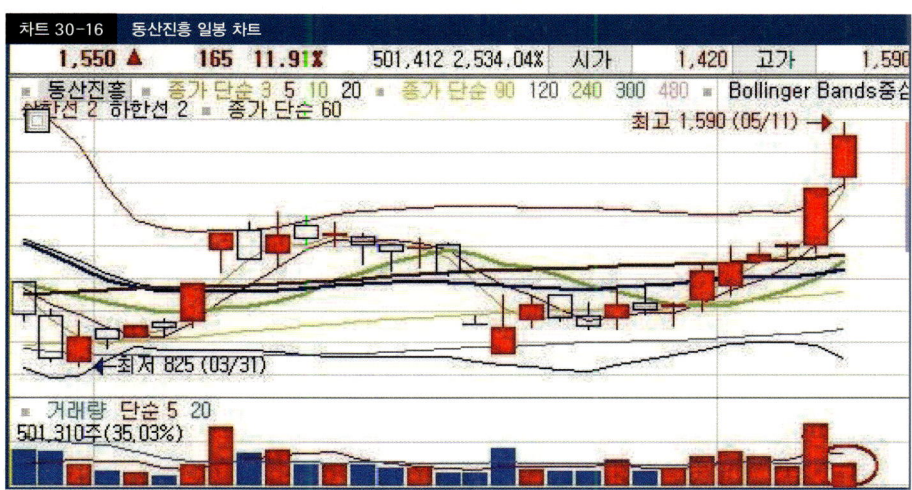

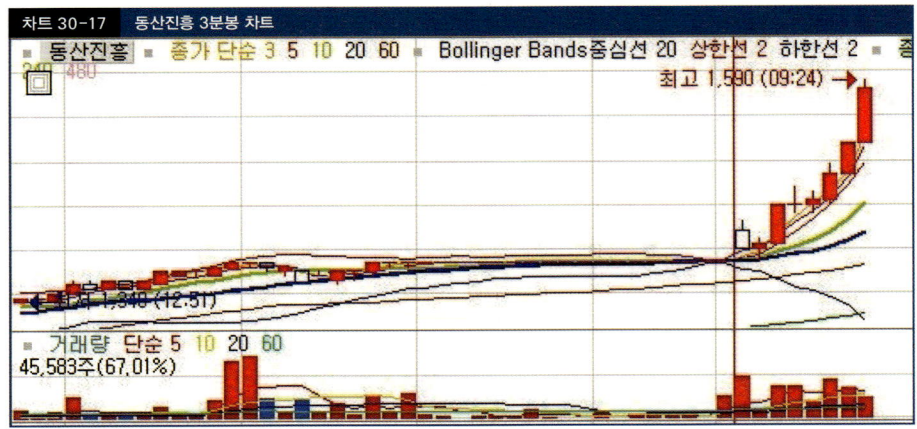

본 종목도 허접한 상위 봉과 일봉상 부족한 거래량에 의해 상한가 진입 후 밀림 현상을 볼 수가 있습니다. 또 위에 3분봉 차트에서 보다시피 위의 같은 유형의 분봉이 나오면 절대 상한가 한 방에 진입할 수 없기 때문에 이러한 분봉의 모습이 나오면 차트 조건 상관없이 주의하여야 합니다.

3분봉에서 하나의 봉이 완성하는데 3분이란 시간이 걸립니다. 이전 봉 이후에 우상향하면 할수록 이전 봉보다 더 크기가 커지는 건 바로 변동성을 말합니다. 고점에서 변동성은 즉 매물을 낳게 되니 초, 중반에 현재가와 차트를 보고 매수한 이는 이전에 보지 못했던 쓰나미 큰 장대 분봉이 탄생하면 최적의 매도 자리로 인식하고 매도하시길 바랍니다.

위에 분봉 차트에서 일반개미들이 많이 추격 매수하는 유형입니다. 개미들이 가장 사고 싶어 하는 자리가 늘 10% 이상 고가권입니다. +5~10% 이내에서도 겁나서 매수하지 못하다가 그 이상에서 상승하기 시작하면 상한가 갈 거 같다는 유혹에 빠져 최고점 매수를 범하는 게 일반적 개미들의 심리상태입니다. 늘 개미들이 최고로 사고 싶어 하는 자리는 우리들의 최적의 매도 자리임을 잊지 마시길 바랍니다.

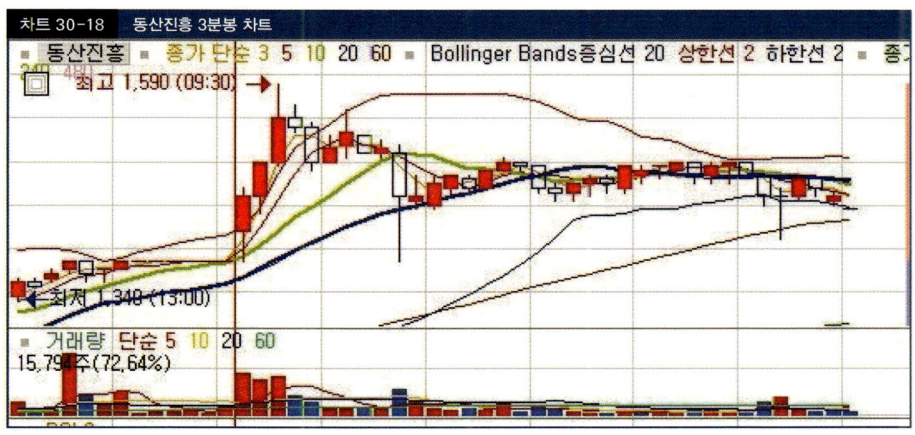

신나게 고점에서 개미들에게 물량 패대기친 후 주가의 모습입니다.

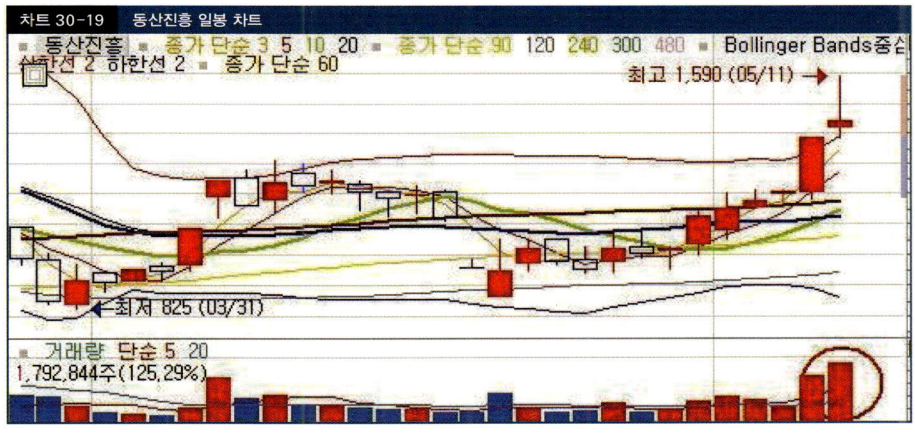

밑에 그림은 세력의 허매도의 유형입니다. 자신이 매수한 종목에서 오르지 않고 아래와 같은 특정 호가 밑에 대규모 매수 물량이 있을 때는 과감하게 매도를 하고 그 자리까지 주가가 하락하면 그때 흐름을 보며 저점에서 매수 후 아주 짧게 수익을 내고 나오는 전략을 취할 수도 있습니다. 혹시나 아래 호가에 대규모 매수 물량이 받치고 있어 주가가 상승할 거란 생각하시는 개미 분들 있으시면 대략난감입니다. 무조건 대규모 매수 호가 쌓여져 있는 호가로 주가는 갈 수밖에 없으며, 이 물량이 사라지지 않는 한 주가 상승은 요원합니다.

이노셀

그림 30-1 이노셀 좌-일봉 차트, 우-호가창

그림 30-2 이노셀 좌-일봉 차트, 우-호가창

위에 현재가창을 보시면 정확히 3000원까지 주가가 하락함을 볼 수가 있습니다. 거래량은 증가하는데 주가는 위로 못 가고 아래로 하락한다면 세력이 판다는 마인드가 있어야겠죠. 밑에 차트상 체크한 부분이 바로 위에 현재가창의 주가 모양이었습니다. 이후 주가는 별다른 상승 없이 흘러내리는 모습을 보여 주고 있습니다.

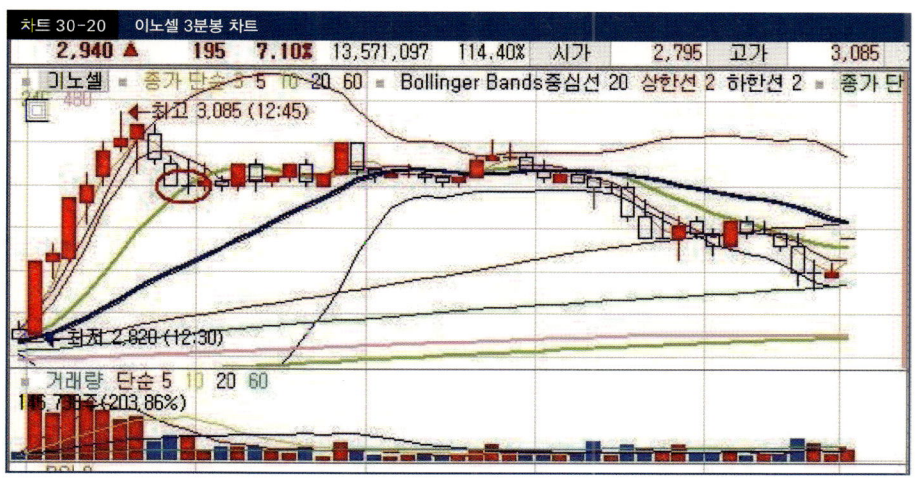

한성기업

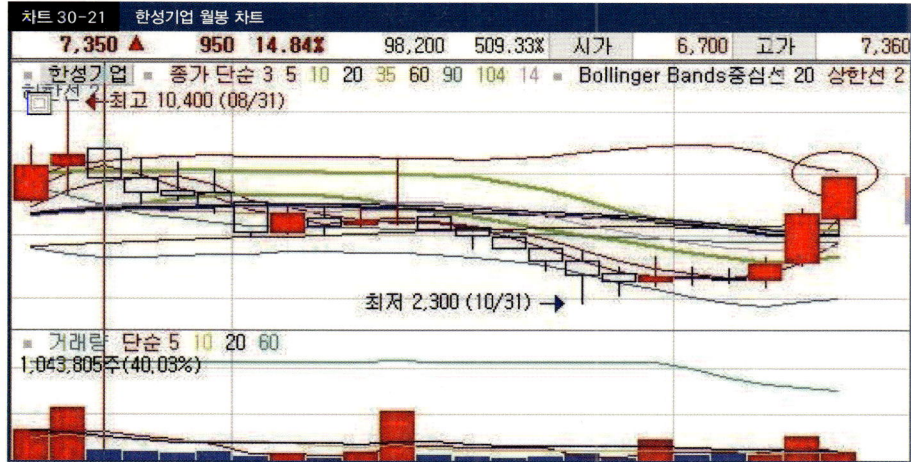

일반적으로 상한가 공략을 할 때 위에 그림처럼 월봉상 볼밴 저항대를 앞두고 있으면 매우 조심하는 편이며 가급적 매수 순위에서 제외하는 편입니다. 자, 일봉상 그림을 한 번 살펴봅시다. 위의 글에서 그렇게 강조했던 모습이 또 나타났네요. 캔들이 커지면 거래량도 같이 증가해야 한다고 했습니다. 근데 캔들은 장대봉인데 거래량은 평균 거래량에 미치지 못한 채 가격은 상한가 가격대입니다. 절대 상한가 가더라도 매수하면 안되는 유형입니다.

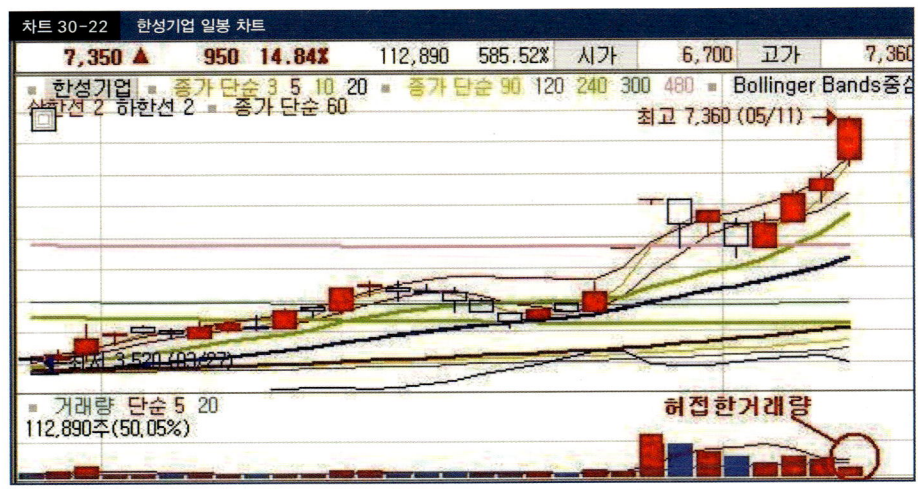

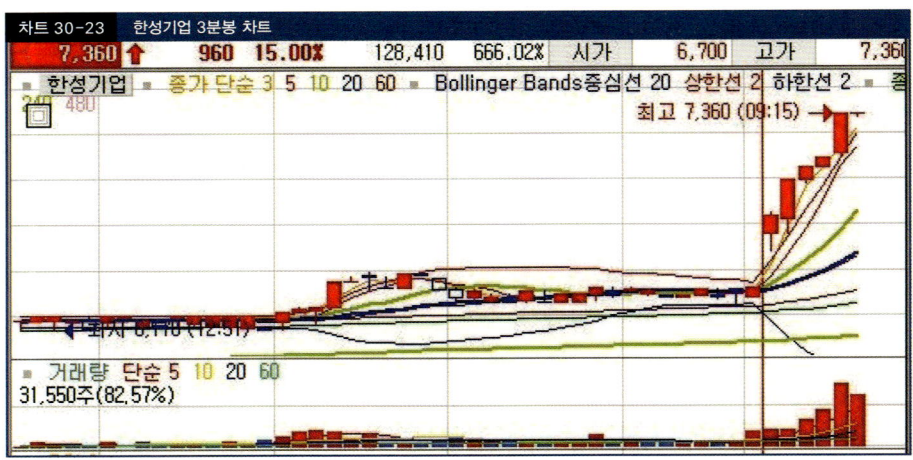

상한가 진입 후 여러 차례 풀림 현상을 볼 수 있으며 세력주에선 이러한 풀림 현상으로 상한가 진입으로 미처 못 쌓은 거래량을 채우기를 하는 걸 볼 수가 있습니다. 일봉상 일정한 필요한 거래량을 채우면 강한 세력주에선 이제 풀림 현상이 안 발생하겠지요.

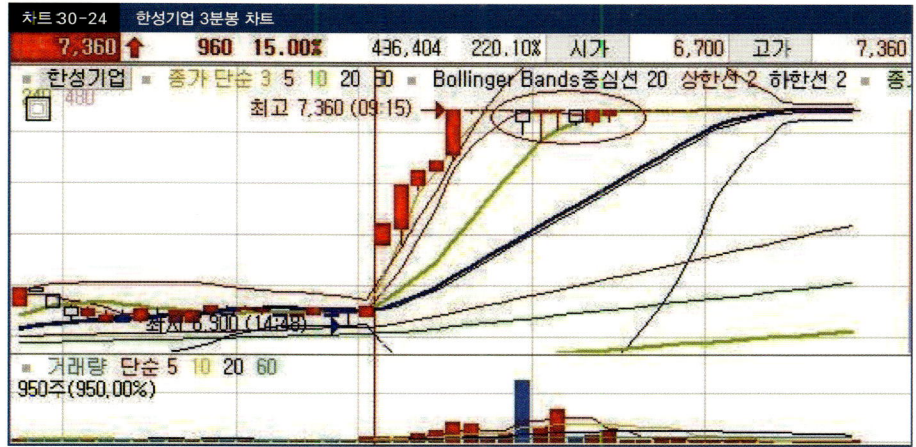

자~ 어떻습니까? 오전에 허접하게 상한가 진입 후 일봉상 거래량이 허접했는데 상한가 진입 후, 거래량 채우기 후 꼿진 모습이 완성된 것을 볼 수가 있습니다.

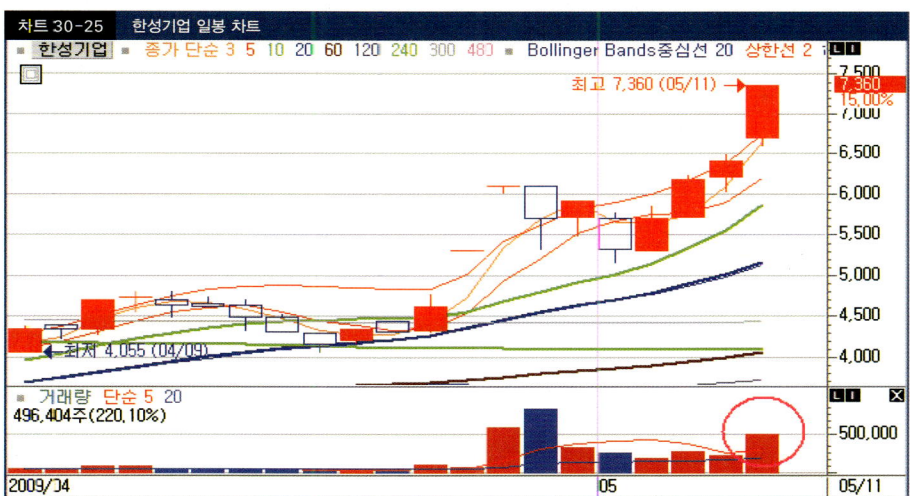

개미투자자분들은 몇 백 원짜리 종목을 참 좋아합니다. 급등주는 뭐 대부분 이런 종목에서 수없이 많이 나오니 그러한 학습 효과도 있을 것이고 가격 또한 싸니 여러 가지 심리적인 조화로 많이들 사는 종목군이 됩니다. 아래 휴리프란 종목도 그러한데, 이 종목에선 개미들이 고가권에 당하는 모습이 이날 잘 연출되었습니다. 이제 우리는 이러한 속임수 유형을 알기에 오전에 이런 모습이 나오면 에이~~ 거래량이 허접하네. 이거 밀릴 거야! 매수 안 해! 이런 생각을 할 수 있겠죠. 자~ 이런 생각을 한다면 이미 상한가 고수라고 자부하셔도 좋습니다.

휴리프

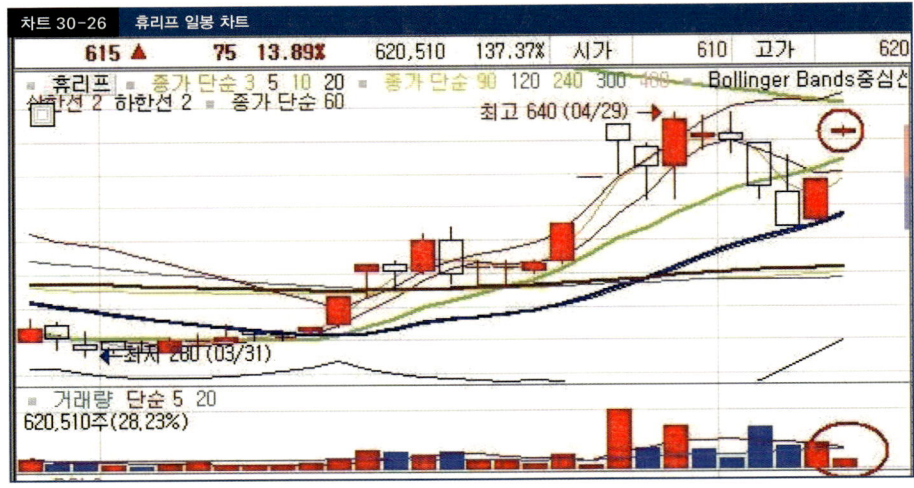

허접한 상한가 진입 후 상한가 잔량을 쌓인 후 예상대로 풀림 현상이 발생하였군요.

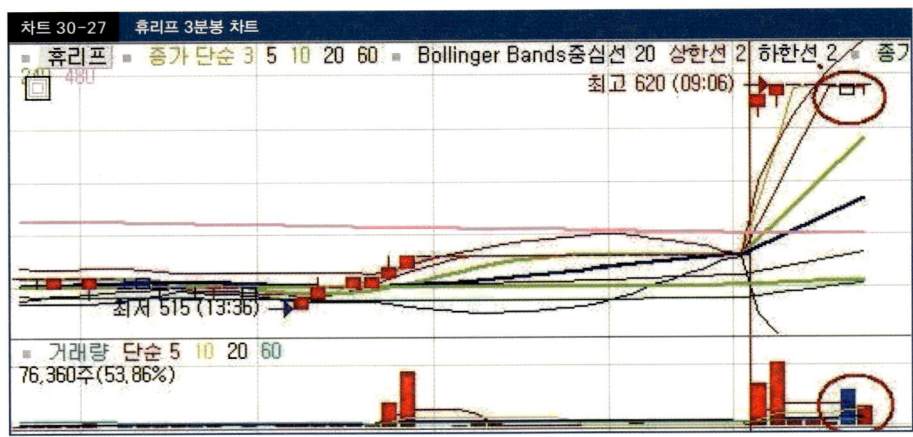

거래량 채우기를 할 것이냐? 그냥 지지 라인 깨고 주가가 망가질 것이냐는 쉽게 지지 여부와 빠른 시간 내에 거래량이 일정 부분 채운 후 상진입하냐? 여부에 달려 있습니다. 강한 종목은 상 진입 시간을 늦출 이유도 없을 것이고 또 개미들의 참여 기회를 주지 않을 것입니다. 아래 차트를 보시면 상 진입 후 한 번 이전지지 지점이 붕괴되고 시가까지 깨버림을 봄으로써 아... 이거 오늘 주가가 순탄치 않겠구나. 미리 예상할 수 있겠습니다.

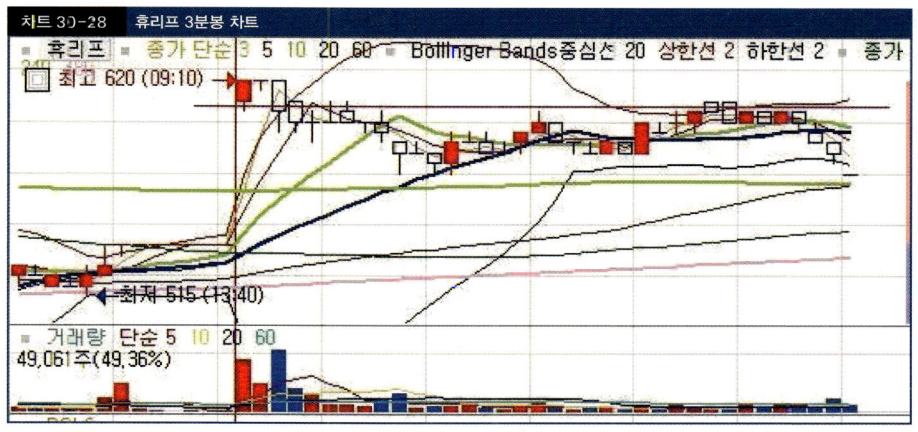

이후 주가의 모습입니다. 음봉으르 마감하였네요. -_-

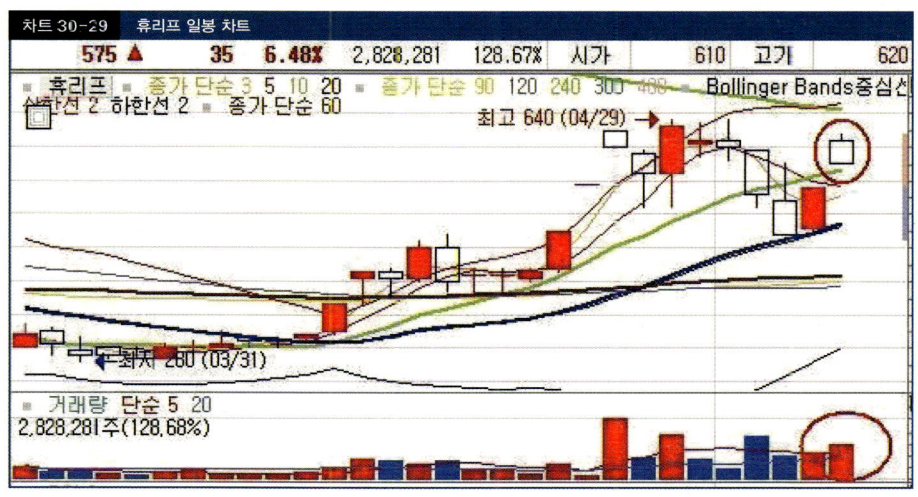

에이모션

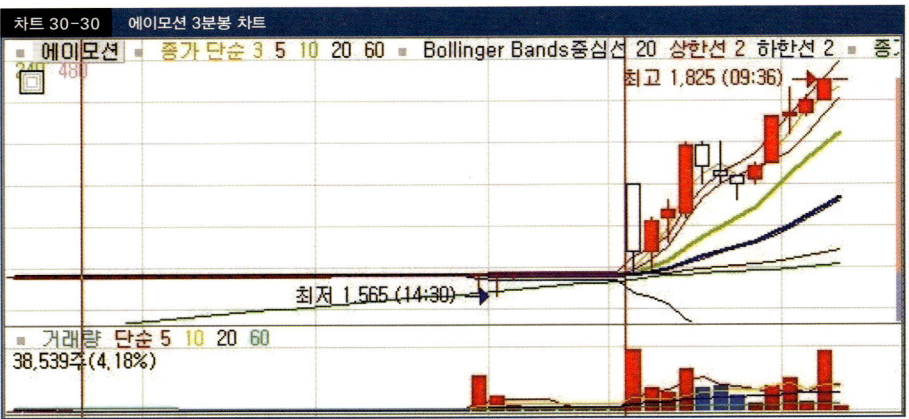

밑에 차트는 에이모션입니다. 일반적으로 전일 쓰나미 거래량이 발생하면 다음 날 주가의 웬만한 종목들은 어떻게 된다고 했습니까? 네, 맞습니다. 바로 다음 날 시가가 잘 나올 수 없다고 하였습니다. 심지어 시가가 -로 시작하는 경우도 많으니까요. 이 종목은 시가 대략적인 +권 형성 후 이전 강한 흐름과 상반되게 큰 변동성을 보이며 종가상 상한가로 마감하였는데 일반적인 흐름이라면 상한가로 못 가는 게 맞는데 상한가에 진입해 버리는 괴력을 보여 주었습니다.

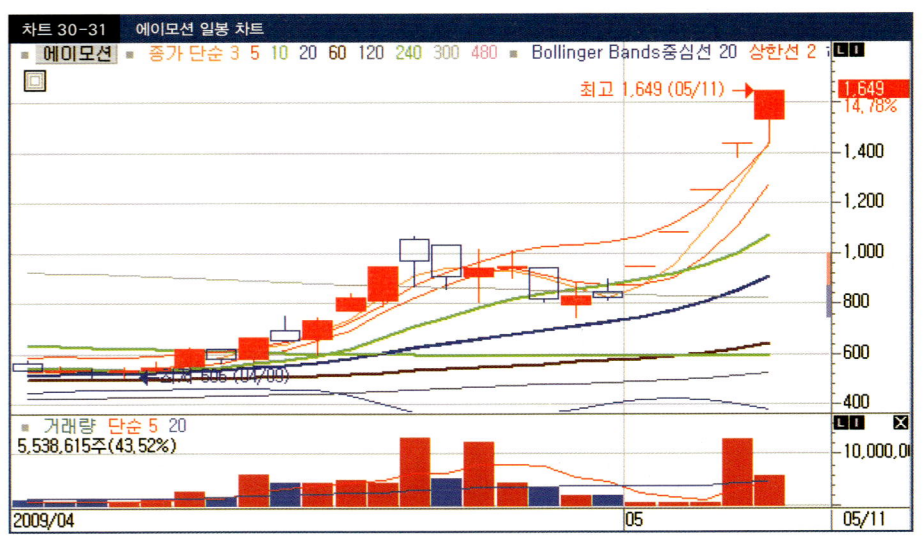

삼천리자전거

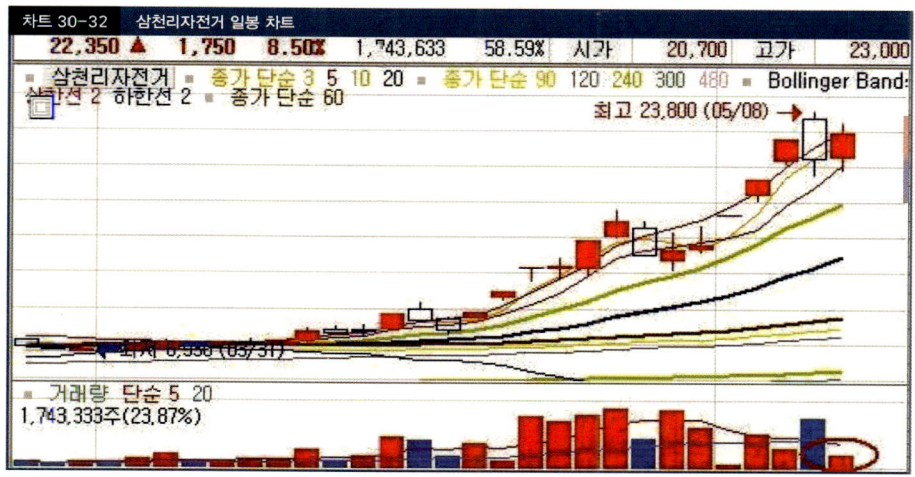

으늘은 참좋은레저가 삼천리보다 앞서 시세를 주었습니다. 세력주는 웬만해서 5.10일선 살리면서 상승한다고 했습니다. 늘 현재 시점에서 보는 주가의 위치는 일정 부분 상승하였기에 최고점에서 보이나 이후 며칠 지난 후 보면 또 현재 주가가 아... 이제가 시작이었구나 하고 느낄 때가 많습니다. 즉봉상 5일선이 살아 있음 아직 시세는 끝난 게 아닙니다. 조정을 받으면서 갈 수도, 또한 예기치 않은 돌발악재나 대외변수로 인해 주가가 하락할 수도 있겠지요. 길게 스윙하는 사람 입장에서는 늘 일봉상 변동성보다 주봉과 월봉도 참조하며 일정 물량은 꾸준한 보유와 단기 시그널에선 매수와 매도로 수익 극대화를 하여야 됩니다.

단기적으로 60분봉 볼밴 상단에 위꼬리 나왔으므로 당일 진입한 단타들은 이러한 저항대에서 위꼬리가 보이면 칼날 같은 매도를 하여야 하며 같은 테마주가 이미 상이라도 이미 상인 종목만 갱신한 채 버티기로 일관하면 큰 손실을 볼 가능성이 높습니다. 필자로 테마주 짝짓기 매매로 대장만 믿고 버티다 크게 혼난 적이 여러 번 있습니다.

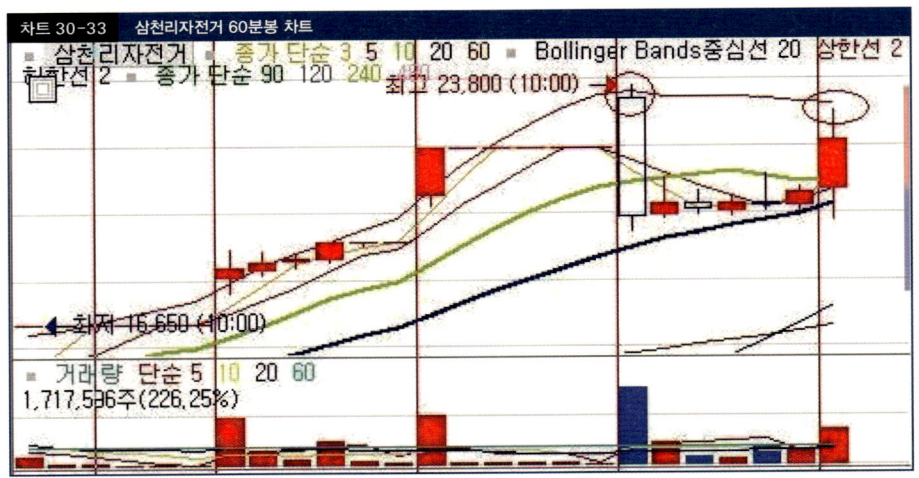

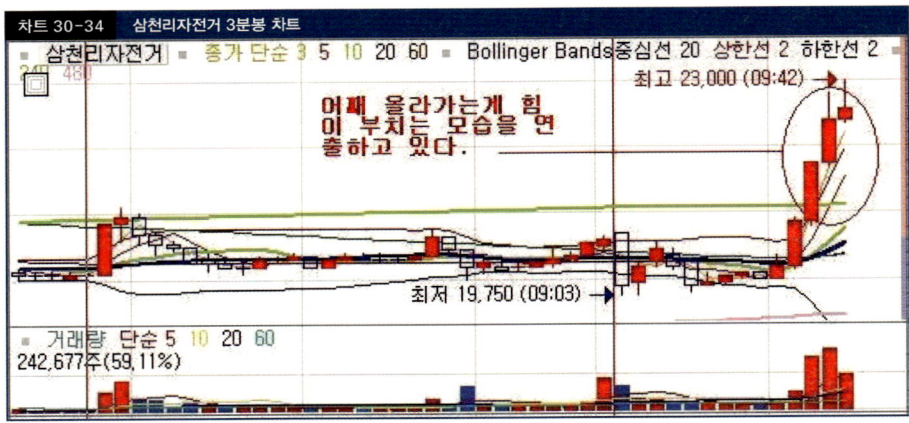

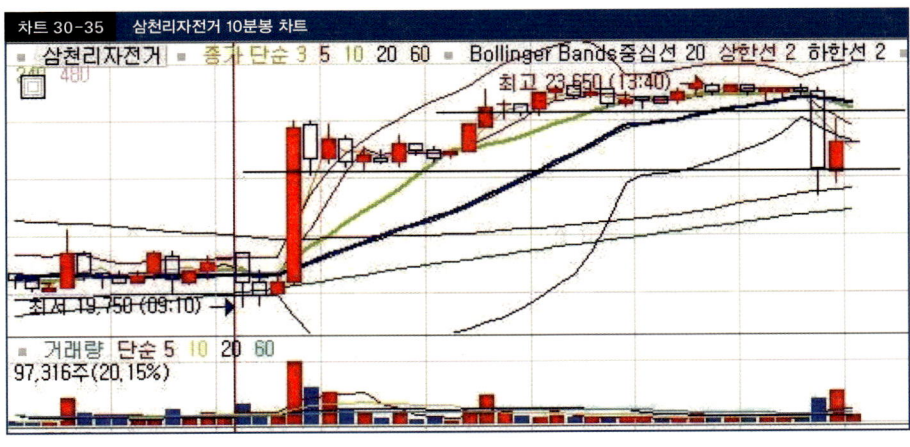

허접했던 오전 거래량이 어느 정도 채워 주었군요. 완벽한 정배열은 쉽게 주가가 꺾이지 않는 습성이 있습니다. 일봉상 정배열도 쉽게 주가가 깨지지 않는데 일, 주, 월 정배열인 종목들은 고점에서 장대 음봉에 대량 거래량이 나타나지 않는 한 지속적인 상승을 하므로 시세의 끝까지 지속적으로 관심을 기울여야 합니다. 자전거주는 늘 관심 있게 봐야 할 종목입니다. 어설픈 종목 매일 단타 치느니 그냥 3종목으로 압축하여 길게 스윙하는 편이 수익률 측면에서 훨씬 높고 쉽게 매매할 수 있는 한 방법입니다.

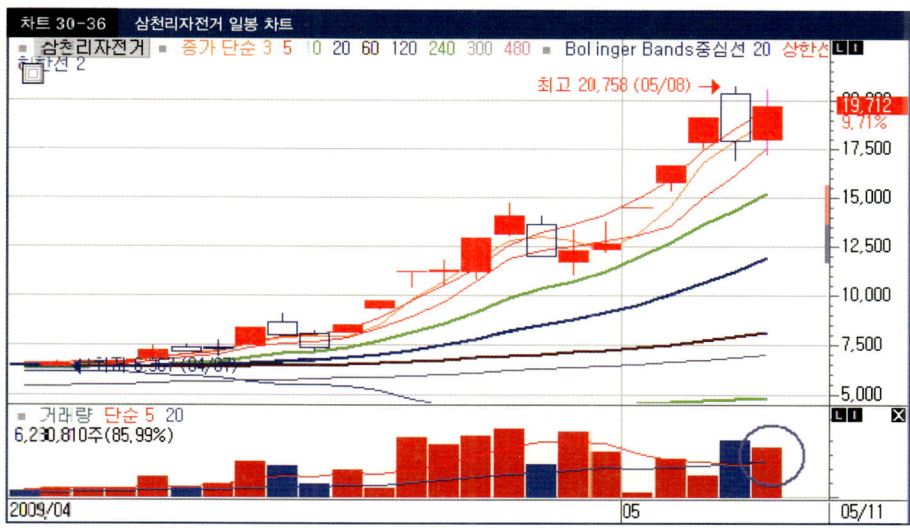

제31장
주가가 떨어질 때 지지 라인을 찾아라!

금일 내용의 요점은 제가 선호하는 초단타 매매법인데 손 느린 분들은 그냥 참조만 하시길 바랍니다. 필자가 좋아하는 초단타는 빠른 수초 사이에 승부를 거는 매매를 즐겨합니다. 따라서 손이 느리거나 매매 감각 없는 분들은 매수 후 바로 +1~3% 수익을 나도 흐름을 읽지 못해 머뭇거리다 순식간에 쏟아지는 수익 실현 물량으로 인해 수익을 토해 내며 괴로움만 만들 수 있습니다.

일, 주, 월봉이 상승 곡선을 그리며 상승하는 종목들은 분봉상 급락(장대 음봉)을 하면 거의 대부분 밑에 받치는 이평선이나 볼밴 하단 라인 근처에서 재차 반등을 줍니다. 이러한 반등을 이용해 짧게 끊어 치는 매매를 하게 되는데 밑에 차트 보시면서 설명해 드리겠습니다.

비츠로테크

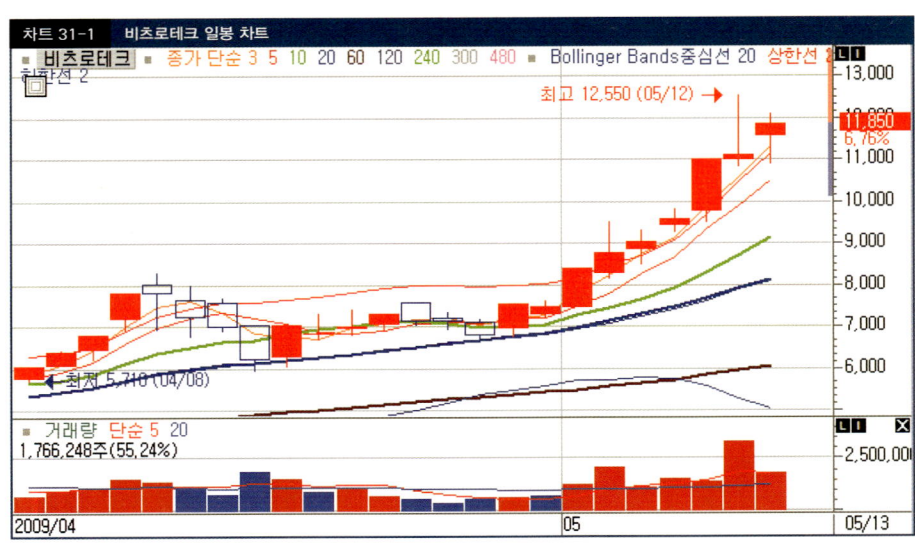

비츠로테크 며칠 전 차트 모습입니다. 일봉상 아주 예쁘게 차트를 그리고 있는 상태에서 밑에 3분봉에선 큰 변동성을 보이며 주가가 순간 급락함을 볼 수가 있습니다. 이때 하위 3분봉상 볼밴 하단이나 이평선만 보고 매매 시 간혹 2차 하락이 나올 수도 있으니 상위 봉에서 같이 지지가 되는 종목들 위주로 매매하여야 안전하게 매매를 할 수 있습니다.

짧게 끊어 치는 매매는 무리하게 배팅하기보단 바로 빠져나올 수 있는 적절한 물량으로 매수하는 게 중요합니다. 필자의 경우 3분봉상에서 급락을 하는데 밑에 그림과 같이 하위, 상위 2개의 분봉에서 지지 라인이 있을 때 매수를 합니다. 이때 일반적으로 보유 개미들이 가장 공포를 느끼는 구간이며 가장 매도를 하고픈 구간입니다. 따라서 거의 매도 물량 쏟아져 나오는 거 보고 같이 매도하게 되어 있는 구간인 것이죠. 우린 일반 개미들이 던질 때 오히려 저가에 매수하여 수익을 내는 구간으로 이용하여야 합니다. 상승 반전을 시도하는 구간은 일반적으로 상위 봉 30, 60 분봉에서 받치고 있는 이평선(10, 20 또는 볼밴 하단)입니다.

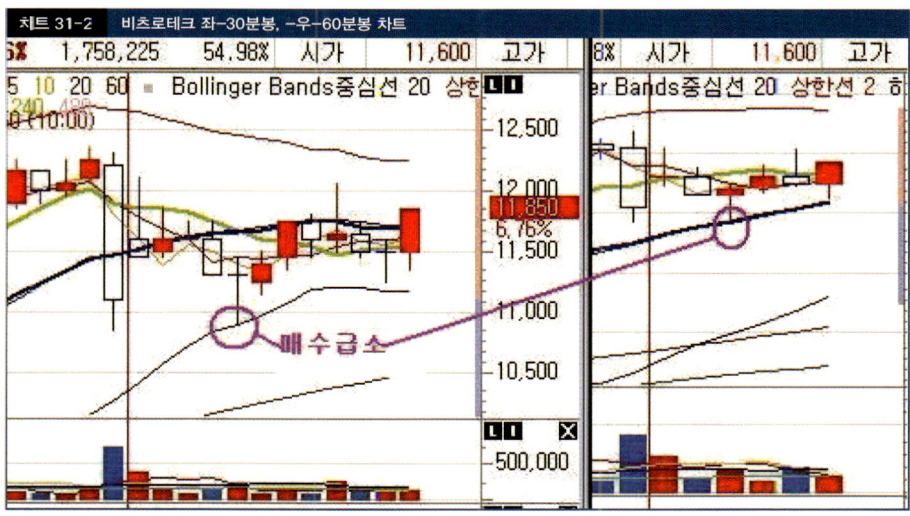

일진에너지

어설픈 상따꾼들이 고가권에서 잘 매수하는 형태의 일부분의 차트입니다. 종가 상으로 위꼬리 달린 역망치형 캔들이 발생하였지만 현재 차트 진행상으로 보면 상한가 진입을 한 상태이므로 익일 갭에 대한 생각과 내일 시세에 대한 탐욕으로 무리하게 충동 매수를 하는 구간입니다.

밑에 3분봉 차트처럼 정배열된 상태에서 야금야금 올리는 차트는 필자는 거의 매수를 고려를 하지 않습니다. 이때 상한가를 가면 무조건 매물 소화를 위해 깨지게 되어 있기 때문입니다. 또 일봉상 거래량을 보더라도 평균 거래량을 약간 상회하는 수준이므로 힘의 약함을 알 수가 있습니다.

따라서 이런 종목은 상따 종목이 아니며 그냥 스윙으로 보는 게 더 효과적인 종목이 됩니다. 상위 30분봉 차트를 보더라도 장대봉의 모습이 무거워 보입니다.

밑에 차트를 보시면 야금야금 상승하던 주가가 상한가에 진입 후 재차 매물 출회로 주가가 밀리면서 재차 상한가를 시도하는 모습을 볼 수가 있는데 2시 45분 안에 완벽하게 상한가에 진입하지 않고 그 이후 시간에도 상한가 갔다 풀렸다 재차 반복한다면 무조건 털고 나와야 합니다. 2시 50분 정확히 상 매도 잔량을 먹어 치우더라도 문제는 동시 호가에서 주가가 빠질 확률이 매우 높다는 것입니다. 강한 상한가란 최대한 빠른 시간에 진입하는 게 우선입니다. 한 번 상 진입 후 안 깨지는 게 좋고 경우에 따라 매물 소화 차원에서 재차 풀렸다 가기도 하지만 그건 차트의 모습과 테마, 재료 등 여러 상황에서 강세일 때 얘기입니다.

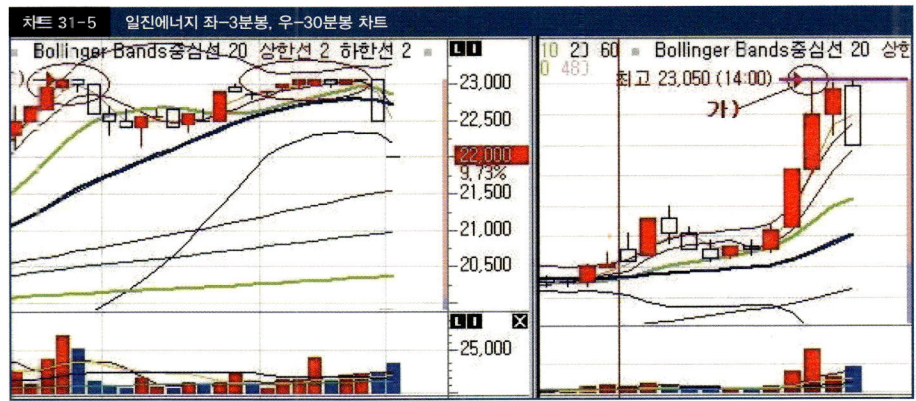

조인에너지

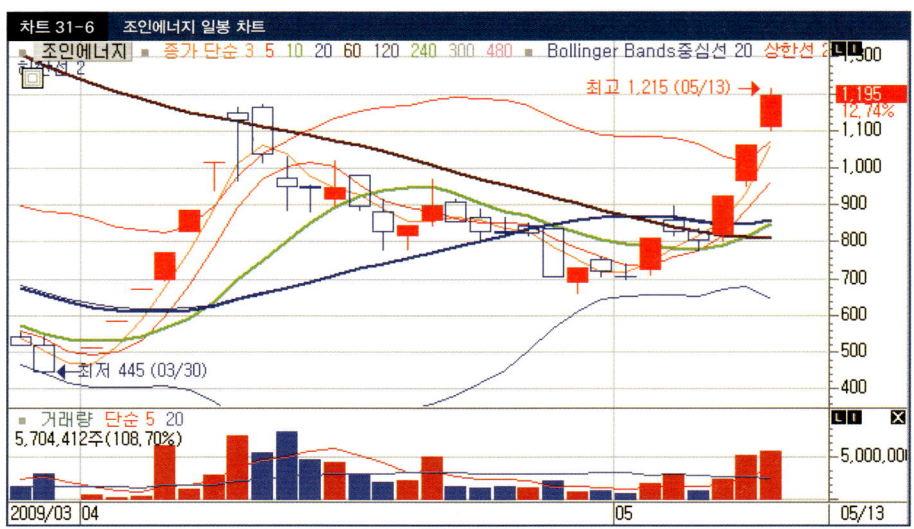

　일봉상 3연속 양봉이 나온 후 상 진입 후 여러 차례 계속 지루하게 풀리다 후장에 급락이 나오는 모습입니다. 상위 봉에서 정배열된 양봉이 연속해서 나오는 종목 중 상한가 진입 후 물량 풀리며 급락이 나오면 그것만큼 공략하기 좋은 종목은 없습니다. 역시나 위에 종목도 급락의 최종 바닥 지점이 30분봉 20이평선에서 반등이 나옴을 볼 수가 있습니다.

　강한 상한가 종목일 경우 오전 상 진입 후 풀리다 급락이 나오면 보통 30분봉상 10이평선 라인대에서 반등을 시도하며 만약에 10이평선을 깨고 급락이 더 진행이 되면 전일 종가 근방 3분봉 볼밴 상단에서 빠르게 매수세가 따라붙게 됩니다.

　오전 상 진입 후 오후에 풀리는 상한가 종목일 경우에는 상위 봉 20이평선까지 보통 급락을 하므로 이때 과감히 매수하여 순간 감아 올라가는 매수세로 수익을 얻어야 합니다. 현재가창에서 흐름이 느려지면 추가 급락이 나올 수 있으므로 위와 같은 짧게 끊어 치는 매매는 속도가 빠른 종목이 우선입니다.

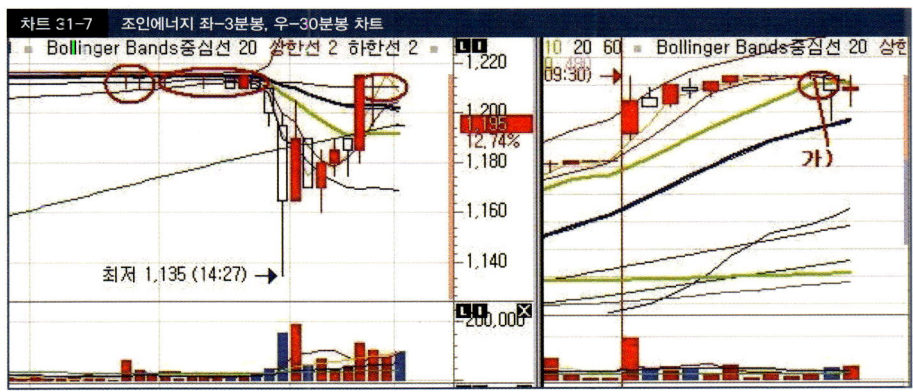

밑에 차트는 코오롱아이넷 종목인데 상 진입 후 급락(장대 음봉)이 나왔고 30분봉 20이평선에서 정확히 반등함을 볼 수가 있습니다. 매수 요령은 미리 상위 지지 이평선 가격 또는 하위 분봉 특정 이평선 가격대를 알아두고 현재가창에서 매도 물량이 빠르게 쏟아지며 하락할 때 그때 생각한 지지 라인 근방에 매도 물량이 쏟아질 때 과감히 분할 매수를 하여야 하며 타임을 놓쳤다면 위꼬리 잡아 들어갈 때 무리하게 추격 매수하지 말고 다음 봉이 생성될 타임까지 기다린 후 재차 다음 봉에서 양봉을 시도하나 현재가 추이를 살피며 이때는 더 적은 금액으로 배팅하여 적게 먹더라도 안전하게 매매하여야 합니다.

코오롱아이넷

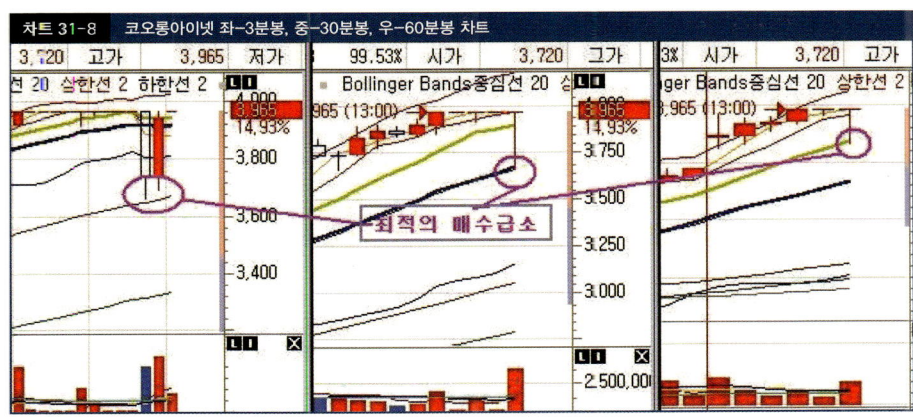

제32장

단타 매매법

신천개발

금일 단타 매매에 대해 알아보도록 하겠습니다. 단타 매매는 특별히 이것이 정답이라고 말하기 어렵습니다. 각 고수마다 자신만의 노하우나 방법면에서 다 다르기 때문에 자신한테 가장 편하고 잘 맞는 툴을 개발하여 사용하는 게 가장 적합합니다. 노하우 편에서 글을 쓰는 건 순전히 저의 관점에서 글을 쓴 것이므로 이게 저에게 잘 맞는 매매 기법이지만 또 글을 읽는 님들한테는 안 맞는 매매 방법일 수도 있습니다. 주식은 어떤 정해진 툴보다 자신한테 잘 맞고 꾸준히 수익 낼 수 있는 방법이 제일 좋다는 생각입니다.

단타 매매에서 중요하다고 생각하는 게 바로 거래량과 가격입니다. 거래량이 증가하는 대로 주가는 상승 속도를 내는 것을 가장 우선시하며 이러한 종목에선 바로 큰 변동성을 가져옵니다. 즉 많은 매매 기회를 얻을 수 있고 또한 안전하게 많은 수량으로 매매를 할 수 있습니다.

저의 단타는 차트의 모습도 많이 보지만 최종 매수 시점을 저울질은 이전 주가의 흐름과 변동성이 강한 종목인지 아닌지 여부를 살피고 이후 현재가창의 흐름 등을 통해 매수 결정을 고려합니다. 즉 '차트상 반등 시점일 거 같다. 따라서 이 시점에 매수하고 게기면 뭐, 상승하겠지?' 이런 매매는 가급적 자제합니다. 또 장 끝난 이후 애써 미리 매매 종목을 뽑아 놓거나 하진 않습니다. 사용자마다 자기 편한 대로 하면 좋은데 전날 열심히 가는 종목 찾아봤자 막상 뚜껑을 열어 보면 확률은 반반이고 일만 복잡해지고 매매 신뢰성도 떨어트리므로 당일 오전부터 거래량과 함께 시가가 +로 빠르게 올라가는 종목 또는 시가가 -로 낮게 시작하는 종목 위주로 포트를 잡습니다.

신천개발도 장 시작 후 바로 거래량 터지며 거래량의 속도(체결 속도) 시세의 속도(힘)가 부합되므로 당일 가장 먼저 매매한 종목입니다. 빨간 동그라미 부근에서 풀로 다수하여 2% 안쪽의 수익을 내고 매도하였습니다. 현재가창을 볼 때 저는 체결 속도의 리듬을 중요시 보며 흐름의 속도가 약하거나 거래량은 증가하는데 현재가에서 더 이상 올라가지 않거나 호가가 오히려 내려갈 때 전량 매도를 합니다. 이러한 감각을 키우는 데는 그리 오랜 시간도 필요치 않습니다. 전업자일 경우 수가 됐으면 정말 둔한 이가 아닌 이상 어느 정도 매매 감각은 키울 수 있을 테니까요.

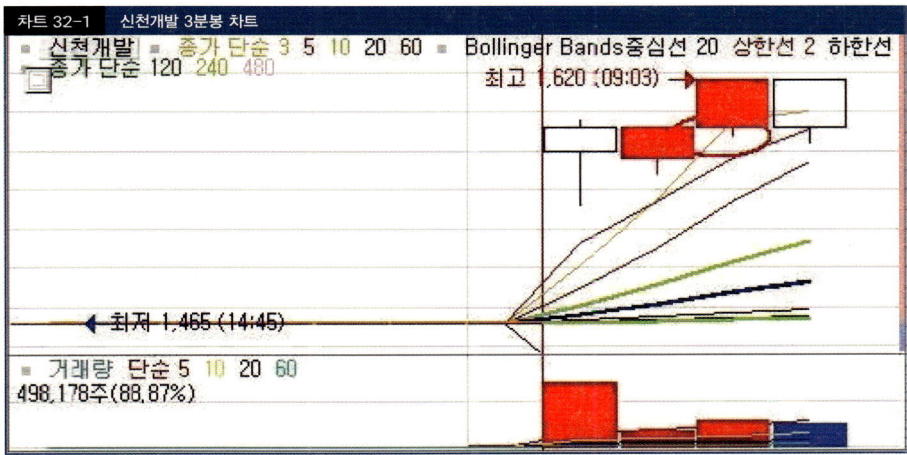

밑에 차트는 앞서 신천개발 매매 후 바로 삼호개발로 종목을 바꿔 매매한 그림입니다. 삼호개발이 시세를 주었기에 신천개발도 오른 것이므로 늘 매매는 대장주 위주로 포트 잡고 집중 매매를 하여야 합니다. 밑에 빨간 동그라미 부분이 제가 진입한 시점이며 매도는 2번째 음봉에선 밑꼬리 잡을 때 현재가창에 빠른 매수세로 상승하다 속도가 브레이크 되었을 때 또는 짧은 반등을 먹기 위함으로 매수 후 1% 이상 수익 나면 매도로 대응하였습니다. 빠른 매수세로 시세가 나오면 시세가 생기지 못하게 자신이 매도한 자리보다 더 이상 상승하는 경우가 많습니다.

하지만 위와 같이 첫 번째 봉이 장대봉일 경우 다음 봉에서 이전 봉을 다 잡아먹는 음봉이 나올 경우에는 매수 후 짧은 반등이 재빠르게 나오면 짧은 수익을 먹고 바로 나와야 됩니다. 스켈 매매 경력이 적은 투자가분들은 수익권 2% 이상 되어도 단 0.몇 초 만에 매도 타임 놓쳐 손익률이 한순간 보합 내지 또는 -로 전환되는 일도 생길 수 있으니 짧게 먹고 들어간 자리를 보고 매수하였으면 늘 매수 후 바로 매도 세팅을 하여 재빠르게 빠져나와야 합니다. 전일 상간 종목은 대부분 상승한 후에 반등 자리는 전일 종가 부근입니다. 현재가창에서 매도 물량이 소나기 내리듯 쏟아지다 점차 보슬비로 바뀔 때 종가 부근에서 재빠르게 매수하여 순간 빠른 매수세가 나오면 바로 수익 전환되면 현재가 매수 체결 흐름을 보고 분할 매도 또는 전량 매도로 수익 실현하시면 됩니다.

삼호개발

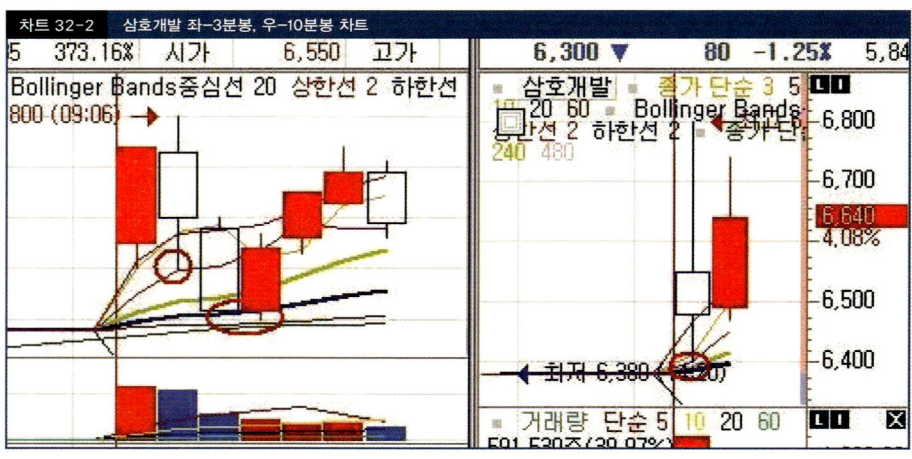

이렇게 유동성 넘치는 종목들은 한 놈만 패면 그날 배 터집니다. 급락이 나온 이후 반등하는 모습을 볼 수가 있습니다. 옆에 차트는 10분봉 차트이며 단타 매매 시 종목 흐름에 따라 매수 기준으로 삼는 봉입니다. 좀 더 포지션 매매를 하시려면 상위 봉으로 잡으심 되지만 개인적으로 빠른 매매를 좋아하는 편이라 종목의 흐름에 따라 10분봉으로 지지, 저항과 단기적인 추세를 읽습니다. 10분봉에서 장대 음봉이 나왔으므로 밑에 볼밴 하단에서 밑꼬리에 매수하겼다면 수익은 꼬리가 많이 올라가면 좋겠지만 일반적으로 다음 봉에서 수익이 결정이 많이 나니 기다리는 매매를 하는 것도 매매의 한 전략입니다.

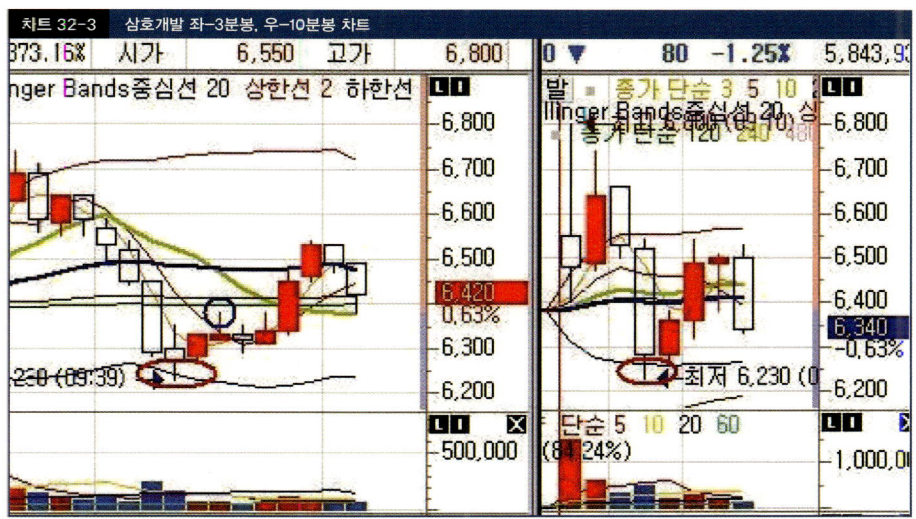

오전 10시 넘어가면 지루하고 먹을거리가 없죠. 근데 초보들은 아무 시간 때 상관없이 진입한다는 데 있습니다. 10시 넘어가면 가급적 매매하지 마십시오. 그게 돈 버는 길입니다.

걸어 차트 보시면 10시 넘어서 장중 변동성이 줄어들며 매매 시 수익보다 손실이 더 많이 발생할 수 있음을 알려 줍니다. 대부분 이 시간대에 현재가창을 보면 거래량 없이 폭풍 전야처럼 움직임 없는 경우가 일반적인데 반등 노린다고 장중에 덜컥 매수하는 바보짓 하지 마시길 바랍니다. 장중에는 지지 저항이 안 맞습니다. 그저 밑으로 떨어질 확률만 80% 이상이니 현재가창에 체결이 안되고 조용한 상태라면 관망하시길 바랍니다.

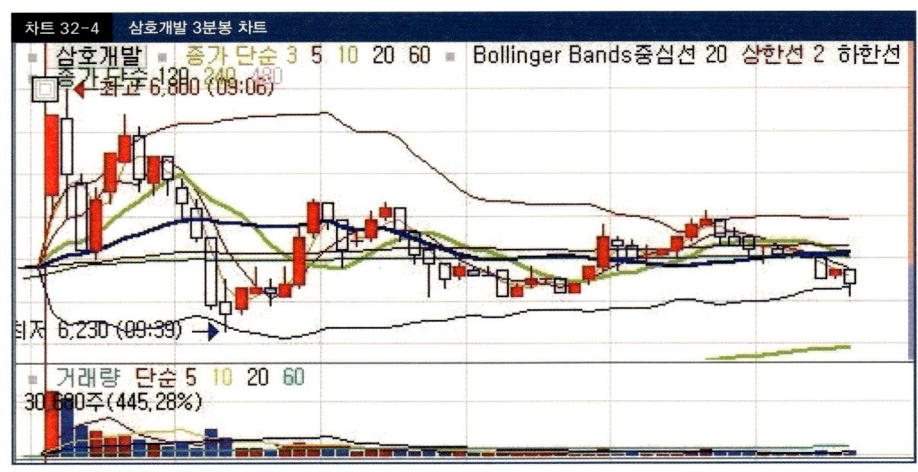

전날부터 출산 어쩌고 뉴스 뜨더니 장초부터 출산 관련주들이 시세 강세가 나왔습니다. 보령메디앙스는 그중 가장 빨리 상한가를 기록한 종목입니다. 이 종목을 보고 다른 종목들 보니 다들 +5% 이상 고가권에서 놀기에 타깃을 옵티머스로 잡고 매매를 하였습니다.

보령메디앙스

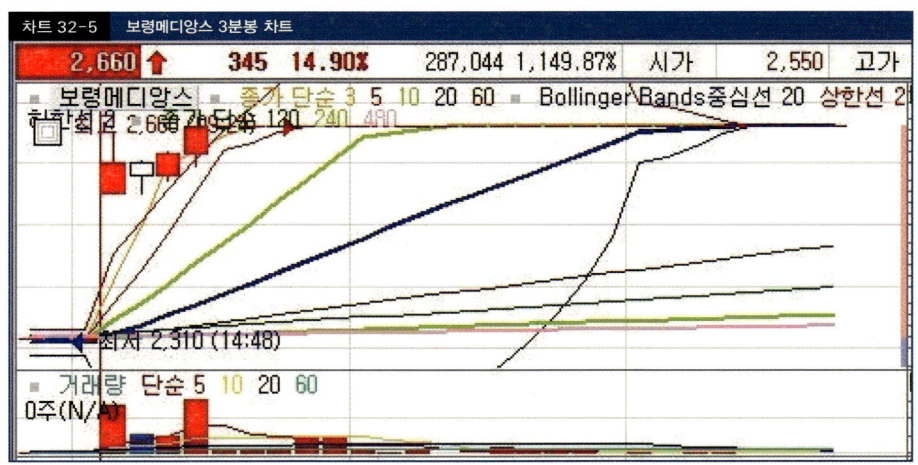

밑에 빨간 동그라미가 매수 시점이고 위에 파란 동그라미는 매도한 자리입니다. 분봉을 통해 보면 얼핏 매수, 매도 자리를 찾기 애매하지만 현재가창의 매수세의 속도를 보고 과감히 배팅하여 짧게 먹고 나온 종목입니다. 분봉상으로 기술적으로 얘기하자면 첫 봉의 다음 봉의 저항대를 뚫고 나올 때 보통 현재가창에서 매수세가 활발히 빠른 속도로 진입할 때입니다. 이때 매수하며 보통 1~3% 정도의 수익이 매수 후 몇 초 만에 발생합니다. 이때 바로 매도하였습니다. 스켈 매매할 때 저는 1% 이상 수익권이면 일단 더 빠른 매수세가 들어오면 그 타이밍에 던지는 편입니다. 매도 방법은 매수세의 흐름을 보고 지정가와 시장가를 같이 쓰는 편입니다.

옵티머스

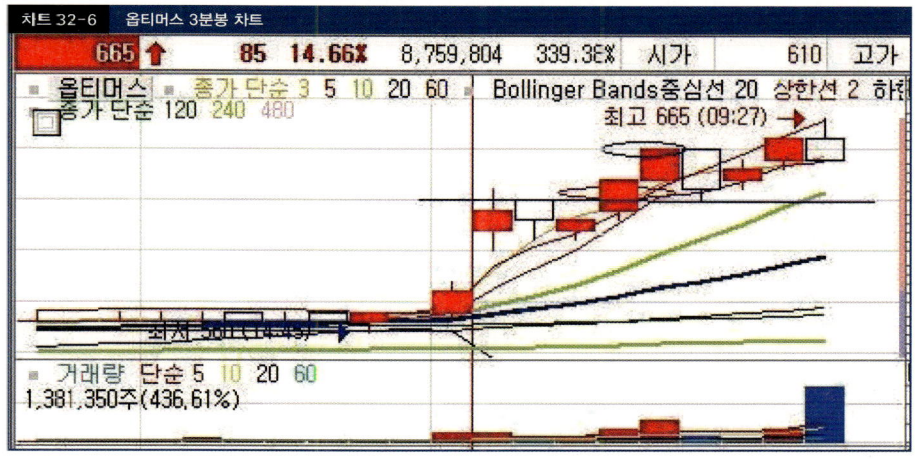

제33장
스켈 매매 방법

보령메디앙스

요즘 시장이 무척이나 심심한 장입니다. 생기가 없다고 할까요? 연초처럼 날아가는 종목들이 많이 나와 쉽게 대박 수익을 얻는 장이 빨리 왔으면 좋겠습니다. 저의 특기인 상한가 공략도 요즘은 쉬고 있고 대부분은 먹이를 노리는 하이에나처럼 초단타로 대응하고 있습니다.

금일 첫 매매가 보령메디앙스인데, 이유는 연속 2상 간 후에 그것도 전일 점상인데 불구하고 아침 동시 호가 때 호가가 - 나오기에 장중 변동성을 노린 전략이 가능하여 이 종목으로 선정하고 장 시작 하자마자 공략을 하였습니다. 초단타를 할 때 3분봉 하나도 무척이나 긴 시간입니다. 3분봉에서도 변동성이 클 때에는 수회씩 매매를 할 수 있으니까요.

이 종목에서는 대략 4회 정도 매매한 거 같네요. 오전에는 가급적 풀배팅 위주로 대응하고 9시 10여 분 넘어가면서 시간이 지체될수록 보수적으로 자금 조절을 하며 배팅을 합니다. 9시 10분 넘어가면 시간이 지체함에 따라 매수세가 활발하지 못하는 게 일반적입니다. 전일 상한가 간 종목이 시가 +된 후 매물이 밀릴 때 최적의 매수 자리는 어디라고 했습니까?

바로 전일 종가 부근이라고 했습니다. 당연히 이 종목도 전일 종가 부근에서 매수하여 짧게 끊어 치는 매매로 수초 안에 꽤 수익을 얻은 종목입니다.(거래량이 적거나 현재가 속도가 낮은 종목은 지지 라인 개념 없이 붕괴되어 버리니 참조.) 빠른 변동성을 보이는 종목에선 보통 매수 후 30초 안에 매도하는 게 최적이고 이러한 매매를 필자는 즐겨합니다. 주식 매매가 꼭 게임처럼 짜릿하다고 할까요? 매수 후 기다리는 매매에선 절대 맛보질 못할 매매 방법인 게죠.

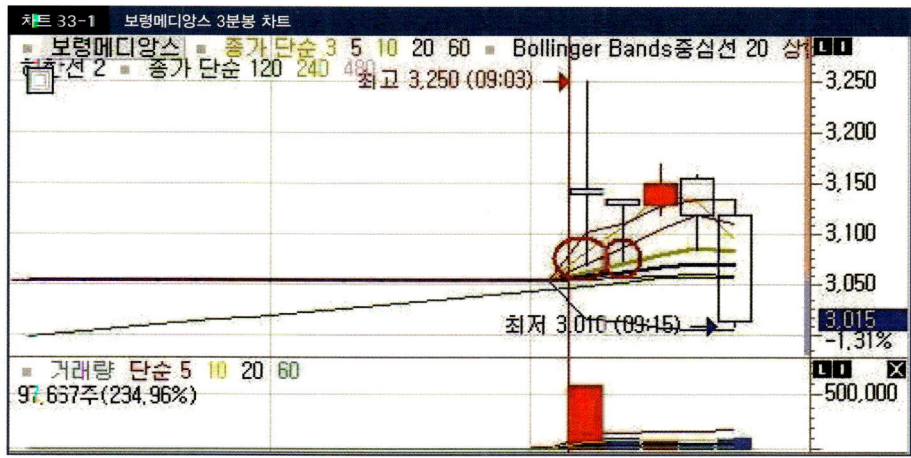

밑에 종목은 매매를 몇 번 했는지도 기억도 안 날 정도로 많은 매매를 하였는데 승률 100%를 기록한 종목입니다. 왜 이러한 승률이 나왔을까요? 이유는 현재가창 속에 있습니다. 5호가 이상 특정 호가에 꽤 많은 수량을 쌓아 놓고 매수 호가는 적은 수량으로 일정하게 깔아 놓아 쉽게 그 안에서 오뚝이처럼 매도세가 소나기처럼 쏟아져 나오면 매수하고 순간적인 매수세로 1~3% 올라가면 매도하는 방법으로 오랜 시간 동안 재미있게 매매했던 종목이었습니다.

초보 트레이더들은 이러한 흐름을 읽지 못하고 대게 위에 호가가 많으면 매물벽을 뚫지 못할 걸로 염려해 매수 잔량 많은 종목들을 노리는데 이는 매우 위험한 방법입니다. 보통 잔량 많은 쪽으로 힘은 이동하게 되어 있습니다. 매수 잔량이 많으면 하락이요, 매도 잔량이 많으면 상승이 일반적인 공식인데 그렇다고 일정한 물량이 호가별로 쌓여져 있다면 이것도 상승하지 못합니다. 진정한 매도 물량일 가능성도 있고 보통 이때 현재가창 상태는 매우 흐름이 약한 모습을 보입니다. 1초에 매수, 매도가 한 차례 나올 정도의 속도입니다. 이러한 속도를 보이는 종목은 절대 매수 금지입니다. 매수하면 곧 물리기 때문입니다.

스켈을 잘하려면 매수 후 막연히 상승하길 기도하는 매매가 아닙니다. 스켈은 매수 후 30초 이내 매도가 가장 좋다고 앞서 얘기하였고 최소 1분을 넘겨선 안됩니다. 추세를 보고 우상향하는 종목은 스켈이 아니라 포지션 단타 매매이므로 이는 여기서 얘기하는 건 제외합니다. 가장 첫 번째 조건이 매우 활발한 현재가창의 흐름(속도)입니다.

오늘 대표적인 종목이 이 밑에 있는 C&우방랜드입니다. 장중 할 거 없이 매우 활발히 진행되어 스켈퍼들은 오늘 배부른 종목이었습니다. 밑에 차트에 체크한 부근은 특정 호가에 많은 물량이 쌓여져 있고 그 가격은 거의 고정 가격이며 요 고정 가격 기준으로 급락을 했다, 다시 올랐다를 반복한 차트의 모습입니다. 이러한 흐름에 맞춰 매도 물량 쏟아져 나온 후 매도세가 주춤하면 매수 관점으로 대응하고 매수세가 빠르게 유입이 되어 급등할 땐 특정 매도 잔량(고정 가격)이 있는 가격대 부근에서 매도를 반복하며 수익을 낼 수 있습니다.

옴니시스템

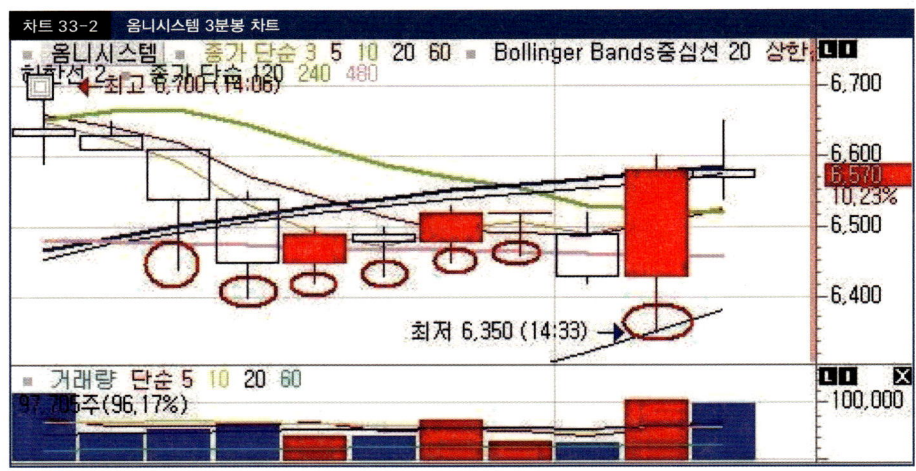

C&우방랜드

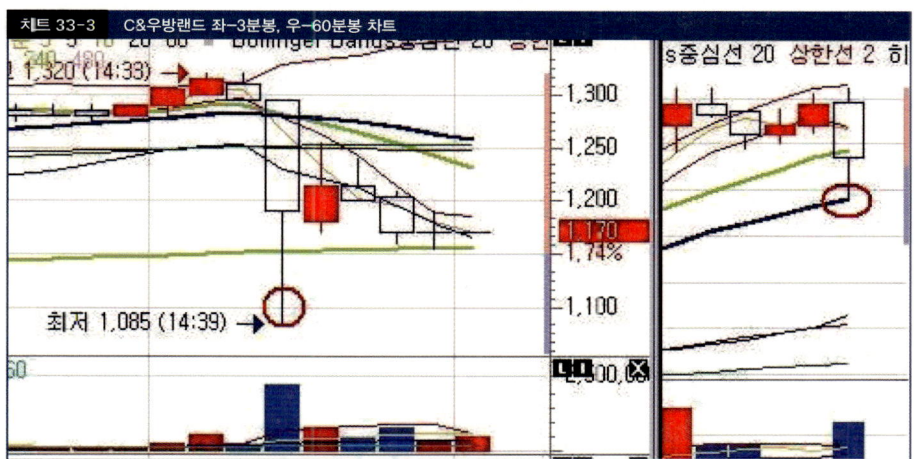

매수라는 게 늘 개미들 공포에 떨어 매도할 때가 가장 좋은 자리입니다. 우리는 개미와 반대로 매매해야 돈을 벌 수 있기에 급락이 나오면 호가창의 흐름을 보고 전일 종가 부근에서 1차 분할 매수할 수도 있고 밀리면 매수세 활발히 올라오는 자리에서 과감히 배팅해 많은 수익을 올릴 수도 있습니다. 위에 차트 보시면 급락에 지지 라인이 60분봉의 20이평선임을 볼 수가 있습니다.

이미 완성된 차트로 보면 아! 이때가 지지였구나 하지만 실시간으로 진행되는 상황일 땐 매우 빠른 시간에 진행되므로 판단하기는 그리 녹녹치 못합니다. 따라서 많은 매매로 감각을 키워야 합니다. 급락 후 지지되는지 밀리는지 현재가창의 흐름을 보고 판단을 하는 연습을 많이 해 보시길 바랍니다. 이때 차트를 같이 보거나 또는 이미 상위 분봉과 일봉 지지 라인 가격대를 미리 알아 두고 매매하면 더욱 좋습니다.

매매할 때 항상 밑에 지지 라인에서 반등이 나오는지 주시하여야 하며 빠른 급락하는 종목에선 매수를 0.1초 늦게 해 버려도 순간 급등하여 매매 타임 못 잡는 경우도 많으니 수많은 경험이 필요로 합니다. 고수가 되는 비결은 그동안 자신이 매매하면서 많이 깨지면서 이를 되풀이하지 않으려고 노력하는 이가 바로 고수입니다. 따라서 실패 없이 성공적인 매매를 할 수 없다는 얘기가 되는 것입니다.

주식에서 많은 돈과 성공을 하고 싶다면 실패를 두려워하지 말아야 하며 실패한 데이터를 그냥 버리지 말고 왜 실패하였는지 이유에 대해 면밀히 분석하고 반성 후 이를 반복하지 않는 일들을 노력한다면 손실은 점차 줄어들 것이고 이후 수익은 지속적으로 늘게 될 터이니 이러한 길이 바로 고수의 길입니다. 지금 힘드시더라도 중도에 포기하지 말고 끊임없이 노력한다면 분명 보람을 느끼며 돈을 벌 날이 오게 될 터이니 고수가 되기 위해 열정을 갖고 꾸준히 노력해 보시길 바랍니다. "노력이란 바로 생각 있는 매수와 매도, 그리고 반성과 실패의 되풀이를 하지 않으려는 행동입니다."

제34장
후장 상한가 따라잡기 매매법

이수앱지스

저의 매매의 주필살기 무기는 상한가 따라잡기입니다. 주필살기가 상한가 따라잡기라고 해도 매일 이러한 상따를 하지는 못합니다. 상따 기법상 매일 장세와 상관없이 매매할 수 없기 때문입니다. 최근 시장은 상한가 따라잡기 매매 기법으로 매매하기는 매우 어려웠던 장이였습니다. 따라서 필자는 대부분 오전에 초단타로 대응하고 후장에는 급락주 위주로 매매하였습니다.

상한가 매매할 때 저의 간단한 원칙은 오전 상한가 매매는 강한 테마주로 떼거지로 상 가지 않는 한 가급적 매수하지 않고 오전 매수한 종목이 상 가격에 진입하여 상한가 매수 잔량 쌓아도 매도하는 편입니다. 상 잔량을 쌓았는데 매도하는 이유는 오전에 상 간 종목들 중 테마가 없다면 웬만한 재료와 차트로 올라간 종목들도 곧장 무너지는 경우가 매우 빈번하기 때문입니다.

보통 상한가 따라잡기는 오전에 해야 한다는 상식이 대부분인 까닭은 기존에 책이나 각종 인터넷 매체들의 글들에서 아주 단편적인 지식만 전달하여서 그러리라 생각을 합니다. 또 필자처럼 후장 상한가 공략에 대해 세밀하게 언급한 사람은 국내에서는 아마 제가 유일하지 않나 생각을 해 봅니다. 기존 상한가 고수들도 이런 매매들을 모른 채 매매하는 경우가 허다합니다.

오전 상한가 매매는 난이도 측면에서 연속해서 테마가 있어 상 가지 않는 이상 첫 공략 자체가 난이도 측면에서 매우 어려우므로 가급적 실력이 향상될 때까지 피하고 난이도 측면에서 쉽고 안전하게 매매할 수 있는 후장 상한가 따라잡기를 노려야 할 것입니다. 후장 상한가 따라잡기는 이미 이전 글에서 많이 언급하였으므로 이전 글을 되새겨 보시고 실전에 대입하여 연습을 반복하다 보면 언제 매수해야 하는지, 또 어느 때 진입하지 말아야 하는지, 또 어느 때 관망해야 하는지 단번에 알아차릴 수 있을 것입니다.

상한가 매매상 큰 틀로 차트 분석은 월, 주, 일봉상 볼밴 상단 위에서 노는 종목이 으뜸이며 이러한 종목에서 비교적 후장 들어 고가권에서 논다면 대부분 상한가 가는 게 일반적인 주가의 흐름입니다. 우리는 이러한 힘을 이용해 매매를 안전하고 쉽게 고수익의 매매 방법인 상한가 매매를 하는 겁니다.

자! 그럼 금일 상한가로 마감한 몇 종목들로 알아보도록 하겠습니다. 밑에 차트는 이수앱지스 종목이고 일, 주, 월봉에서 모두 볼밴 상단선 위에서 놀고 있는 종목입니다. 후장 상한가 매매에서 가장 좋은 조건의 종목에 들어갔음을 알 수가 있습니다.

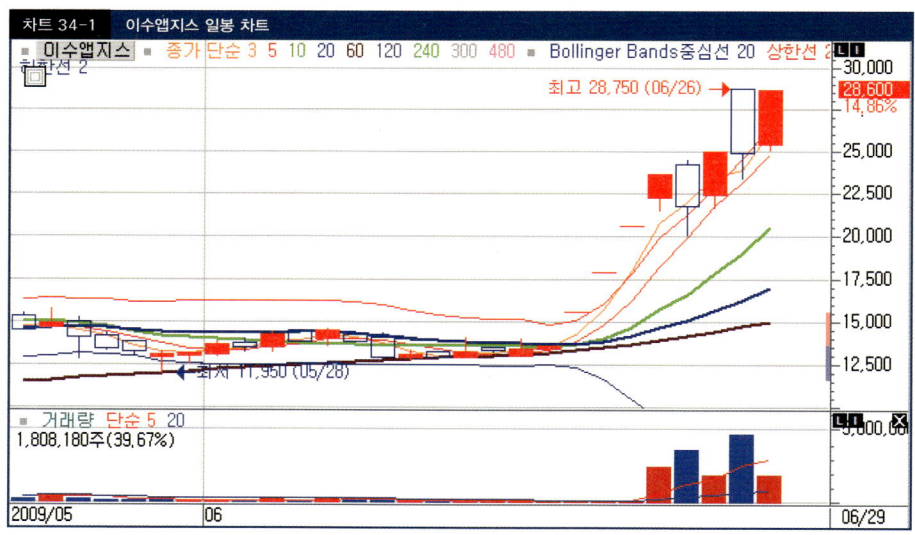

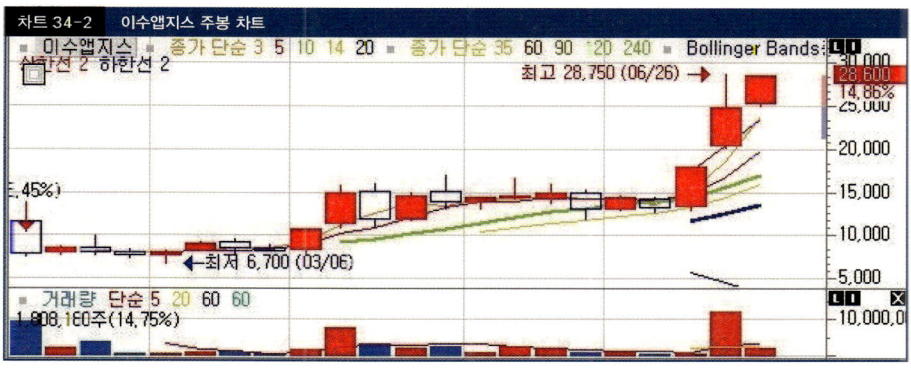

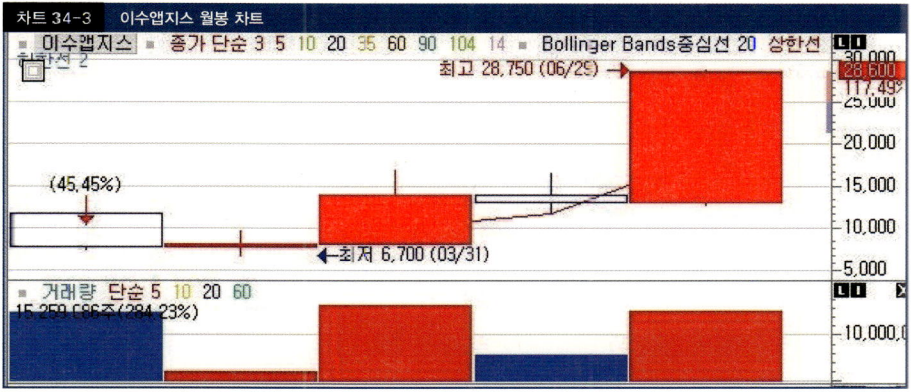

장중 지루한 횡보세를 거치다, 오후 장 들어 시세가 나옴을 알 수 있습니다. 밑에 체크한 부분은 2시 30분에 30분봉 생성되는 시쯤을 알리기 위해 체크한 것입니다. 30분봉에서 장대봉이 나온 이후 다음 봉에 지지 여부를 봅니다. 볼밴 상단을 잠시 이탈하고 재차 양봉을 그릴 때 힘을 주목하고 매수할 수 있어야 합니다. 후장 상한가는 보통 2시 40분 내외로 상한가에 진입하는 특성이 있습니다. 가장 안전한 상한가 공략 방법은 상한가 매도 잔량을 빠르게 큰 물량으로 먹어 치우기 시작할 때 같이 매수하여 상한가 보유를 하는 것입니다.

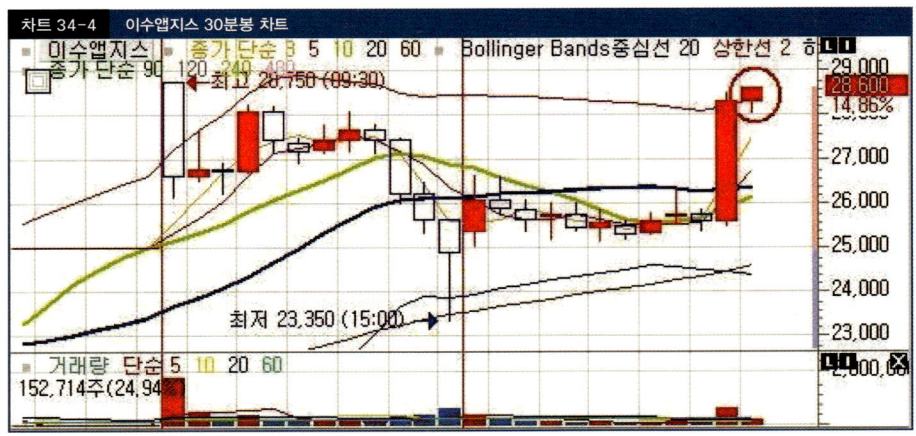

밑에 차트는 30분봉 차트이며, 올리는 이유는 해당 종목의 흐름과 힘을 공부하기 위함입니다. 이수앱지스는 급등 때부터 상 진입하면 허접한 종목과 달리 상 진입만 하면 재차 풀림 현상 없이 그대로 상으로 마감함을 알 수가 있습니다. 여기서 우리는 이 종목의 특성과 힘을 알 수 있는 것입니다.

만약 현재 진행형인 상태에서 해당 종목을 보고 매매를 한다면 10% 이상 고가권에 놀다가 13%대부터 빠르게 대규모 매수세로 매도 잔량을 먹고 상한가에 진입한다면 거의 허접한 종목처럼 빠질 걱정은 덜 해도 된다는 걸 미리 주가의 흐름을 통해 알 수가 있습니다.

만약에 밑에 차트 그림에서 상 진입 후 자주 풀림 현상 끝에 상 간다면 그러한 특성대로 상 진입 후에도 한두 차례 풀림 현상 후 상에 진입할 확률이 높겠지요. 이렇듯 종목의 흐름을 꼭 알고 진입해야 성공적인 매매를 하게 되며 그냥 아무생각 없이 매수한다면 상 공략 후 풀리면 심리적 동요 속에 흔들리는 매매를 할 수밖에 없는 것입니다.

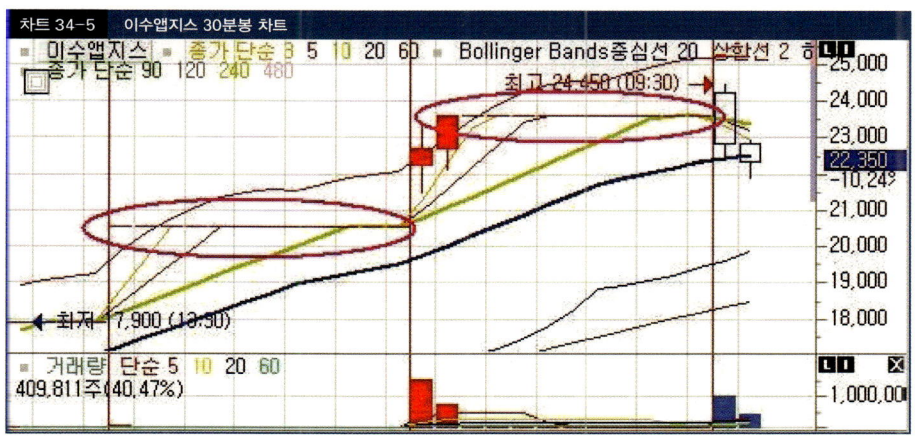

상 진입 후 풀림 없이 깔끔한 모습을 보여 주고 있습니다.

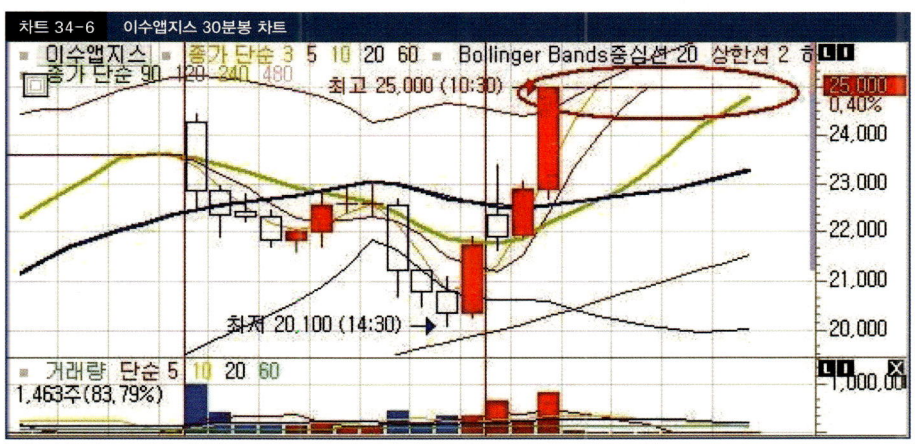

토자이홀딩스

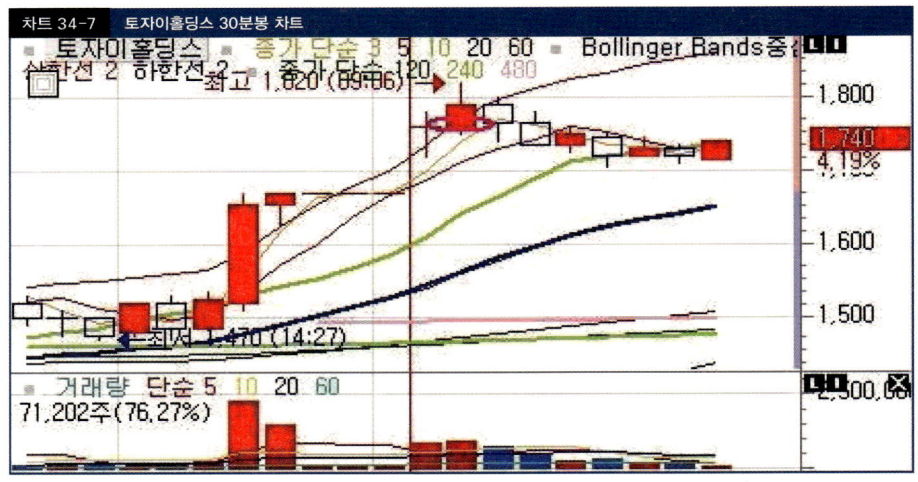

　　단순한 하위 분봉만 본 채 매매를 한다면 큰 틀의 흐름을 볼 수 없어 매매 성공도는 그만큼 떨어지게 될 것입니다. 일봉상 시가가 볼밴 상단 위에서 시작하여 관심 있게 관찰을 하였습니다. 잠시 음봉 전환 후 밑꼬리 지지가 정확히 볼밴 상단에서 찍고 상승을 하고 음봉에서 양봉으로 전환될 때 현재가창의 매수세의 속도와 흐름을 보고 매수하여 수익 매도하였습니다. 이후 장중 또는 후장에 시세를 내줄 것으로 봐서 관심 등록하였으나 오전 매매 이후로는 매매를 하지 못하였습니다.

내일 주봉 볼밴 상단 돌파하고 밀리지 않고 버틴다면 이후로는 재차 힘이 담길 가능성이 높으니 공부 차원에서 보시길 바랍니다. 주봉 볼밴 상단만 돌파하면 월봉 20중심라인도 선점한 모양을 갖추게 됩니다. 내일 시가가 허접하게만 안 나온다면 추가적인 시세도 바라볼 수 있는 종목입니다. 보유자라면 내일 주봉 볼밴 상단 근방에서 허접하게 시가 시작 후 밀린다면 가차 없이 매도하여야겠지요.

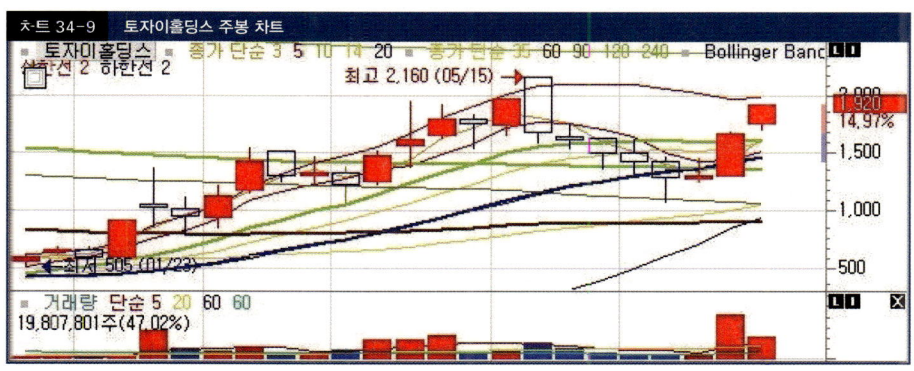

한국베럴

한국베럴은 필자가 첫 상에 매수하여 다음 날 고가권에 매도하고 이후로도 몇 차례 매수하여 수익 낸 종목입니다. 첫 상 때 이미 주봉, 월봉상 볼밴 상단을 돌파한 시점이기에 후장 상따 때 과감하게 매수할 수 있던 종목입니다. 이때 고가권이라서 매수 후 물릴까 걱정하는 이들은 걱정할 필요가 없습니다. 이미 일봉상 전고점을 돌파하였고 거래량까지 평균 거래량 대비 어느 정도 세워 줬기 때문에 위꼬리 달고 하락을 하여도 며칠 사이로 큰 수익을 올린 채 매도할 수 있기 때문입니다. 따라서 바닥권에서 첫 상으로 나오는 종목들은 가장 안전하게 매매를 할 수 있는 것입니다.

06월 18일 상 가고 다음 날 시가가 +4%대였습니다. 06월 23일 상 가고 다음 날 시가도 +4%대 06월 24일도 상에 갔습니다. 그럼 다음 날 시가도 얼마가 나와야겠습니까? 생각해 보시길 바랍니다 얼마가 나와야겠습니까?

맞습니다.

바로 이전과 같은 +4%대 근데 06월 25일 시가가 어떻습니까? 이전에 +4%대이면 25일도 +4%대로 시작을 해야 그날도 이전 날과 같이 상 갈 수 있는 것입니다. 근데 2배 이상 차이가 난 +8%대로 시작하였습니다. 이때 이미 선수들은 장 시작하자마자 바로 매도를 치는 구간이 되는 것입니다. 위에서도 말했지만 흐름과 벗어나는 모양이 생기면 뭔가 일이 일어난다는 것을 뜻합니다. 평균적인 흐름에서 벗어났으니 고가권에선 변동성이란 바로 하락이니 이러한 낌새를 눈치 채고 재빠르게 매도할 수 있어야겠죠.

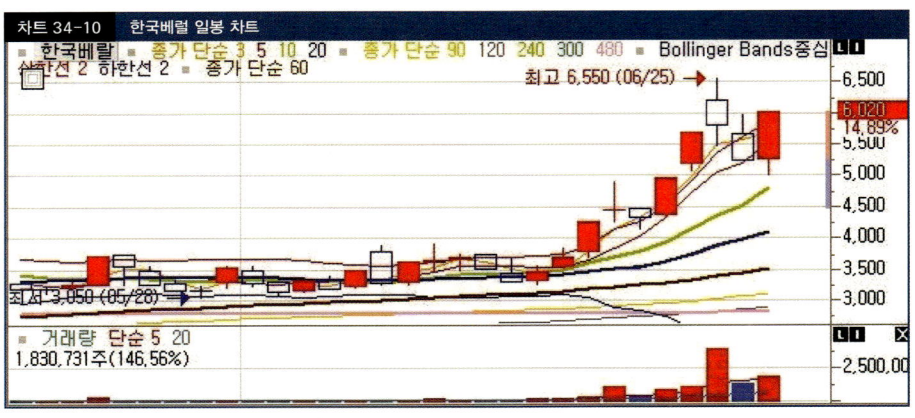

일봉상 2개의 음봉으로 단기적 시세의 마감과 조정을 알렸습니다. 하지만 주봉상으로 볼밴 상단 지지를 보여 주는 모습이 나왔습니다. 아직 시세가 저물지 않았음을 보여 주고 있습니다.

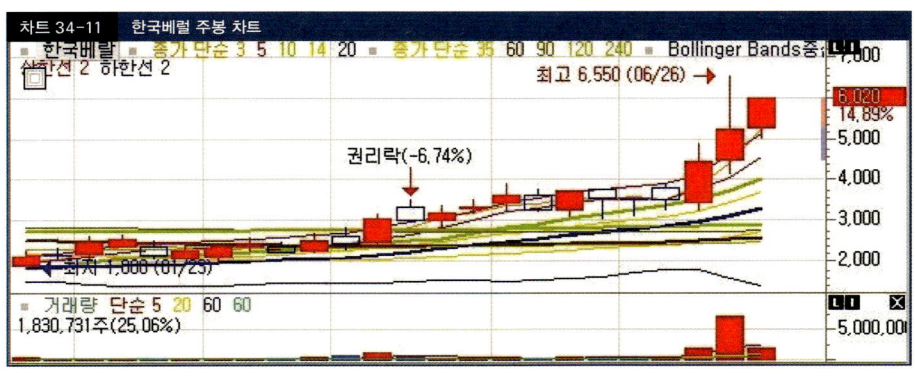

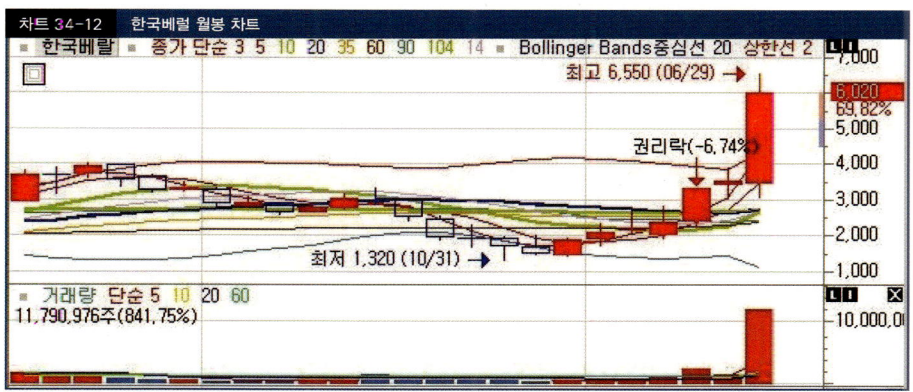

주, 월봉이 살아 있다면 일봉상 다소 조정을 받더라도 곧장 재차 힘을 내주게 되어 있습니다. 오전에 빠른 상 진입을 하지 않고 어느 정도 고가권 유지 후 후장에 시세를 내주는 종목들은 일, 주, 월봉 볼밴 상단 위에 있다면 매우 안전하게 매매할 수 있으니 눈으로 공부 말고 직접 소액으로 투자하여 검증되고 확신이 들 때까지 부단히 노력해 보시길 바랍니다.

 쉬어가는 코너

유료 애널들의 단상과 하락 장세 투자 전략

주식 입문한 지 십수 년 되었지만 유료 애널 이용 후 장기적으로 수익 내신 분들 본 적이 없습니다. 또 해당 애널들마다 투자 마인드가 제각각이라 그분들 마인드에 따라 추천한 종목에 따라 매수한 투자가분들 성향의 종목과 맞을 수도 없습니다. 즉 궁극적으로 실패할 확률이 높다는 걸 의미합니다. 수십만 원짜리 전자제품을 사던 고가의 차량을 사던 이것저것 다 따져 보고 구입하는데 자신이 피같이 어렵게 모은 자산을 그저 누군가의 의견에 따라 투자한다는 건 정말 어리석은 바보들이나 하는 방식입니다.

투자에는 늘 확고한 자신만의 원칙과 철학이 있어야 합니다. 사실 이러한 원칙이 있어도 성공하기 힘든 게 바로 주식 투자입니다. 닥스왁츠는 "투기는 지적 노력을, 도박은 눈먼 기회를 전제로 하며, 투기는 계산에 따른 모험이며, 도박은 계산 없는 모험이며, 투기는 법칙이 있기에 정당함을 인정받고, 도박은 법칙이 없기에 비난받는다."라고 하였습니다.

차트 분석에는 그 어느 누구보다 자신이 있는 필자도 전일 뽑아 놓은 종목들 보면 대부분 시퍼렇습니다. 하락장에선 당연한 결과입니다. 하지만 초보들도 뽑아 놓은 종목들이 다 빨갛게 하는 방법이 있습니다. 이는 바로 장이 좋을 때 뽑으면 그렇습니다. 따라서 현명한 투자자는 시장의 호전되고 추세가 살아 있을 때 시장에 진입을 하여야 쉽게 매매를 하며 추세를 따라 많은 수익을 얻을 수 있습니다. 부는 이러한 간단한 투자론에 의해 행동하는 사람들이 다 가져갑니다.

복잡한 이론의 틀에 박혀 적은 수익에 연명하며 무리하게 단타 매매로 수익을 내는 이들은 나중에 추세가 살아 있는 강세장에서도 늘 거지들이 동냥하듯 남들이 백 원, 이백 원 주면 그걸로 만족하고 하루하루 근근이 살아가게 되는 것입니다. 하락장에는 현금 100% 투자해야 하는 그런 장세가 아니므로 관망하셨다가 추세가 진정이 되고 시장 여건이 좋아지면 그때 현금 비중을 높여 투자하여야 됩니다.

다시 본론으로 들어가서 유료로 서비스 받는 입장이라면 대응 자체가 안되는 사람들이 대부분인데 9종목 수익 나도 1종목 잘못되면 수익은 제로가 되기 십상입니다. 따라서 시장에서 돈 버는 방법은 스스로 홀로서기일 뿐 누군가 의지하여 돈 벌어 본다는 심보는 세상의 돈을 앉아서 쉽게 쉽게 먹으려고 하는 나태함에 불과합니다. 인생사가 그렇듯 그런 심보를 가진 사람들의 말로는 후에 처참하게 깨지고 그때 손실의 아픔을 느끼며 고통스럽게 살아가는 삶을 살게 될 것입니다.

수익 내는 종목은 그날그날 시장 상황을 봐 가면서 거래량을 늘리면서 가는 종목 잡는 게 효과적입니다. 미리미리 욕심에 앞서 알박기는 자제하시길 바랍니다. 알박기라는 건 사실 상승장에서 그 빛을 볼 수 있는 것입니다. 왜냐? 상승장에서 똥이나 된장이나 다 상승하기 때문입니다. 즉 실패한 매매로 인한 손실 가능성이 적은 것입니다.

하락 장세에서 몇 종목 빼고는 현실적으로 스윙 가능한 종목이 거의 없습니다. 스윙이라는 것도 장세가 뒷받침해 줘야 가능한 것이지 하락 장세에서 어영부영 묻지 마! 매수라는 건 운이 좋아 몇 번의 수익뿐 결국엔 한 달 단위로 손익 계산해 보면 손실은 불 보듯 뻔한 매매 방법일 것입니다. 하락장에서 별다른 테마도 없고 모든 종목이 방향성을 못 찾을 때는 그나마 외인 기관이 꾸준히 많이 사는 종목들 위주로 당일에 한입 먹고 빠져나오는 게임을 하는 편이 나은 편입니다. 이러한 능력이 안되시는 분들이라면 일단 쉬는 게 상책입니다. 손자병법 중 질 가능성이 클 때에는 36계 줄행랑이 최고라고 하였습니다. 한대 질 가능성이 높은 게임에서 구태여 목숨같이 소중한 돈을 날릴 이유는 없어야 됩니다.

하락 장세에 수익 내는 사람들이 진짜 고수입니다. 이전 상승장에서 빛을 본 투자가분들은 아마 대세 하락장에서 그동안 번 돈을 날린 투자가분들도 분명 많을 겁니다. 전업 투자가를 희망하시는 분들은 어려운 장에서 소액의 연습 매매로 꾸준히 닦고 가꾸다 보면 분명 수익 내기 좋은 장이 온다면 놀라운 수익률로 훌륭한 투자가로 성공하실 수 있을 겁니다.

어려울 때가 기회입니다. 하락 장세에선 극도로 불안하고 어렵지만 이럴 때일수록 희망의 끈을 놓지 않고 우리가 원하는 부를 쌓기 위해 열심히 씨앗을 뿌리고 잘 가꾼다면 분명 후에 무럭무럭 자란 희망의 꽃을 볼 수 있을 거라 생각을 합니다. 나태함에서 빠져나와 열심히 노력하십시오. 지금 내가 노력하면 후에 내가 이끄는 가족의 행복을 책임질 수 있습니다. 현재 나태함에 빠져 노력하지 않고 큰 부을 원한다면 그 가족의 불행은 머지않아 현실이 되므로 이 무기력한 나태함을 경계하십시오! 노력하십시오! 이것만이 희망을 앞당겨 줄 열쇠이기 때문입니다.

제35장
강한 상한가가 출현한 종목에서 급락이 나오면 매수 찬스로 인식하라!

남선알미늄

　노하우 편에서 다양한 매매 방법을 올리지만 그날 장세와 해당 종목의 흐름을 읽고 자신만의 매매 툴로 실행을 하여야 성공적인 매매를 이끌 수 있습니다. 밑에 남선알미늄은 장 시작 초 상한가 가격대에서 장대 음봉을 만들며 하락을 했던 종목입니다. 일봉상 저항대는 480일선이지만 금일 하락을 한 지점은 일봉상으로 알 수가 없고 그 상위 봉인 주봉을 통해 알 수가 있습니다. 우리가 하나의 차트로 매매할 수 없는 이유가 안 보이는 저항대가 늘 상존해 있기 때문입니다. 따라서 상위 봉을 통해 저항과 지지를 알면 좀 더 유리한 게임을 할 수 있기에 트레이더라면 이러한 매매를 반드시 하여야 안전한 매매를 할 수 있습니다. 밑에 남선알미늄 차트는 일봉상으론 안 보이지만 주봉을 통해 보시면 상한가 가격대가 정확히 주봉상 120주선이 있음을 알 수가 있습니다. 바로 저항에 막혀 밀린다는 걸 알 수가 있는 것입니다. 이제 남선알미늄은 어떠한 룰로 매매가 가능한지 알아보도록 하겠습니다.

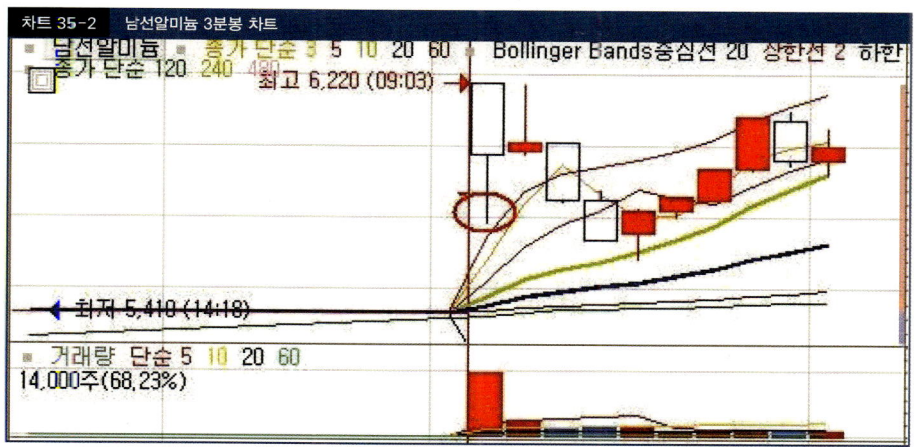

위의 3분봉 차트의 저점은 볼린저 밴드 상단선임을 확인할 수 있습니다. 매수 가능한 근거는 전일 강력한 힘에 의해 점상한가에 도달하였고, 금일도 상한가 가격대에서 시작하였습니다. 상한가는 누가 만든다고 하였습니까? 바로 세력이 만든다고 했습니다. 보통 점상한가로 만든 종목에선 한 번에 급락으로 하한가로 직행하진 않습니다.

일반적으로 소나기처럼 쏟아지는 매도세로 인해 빠른 속도로 급락으로 진행되어 순간 장대 음봉을 그리지만 재차 특정 이평선이나 전일 종가 부근대에서 빠른 매도세만큼 빠른 매수세로 순간 급등을 하기에 그러한 타이밍을 잘 포착하면 순간적인 대수로 눈 깜짝할 사이에 적절한 수익을 챙기고 나올 수 있습니다. 단타의 종목 중에 최우선 종목이 바로 빠른 변동성입니다. 그러한 변동성은 일반 거래량이 적은 종목보다 상한가를 만들었던 세력주에서 이러한 힘이 나옵니다. 따라서 매수자는 매수세가 많이 몰리는 시장의 인기주로 매매를 하여야 안전하게 매매를 할 수 있는 것입니다.

밑에 60분봉 차트를 보시면 캔들 밑꼬리가 완성된 형태로는 볼린저 밴드 상단을 뚫고 하락하였지만, 장 시작 후 3분봉 첫 봉이 완성 마무리 시점에 지지되는 가격대가 60분봉상의 볼린저 상단 근방이었습니다. 강한 매도세에 의해 모든 분봉과 일봉에서 무서운 장대 음봉이 만들어졌지만, 트레이더라면 모든 두려움을 버리고 과감히 흐름을 보고 신속하게 매수할 수 있어야 합니다.

　주식은 일반개미들이 가지 않는 길로 가야 빛을 볼 수가 있음을 주지하시길 바랍니다. 선수 타짜들은 현재가창에서 매도세가 둔화되는 시점인 3분봉 볼밴 상단과 60분봉 볼밴 상단에서 살짝 밑꼬리 감아올릴 때 매수하여 짧은 시간에 높은 +%를 올리고 매도를 할 수 있어야 합니다. 초보 트레이더들이 가장 많은 실수를 하는 게 바로 고난이도 올라가는 종목들 추격 매수를 하는 데 있는데 매매 방법을 바꿔야 쉽게 승산 있는 게임으로 안전한 수익을 얻을 수 있습니다. 이제 고난이도 추격 매수 게임에서 벗어나시어 좀 더 쉬운 길로 가시길 바랍니다.

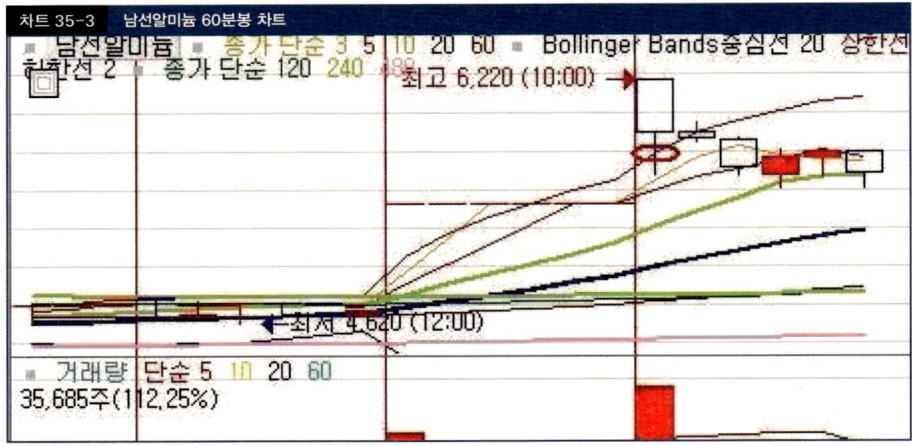

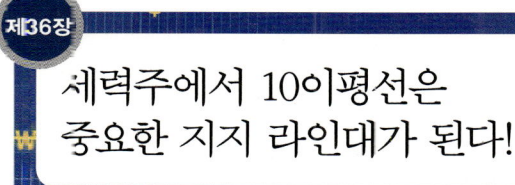

제36장 세력주에서 10이평선은 중요한 지지 라인대가 된다!

현대EP

강한 세력주의 종목인 현대EP입니다. 해당 종목을 좋아하는 이유는 강력한 매수세와 풍부한 거래량에 있습니다. 이전에도 강조하였지만 매매의 1순위는 일, 주, 월봉상 볼린저 밴드 상단 위에서 노는 종목이라고 하였습니다. 제가 말한 이대로 매매하였다면 단기 매매에서 손실 보고 손절 못하였어도 조만간 곧 수익을 얻을 가능성이 매우 높다고 설명해 드렸습니다. 단기 추세가 무너져도 중, 장기 추세가 사는 종목의 장점이 바로 이러한 것입니다.

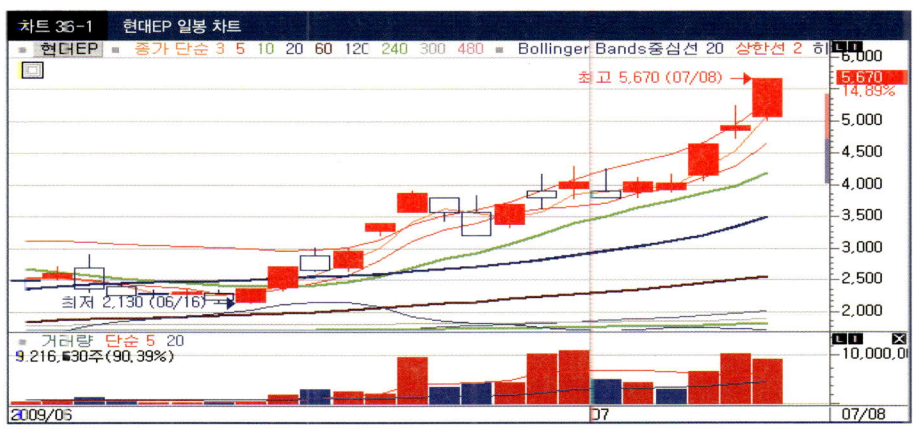

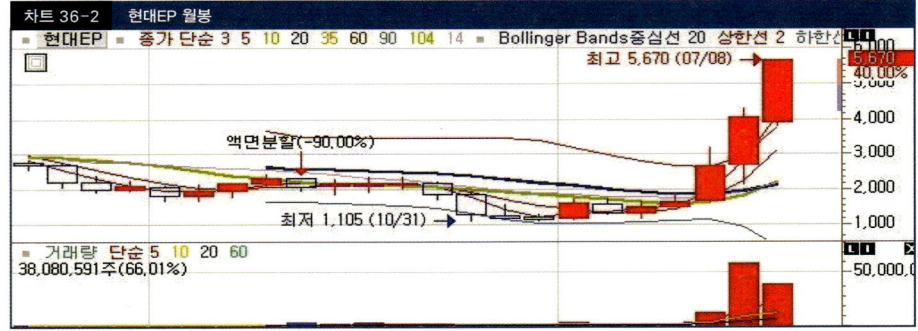

필자가 이평선 중에 가장 많이 보는 게 바로 10이평선입니다. 모든 단기 매매의 추세를 손쉽게 판단하고 매매하는 근거가 되기 때문입니다. 10분봉이든 30분봉이든 상관없이 그 종목의 흐름에 따라 맞춰 사용하면 안전하고 쉽게 단순한 매매 툴로 안정적인 수익을 맛볼 수 있습니다.

밑에 현대EP 60분봉 차트입니다. 주가가 상승할 때 상위 봉에서 정배열이 되어야만 단기적인 하락이 있어도 곧 추세를 이어 나갑니다. 밑에 차트를 보시면 주가가 양봉, 음봉 그리면서 나가지만 결국엔 10이평선 위에서 주가가 있음을 알 수가 있습니다. 종목을 볼 때 기준선을 먼저 보고 캔들로 세밀하게 진입 시점을 노리는 게 유용합니다. 기준선 위에서 놀면 캔들은 대부분이 다 양봉입니다.

양봉은 수익이며 음봉은 손실을 뜻합니다. 즉 양봉이 많은 종목에서 놀아야 수익을 볼 가능성이 크겠지요. 다른 말로 기준선 위에 있는 종목을 공략해야 수익을 낸다는 말입니다.

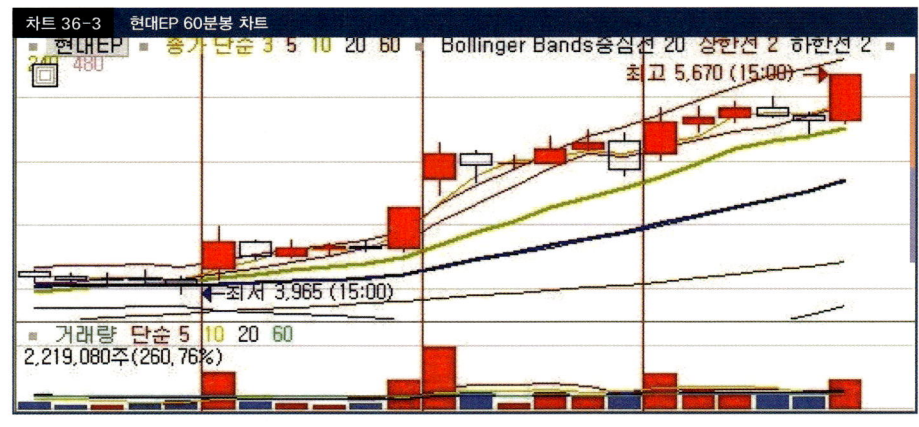

이수앱지스

밑에 종목은 이수앱지스 일봉 차트입니다. 힘이 좋은 종목으로 트레이더라면 이러한 놀이터에서 놀 줄 알아야 제대로 노는 선수 타짜입니다. 금일 주가가 뜨는 시점이 일봉상 10일선임을 알 수가 있습니다.

모든 상승하는 종목들은 단기적으론 볼린저 밴드 상단 또는 3, 5일선이지만 추세를 그리면 상승할 때 받치는 구간이 바로 10일선입니다. 만약에 10일선도 힘없이 이탈한다면 그 종목은 죽은 종목이 되겠지요. 선수라면 이 종목을 보고 장 시작 초 일봉상 10일선 지지되고 매수세 붙는 것을 보고 매수하여 많은 수익을 낼 수 있었을 겁니다.

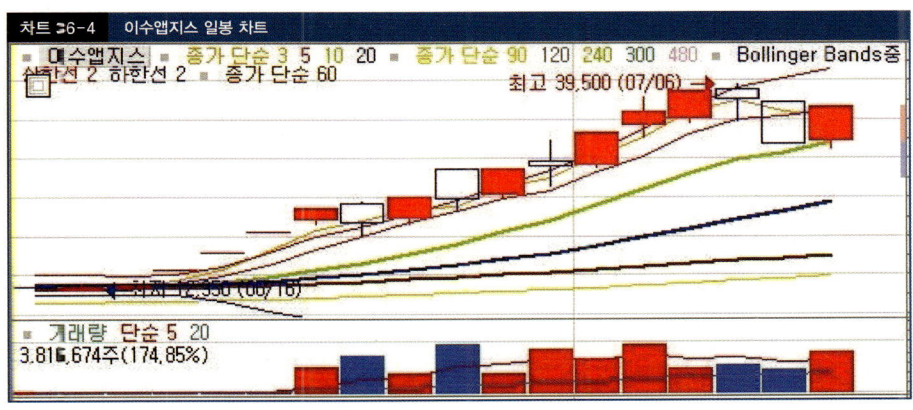

제가 매매한 종목들이나 설명하는 종목들이 다 어떻습니까? 전부 다 강한 종목만 있습니다. 아직도 노하우 편에서 글을 읽고도 손실을 나거나 알쏭달쏭하다면 첫 번째 원칙부터 정해 보시길 바랍니다.

바로 뭐라 했습니까? 일, 주, 월봉상 볼밴 상단 위에서는 노는 강한 종목만 매매한다!! 이 원칙만 있어도 스윙을 하던 단기 매매를 하던 뭘 하던 수익이 나게 되어 있습니다. 장세가 폭락장이라도 이러한 종목들은 늘 나오기 마련이니 매일 이상한 종목들 찾지 말고 위에 언급한 종목들 위주로 관심 종목 편입 후 관찰하고 매매 타이밍을 공부해 보면서 자신의 것으로 만들어 보시길 바랍니다.

제37장
차트 배열이 좋지 않은 종목의 시세를 주의하라!

[뉴스 - 8일 증시는 청와대 국회 등 국내 주요 기관에 해킹 공격이 있었다는 소식이 전해지면서 보안 관련주들이 들썩이고 있다.]

밑에 상승률 상위창은 장 종료 후 캡처한 것이기에 안철수연구소만 상이지만 장 초반에는 나와 있는 화면의 종목들이 모두 상한가였습니다. 금일 공부의 요점은 재료에 의해 떼거지 테마 상한가를 가도 차트가 살아 있지 못하거나 꼬여 있는 차트일 때 가급적 일시적인 재료에 의해 상한가를 가더라도 매매를 자중해야 된다는 것입니다. 이것만 알아도 테마주 매매의 실패를 많이 줄일 수 있습니다.

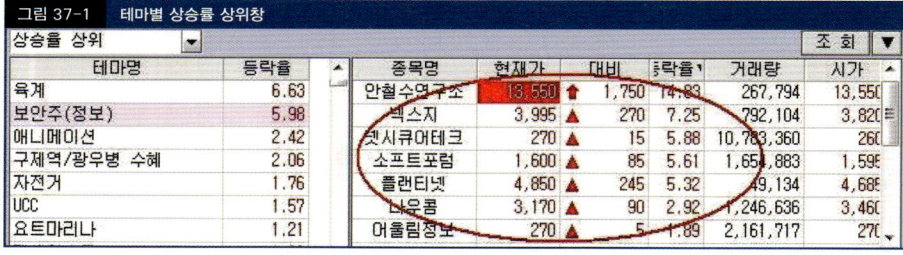

안철수연구소가 선두대장으로 장 시작하자마자 점상한가에 진입하였습니다. 이어 나우콤이란 종목이 안철수연구소의 뒤를 쫓아 시세를 내주고 있는 모습입니다. 보통 차트 배열상 매집 형태가 전혀 없는 종목일 경우 테마가 형성되어 대장주가 날아가도 이러한 종목들에서는 여타 다른 2등주들보다도 시세의 탄력성은 크게 떨어지게 되므로 주의하여야 합니다. 장 초반 나우콤은 60일선을 돌파하여 상한가에 안착하였지만 문제는 그 이후에 상한가 풀림으로 인하여 거래량이 증가하는 데 있습니다. 시간이 지체되며 거래량이 증가하는데도 빠르게 상한가 물량을 쌓지 못한다면 십중팔구 하락에 무게를 둘 수 있겠지요.

나우콤

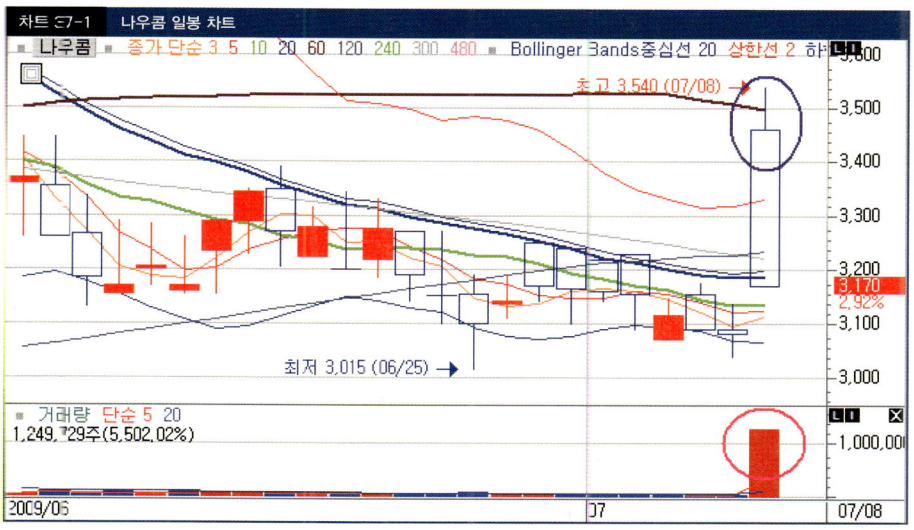

밑에 차트는 3분봉 차트입니다. 첫 봉이 나오고 그 다음 상한가 풀림에도 첫 봉의 하단을 지지해 주고 있고 시간이 지체되면서 거래량도 증가하면서 첫 봉의 하단(시초가) 깨고 있습니다.

만약에 매수한 이라면 무조건 털고 나와야 하는 매도 시그널이 발생한 것입니다. 이 때도 정신 못 차리고 매도를 못하고 기다리는 트레이더가 있다면 이러한 매매를 해서는 안됩니다. 결국 이 종목은 고점 대비 엄청난 하락을 하고 마감하고 맙니다. 상한가 매매의 팁 중 첫 번째가 여러 가지 있겠지만 일단 위에 말한 강한 종목의 요건 일, 주, 월봉상 볼밴 상단 위에서 노는 종목으로 잡고 매매하시고 위의 요건에 못 미치는 종목이라면 배팅 조절이나 매수 자제 등으로 안전하게 전략을 쌓고 매매하여야 합니다.

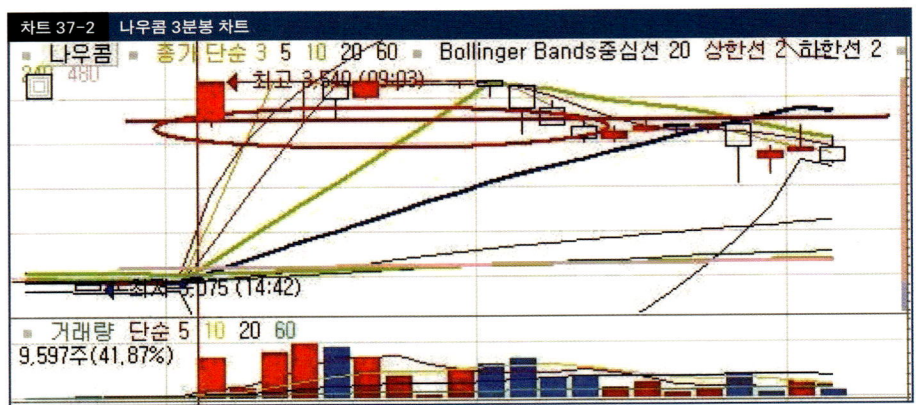

차트 37-2 나우콤 3분봉 차트

제38장
30분봉에서 20이평선을 돌파할 때 매수 타임으로 잡아라!

대한뉴팜

대한뉴팜의 매수 시점에 대해 설명해 드리겠습니다.

30분봉에서 그동안 저항선으로 작용하였던 20중심선에 주가가 안착 후 거래량이 실리는 모습입니다. 그 다음 밑에 60분봉 차트를 보시면 단기 매매에서 기준선인 10이평선 위에 캔들이 커짐을 볼 수가 있습니다. 이때 주가가 30분봉 20이평선 돌파하며 거래량이 나올 때 현재가창의 흐름을 보고 매매하시면 됩니다. 골든클로스와 같은 개념으로 보시면 되겠습니다.

단기적인 저항선으로 여겨 왔던 20이평선을 주가가 돌파하면서 호가창에 매수세가 빠르게 들어온다면 손실 두려움을 버리고 바로 매수키로 손이 나가야 합니다. 이후 힘없이 밀리면 그때 매도하면 되기에 주어진 타임이 온다면 재빨리 매수할 수 있어야 합니다.

그리고 매도는 보통 위에 이평선이나 볼밴 라인대를 위로 두고 있다면 그쯤에서 매도 물량이 쏟아지기 때문에 보통 단타 매매에서 수익률 1% 이상이면 매도 준비를 하여야 하며 힘을 봐서 지정가 매도나 빠르게 치고 나갈 때 고점에서 적절히 매도하여 수익 내는 전법을 구사하시면 됩니다. 강조하는 글이지만 가급적 수익이 일정하게 안 나시는 트레이더들은 오전 9~10시가 끝나면 매매치 마시길 바랍니다. 보통 시간대에 벗어나는 종목들은 방향성을 찾지 못해 방황하는 경우가 많으니 같이 매수 후 종목과 같이 방황해 버리면 결국엔 수익보다 손실로 이어지게 되어 있기에 꼭 지키셔 계좌를 지키시길 바랍니다.

매매 경험이 없는 분들이 이런 글을 읽으면 이거 뭔 소리여? 할 수도 있겠지만 제가 설명해 드리는 것은 전업자 데이 트레이더 위주로 설명해 드린 것이니 데이 안 하시는 분들은 그냥 참조 정도만 하시면 되겠습니다. 전업자라면 반드시 알아야 할 내용들이 많습니다. 자신의 어떤 방법으로 매매를 하여 수익을 내도 노하우 편에서 반드시 알아야 할 것들은 따로 강조해서 알려 드렸으니 자만하지 마시고 늘 분석과 꾸준한 노력으로 수익 내시길 바랍니다.

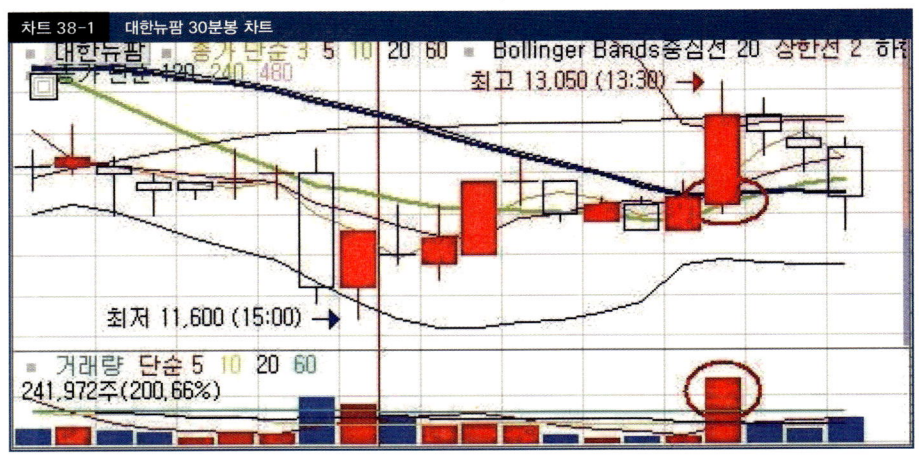

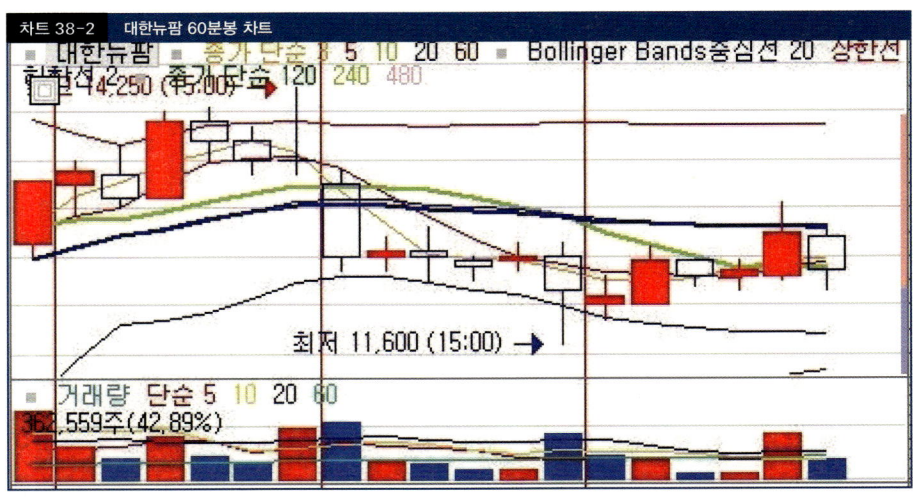

주식 타짜들의 노하우

제39장 갭과 거래량으로 살펴보는 최적의 매도 자리는?

현대EP

금일은 현대EP라는 종목으로 내일 대응 전략에 대해 알아보도록 하겠습니다. 저는 매매할 때 종목의 흐름을 같이 보며 특히나 날아가는 종목을 노릴 땐 균등한 시가를 눈여겨봅니다. 연일 연속으로 5번의 상한가를 갔더라면 그 시가 폭은 거의 일정하게 나타날 겁니다.

그럼 다음 날 장대 음봉을 좀 더 빠르게 잡는 방법이 있을까요? 일반 고수들이 쓴 책들을 보면 고점에서 나타나는 2개의 음봉이 출현하면 2번째 음봉에서 매도하라! 또는 3일선 5일선을 깨면 매도하라! 하는데 이는 매우 위험천만한 매도 방법일 뿐만 아니라 실제로 실전에서 심리적인 제어가 힘든 트레이더에겐 그저 공부 열심히 해서 서울대 가라 하는 식의 조언밖에 안됩니다.

만약에 금일 상한가 공략을 통해 매수한 이가 고수들 말대로 강한 종목에 매수하여 매도 시점을 잡을 때 전일 종가를 깨거나 거래 터진 음봉이 발생할 때 매도하게 된다면 그 매수한 트레이더는 단시간 엄청난 손실을 안고 시장의 뒤안길로 걸을 가능성이 농후합니다.

이편에서 연속해서 강하게 상승하는 종목들 중에 최고점에서 적절히 매도하는 필살기를 배우게 될 것입니다. 이미 노하우 편에서도 여러 차례 언급한 적이 있기에 잘 공부한 님들이라면 밑에 차트 보고 딱 언제 매도해야 하는지 알 수 있을 겁니다. 만약에 보유자나 내일 노리려 하는 트레이더가 내일 주가의 방향 시나리오를 하나도 예측이 안되거나 설명을 못한다면 상한가 매매를 해서는 안되고 그런 트레

253

이더는 뭘 해도 매매 시 손실만 본 채 우울한 시간을 보낼 가능성이 높기에 노하우 편에서 많은 공부와 실전 연습으로 실력을 업그레이드하시길 바랍니다.

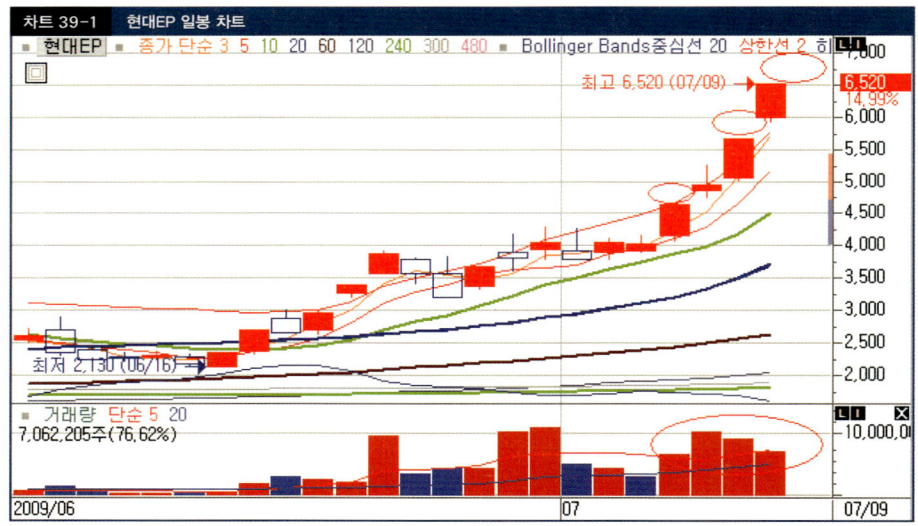

현대EP는 이전 장에서도 설명하였지만 매우 강한 종목에 드는 종목입니다. 강한 종목은 일단 뭐라고 했습니까? 바로 일, 주, 월봉 모두 다 볼린저 밴드 상단 위에서 노는 종목이라고 했습니다. 이런 종목에서 급락이 나오던 어떤 매매를 하던 안전하게 매매할 수 있는 겁니다.

일단 금일 매수 요건에 대해 설명해 드리겠습니다. 필자는 매수할 때 하위, 상위 봉도 많이 보지만 고가권 매수 또는 상 매매할 때 일봉상 거래량을 매우 중요하게 봅니다. 만약에 현재가창에서 13%에서 곧 대규모 상 매도 잔량을 먹어 치우려는 형태를 보여도 거래량이 과도하게 많거나 또는 적을 땐 매수를 보류합니다. 그 이유가 무엇일까요? 거래량이 평균 거래량이 비해 많거나 적으면 분명 상에 진입해도 몇 번은 깨지게 되어 있기 때문입니다. 고점에서 거래량이 줄면 좋다는 건 오전 일찍 연속해서 상 가는 경우에만 해당되고 현대EP와 같이 하루 종일 거래가 활성화되면서 후장에 상에 진입하는 경우에는 거래량은 반드시 일정 부분 채워야 한다는 사실입니다!

ㅈ- 이제 일정 거래량을 어떻게 잡는지 알아보도록 하겠습니다. 거래량 이평선에서 거래량 5일선 근방에서 상회하는 게 가장 적합다고 말하였는데, 해당 종목의 상승 힘을 볼 때 대부분 거래량 5일선 위로 거래량이 불쑥 솟아나올 때 강한 캔들이 탄생함을 알 수가 있습니다. 금일도 거래량이 300단 주 정도 나올 때 30분봉 장대봉이 나와 곧장 상한가에 진입하려고 액션을 취했지만, 이때 거래량을 보시면 대략 거래량 20이평선 근방이었습니다. 따라서 아직 거래량 채우기가 덜 되었다는 걸 알 수가 있었습니다. 일차적으로 거래량은 5일선 근방이 제일 좋다고 하였는데 이것을 보고서도 아직 멀었구나 하고 좀 더 지켜볼 수 있는 여유를 가질 수 있었습니다.

메신저에서 저의 지인한테 현대EP 거래량 680만 주~750만 주 근방에서 놀며 상 매도 잔량 먹을 때 노려보라고 말하였는데, 그 말한 근거가 바로 거래량이 활성화되면서 상승하는 종목들은 반드시 일정 거래량을 채워야 상을 갈 수 있기에 그리 말한 것입니다. 단순히 책에서 이평선과 봉 현재가창 등으로 공부한 개미들은 30분봉에서 5번째 봉에서 추격 매수하다 3분봉에서 급락을 할 때 손절하거나 버틴 보유자는 심한 맘고생을 해야 하는 차트 모습입니다.

ㅈ- 이제 현대EP의 주가가 어떻게 나가야 더 상승할 수 있는지 또는 어떤 흐름이 나오면 내일 최적의 매도 자리로 인식하여 매매할 수 있는지 알아보도록 하겠습니다. 07월 06일 이전 고점을 돌파한 상한가 나온 후 그 다음 날 시가가 대략 5%대입니다. 07일 전일 상한가였지만 조정 캔들이 발생하였습니다. 다음 날 08일 캔들에서 상한가 출현하였는데 09일(금일) 시가 5%대입니다.

ㅈ- 이제 다음 날 주가 시가가 어느 정도 나와 줘야 하나요? 네, 맞습니다. 똑같이 5%대가 나와야 내일도 안정적인 양봉을 기대할 수 있는 것입니다. 근데 내일 시가가 단약에 더 높은 10%대 이상 나온다면 추가적으로 양봉이 나올 가능성보다 하락의 위험성이 더 높게 되는 것입니다. 또 내일은 주말이 끼여 있는 금요일이라는 겁니다. 모든 이들이 보유보다 매도 심리가 강한 요일이므로 세력도 물량을 정리하거나 잠시 쉬어 갈려면 시가를 평균가보다 높게 또는 낮게 만들겠지요.

자, 이제 대충 이해되셨나요? 연속해서 상을 가면서 상승하는 종목군에서 평균적인 시가를 만들면 상승한다고 했습니다. 근데 평균 시가를 이탈하는 힘이 나오면 일단 매도 관점이라는 것만 이해하시면 됩니다. 고가권에서 시가가 출현하면 일단 장대 음봉이 나올 터이고 이때 최적의 매수 자리는 3분봉 볼밴 상단이나 전일 종가 근방 또는 상위 분봉 볼밴 상단 또는 각 이평선 등이 됩니다. 이처럼 알면 하락하던 상승하던 간에 매매 전략을 쌓아 수익으로 연결시킬 수 있는 것입니다.

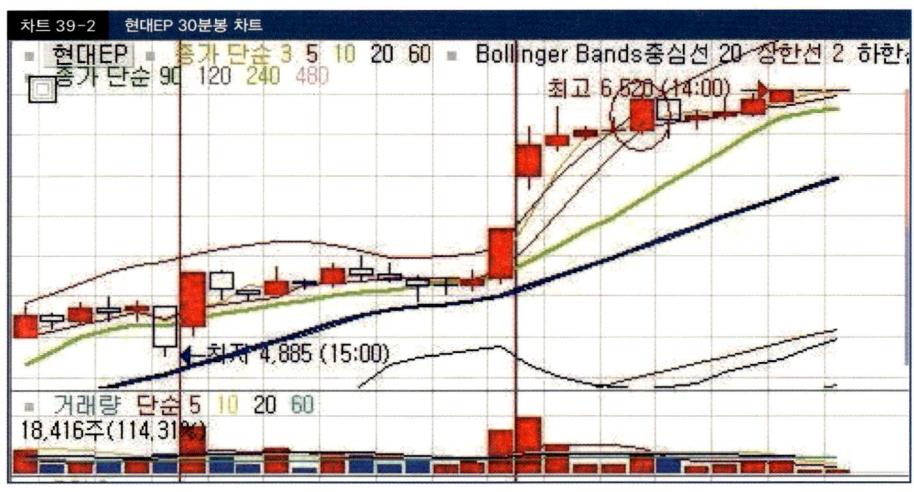

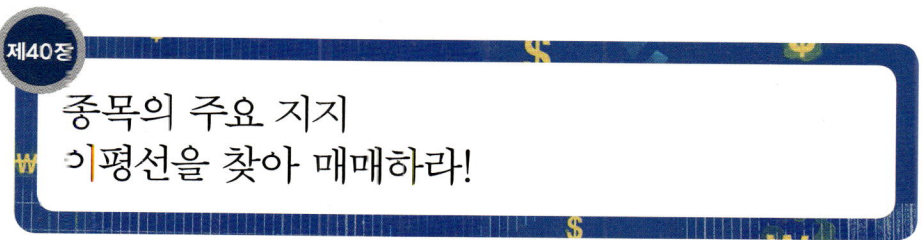

제40장 종목의 주요 지지 이평선을 찾아 매매하라!

대한뉴팜

저희 주요 관심 종목인 대한뉴팜 차트 모습입니다. 일봉상으로 10일선을 잘 살리며 상승하고 있고 금일 이전 고점을 훌쩍 뛰어넘는 힘과 함께 강력한 저항선인 볼린저 밴드 상단을 돌파하며 거래량도 힘차게 나와 주고 있습니다. 추후 더 강한 상승을 할 수도 있다는 모습을 보여 주고 있습니다. 현재 차트는 안 올렸지만 주봉, 월봉 차트를 보더라도 제1의 매매의 원칙인 강한 종목에 편승하는 종목임을 단번에 알 수가 있습니다. 종합 지수가 약세일 때도 시장에서 굳건히 상승할 수 있는 종목들이 바로 주, 월봉상 볼밴 상단 위에서 노는 종목들입니다.

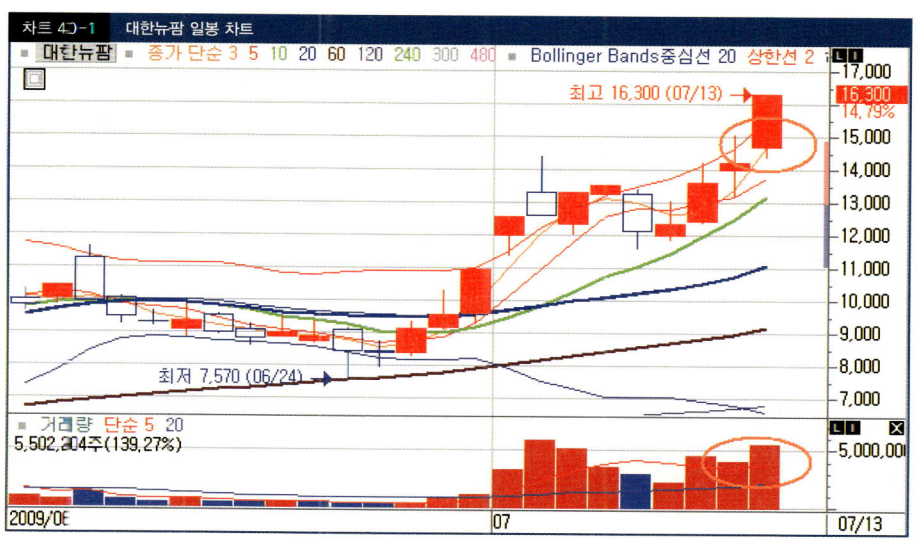

상승 힘이 나오는 종목들은 그 지지력은 매우 일정하며 규칙적으로 상승, 하락, 조정을 반복하며 흐름을 만들어 갑니다. 아래 대한뉴팜 차트에서 후장에 매수 찬스로 잡을 수 있는 구간이 어디겠습니까? 눈에 보이는 대로 바로 30분봉상 20중심선라인임을 알 수가 있습니다. 60분봉에서는 10이평선임을 알 수가 있겠지요. 이때 음봉이 나오더라도 두려움을 버리고 30분봉 20중심선가격대에서 지정가 매수를 하던 시장가 매수를 하던 그 가격 부근에서 매수할 수 있어야 합니다. 음봉 발생 저점 잡아 매매를 할 때 이전 특정 이평선을 잘 지지하였는지 아닌지 확인해 보시면서 매매한다면 좀 더 신뢰성 높게 매매할 수 있을 것입니다.

밑에 60분봉 차트를 보시면 특정 이평선에 상당한 지지력으로 우상향함을 알 수가 있습니다. 종목마다 각 특정 이평선 라인을 살려 흐름을 만들며 상승하므로 그러한 지지 라인대를 찾아 매매를 한다면 밀리면 바로 이전 지지하였던 자리에서 안전하게 매수 후 쉽게 수익을 취하는 전략으로 삼을 수 있습니다. 모든 매매 기법은 이러한 종목별 주포의 흐름과 힘을 읽는 데서 비롯됩니다. 주포의 흐름도 모른 채 그저 보이는 대로 매매 기법을 써 가면서 매매를 한다면 분명 해당 트레이더는 오래 가지 못할 것입니다. 시장의 트랜드도 변하듯 종목별로 주포의 흐름이 가지각색이라 그러한 흐름을 읽는 게 무엇보다 중요합니다.

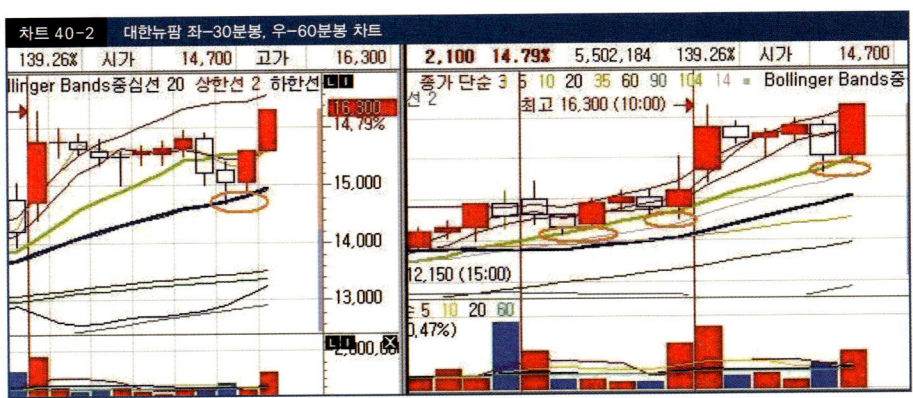

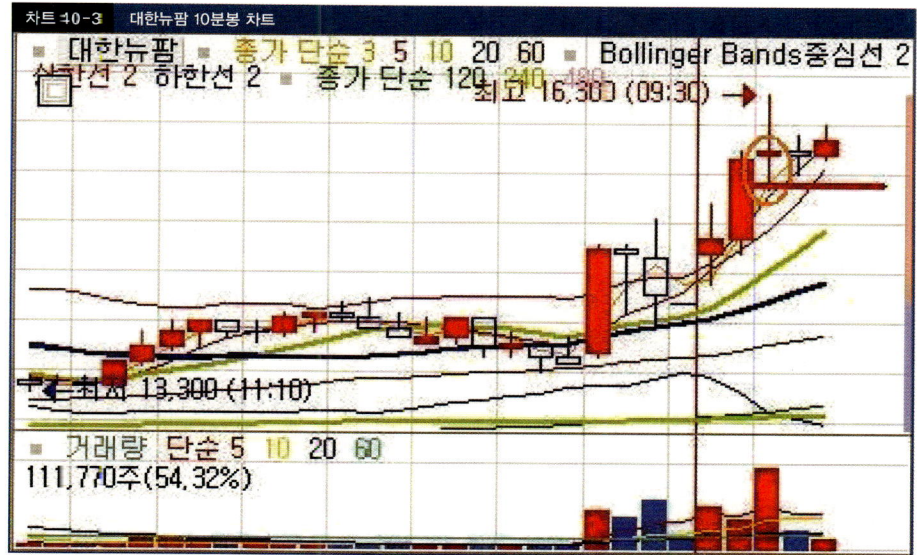

위에 차트는 10분봉 차트이며 이 차트를 올리는 이유는 보통 상승하는 종목에서 빠른 양봉을 만들며 현재가창 속에 흐름도 강한 매수세를 보면 매수 유혹이 무척이나 강하게 느끼곤 합니다. 근데 일반적인 우리 개미들이 꼭 올라갈 거 같아서 매수하면 그 자리가 항상 고점이고 자신이 산 가격대에서 밀리는 이유가 무엇일까요? 아이러니하게 초단타에선 가장 빠른 매수세가 들어올 때가 매도 시점 임박을 알립니다. 따라서 빠른 매수세를 보고 흥분을 감추지 못하고 매수한 트레이더는 자신의 산 가격 전후로 오르지 못하고 주가는 하락하게 되는 것입니다. 이러한 추격 매수를 줄이고 어떻게 흐름을 찾고 매매해야 하는지 알아보도록 하겠습니다.

모든 종목이 그러하지만 올라갈 때 계속된 매수세로 쭈욱쭈욱~ 올라가는 경우는 그리 흔치 않습니다. 매수세가 나오고 다시 단타성 매물 출현으로 잠시 주가가 밀리고 재차 올라가는 식으로 주가는 움직이게 됩니다. 필자는 스켈 매매 시 현재가창 흐름에 리듬적인 요소를 중요하게 보는데 매수세가 빠르게 치고 올라가는 타임이 매수 타임이 아니고, 매도세가 강하게 나올 때 오히려 매수 타이밍으로 잡니다. 쉽게 분봉상으로 이해하면 3분봉이건 10분봉이건 강한 매수세가 나오면 순간 길쭉한 양봉을 만드는데 이때는 매수하면 안되고, 기다렸다가 매도세가 나오면 지지 저점에 매수 타이밍으로 잡습니다.

보통 양봉으로 올라간 시세는 단타성 매물로 인해 잠시 음봉을 그리며 보통 볼린저 밴드 상단 근방에서 재차 매수세가 달라붙어 상승하는 경향을 보이게 됩니다. 따라서 빠른 거래량이 보이는 종목에선 시장가 매수로 타이임을 잡으려면 쉽지가 않은 게 일반적입니다. 분봉상 볼밴 상단 위에서 양봉을 그리고 매수세가 활발히 진행이 된다면 볼밴 상단 가격대에서 지정가 매수로 하여 순간적인 매도세에 의해 빠르게 밀릴 땐 순간 그 가격대에서 체결되어 곧바로 수초 내로 빠른 매수세에 의해 1~2% 내외 수익을 쉽게 얻을 수 있습니다. 이러한 매매를 성공적으로 하기까지는 부단한 매매 반복을 통해 많은 시행착오를 거쳐 만들어지는 것이므로 꾸준한 학습과 노력이 필요로 합니다. 이러한 매수세와 매도세의 리듬을 읽을 수 있는 행위가 매매 감각입니다.

매매 감각이란? 오랜 시간 시행착오로 얻은 통찰로 얻을 수 있는 것이기에 단시간 얻을 수 있는 게 아닙니다. 따라서 초보 트레이더들이 단타 치다 망하는 이유가 매수세와 매도세의 흐름을 잡지 못하는 이러한 매매 감각이 없어서 그러한 것입니다.

C&우방랜드

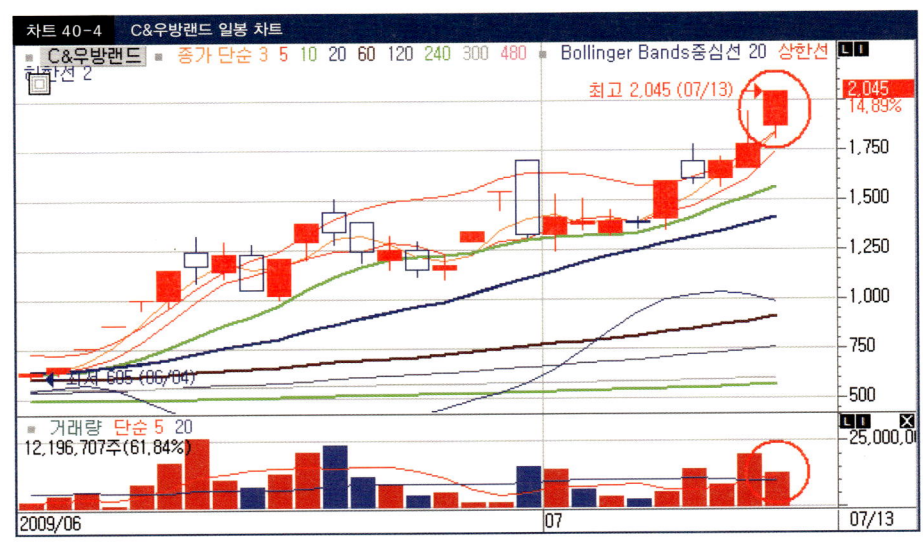

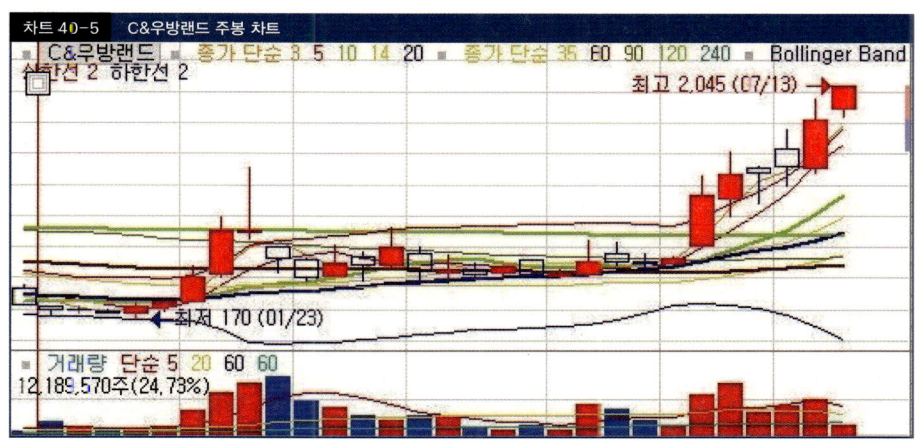

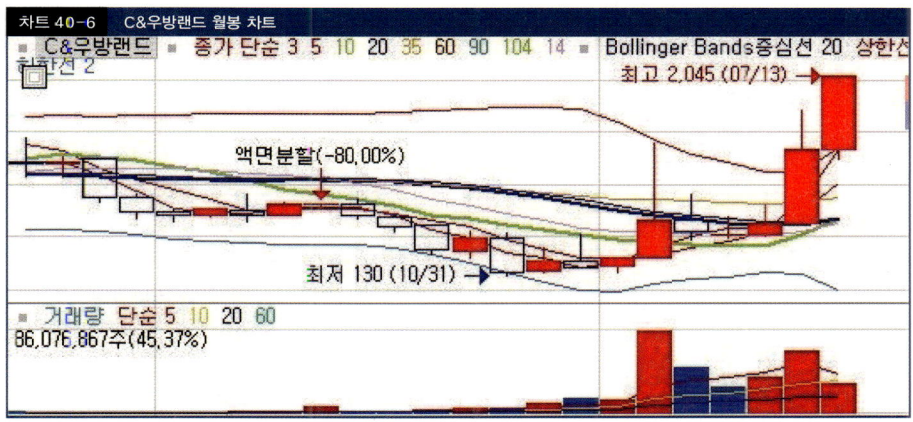

    C&우방랜드 차트입니다. 일, 주, 월봉상 볼린저 밴드 상단선 위에 노는 종목으로 강한 종목에 속합니다. 노하우 편에서 공부하여 흑장 상따로 더한뉴팜, C&우방랜드 매수하지 못하였다면 아직 덜 학습된 것이므로 많은 노력으로 다시는 놓치는 일이 없도록 해야 합니다. 보통 배우는 분들의 특징이 겁나서 매수를 못하겠다는 것입니다.

    그럼 저는 이렇게 말합니다. 누가 몰빵하라고 했습니까? 정 무서우면 자신의 자금의 10분의 1만, 이것도 겁나면 몇 주라도 사 놓고 다음 날 주가가 어떻게 진행되는지 공부해 보라고 주문을 합니다. 매수는 확신이 있어야 합니다. 확신을 갖기 위해선 본인이 많이 깨져 보고 수익도 나 봐야 알 수 있는 겁니다. 주식에선 100%

는 없습니다. 그저 매수 시그널이 나오면 매수하는 것이고 매수한 상태에서 예상치 못하게 돌발적인 하락이 나타나면 손절할 수밖에 없는 단순한 게임인 것입니다. 100% 이기려, 안전빵 하러 소심하게 매매하려 하기 때문에 본인들의 실력 향상은 늘 요원한 것입니다.

금일 C&우방랜드는 이전 상한가 편에서 공부한 분들이라면 어느 때 가장 적합한 매도 타이밍을 잡고 또 어떻게 매수 찬스를 잡아 매매하였는지 잘 알고 있어야 됩니다. 30분봉상 3번째 봉에서 볼린저 밴드 상단선을 뚫고 강한 상한가까지 도달하였습니다. 이때 단기로 물량 잡은 사람들은 30분봉 볼린저 밴드 뚫은 자리를 주가가 다시 하회할 때 매도할 수 있어야 하며, 좀 더 능력 있는 고수급 트레이더라면 상 가격에 매도할 수 있어야겠지요. 왜 어떻게 상에 매도할 수 있을까요? 이전 상한가 편에서 안전한 상한가를 가려면 거래량 5일이평선까지 거래량이 채워 줘야 안전하게 상한가를 갈 수 있다고 알려 드렸습니다. 이때 3번째 장대 양봉 때 일봉상의 거래량 모습은 매우 허접한 상태였습니다.(평균 거래량 미달) 따라서 거래량만 보고서도 이 종목은 상가도 밀리겠군. 좀 더 거래량을 채우고 후장을 한 번 노려봐야겠군! 하고 전략이 딱 머릿속에 떠오를 수 있어야 합니다.

30분봉 차트를 보더라도 단순히 그림만 보는 게 아닌 지지된 시점의 흐름을 잘 보아야 합니다. 전일 20중심선을 살짝 이탈 후 밑꼬리를 달고 시가 + 후 재차 2번의 지지로 우상향하였습니다. 만약에 주가가 상승하다 밀리면 20중심선에서 재차 반등할 가능성이 크겠죠. 당연한 논리로 매매 대응을 하는 겁니다. 단기 매매의 기준선이 되는 10이평선 위에 주가가 있고 3번째 위꼬리 단 상태에서 즉 매도세에 의해 밀린 자리임에도 불구하고 단기 매매의 기준선인 10이평선 위에서 주가가 놀고 있다면 이때 해당 종목의 힘을 느껴야겠지요. 그리고 양봉이 나오고 재차 단타성 매물로 인해 음봉이 전환되어도 지지되는 라인은 바로 10이평선임을 알 수가 있습니다. 이제 재차 음봉을 그리면 하락하면 10이평선 가격대에서 매수하여 단기 수익을 낼 수도 있다는 전략을 세울 수도 있겠습니다. 이처럼 차트를 알면 언제 어느 때 매매해야 하는지 잘 알려 주는 좋은 투자 도구가 됩니다.

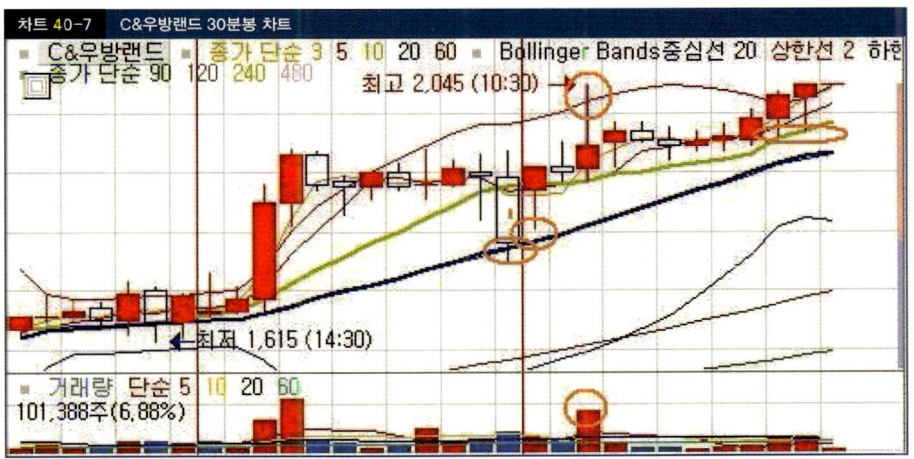

제41장
박스권을 돌파하는 힘이 나오면 주목하라!

기아차

금일도 간단하게 아래 종목들 매매에 대해 알아보도록 하겠습니다.

기아차의 일봉 차트 모습입니다. 외인 매수 현황을 보면 동그랗게 표시한 부분이 외인들이 많이 매집을 한 매물대입니다. 외인들이 주식을 고정된 박스권 안에서 대규모로 매수가 되었다면 최근 평균 매집 단가는 대충 박스권에 갇혀 있는 가격대로 유추가 가능할 것입니다. 그럼 곧 외인들의 매수세로 단기 박스권을 돌파하는 힘이 나올 것으로 유추하여 매매 전략을 세울 수 있습니다. 박스권을 돌파하는 힘이 나오면 그동안 저항대였던 매물대가 곧 지지대로 바뀌니 이러한 힘이 나오면 외인과 같이 매수하는 전략을 취해 최적의 매수 자리에서 안정되고도 높은 수익률을 맛볼 수 있는 것입니다.

이때 구체적인 매수 방법은 다른 차트 볼 것도 없이 일봉 차트 하나로만 그동안 정체되어 있던 박스권 상단 위에서 시가 시작하며 양봉을 그릴 때 그 어떠한 생각도 버린 채 일단 같이 매수하면 되는 것입니다. 이때 호가창에서도 특정 호가에 대규모 매도 잔량을 쌓아 놓고 지속적인 매수세로 인해 계속 호가는 상승하며 이전 특정 호가에 있던 물량들은 매수세로 체결과 동시에 쌓아져 있던 물량들의 주문 취소의 흐름을 보이며 재차 더 높은 호가에 매도 물량이 쌓아 놓고 지속적인 상승 흐름을 보이게 됩니다. 따라서 이와 같이 외인, 기관이 많이 사는 종목이 박스권에 갇혀 있다면 관심 종목으로 편입 후 시가가 박스권 위에서 시작하면 적극적으로 따라붙어 매수하면 됩니다.

여기서 설명하는 매매 방법으로도 책 한 권 만들 수 있는 주요 필살기이므로 이 것만 좀 알아도 본인들이 시장에서 충분히 성공할 수 있는 그런 매매법인 것입니다. 아마 중, 고수분들은 이 책을 읽게 된다면 아~ 좀 더 빨리 알았더라면, 또는 이 필자가 미쳤구나! 이런 것들을 다 공개해 주면 어떻게 하냐? 하면서 우려의 시선으로 바라보실 분들도 분명 있으시겠지만, 개미들의 전설에 의하면 개미들한텐 아무리 알려 줘도 그들은 아무런 노력 없이 그저 욕심에 사로잡혀 자기 하던 방식대로 교만과 아집으로 묻지 마! 뻘짓 매매로 일관하여 스스로 파멸한다고 하니 그리 큰 걱정은 안 하셔도 될 것 같습니다.

여기서 팁이라면 한 가지 계좌를 통해 매매를 스윙이건 초단타를 병행을 하면 스윙하려고 매수하였던 종목도 장중 움직임을 보고 의도하지 않게 추세의 중간에서 대도하는 누를 범할 수 있기에, 전업 투자이건 직장인 투자자건 계좌는 나누어서 대매를 하는 것이 현명한 투자 방법입니다. 현재 기아차 주, 월봉 등을 살펴보시면 장한 흐름의 면목을 한눈에 확인할 수가 있으실 것입니다.

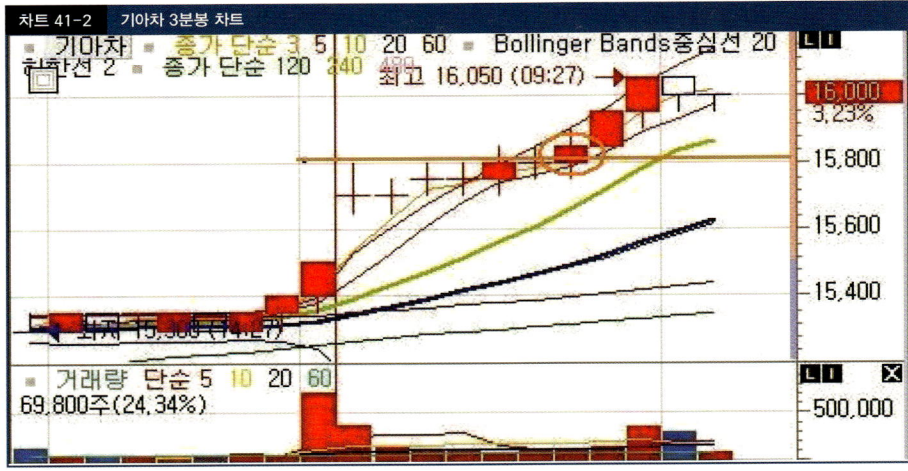

아래 차트는 기아차 3분봉 차트이며 필자가 오전 초단타한 자리를 보여 주고 있습니다. 첫 봉의 고가권에서 주가가 빌빌대지만 이평선 라인대 지지를 보이며 상승 돌파할 때 매수하였습니다. 호가창에서 흐름을 보면 끊임없는 매수세로 힘이 나옴을 직감할 수 있었습니다.

KB금융

kb금융도 기아차와 더불어 수급과 차트상 강한 정배열의 흐름을 보여 주고 있습니다. 역시나 주도적인 큰손의 기관과 외인의 꾸준한 매집으로 상승세를 더하는 모습을 보여 주고 있습니다. 이 종목도 주, 월봉을 보시면 상승 강도가 강함을 알 수가 있습니다. 어설픈 종목 초단타로 대응하는 것보다 주도 세력이 있고 상승세를 타는 종목으로 길게 스윙하는 게 수익률 측면에서 더욱더 효율적일 것입니다.

kb금융 금일 3분봉 차트 모습입니다. 아래 시가를 약간 깬 라인에서 재차 시가를 회복할 때 매수하여 초단타로 수익 내고 매도하였습니다. 저는 초단타 매매를 할 때 10분봉의 10이평선 위에 주가가 있나 아래에 있나 여부를 중요시 여기며 이전 흐름에서 특정 이평선 위에서 꾸준히 지지를 받는지 여부를 따집니다. 좀 더 추세적인 면모를 보시는 분들은 10분봉과 더불어 그 상위 봉의 지지와 저항과 추세를 보시면서 매매한다면 더욱더 안전한 매매가 될 것입니다.

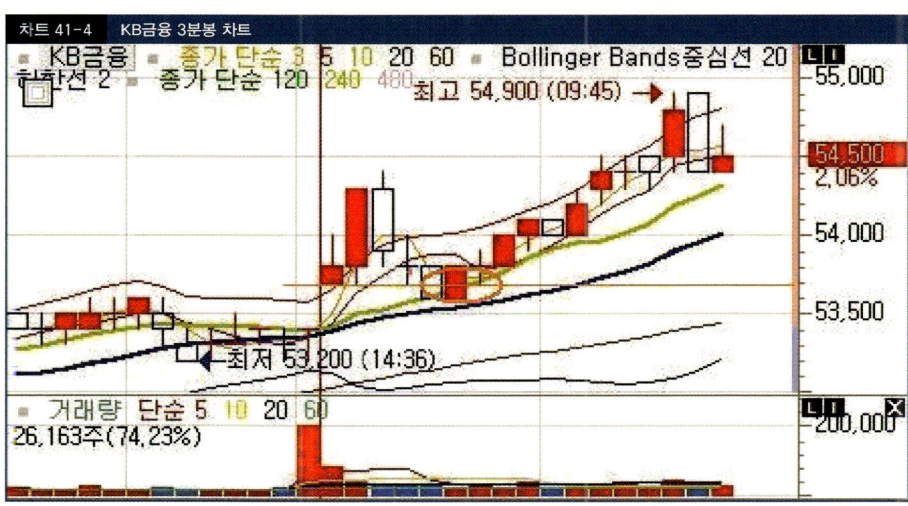

 쉬어가는 코너

아직도 돈 못 벌고 있습니까?

많은 것들을 알아도 실전하곤 많이 다르죠. 이전에 어느 누가 쓴 글을 봤는데, 자기네 경제학 교수가 주식을 도박에 비유하며 맞지도 않는 거 뭐하러 하냐는 식으로 쓴 글을 본 적이 있는데 자신의 지식을 좀 더 경제적인 면모에 쓰지 못하고 능력 없이 매장하는 형태의 발언을 보니 좀 씁쓸한 생각이 들더군요.

위에서 보듯 여러분들은 이미 기법과 이론을 앞서 저를 통해 배웠든 다른 매체를 통해 배웠든 다 알고 있을 것입니다. 근데 질문을 드리자면 제대로 한 번이라도 꾸준히 연마하여 시행착오를 거쳐 수익을 내보신 적이 있으신가요? 아마 대부분 답문은 "아니오"로 추측이 됩니다.

시장에서 많은 돈을 버는 이들의 공통점이란? 이들이 그리 머리가 좋지도, 또 아주 기가 막힌 투자 기법도 가지고 있지 않다는 사실입니다. 그럼 뭐로 돈 버냐? 이미 지식, 이론적으로 돈을 벌 수 있다면 많은 똑똑한 경제학 교수님들과 수많은 애널리스트들은 이미 많은 부를 가지고 있어야 하는데, 이들의 사는 꼴을 보면 부자는 눈 씻고 찾아볼 수도 없는 게 현실입니다. 시장에서 돈 버는 사람들은 10가지를 아는 사람이 아닌 1가지를 제대로 실천할 수 있는 사람입니다.

좋은 매매란? 이미 자신이 수없는 매매 실패와 시행착오를 거쳐 알고 있던 경험을 통해 가장 쉽고 자신감 있게 할 수 있는 매수 근거가 보일 때 매수하고 매도 근거가 있을 때 매도하는 단순함일 것입니다.

제가 스켈 매매를 하루에 수십 번 해도 승률이 거의 판타스틱한데 이 많은 종목과 타임 잡을 때 이런저런 복잡한 툴을 대입하며 매매할 수 있겠습니까? 빠른 시간에 빠른 판단과 행동으로 이어지려면 누구나 따라 할 수 있을 만큼 간단하고 단순한 매매 툴로 매매하여야 합니다. 이미 노하우 편에서 공개한 툴대로 하나라도 제대로 끊임없이 반복하며 데이터 쌓으신 분들은 분명 시장에서 꾸준히 많은 돈을 버실 수 있다고 생각합니다. "등잔 밑에 어둡다"라는 말처럼 본인들이 그리 찾던 불패의 매매 기법은 이미 자신들이 다 알고 있는 그런 것들입니다. 그중에 하나라도 꾸준히 연마해 보시길 바랍니다. 초보에서 중, 고수가 못 되는 가장 큰 이유는 늘 새로움에 갈망하여 큰 것을 못 보기 때문일 것입니다.

노하우 편에서 쓴 글도 대부분 제가 매매하면서 느꼈던 점 위주로 집필하므로 님들도 많은 매매를 하다 보면 일정한 매수 시점과 매도 시점을 아무것도 배우지 않았어도 스스로 알게 될 것이며, 이러한 분석과 생각하는 자세야갈로 초보에서 중수로, 중수에서 고수로 연결되는 가장 중요한 끈 역할을 할 것입니다.

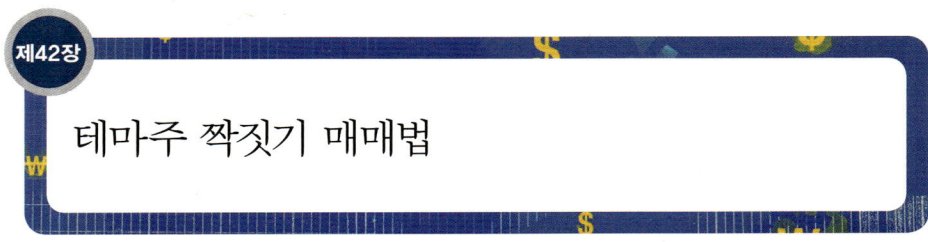

테마주 짝짓기 매매법

동원금속

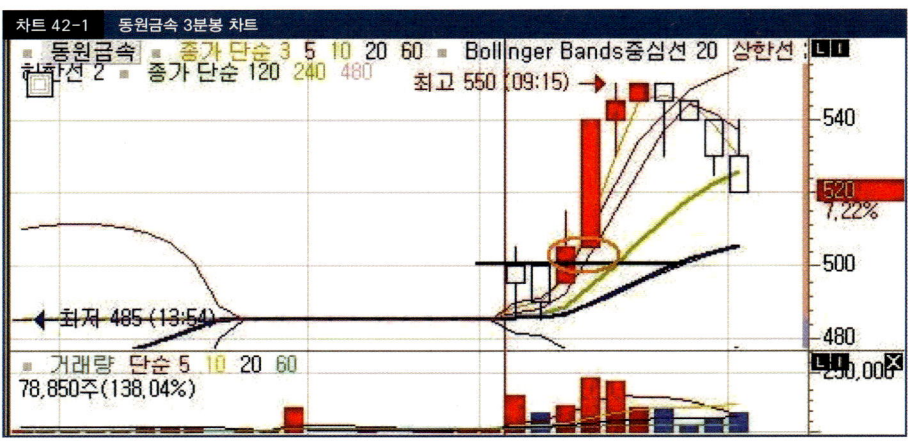

　동원금속 3분봉 차트입니다. 체크한 부분과 아래 일봉상 체크한 부분을 보시고 무엇을 느끼십니까? 전일 상한가 입성 후 금일 시가 3%대에서 약하게 시작되었습니다. 시가 시작 후 지지된 시점이 일봉상 볼밴 상단(전일 종가) 부근이었고 3분봉 3번째 봉에서 시가를 돌파하는 힘이 나왔습니다. 일봉상으로 보면 장 시작 후 음봉으로 전환 후 볼밴 상단 근방에서 밑꼬리를 달다 양봉으로 전환할 때가 매수 시점입니다.(음봉->밑꼬리->양봉 전환/매수 시점) 이어 시세의 탄력을 받고 급등하는 모습을 보여 주고 있습니다.

주식 타짜들의 노하우

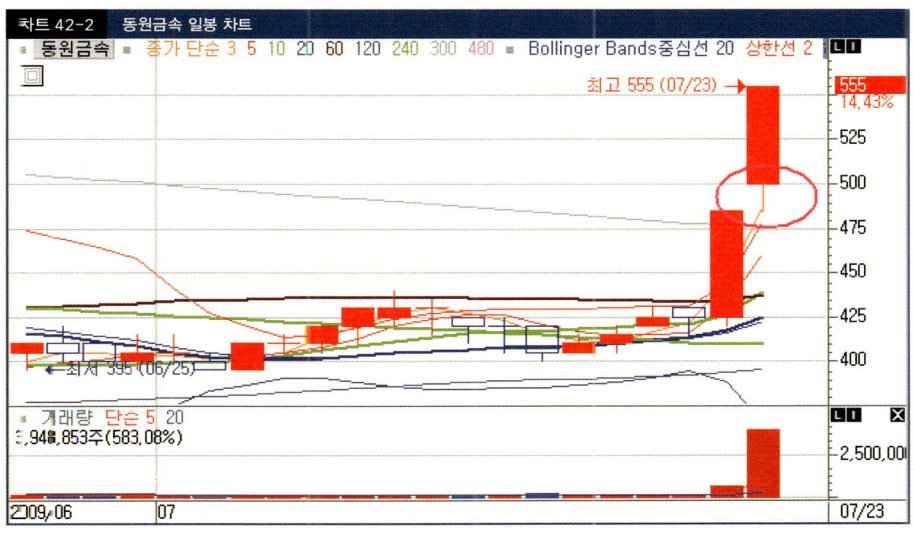

YTN

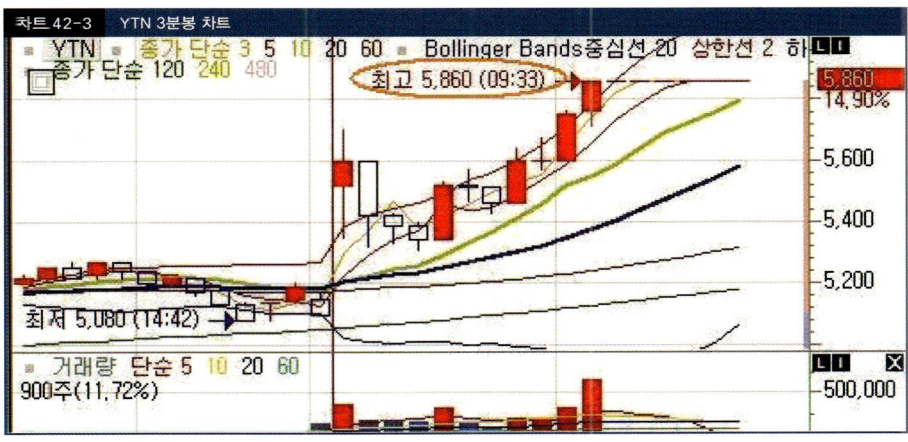

국회에서 방송법이 통과되면서 장 초반 강세를 보였던 미디어법 통과 수혜주 YTN이 9시 33분에 상한가에 입성하였고 다음 종목으로 iMBC가 강세를 보였습니다. 강연히 YTN을 상한가 보낸 힘을 보고 매매를 준비하여야겠지요. 여기서 단순히 힘만 보고 접근하면 어렵고 테마에 의해 시세를 내주는 종목들은 일단 차트상 어느 정도는 갈 준비를 해 주는 모양이 나와 줘야 합니다. 만약에 YTN이 상을 갔어도 MBC가 일, 주, 월봉상 차트 배열이 안 좋거나 저항대에 막혀 있다면 시세를 주는 듯하다 재차 급락할 위험이 있게 됩니다. YTN과 iMBC는 금일 종가상 차트가 다소 망가졌지만 장 초반에는 일, 주, 월봉상 볼밴 상단 위에 위치하였고 강한 흐름을 보여 줬습니다.

아래는 YTN 상 진입 이후 재빨리 MBC를 매수한 자리입니다. 이때 YTN이 상가고 빠른 매수세 유입으로 급등함을 볼 수가 있습니다. 테마주 매매도 2등 후발주자도 차트가 살아 있어야 이처럼 성공적인 매매가 가능하지 자전거 관련주처럼 에이모션은 상인데 삼천리 자전거는 일봉상 저항대에 맞아 있는 종목들은 대부분 못 가게 되어 있습니다. 늘 짝짓기 매매하실 때는 차트의 모양을 살핀 후 진입해 보시는 습관을 길러 보시길 바랍니다.

iMBC

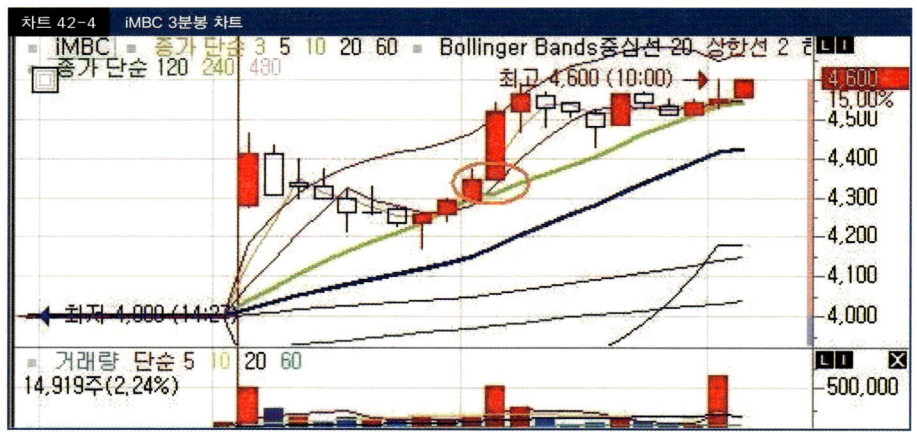

차트 42-4 iMBC 3분봉 차트

제43장 시가가 20이평선에 붙어서 시작하면 매수 포인트다

동양시스템즈

필자가 관심 종목 외에 장 시작 초 늘 들려 보는 창이 바로 예상 체결가 등락률 순위창입니다.

8시 50분 이후부터 빠르게 차트를 돌려 보고 차트가 살아 있는 종목들 위주로 보며 또 예상 체결 시초가가 30분봉, 60분봉의 20이평선 중심 라인 위에서 시작하는지 살핍니다. 저의 주 매매의 근간이 이러한 이평선 지지의 바탕으로 합니다. 매도는 저항대에서 매수는 지지대에서 찾는 단순함입니다.

아래 체크한 동양시스템즈 타깃으로 정해 금일 매매를 하였습니다. 아래에 어떠한 매매의 방법으로 하였나 자세히 설명해 드리도록 하겠습니다.

그림 43-1 예상 체결가 등락률 상위창

종목명	예상가	대비	등락률	예상체결량	매도잔량	매도호가	매수호가	매수잔량
성신양회	8,700 ▲	450	5.45	33,970	860	8,700	8,660	50
비엔디	405 ▲	20	5.19	56,459	34,611	410	405	7,063
퓨비트	1,340 ▲	65	5.10	74,651	30,945	1,340	1,335	1
유아이에너지	3,570 ▲	170	5.00	106,840	7,010	3,570	3,565	1,105
백금T&A	2,150 ▲	100	4.88	2	498	2,150	2,055	1
모헨즈	2,730 ▲	125	4.80	44,957	4,968	2,730	2,725	1,335
배명금속	1,200 ▲	55	4.80	173,500	7,470	1,205	1,200	60,720
동양시스템즈	1,540 ▲	70	4.76	37,834	8,316	1,540	1,535	1,013
SNH	5,020 ▲	220	4.58	87,875	1,258	5,020	5,010	3,310
세원물산	5,980 ▲	260	4.55	200	119	5,980	5,660	28
넥서스투자	690 ▲	30	4.55	10,000	19,835	690	680	4,573
신라섬유	6,900 ▲	300	4.55	13	89	6,900	6,890	1
자연과환경	1,050 ▲	45	4.48	171,209	21,470	1,050	1,045	14,752
에이스일렉	355 ▲	15	4.41	63,865	26,691	355	350	62
동강출관우	28,950 ▲	1,200	4.32	100	10	28,950	27,750	20

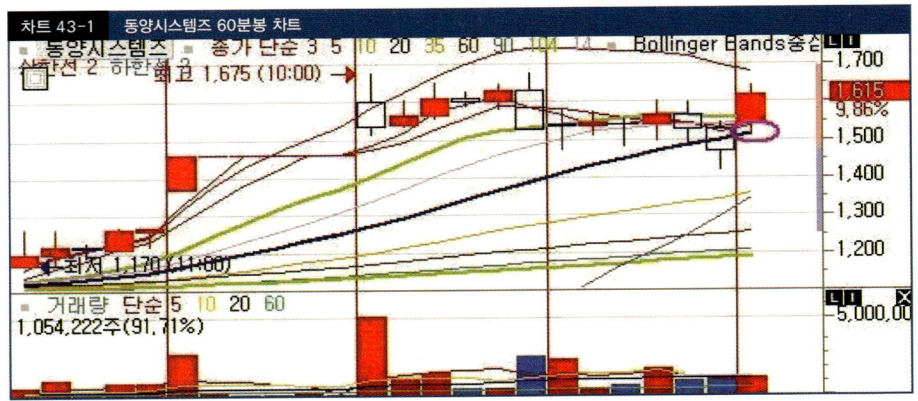

위의 60분봉 차트를 보시면 시가가 20이평선 중심 라인 위에서 시작함을 알 수 있습니다. 강력한 지지대 위에 주가가 있으니 매수 가능 종목입니다. 일봉상으로 전전일에 의해 2개의 음봉이 나왔지만 이전 상한가 양봉의 머리를 지지함을 볼 수가 있습니다. 따라서 금일 시가가 +된다면 양봉을 대략적으로 짐작을 할 수 있었습니다.

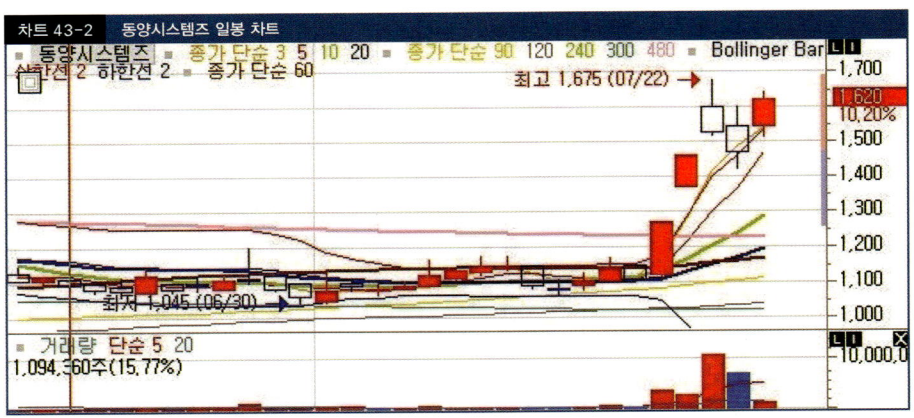

3분봉상에서 20이평선 위에 시가 시작 후 첫 봉으로 잠시 음봉이 나오지만 지지 캔들 이후 시가를 돌파하며 급등함을 볼 수가 있습니다. 일봉상으론 잠시 음봉 전환 후 밑꼬리 발생 후 양봉 몸통으로 전환할 때가 매수 포인트이며 3분봉상으로 시가 돌파 후 양봉이 나올 때 같이 매수해야 할 자리가 됩니다. 필자도 이러한 매매 룰에 의해 매매하였으며 최적의 매수로 오전 많은 수익을 얻을 수 있었습니다.

주식 타짜들의 노하우

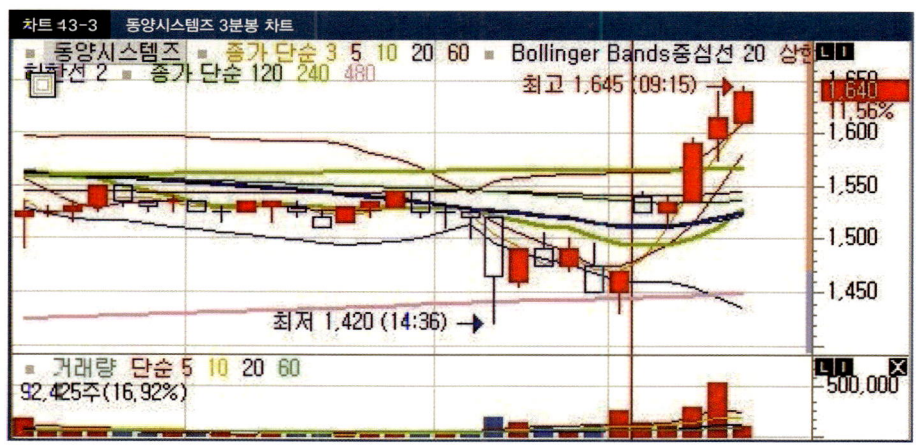

3분봉 실시간 진행 상황에서 캡처한 화면이며 이후 완성된 모습입니다.

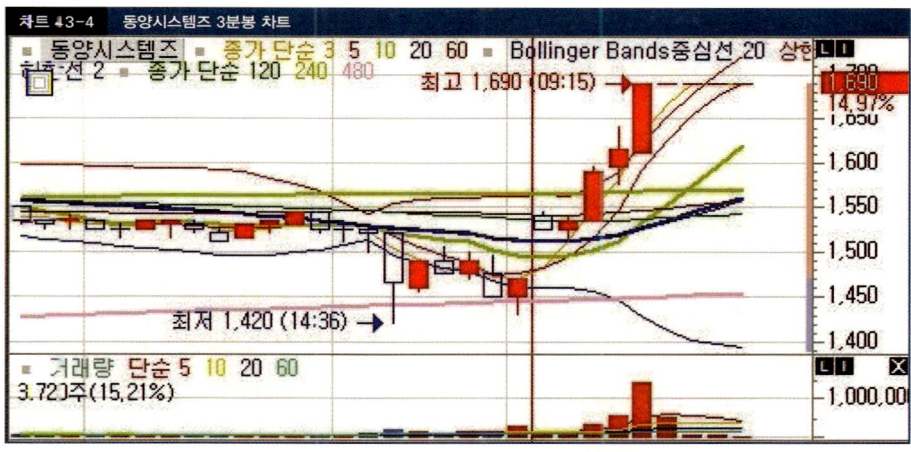

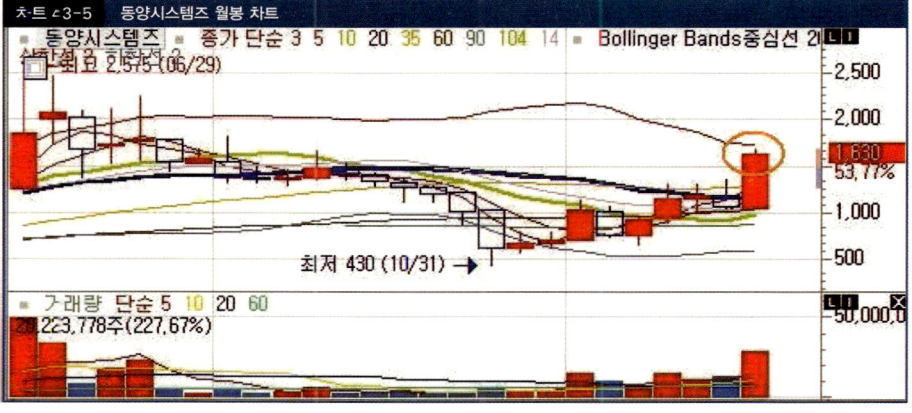

일봉상으로 이전 음봉의 고점과 월봉상으로 볼린저 상단이라는 점 때문에 상한가 진입 후 욕심을 버린 채 전량 매도 처리하였습니다.

위에는 상한가 진입 후 현재가창 모습이며 밑이 현재가창은 상 진입 후 물량이 순식간에 취소와 매도로 물량이 빠지는 모습입니다. 필자는 위에 설명한 매도 조건과 현재가창의 물량 빠짐으로 매도한 것입니다. 결국 이 종목은 후장 들어 한 차례 밀린 후에 재차 상한가로 마감하였습니다.

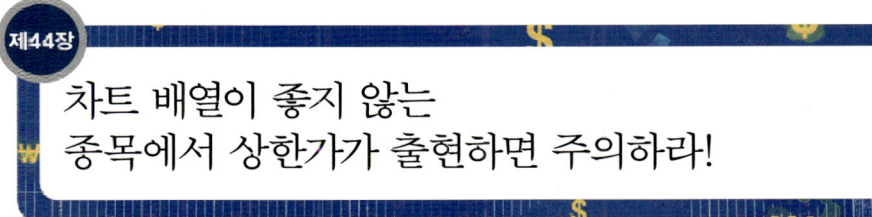

제44장
차트 배열이 좋지 않는 종목에서 상한가가 출현하면 주의하라!

코오롱아이넷

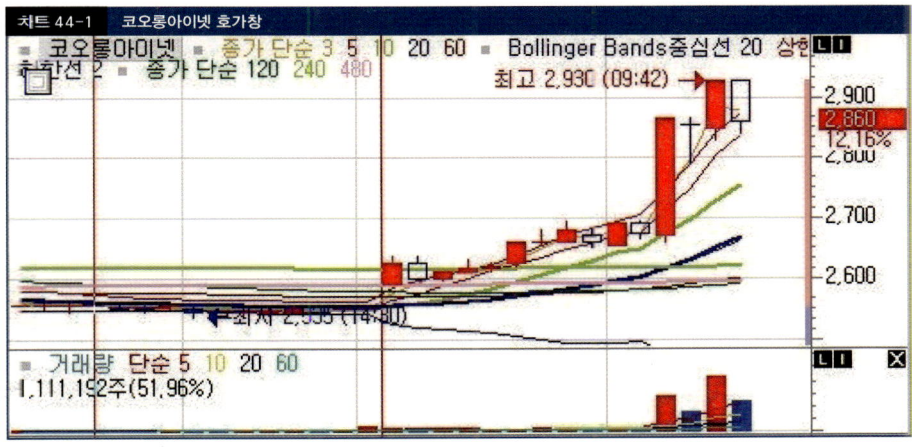

코오롱아이넷은 소량으로 고점에서 현재가창의 흐름을 보고 순간적인 매도 물량이 빠르게 빠져 리듬에 맞춰 매수한 종목입니다. 매수하자마자 바로 상한가 잔량을 빠르게 쌓았고 이후 바로 상한가 물량 취소와 매도 물량이 심상치 않게 나오기에 상한가에 매도 처리하였습니다.

위에 많은 물량을 순식간에 쌓다가 몇 초 만에 바로 빠져 버리는 생생한 모습을 보여 주고 있습니다. 손이 느린 투자가들은 어어 하다 수익권에서 순식간에 -로 전환될 수도 있는 모습을 보여 주고 있습니다.

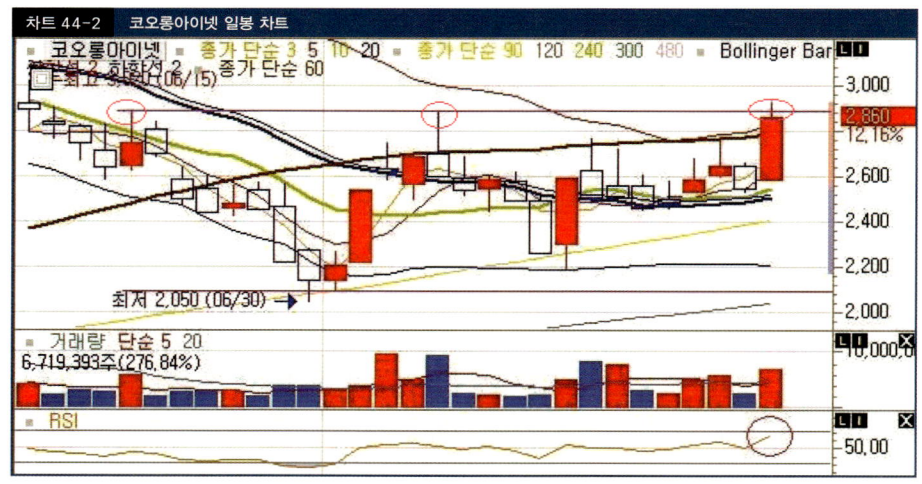

여기서 박스권 돌파 강한 종목을 잡아내는 법을 알아보도록 하겠습니다. 차트를 눈으로 대략적인 큰 틀로 강하게 돌파되어 준다면 좋겠지요. 하지만 위처럼 돌파를 하는데 그 힘이나 감이 안 잡힐 때는 힘의 강도와 추세를 알 수 있는 보조 지표를 사용하는 것도 한 방법입니다. RSI 지표를 통해 보면 박스권에선 30~70 사이에서 등락을 거듭하다 박스권 돌파하면 70 이상을 뚫고 과열권 진입을 하게 됩니다. 따라서 완전한 박스권 돌파를 한 종목들은 RSI 지표상 과열권에 진입할 수밖에 없었지요.

위에 종목을 보시면 상대 강도 지수인 RSI가 아직 70 안에서 놀고 있음을 볼 수가 있습니다. 아직 때가 아니라는 걸 대략 짐작할 수가 있겠습니다. 밑에 차트는 금일 코오롱아이넷 일봉 종가 차트 모습입니다. 결국엔 힘에 부쳐 위꼬리 양봉으로 마감함을 볼 수가 있습니다.

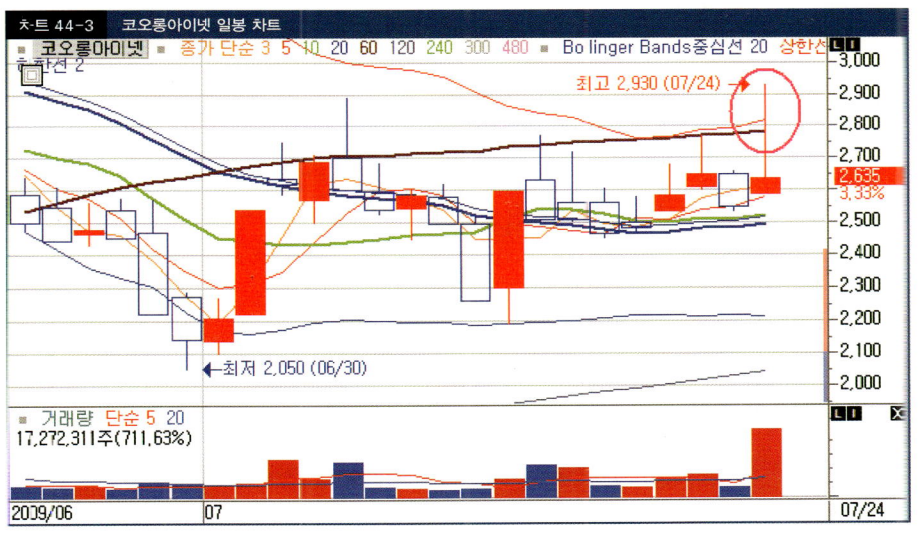

제45장 전일 상한가 간 종목이 시가가 형편없을 때 매매법

중앙바이오텍

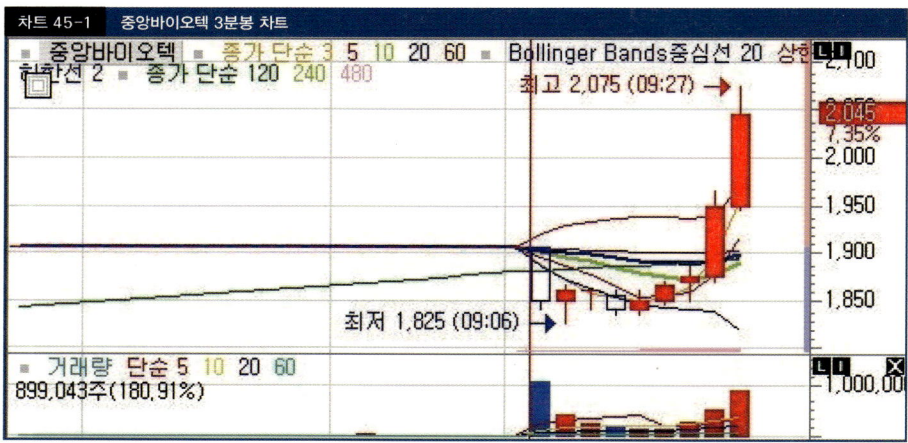

전일 상한가인데 시가가 보합에서 시작하였습니다. 당연히 보유자는 재빨리 매도하여야 합니다. 시가가 보합에서 시작하였으니 일단 보유 개미들의 물량의 출현으로 밀리게 되어 있기 때문입니다. 자! 밀린 후 지지된 자리를 봅시다.

어딥니까? 30분봉 차트상으로 20이평선에서 지지를 받고 있습니다. 이제 20이 평선 라인을 깨지 않는다면 장중 한 차례 올릴 가능성은 매우 높게 됩니다. 매수 방법은 30분봉 20이평선 자리에서 매도세가 진정되고 매수세가 들어오거나 20이 평선 라인대에서 일부 분할 매수할 수도 있으며 또는 전일 종가를 돌파한 자리에서 할 수도 있고 일봉상 음봉으로 전환 후 밑꼬리 탄생 후 양봉 몸통으로 전환되는 시점에 흐름을 보며 매수해도 됩니다.

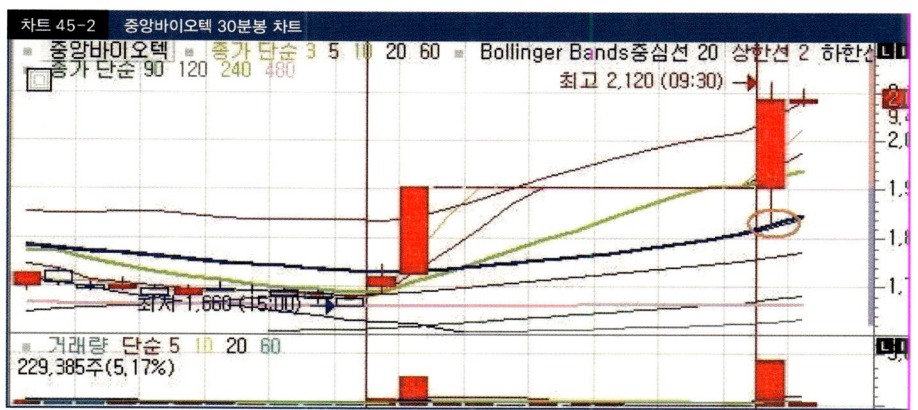

힘의 균형에서 한쪽으로 기울면 그쪽으로 추세가 형성되게 되어 있습니다. 음봉에서 음봉의 몸을 갉아먹는 힘이 발생하였으니 당연히 양봉으로 갈 수밖에 없습니다.

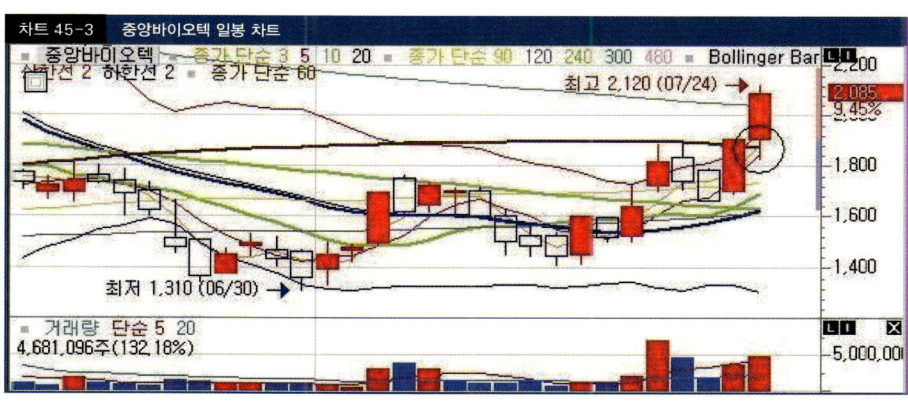

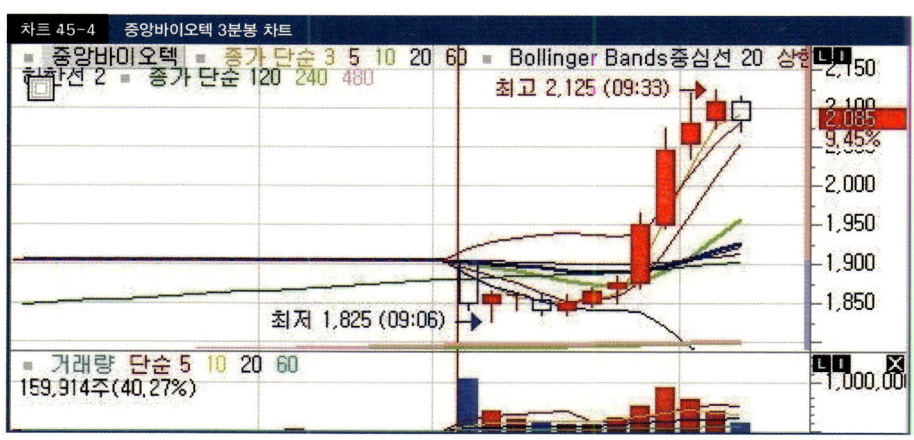

시가=전일 종가 돌파 지점에 매수하여 최적의 매도 자리에서 팔고 캡처한 화면의 모습입니다. 3분봉 차트에서 보면 큰 장대 양봉이 나오고 이후 장대봉의 길이가 작아지면 힘의 소진을 의미함을 이전 글에서도 남겼습니다. 이후 고점에서 기울기가 완만해지면서 음봉이 나왔고 위의 차트의 현재가창의 모습입니다. 매도, 매수세의 총 잔량도 엇비슷하고 현재가창 흐름의 속도가 완만해져 하락 조정을 암시함을 예상할 수 있겠습니다.

위에 차트의 이후 주가의 모습입니다. 쭈욱 밀리고 있군요.

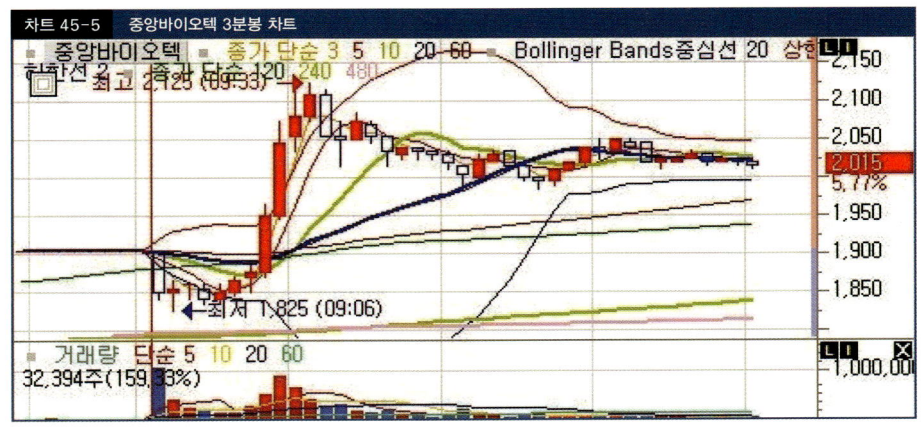

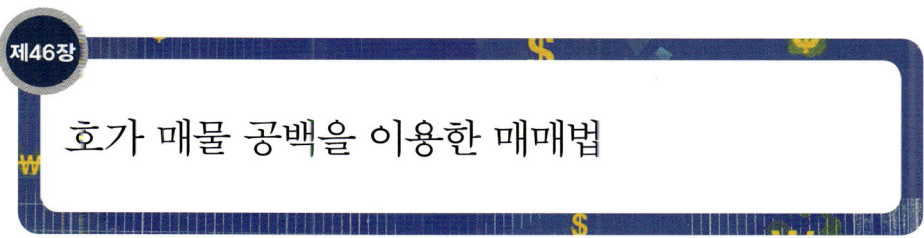

호가 매물 공백을 이용한 매매법

비트컴퓨터

아래의 종목은 저의 효자 종목인 비트컴퓨터입니다. 전일 저가권에 매수하여 금일 오전 중에 수익 실현하여 이틀 동안 꽤 많이 수익을 올린 종목입니다. 전일 매수 요건은 일봉상 보더라도 딱 보면 나와야 합니다. 무엇을 보고 매수를 할 수 있겠습니까?

전일 5일선 지지로 양봉이 나왔고 이전 고점을 돌파하며 금일 상한가나 큰 양봉이 만들어지지 않을까? 구상하였습니다. 오전에 조정을 보이니깐 당연히 오후에 시세를 예측해 볼 수 있겠지요. 장중 일단 저가권에 1차 매수하였고 이전 고점을 돌파하는 힘이 나올 때 배팅하여 상한가로 마감하였고 금일 고가권에서 전량 매도 후 재차 단타로 수익을 내다 금일 후장 들어 다시 전일보다 물량을 줄인 채 매수에 동참하였습니다.

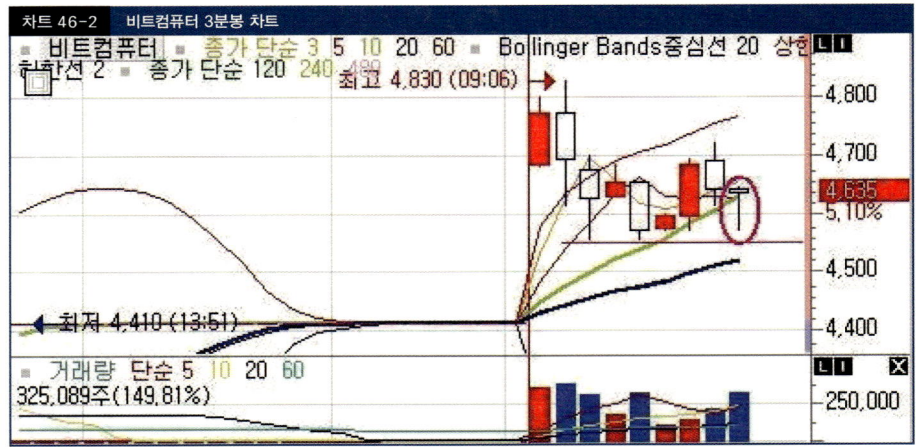

아래는 필자가 스켈 칠 때 캡처한 화면이며 위에 체크한 3분봉 음봉 하단에서 매수하여 수익 실현한 모습을 보여 주고 있습니다. 아래 현재가창을 보시면 매수 총 잔량은 아래와 같이 매도 잔량보다 많이 있었는데 매수한 이유는 다음과 같습니다.

위의 3분봉에서 음봉이 나왔고 하단 부근이 이전 지지된 자리 근방이라 한 차례 반등을 예상케 할 수 있었던 자리였습니다. 또 중요한 건 현재가창의 흐름인데 아래 그림과 같이 위의 매도 호가에 물량 공백이 있었다는 겁니다. 4600원에 다소 물량이 있었지만 매수끼가 있어 매물을 먹어 치우면 바로 호가 공백으로 쉽게 수익을 실현할 수 있었기 때문입니다. 아래 4590원에 매수하자마자 바로 4600까지 강한 매수세로 매물을 먹어 치우며 급등함을 볼 수가 있습니다.

주식 타짜들의 노하우

현재가창의 호가 공백으로 매수세가 조금만 나와도 금방 시세가 튕겨 나가는 것을 볼 수가 있습니다. 이러한 매매는 중, 고수 영역이므로 해당 종목의 흐름을 모르는 트레이더들은 절대 해서는 안됩니다. 일반적으로 매도 잔량 호가가 별로 없거나 매수 잔량 쪽에 각 호가별로 물량이 많이 있으면 누군가 한 방에 매수해 주면 금방 위에 있던 매도 잔량 호가를 먹어 치우면서 급등할 거 같지만 반대로 매수 잔량 호가를 취소하거나 매도하는 방식으로 주가를 떨어뜨리는 게 일반적인 흐름이니 주의하여야 합니다.

비트컴퓨터는 그동안 매매를 많이 해 와서 그 누구보다 흐름을 잘 알기에 매매하여 수익 낼 수 있었던 것이므로 그냥 '이러한 매매도 할 수 있구나.' 정도만 아시면 되겠습니다.

그림 49-2와 같은 모습은 누군가 시장가 매수로 마구 질러대기 때문에 이러한 모습이 연출되는 겁니다. 결국 고수들의 매도 자리에서 무리하게 추격 매수한 개미들만 물리고 마는 모습을 생생하게 보실 수 있습니다. 주식에서 성공은 일반적인 개미의 심리와는 다르게 대응해야 나에게 수익을 올 수 있음을 아시길 바랍니다.

제47장

30분봉 20이평선 돌파 매매법

현대EP

아래 차트는 현대EP입니다. 오전 예상 체결창에서 오전 시세를 기대되었던 자전거 주와 함께 매매한 종목이며 매수를 한 이유는 오전 제가 좋아하는 60분봉 20 중심라인 위에서 시가가 시작되었기 때문입니다.

매수는 20중심라인에서 잠시 음봉으로 나온 후 밑꼬리 달 때 하였으며 만약에 매도세가 계속되면 좀 더 아래 가격인 20중심선 근방에 밑꼬리가 생기나 또는 현재가창에서 소물량이 아닌 나름 의미 있는 물량에 의해 지지가 되나 매수세가 들어오나? 여부를 보고 매매하심 됩니다. 아래 종목은 짧은 수익에 만족하고 매도하였는데 이유는 매수 후 움직임이 약하여 수익권 진입 후 매도 처리하였습니다.

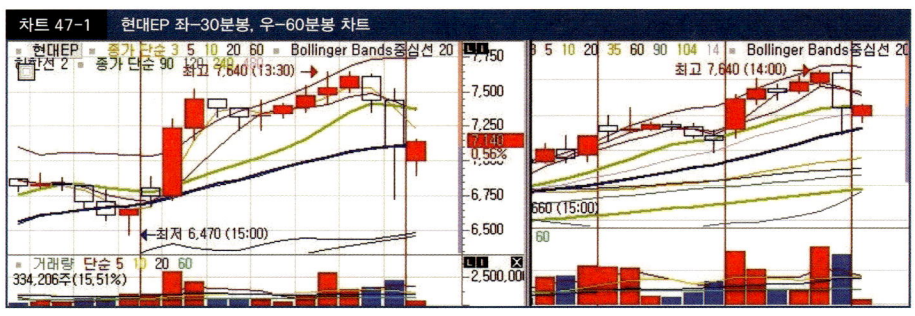

30분봉상 초단기 이평선 저항을 맞고 조정을 보이는 모습을 보여 주고 있습니다.

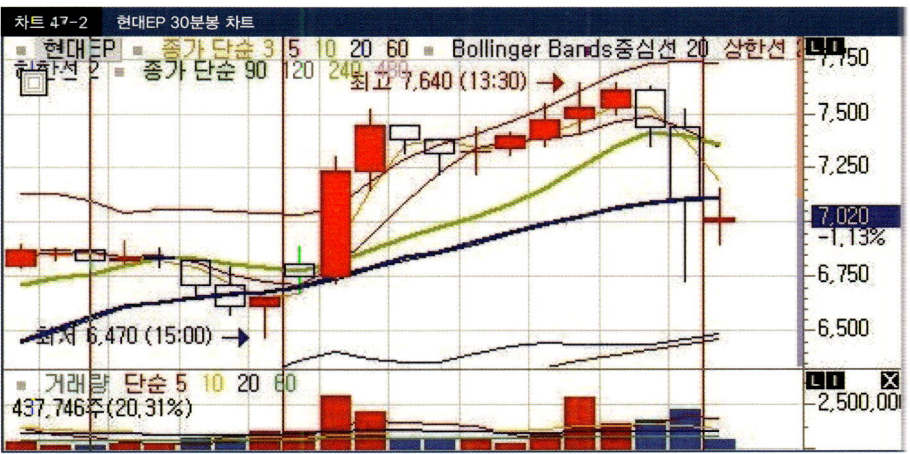

위의 그림이 아래와 같이 진행이 되었습니다. 여기서 보아야 할 것은 아직 60분 봉상 주가는 20중심라인 위에 있다는 겁니다. 이럴 땐 깨지 않는다면 한 차례 이상 시세를 주게 되어 있기 때문에 세밀한 관찰이 필요로 합니다.

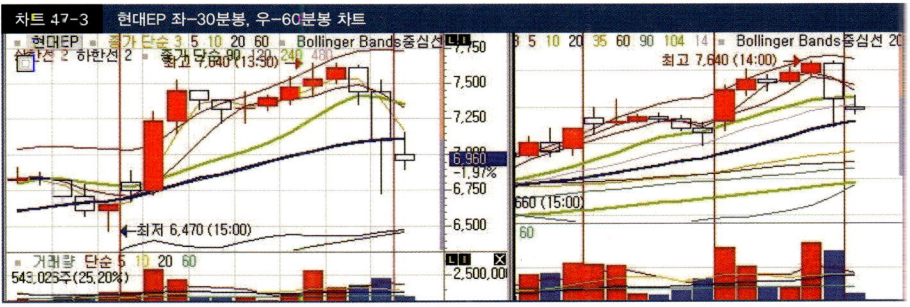

자! 어떻습니까? 위에 차트에서 하락의 공포가 도사리고 있을 때 아래 차트에선 언제 그랬냐는 듯 재차 힘이 나옴을 볼 수가 있습니다. 공부가 좀 되셨는지요? 단순히 한 차례 읽고 끝나는 것이 아닌 본인의 걸로 만드셔서 수익과 직결시키시길 바랍니다. 백날 공부해 봤자 수익 못 낸다면 그 공부는 허망한 것이 되기 때문입니다. 공부는 죽은 과거의 차트를 보고 '이때 사서 저때 파는' 것이 아닌 실시간 진행되는 차트를 보고 생각하며 전략과 심리적인 성취와 공포를 느껴야 비로소 제대로 살아 있는 공부가 될 것이며 이러한 공부야말로 진정한 실력으로 영위되는 길이 될 것입니다. 다소 지루하고 멀고 험한 길이라도 위의 길대로 한 번 꾸준히 노력해 보신다면 주식에서 성공하는 꿈이 꿈 아닌 현실로 곧 그 성공을 맞이하게 될 것입니다.

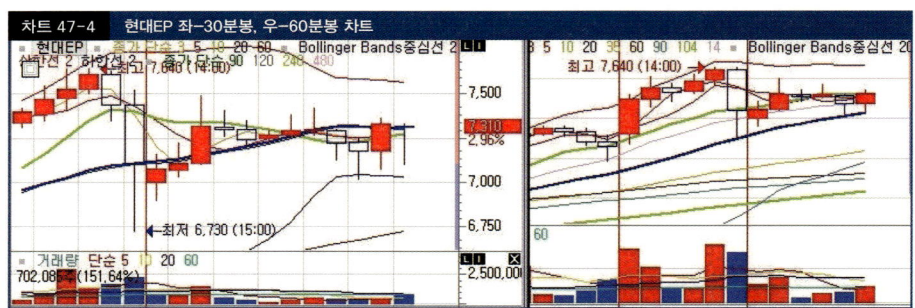

주식 타짜들의 노하우

제48장

테마주 매수 방법이란?

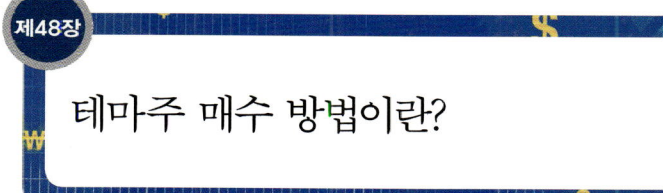

그림 48-1 예상 체결가 등락률 상위창

05일 네이버 뉴스에서 서울 도심 지하 40~60m 깊이에 도심을 격자형으로 연결하는 "거미줄 도로망"이 건설된다는 글을 읽고 당연히 이와 관련된 중소형주 위주로 또 한 번의 테마가 뜨겠구나! 짐작을 할 수 있었습니다. 뉴스 기사가 나가고 동아지질은 상한가에 진입하였고 그 외 중소형 건설주들은 별다른 움직임은 없는 모양이었습니다.

05일 공중파 9시 뉴스에서 대대적으로 이와 관련된 기사가 방영되었고 06일 금일 동아지질과 중소형 건설주들의 움직임을 면밀히 살펴보았습니다. 아침 예상 체결가 등락 상위창을 보니 동아지질 역시나 고가권 그 외 중소 건설사를 보던 중 위와 같이 울트라건설이 가장 높은 시가를 기록하고 있었습니다. 대장은 무조건 제일 높게 제일 빨리 가는 놈입니다.

여기서 매수 방법을 알아보자면 테마군에 속한 종목 중에 시가가 가장 높은 놈

289

으로 그 어떤 두려움을 버리고 자신감 있게 매수를 실행하면 됩니다. [사실 이렇게 대대적으로 보도되는 테마일 경우 예상 체결창에서 관련주 대부분 시가가 높으면 가장 센 종목에 가격 상관없이 그냥 매수해도 됩니다. 이것이 바로 놀라고도 적중률 높은 대박 테마주 초기에 잡는 비법입니다.]

아래 기사는 관련주가 시세를 주고 연이어 관련 기사가 쏟아져 나옴을 볼 수가 있습니다.

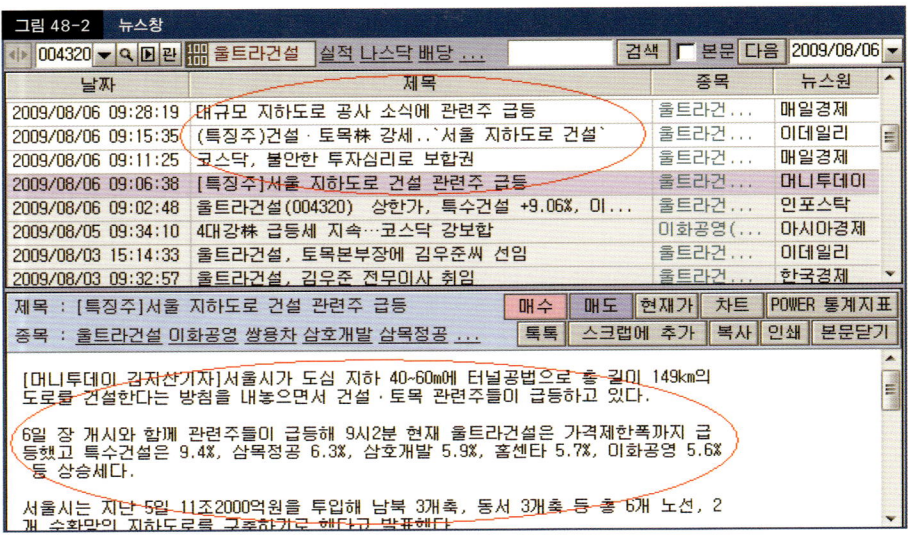

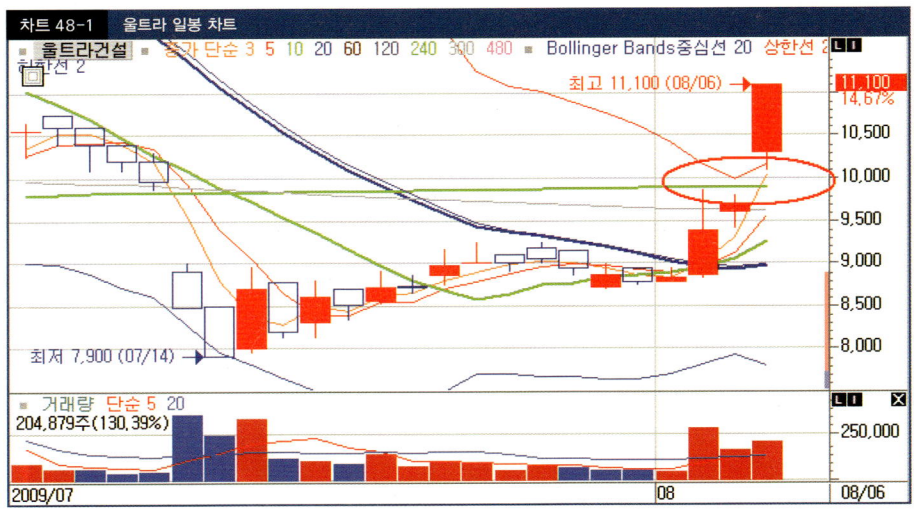

울트라건설 일봉 차트상으로 보더라도 장기 이평선이 두텁게 쌓여 있어 쉽게 뚫기 힘든 모양새를 하고 있는 모습입니다. 예상 체결가창에서 시가를 보았는데 시가 출발이 일봉상 강력한 240일선 위에 있습니다. 시가부터 과감하게 따라붙을 수 있는 조건이 됩니다. 강력한 저항선 위에 주가가 있다는 건 강력한 지지선 역할을 함을 의미하기 때문입니다. 240일선에서 시작하여 480일선까지 돌파한다면 다음 날도 좋은 그림을 그릴 수 있다는 조건을 말해 줍니다.

장 시작하자마자 잠시 음봉 전환 후 3분봉 볼린저 상단까지 내려온 후 재빠르게 양봉 몸통을 만들고 있습니다. 이때 현재가창의 흐름은 매우 빠르게 진행이 되므로 미리 매수 세팅이 준비된 상태에서 매매를 해야 최적의 매수 자리에서 안전하게 매대할 수가 있습니다.

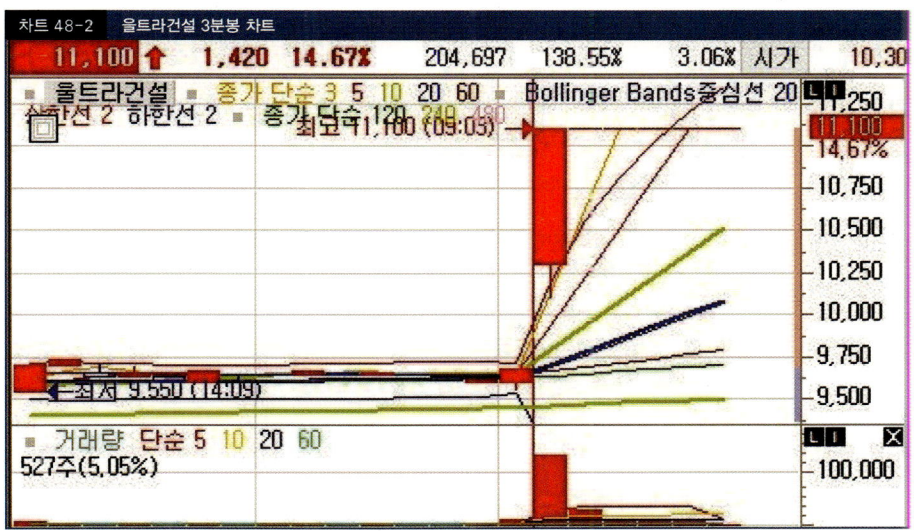

동아지질

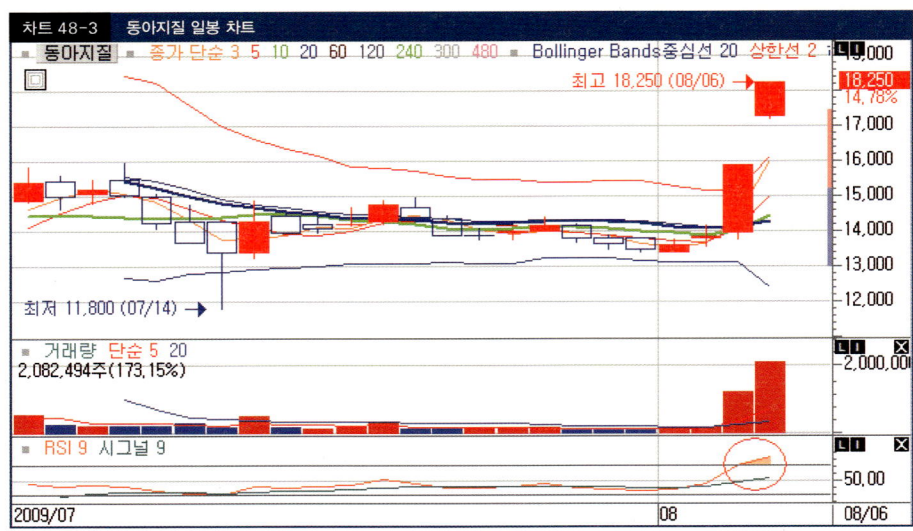

　　동아지질은 일봉상으로 매우 강한 흐름을 보여 주고 있습니다. 시가가 +8.81%로 시작하였는데, 통상 +10% 내외에서 시작을 하면 보통 시가를 깨면서 음봉 전환 후 밑꼬리 달고 양봉 흐름이 통상적인 모습입니다. 시가 이후 많은 매수세로 매도 물량을 받아 주면서 별다른 밑꼬리 없이 양봉으로 마감하였습니다. 시가 이후에 고가권에서 매물이 나오고 조정이 나오면 봐야 할 게 무엇입니까? 바로 강력한 지지선인 시가를 깨나? 안 깨나? 여부를 보며 해당 주가를 면밀히 관찰해야 됩니다. 역시 강한 종목답게 시가 지지 후 이전 고점 돌파 후 상 진입하여 마감한 모습입니다.

　　이때 매수 방법은 시가까지 조정을 하고 이탈치 않고 우상향하면 이때 1차 분할 매수를 할 수도 있고 이전 고점을 돌파하면서 현재가창 속에 빠른 매수세로 매도 잔량을 먹을 때같이 매수할 수도 있습니다. 또 일반적인 상 종목일 경우 오전 고점을 재차 돌파하면서 재차 상 풀리는 경우가 많습니다. 이러한 매수는 강한 테마와 해당 종목의 힘을 보고 매수해야 되기에 많은 매매 경험이 필요로 합니다. 여기서 종목의 힘의 파악이 어려울 때는 보조 지표인 RSI 지표의 과열권 여부로 쉽게 판단을 할 수도 있습니다. 과열권 진입이란 이전 박스권 매물대를 돌파하였다는 의미이므로 힘의 분출을 뜻하며 추세적으로도 확산의 의미를 갖습니다.

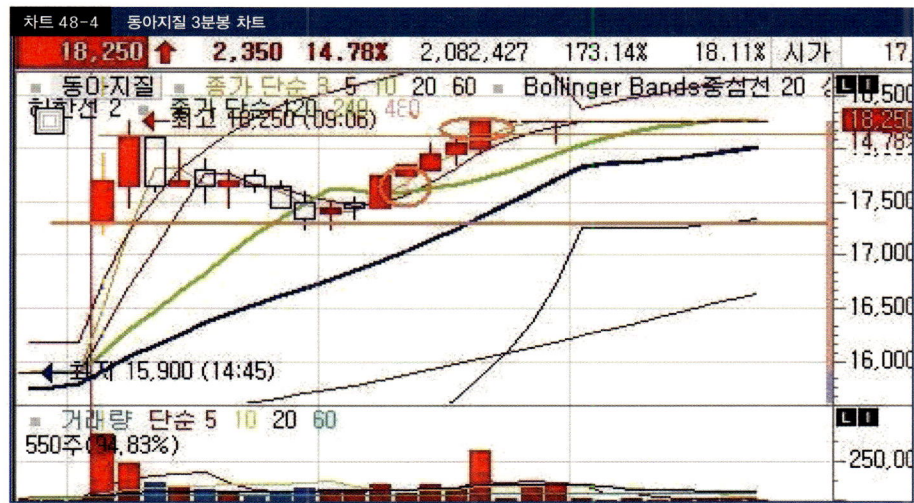

관련 테마주의 주가 모습입니다. 아래 이트레이드 상승률 상위창에서 차트를 보시면 관련주 중에 울트라건설이 가장 빨리 높게 상에 진입함을 한눈에 파악을 할 수가 있습니다.

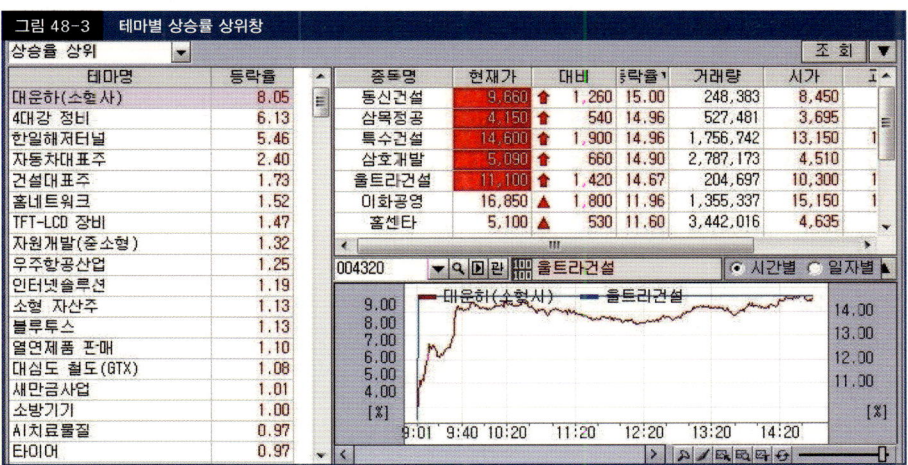

서울터널 테마 종목들은 시세의 연속성이 높으니 늘 관심 있게 지켜보시길 바랍니다. 단타든 무엇이든 시장에 관심주, 사람들이 많이 몰리는 종목에서 매매해야 안전하게 성공적인 매매를 할 수 있는 것입니다.

제49장
테마주 매매 시 종목의 힘과 흐름을 읽어라!

쌍용차

투자가라면 뉴스에 귀를 기울이고 어떠한 뉴스가 돈이 되고 안되는지 구별을 할 수 있어야 하겠죠. 07일 관심 종목은 당연히 전날 떼거지 시세를 기록한 서울 대도심 터널 테마주와 노사협상 타결을 완료한 쌍용차였습니다.

역시나 시장의 뜨거운 관심을 받고 있는 종목들이라 장 초반 동시 호가부터 상한가를 유지하며 장 시작하자마자 어김없이 점상으로 직행하였습니다. 쌍용차는 아쉽게 매매할 기회가 없었고 관심 종목에 두었던 서울도심터널 테마주로 타깃을 정하고 매매 준비를 하였습니다.

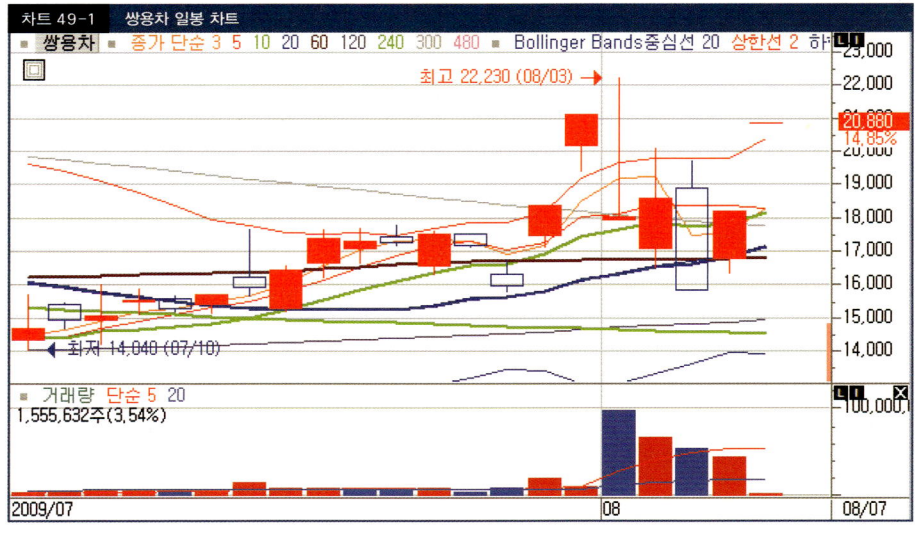

주식 타짜들의 노하우

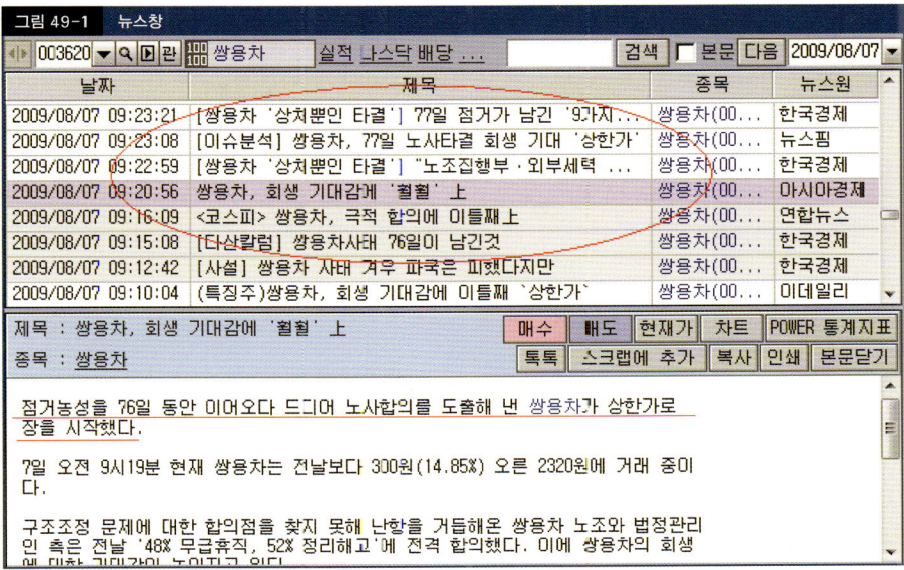

08월 07일 장 초반 테마 상승률 상위창 흐름입니다. 서울 대도심 지하도로 테마 주들은 전날 거의 모든 종목이 상한가에 진입하였으며 다음 날 주가도 대장인 울트라건설이 장 시작과 함께 점상한가로 출발하였습니다. 대장 외 다른 종목들은 저가권과 고가권 골고루 분포를 하고 있어, 매매 타깃을 유동성이 높은 동아지질과 특수건설을 선정하여 관찰하였습니다. 동아지질은 전날인 06일 시가는 +8.81%로 시작하였습니다. 따라서 07일 시가도 이와 비슷한 가격대라면 시가부터 힘을 보고 과감하게 진입할 수 있는 조건이 주어지게 됨을 주목하였습니다.

06일 유심히 본 건 일봉상 아래꼬리가 거의 없이 시가 시작 후 밀림이 없이 바로 양봉을 그린다는 겁니다. 따라서 금일 시가도 밀리지 않고 전날 일봉상 양봉처럼 진행이 되면 과감히 따라붙어 볼만했습니다. 필자가 매매 기법 이전에 보는 게 바로 이러한 종목의 힘과 흐름입니다. 모든 개미들이 열망하는 불패의 매매 기법을 첫 번째로 본다는 게 아니라는 말입니다. 무엇보다 실패를 줄이려면 이러한 흐름 분석이 우선시되어야만 합니다. 아래 화면은 위의 설명대로 매수 후 실시간으로 현재가창을 캡처한 화면입니다.

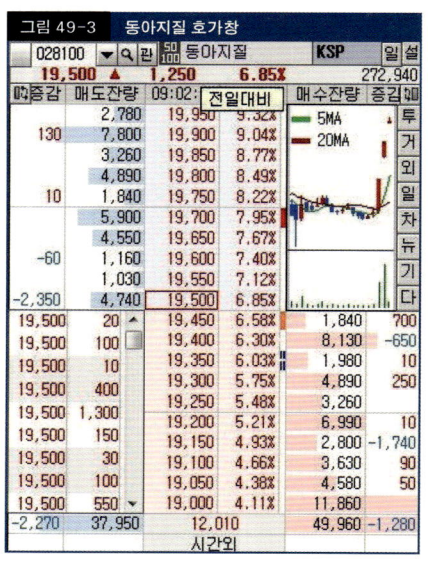 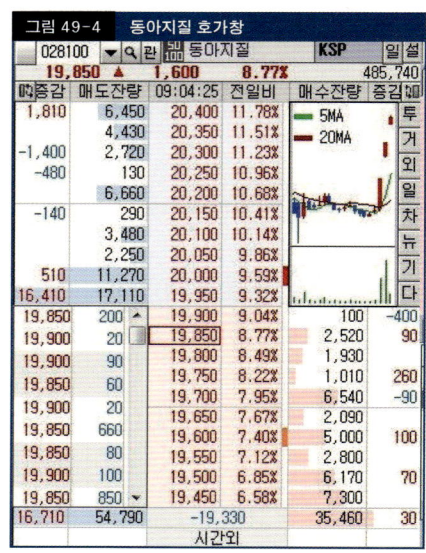

어떻습니까? 07일 양봉도 06일 양봉처럼 시가 시작 후 밀림 없이 바로 힘을 내줌을 알 수가 있습니다. 매수 후 초단타로 쉽게 수% 올리고 빠져나올 수 있었던 종목입니다. 아래 차트는 위의 현재가창의 흐름의 3분봉 차트입니다.

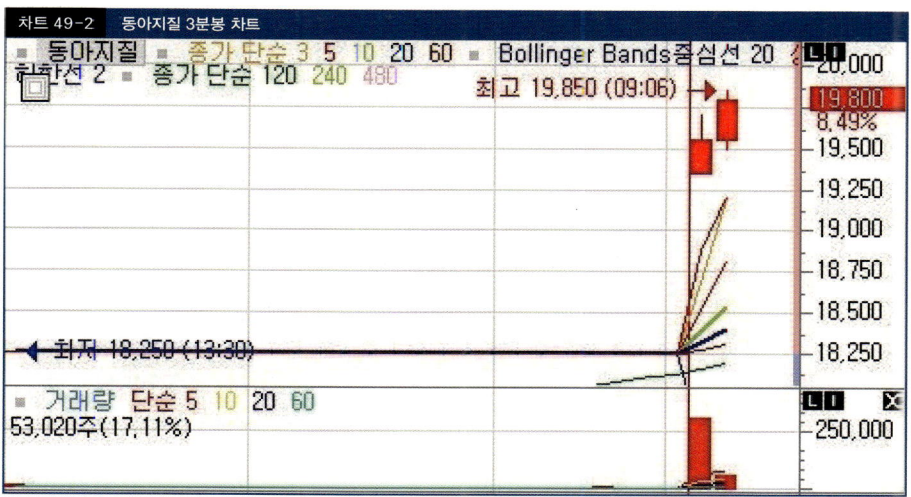

　　3분봉상 2번째 캔들과 거래량을 보시기 바랍니다. 첫 번째 봉에 비해 거래량은 현저히 적습니다. 아래 차트에선 2번째 봉의 거래량이 어느 정도 채워진 모습입니다. 거래량이 증가하는데 더 이상 호가 상승이 없이 주춤한다면 일단 초단타 입장에선 매도 후 재차 생각을 하여야 합니다. 거래량이 많이 발생된 지점이 깨지면 저항대가 되고 이러한 라인을 붕괴될 땐 실망 매물과 함께 투매도 유발되므로 많은 주의를 기울려야 합니다.

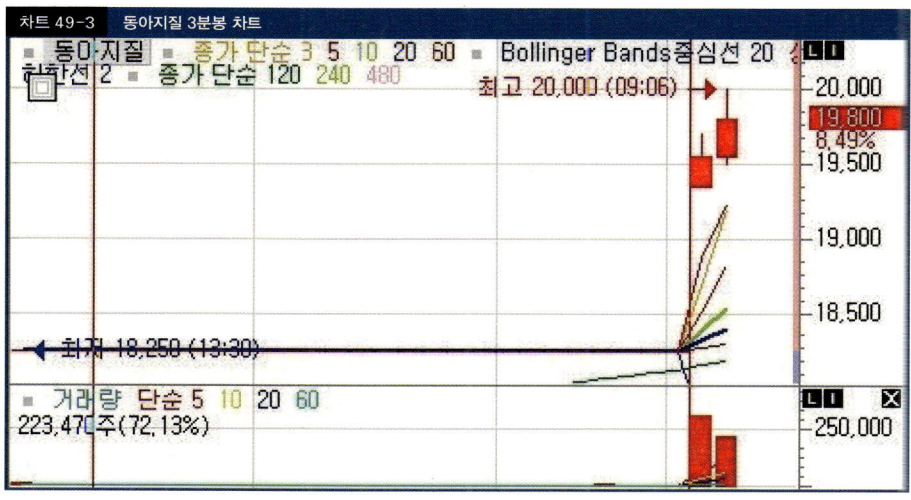

30분봉에서 볼밴 상단 저항대를 머리에 두고 살짝 위꼬리를 내려온 모습입니다. 쉽게 진입하긴 어렵고 초단타로 진입한 트레이더들은 상승하는 양봉에서 위꼬리가 나오면 미련 없이 일부를 매도하던 전량을 매도하던 일단 던지고 봐야겠죠.

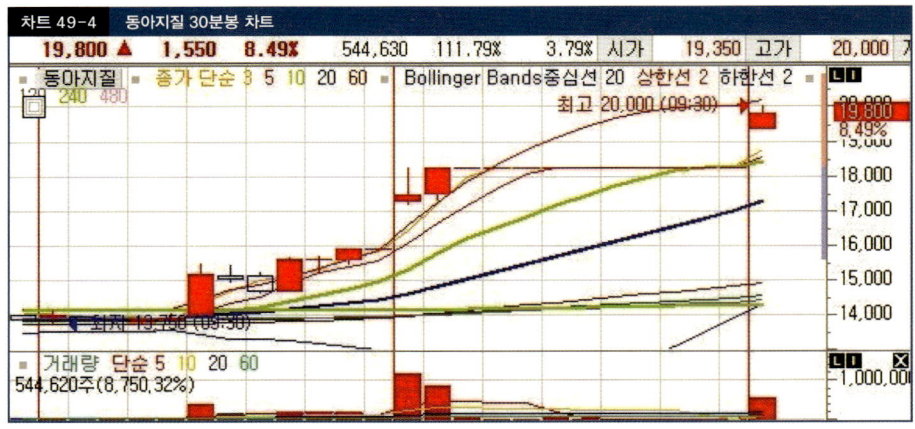

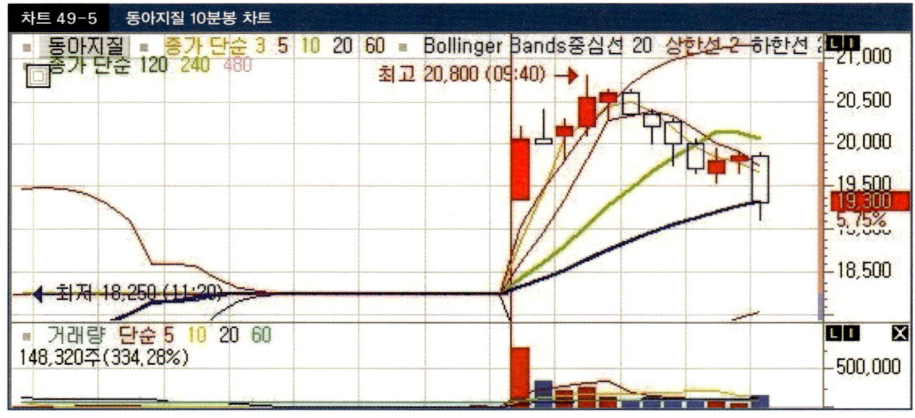

이후 장중 동아지질의 주가 흐름입니다. 고수급 트레이더건 중, 초보나 장중 매매 타임 잡아서 수익 내기란 여간 어려운 게 아닙니다. 진입할 때가 아닌데 늘 무리하게 진입하므로 결국엔 수익도 당일 -로 바뀌게 되는 것입니다. 매매는 매수세가 가장 강한 오전에 집중하고 이때 손실을 나면 그날 매매는 종료하는 게 이 시장에서 오랫동안 생존할 수 있는 한 비결입니다.

아래 그림은 동아지질 일봉 차트의 시간의 흐름에 따라 변화를 나타내는 것입니다.

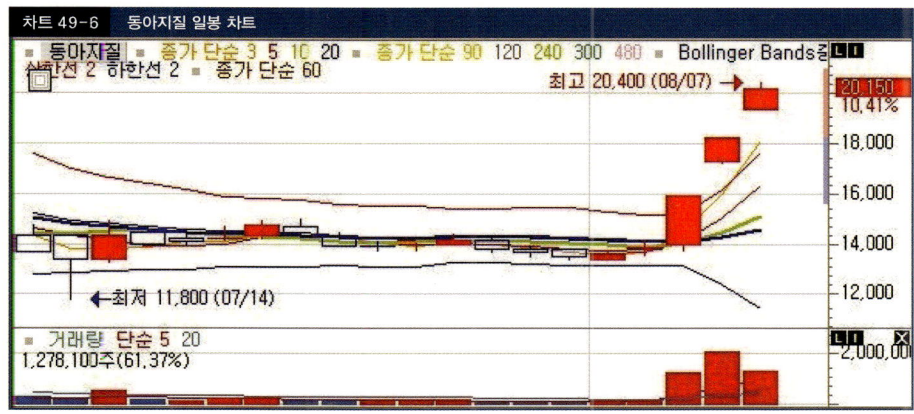

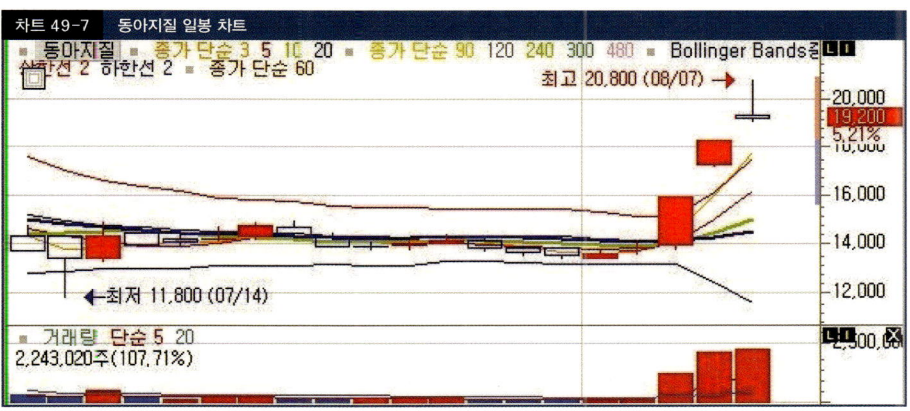

일봉상 위의 그림처럼 양봉의 시가를 깨고 음봉으로 전환이 되면 그날 주가는 말할 것도 없고 다음 날 주가까지 영향을 미치는 게 일반적인 흐름입니다.

아래 차트도 07일 캔들이 완성 후 10일 차트의 모습입니다. 이후 주가는 당연히 현재 가격대보다 높게 끝날 수 있을 것임을 짐작할 수가 있습니다. 이유는 간단합니다. 06일 상한가 종가를 연 2일 지지하였으며 10일 양봉으로 전일 음봉의 몸통을 먹었다는 데 있습니다. 그냥 단순하게 단기 이평선 위 or 볼밴 상단 위에 캔들이 있으니깐 더 가겠다고 생각하면 되겠지요.

울트라건설

07일 나 홀로 상한가를 유지한 울트라건설은 다른 관련 테마주들이 힘이 없어 출렁되니 덩달아 일시적 투매로 진행되는 모습을 볼 수가 있습니다. 아래 차트는 필자가 매수 후 실시간으로 매매하랴 바쁜 와중에 님들에게 보여 주기 위해 이렇게 캡처하여 생생한 현장 속 화면을 보여 주고 있는 것입니다. 점상으로 갔던 초장기 시세의 테마주들은 절대 한 방에 지옥의 나락으로 보낼 수 없음을 필자는 그간 수많은 매매 경험을 통해 잘 알고 있습니다. 만약에 피치 못한 사정으로 간다고 하더라고 위, 아래로 충분히 사고 팔 기회를 주고 떨어지므로 트레이더라면 이러한 변동성을 놓치면 안되겠지요.

초단타 트레이더라면 이러한 매매로 아주 쉽게 의외로 많은 수익을 얻기도 합니다. 필자가 제일 짜릿하고 단시간에 재밌게 돈을 버는 매매법이 바로 이러한 급락하는 종목에서 찾습니다. 일반적으로 상한가 간 종목이 상한가 물량이 풀리면 대략 10% 위에서 멈췄다 재차 순간적인 반등력으로 인해 다시 상한가 가격대까지 상승을 시도하곤 합니다. 정말 지옥 보낼 종목이라면 이러한 룰이고 뭐고 상관없이 자기 멋대로 움직이겠지만 대략 산술적인 내용에서 "그렇구나." 하고 이해만 하심 될 것입니다.

매매 기법만 배워서 실패하는 이유가 변화무쌍한 주식에 일관된 기법을 적용하므로 늘 틀리고 깨지게 되는 것입니다. 일관된 매매 기법도 중요하지만 매수 룰에 포착된 종목이더라도 언제든 다양하게 변수 값이 생기므로 이럴 땐 덜컥 매수하면 짧은 시간에 큰 손실을 입을 수도 있는 것입니다. 급락주 매매법은 특별히 이때 사서 저때 팔아라! 하는 룰이 없습니다. 이러한 매매는 트레이더의 그간 많은 매매 경험에서 나타나는 매매 감각으로 흐름과 세력의 힘에 읽고 감각적으로 매매를 해야 하기 때문입니다. 아래 그림은 차트 흐름에 맞게 현재가창 진행 상황을 실시간으로 캡처한 화면입니다.

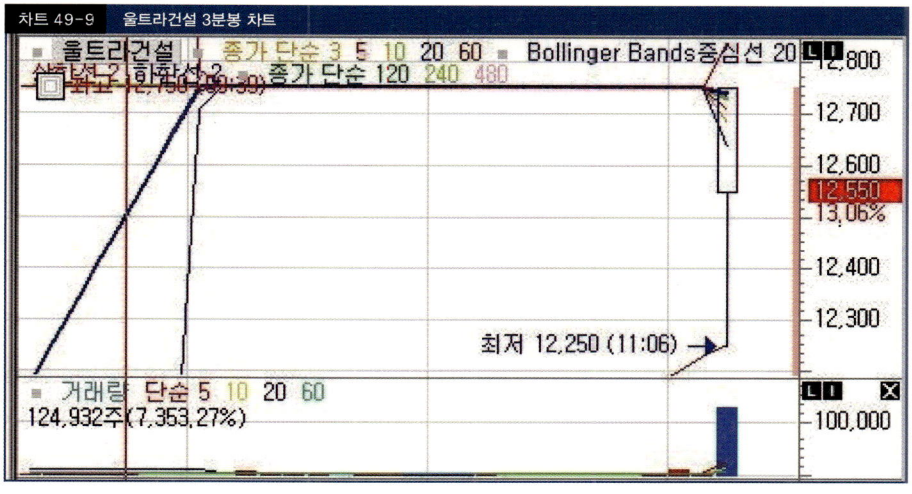

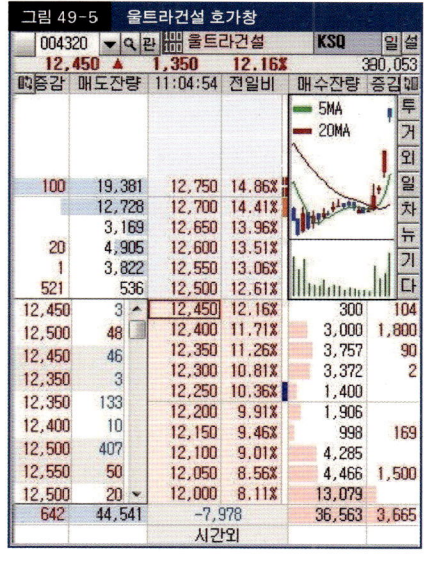

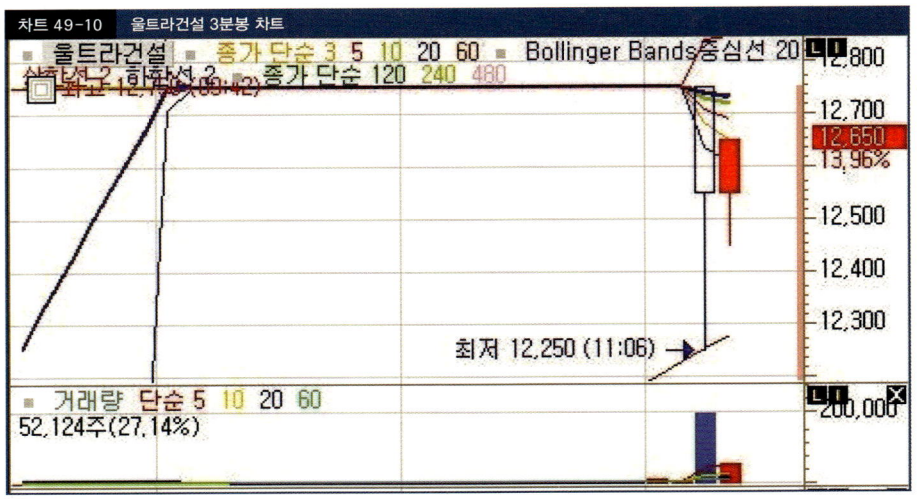

차트 49-10 울트라건설 3분봉 차트

그림 49-6 울트라건설 호가창

주식 타짜들의 노하우

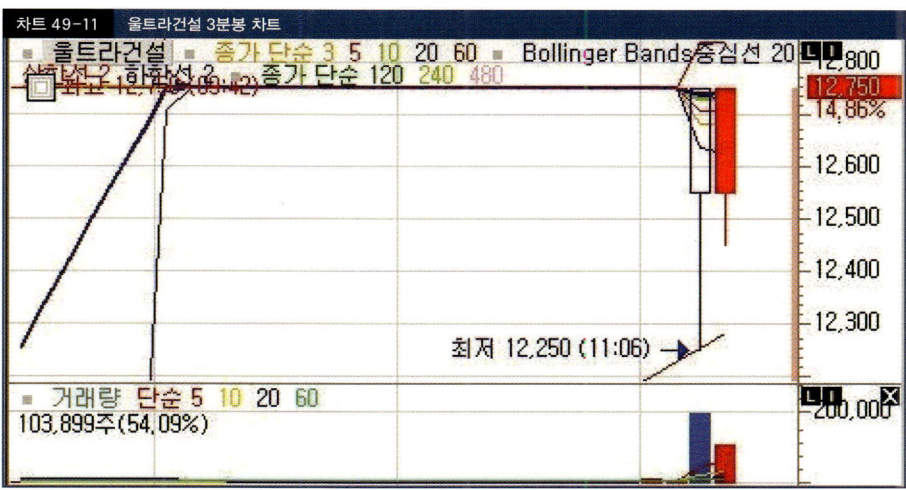

 쉬어가는 코너

운동과 주식

    운동을 잘하면 멋있어지고 건강해진다.(주식을 잘하면 멋있는 인생과 많은 돈으로 풍요로워진다.)
    운동에는 그 종류가 다양하다.(주식의 매매 기법 또한 다양하다.)
    따라서 본인에게 맞는 운동을 찾는 게 중요하다.(자신만의 투자 기법을 찾아 그것에 집중하는 것이 투자 성공의 지름길이다.)
    남들이 다하는 운동이더라도 본인의 체질과 체력이 안되면 오히려 독이 된다.(남의 투자 기법이 내 기법이 될 수가 없다.)
    제가 이 말을 남기는 이유는 수많은 고수들의 매매 방법이 결코 님들의 매매 기법이 될 수 없음을 얘기하기 위함입니다. 축구 선수가 운동선수니깐 운동을 잘하겠지요. 하지만 축구 선수가 운동(주식)을 잘한다고 해도 다른 종목(매매) 야구를 시킨다면 잘 못할 것입니다. 분명 그 분야의 야구 선수들에 비하면 턱도 없는 실력이겠죠. 다 자신의 특성에 맞는 잘하는 운동이 있음을 알아야 합니다. 다시 말하자면 주식의 수많은 매매 기법 중에 자신에게 맞는 매매 방법이 있는 것이고 그것을 찾아야 한다는 겁니다.
    수많은 고수들의 책을 읽음으로써 본인들의 수익으로 연결이 되어야 하는데 그렇지 못한 이유는 위에 말한 내용과 일맥상통하기에 그러합니다. 자신의 매매 방법을 찾는 건 야구도 해 보고 배구도 해 보고 탁구도 해 보고 일일이 다해 보고 '그래, 난 이게 맞다. 이게 제일 편해.' 이런 찾는 노력에서 시작합니다. 그럼 좀 더 빠르게 고수의 위치에 도달하겠죠? 이처럼 진행 방법을 알아야 책을 보더라도 자기 것에 맞는지 아닌지 구별할 수 있으며 좀 더 배움을 몸소 깨닫고 수익과 연결시킬 수 있는 것입니다.

제50장
"사면 하락이요, 팔면 상승이요"

　아래 2종목인 에이텍과 에이모션으로 개미투자가들이 어떻게 기가 막히게 고점에 과감히 매수한 후 당하는지 생생히 알아보도록 하겠습니다. 차트의 이해가 힘들다면 나와 있는 대로, 보여 주는 대로 패턴을 익히는 것도 한 방법입니다. 이미 많은 고수분들도 아시겠지만 이 글은 고점 매수, 저점 매도를 반복하시는 분들의 글입니다. 보통 초보 트레이더들이 가장 많이 범하는 매수가 상승 초기에 머뭇거리다 어느 정도 막판 피니쉬 불꽃에 흥분된 매수를 많이 하게 됩니다.(뇌동 매매) 이전 글에서 늘 반복하는 말이지만 매수는 개미들이 가장 사고 싶은 구간이 바로 매도 구간이며 개미들이 공포에 떨어 매도하고 싶은 구간이 바로 매수 구간이 됩니다. 이 룰은 영원히 변치 않는 불변의 진리이자 불패의 매매 기법의 핵심 원리이기도 합니다.

　아래 차트를 보시면 어느 정도 양봉을 만들며 상승하면 상승 구간에선 자칫 추격 매수의 룰을 범할 수 있어 매수함에 있어 고민되고 참 알송달송한 구간이기도 합니다. 필자는 아래 그림과 같이 상승 중간이라면 일단 현재가창을 통해 흐름을 읽고 특정 이평선의 지지와 이전 양봉의 고점을 넘어서면서 매수세가 증가하는지 여부를 살핀 후 매수를 합니다. 이런 매수 방법으로 일정한 각으로 양봉을 만들며 상승하는 종목들을 대강 쉽게 매수할 수 있습니다. 위의 매매 방법은 고전적이고 현재까지 매수의 쓰임새가 유용한 한 방법입니다.

　아래의 차트 진행으로 계속 상승을 하게 되면 상한가 갈 확률은 불과 2% 내외밖에 되지가 않습니다. 확률상 매물 소화 과정으로 구조건 상을 가더라도 깨지게 되어 있고 종가상으로 위꼬리 단 캔들 발생 확률이 높아지게 됩니다. 캔들의 진행 순서는 대게 일반적인 흐름을 갖는데 큰 장대봉이 나오면 다음 봉은 중간 크기의 봉이 나오게 되며 그 다음 봉은 단봉이 나오게 되며 그 단봉 이후에 주가의 변환점이 되어 상승이면 하락을 하락이면 상승의 형태로 나타나게 됩니다.

일부 전문가들은 이평선이 깨질 때 매도하라 하지만 실전에선 한 개의 캔들에서 수익과 손실의 폭이 크게 작용하므로 이러한 이평선 룰을 적용한 매매는 자칫 큰 손실을 볼 수도 있는 매매 방법이기도 합니다. 초단타에서는 3분봉의 하나의 캔들에서 수많은 매매도 반복할 수 있는 능력이 있어야 됩니다. 흐름이 빠른 종목에선 양봉으로 빠르게 시세를 분출하는 종목들도 그 봉에서 매도할 타임도 주지 않고 바로 위꼬리 단 채 장대 음봉으로 큰 폭의 하락을 가져올 수도 있기 때문입니다.

에이텍

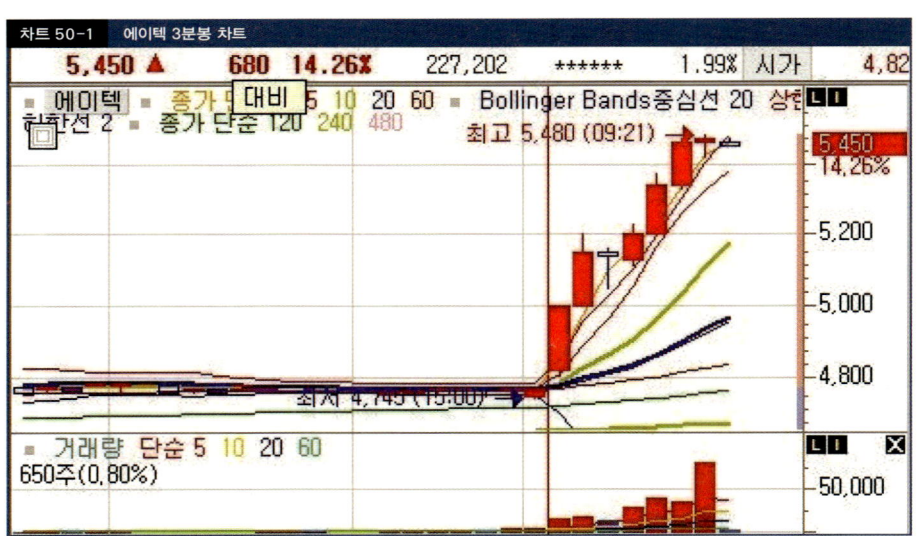

아래 현재가창은 위의 3분봉 차트의 실시간 현재가창을 캡처한 모습입니다. 일반적인 상한가 가격대에 대규모 매도 잔량이 남아 있어 상한가 가는 액션을 보여주고 있습니다. 하지만 이미 진행된 3분봉 차트의 흐름을 본 트레이더는 상한가 욕심을 버리고 일단 매도 후 관망할 수 있어야겠지요.

주식 타짜들의 노하우

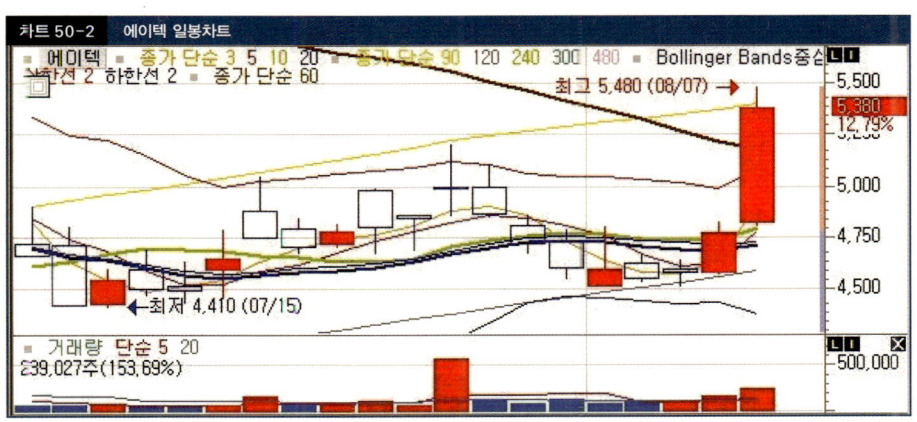

일봉을 캡처했는데 그동안 주가의 변화 폭이 생겨 위꼬리가 발생되었군요.

아래 차트는 위의 주가의 진행 마감한 차트 모습입니다. 오전에 별다른 매물 소 호 과정 없이 올린 종목들은 보통 아래와 같이 장중 내내 지루한 조정 과정을 거치게 됩니다. 상승을 타고 올라간 이평선을 깬다면 받치고 있던 이평선 지지는 거의 없게 되며 아래와 같이 힘없이 흘러내리게 됩니다.

307

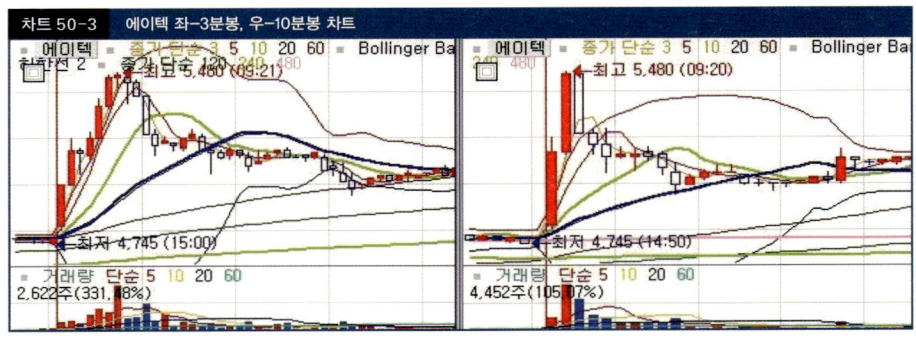

전일 주가의 영향으로 다음 날도 힘없이 음봉으로 마감되었군요.

아래와 같이 첫 봉이 장대 음봉이라면 아래와 같이 진행되는 패턴이 상당히 많으니 미리 눈에 익혀 두시는 것도 좋은 공부의 한 방법입니다.

첫 봉이 장대 음봉이면 계속 꾸준히 하락보단 아래와 같이 한 번은 상승 시도를 하기 마련입니다. 아래와 같이 하락의 공포가 떨게 되면 보통 추가 하락의 공포 때문에 개미들이 투매하게 되어 있으며 추격 매도의 흐름이 빨라지면 그만큼 매물 공백이 생기므로 재빠르게 매수하는 세력(스켈퍼)이 등장하게 됩니다. 일반적으로 차트상으로 볼린저 하단선 근방에서 이러한 모습을 자주 출현하곤 합니다.

조금의 매매 경험이 있는 분이라면 첫 장대 음봉의 상단을 넘어서면서 장대봉이 나오면 과감한 매수보다 보유자는 매도를 준비하여야 하고 빠른 스켈퍼라면 순간적인 호가 변화를 이용한 매매가 가능하게 됩니다.

에이모션

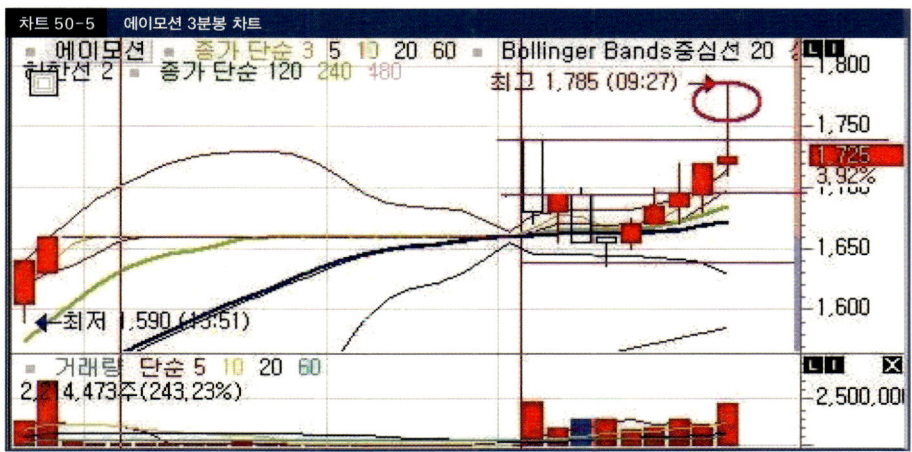

아래 현재가창은 위 3분봉 차트의 현재가창의 모습입니다. 흥분한 초보 트레이더들의 무분별한 시장가 매수 주문으로 인해 현재가보다 위의 상위 호가에서 매수 체결이 진행되다 서서히 주가가 내려오는 모습을 보여 주고 있습니다. 아래 현재가창을 보시면 +6.63%대 많은 매수 잔량이 매수 호가를 받치면서 올리는 척하다 서서히 팔면서 주가가 내려오면 받치던 매수 잔량은 빠르게 주문 취소를 내버린 채 교묘하게 물량을 빼면서 야금야금 물량을 팔아먹고 빠지는 모습을 보실 수가 있습니다.

일반적 초보 트레이더들의 생각은 '밑에 호가가 받치고 있으니깐 주가는 지지되고 곧 상승할 거야!' 이러한 생각인데, 위에 제가 뭐라고 했습니까? 주가는 늘 일반적인 생각과 다르게 움직이는 게 주가라고 했습니다. 늘 반대로 생각하고 진입해야 올바른 매매 방법이 됨을 기억하시길 바랍니다.

만약 현재가 흐름을 못 보시는 분들은 단순하게 거래량이 증가하는데 주가가 오르지 않고 하락한다면 세력이 교묘하게 파는 행위로 인식하시고 대응하시면 됩니다. 또 위의 내용처럼 거래량 증가+주가 하락은 대게 위의 현재가창 흐름대로 나타나게 됩니다.

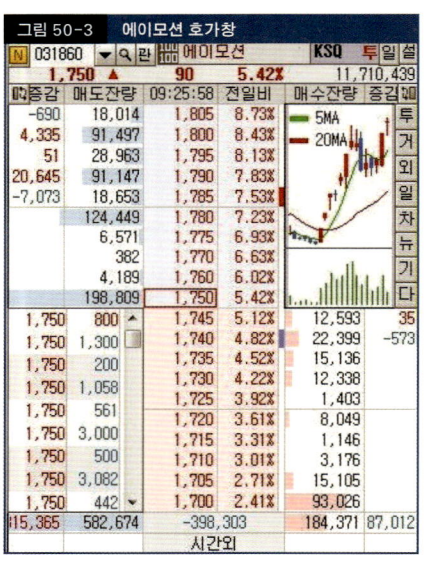
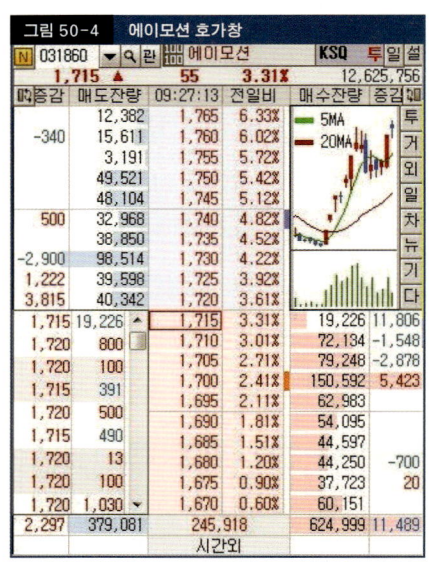

아래 차트는 에이모션 종가의 흐름의 모습입니다. 한 가지 덧붙이자면 장중 위꼬리 캔들이 발생한 종목들은 이후 재공략을 안 하는 게 좋습니다. 이유는 이미 한 차례 해 먹었기에 일반적으로 반등이 나와도 시원치 않고 대게 올리는 액션만 시도한 채 우하향하는 경향이 짙기 때문입니다. 힘이 약한 종목에선 매매는 매수 후 후회와 빠져나갈 궁리로 스스로 스트레스에 빠트리는 행위임을 인식하시여 늘 거래량이 많고 시장 인기주에서 매매를 노리시는 승부사가 되어 보시길 바랍니다.

주식 타짜들의 노하우

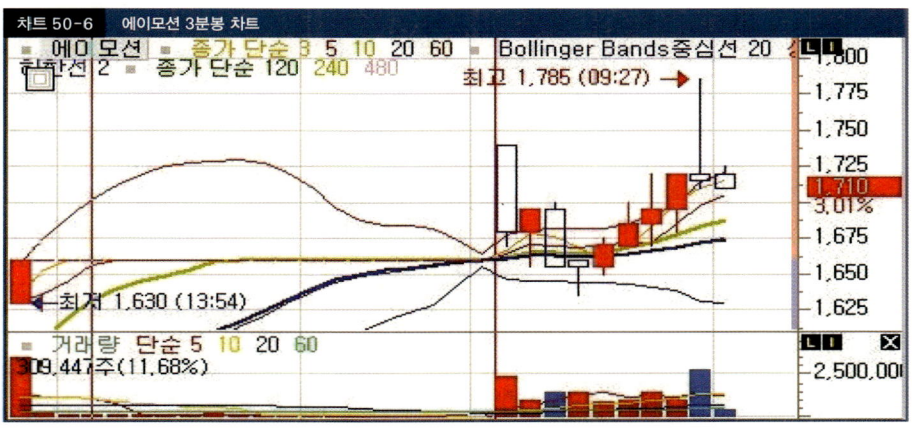

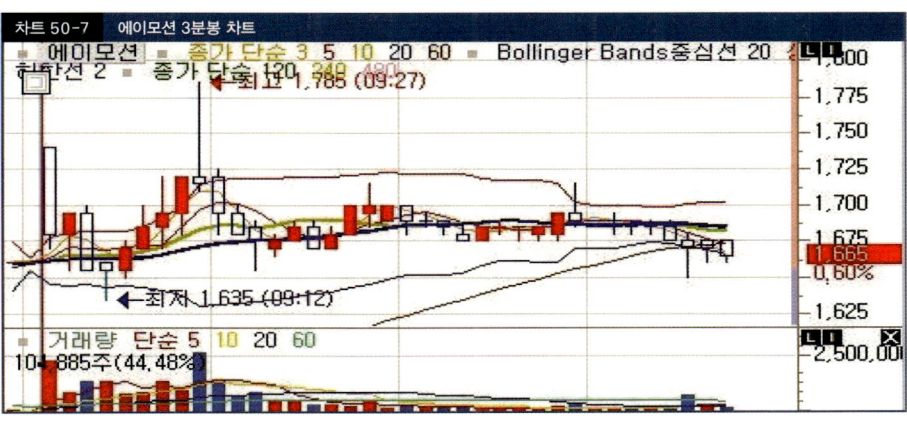

제51장 테마주 2등주 매매법

모건코리아

09년 12월 21일 이명박 대통령이 원전 기술 자립화 목표를 앞당기겠다는 뉴스가 나와 22일 오전 원자력 관련주에 관심을 갖고 지켜보고 있었습니다. 오전에 예상대로 예상 체결가 상위에 있으면 그날 테마가 될 가능성이 매우 높기 때문에 지켜보았는데 예상과 같이 아래 화면대로 원자력 관련주들이 등락률 상위에 올라옴을 볼 수가 있었습니다.

필자는 보통 장 시작 전에 예상 체결가에 나온 종목들 순서대로 빠르게 한 번씩 차트로 돌려 보는 편인데 금일 원자력 관련주 외에는 매매 대상으로 삼을 만한 종목이 크게 눈에 띠질 않았습니다. 일반적으로 예상 체결가 상위권에는 보통 질 안 좋은 코스닥 잡주들 위주로 올라오는 경우가 많습니다. 따라서 매매 대상으로 삼으시려면 우선 거래량이 일정 부문 이상 있어야 하며 가격도 최하 1000짜리 이상 되고, 당연히 차트가 살아 있어야 힘 있게 움직이므로 종합적으로 시장 상황과 테마에 연관 여부, 호재 등을 살펴 매매 준비를 하여야 합니다.

주식 타짜들의 노하우

그림 51-1 예상 체결가 상위창

종목명	예상가	대비	등락율	예상체결량	매도잔량	매도호가	매수호가	매수잔량	연속
옵트머스우	7,530 ↑	980	14.96	50			7,530	50	2
케이앤컴퍼니우	9,300 ▲	1,200	14.81	1	159	9,300	7,660	7	1
옵트머스	155 ↑	20	14.81	238,610			155	2,471,760	5
퓨비트	1,450 ↑	185	14.62	18,032			1,450	16,695,796	2
한국큐빅	2,375 ▲	300	14.46	8,379	2,583	2,375	2,080	10	1
삼양사우	21,000 ▲	2,600	14.13	50	20	21,000	18,550	10	1
초록뱀	265 ▲	30	12.77	91,560	1,088,234	270	265	8,440	1
모건코리아	5,070 ▲	530	11.67	50,112	1,000	5,080	5,070	5,875	1
지엔텍홀딩스	1,375 ▲	110	8.70	44,318	365	1,375	1,370	1,111	3
이앤텍	125 ▲	10	8.70	407,920	128,787	125	120	462,799	3
에스티씨라이프	1,020 ▲	80	8.51	63,537	2,024	1,025	1,020	11,742	1
엔텔스	6,200 ▲	480	8.39	41,298	4,100	6,240	6,200	663	2
바이오치아이	22,000 ▲	1,650	8.11	19,190	2,914	22,000	21,900	400	1
보성파워텍	2,000 ▲	150	8.11	239,552	6,856	2,000	1,995	12,200	1
C&우방랜드	1,650 ▲	115	7.49	254,120	2,310	1,650	1,640	1,150	2
CJ제일제당 3우	215,000 ▲	14,500	7.23	50	7	215,000	200,000	3	1
케이비티	13,450 ▲	850	6.75	31,586	4,520	13,450	13,400	1,765	1
필링크	4,780 ▲	295	6.58	24,984	3,709	4,780	4,775	120	2
유진테크	12,200 ▲	750	6.55	8,323	3,168	12,200	12,150	3,100	1
에이텍	5,000 ▲	305	6.50	98,384	11,020	5,000	4,995	421	1
태양이엔시	1,575 ▲	90	6.06	100	2,161	1,575	1,505	100	1

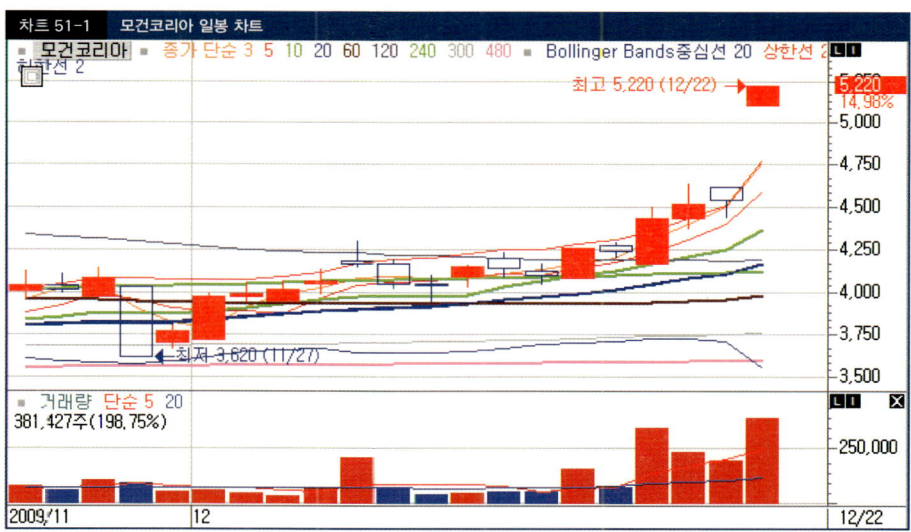

차트 51-1 모건코리아 일봉 차트

위의 모건코리아의 차트는 장 시작 시가가 +12.33%입니다. 쉽게 접근할 수 없는 가격대인데 관련 테마주의 시가가 상위권에 랭크되고 뉴스까지 있다면 시가 고가권 상관없이 매수해 볼 수 있는 종목입니다. 두려움에 매수를 못하였다면 모건코리아가 빠르게 상 가고 문 잠그는 것을 확인 후 2, 3등주 매매로 쉽게 먹잇감을 사냥할 수도 있습니다.

　모건의 힘을 보고 그 다음 주인 보성파워텍을 매매 타깃으로 정하고 매매를 하였다면 모건이 상한가 이탈을 하지 않는 이상 깡으로 버티어 상을 먹거나 또는 짧은 수익에 만족하고 매도하는 것도 한 방법입니다.

보성파워텍

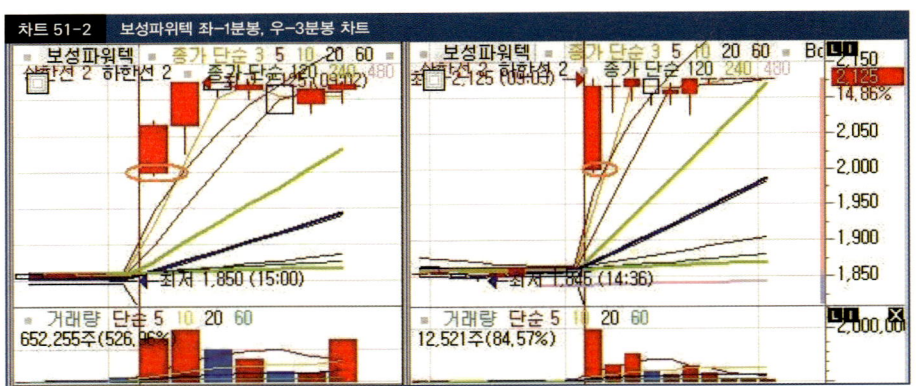

주식 타짜들의 노하우

제52장
뉴스를 이용한 테마주 공략법

보성파워텍

매일 9시 뉴스만 잘 봐도 매매할 종목이 보이고 또 어떤 업종이 시장을 선도하겠구나 쉽게 짐작이 가능하며, 또 상한가만 잘 알아도 시가가 고가, 저가권 형성 여부와 상관없이 언제나 수익 내는 기법으로 완성하여 매매할 수 있습니다.

필자가 상한가를 주목하는 이유는 바로 강력한 세력 개입이 된 종목이기 때문에 그러한데 주식에서 많은 시세 차익을 내며 안정적으로 수익을 내려면 어떠한 종목을 노려야 되겠습니까? 즉 세력이 개입된 종목인가? 아닌가? 살펴보는 일이 우선이겠죠. 따라서 자신이 발굴한 종목이 아무리 미래 가치가 높다 하더라도 거래량이 바닥을 기고 수급의 주체가 없는 종목이라면 투자 시 아주 긴 시간과 기회 상실을 맛보며 주식할 기운도 잃게 되겠죠.

18일 장 시작 전부터 가장 주목한 종목은 바로 시장의 인기주인 보성파워텍이었습니다. 시장의 주도주는 모든 시장 참여자들이 관심을 기울이기 때문에 늘 수급이 활발하며 갈 땐 확실하게 뜨 주가가 떨어지더라도 늘 충분히 팔 기회를 주며 하락하므로 매매 대상 1순위이며 모든 데이 트레이더들의 관심 종목이기도 합니다. 보성파워텍이 상승한 이유는 원자력 관련 테마주에 포함되었기 때문에 그 내용은 아래 기사와 같습니다.

> "지난해 2월 4일 한국원자력연구원의 요르단 연구용 원자로 수주 성공, 12월 27일 최대 47조원에 이르는 아랍에미리트(UAE) 원전 수주, 올해 1월 13일 정부의 '원자력 수출산업화 전략' 발표…. 원전주들의 상승세를 이끄는 호재성 뉴스들이 쏟아지는 가운데 18일 또 하나의 희소식이 들려왔다. '한국이 터키의 원전 2기를 수주할 것 같다.'고 터키 현지 언론이 보도한 것이다."

이 낭보는 17일 일요일 지상파 뉴스에서 내내 방송되었던 터라 18일 당연히 원자력 관련주에 관심을 기울이며 해당 관련 주가의 동향을 면밀히 관찰을 하기 시작하였습니다.

아래 그림과 같이 장 시작 전 예상 체결가 동향에서도 원자력 테마주가 시가 상위권에 있는 모습을 관찰할 수 있습니다. 이러한 모습을 보이며 그중 가장 먼저 튀어 나가는 놈을 잡아서 매매하는 게 효과적이기도 합니다. 또 이렇게 먼저 튀어 나가는 종목은 그날 만약에 장중 음봉으로 진행된다 하더라도 거의 10% 이상 고가권을 찢기 때문에 매매 시 수익 가능성은 매우 큽니다. 이러한 흐름은 상승하는 종목들의 하나의 룰이기도 합니다. 차트도 살아 있고, 거기에 기름(호재성 뉴스) 부었으니 당연히 시세는 불기둥을 내겠지요. 이러한 불꽃을 보기 위해 많은 시장의 참여꾼들은 대거 매수에 동참을 하게 될 터이니 이는 "가는 종목은 더 가게 된다"는 원동력을 만드는 원천이기도 합니다.

종목명	예상가	대비	등락률	예상체결량	매도잔량	매도호가	매수호가	매수잔량	연속
모건코리아	9,550	▲ 830	9.52	103,872	511	9,560	9,550	2,181	1
웹젠	13,150	▲ 1,000	8.23	40,316	6,814	13,150	13,100	1,916	1
단성일렉트론	265	▲ 20	8.16	369,640	40,839	265	260	145,000	1
일공공일안경	485	▲ 35	7.78	113,373	23,666	490	485	25,687	1
이노셀	1,385	▲ 100	7.78	734,005	87,637	1,390	1,385	30,997	2
삼성중공우	34,850	▲ 2,500	7.73	500	50	34,850	32,350	10	1
동부제철 1WR	6,080	▲ 410	7.23	1	229	6,080	5,510	305	1
마니커	1,040	▲ 70	7.22	519,070	40,830	1,045	1,040	28,520	2
6K파워	535	▲ 35	7.00	14,806	220	540	535	4,545	2
코오롱아이넷	2,550	▲ 165	6.92	194,609	8,722	2,555	2,550	50,832	1
샤인시스템	1,395	▲ 90	6.90	29,989	10,470	1,395	1,375	3,445	1
KTIC글로벌	800	▲ 50	6.67	16,764	9,238	800	765	4,435	1
남성	9,300	▲ 560	6.41	10	10	9,470	8,530	100	1
보성파워텍	5,330	▲ 320	6.39	213,497	1,695	5,330	5,320	35,726	1
중앙디자인 4WF	250	▲ 15	6.38	27,112	5,570	255	250	52,888	1
엠엔에프씨	950	▲ 55	6.15	120,791	6,913	955	950	21,133	2
GST	2,745	▲ 155	5.98	2,592	898	2,745	2,700	500	1
하이쎌	805	▲ 45	5.92	638,726	23,548	805	800	34,117	1
한전기술	80,600	▲ 4,500	5.91	40,840	75	80,700	80,600	1,889	1
티에스엠텍	14,950	▲ 800	5.65	21,596	6,823	14,950	14,900	906	1
쏠리테크	5,500	▲ 290	5.57	4,176	669	5,500	5,470	500	1
케이아이씨	10,750	▲ 550	5.39	29,320	770	10,750	10,700	7,990	1

그림 52-1 예상 체결가 등락률 상위창

이미 완성된 차트에선 상한가 간 모양이지만 장중 일봉상 흐름을 보면 쉽게 상한가에 가리라 쉽게 예측하기 힘든 모습이었습니다. 이날 매수한 보유자라면 "시가를 깨지 않는 한 보유"로 버틸 수도 있었을 터이고 고가권에서 적절히 매도하여 수익을 챙길 수도 있었을 겁니다.

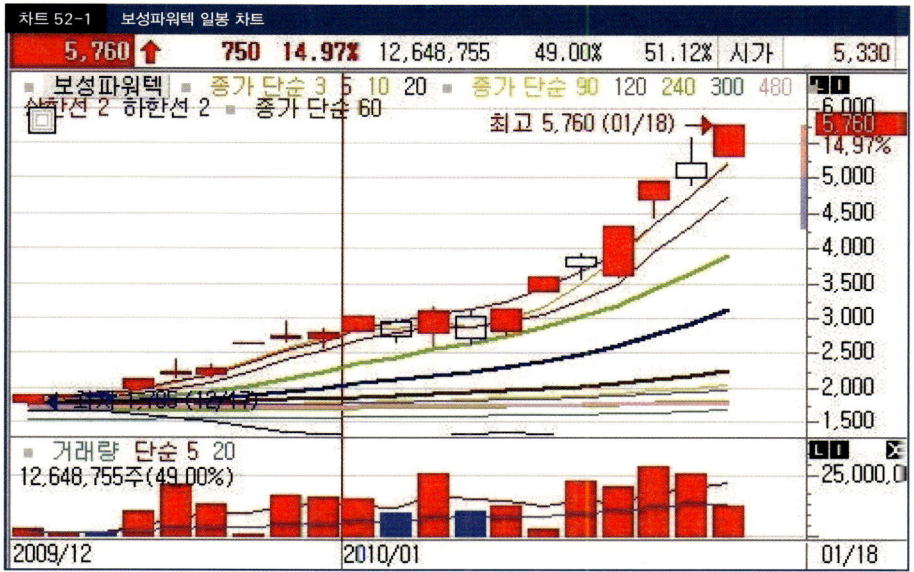

 장 초반 시가 +6.39% 다소 높은 가격인데도 불구하고 전날 뉴스와 테마에 연관된 종목들의 시가를 보고 과감하게 매수할 수 있었던 종목입니다. 일반적으로 아무런 뉴스와 테마에 연관된 종도 없이 나 홀로 시가가 +5% 이상 고가권에서 시작하는 종목들은 쉽게 매매할 수가 없고 또 보통 가는 척(?)만 한 채 그대로 하락하는 경우가 빈번하기 때문에 시가가 어느 정도 고가권에서 시작하는 종목들은 반드시 시장 분위기와 해당 종목의 흐름(끼) 연관된 테마주의 흐름을 보고 매수에 동참할지 아닐지 선택하여야 합니다.

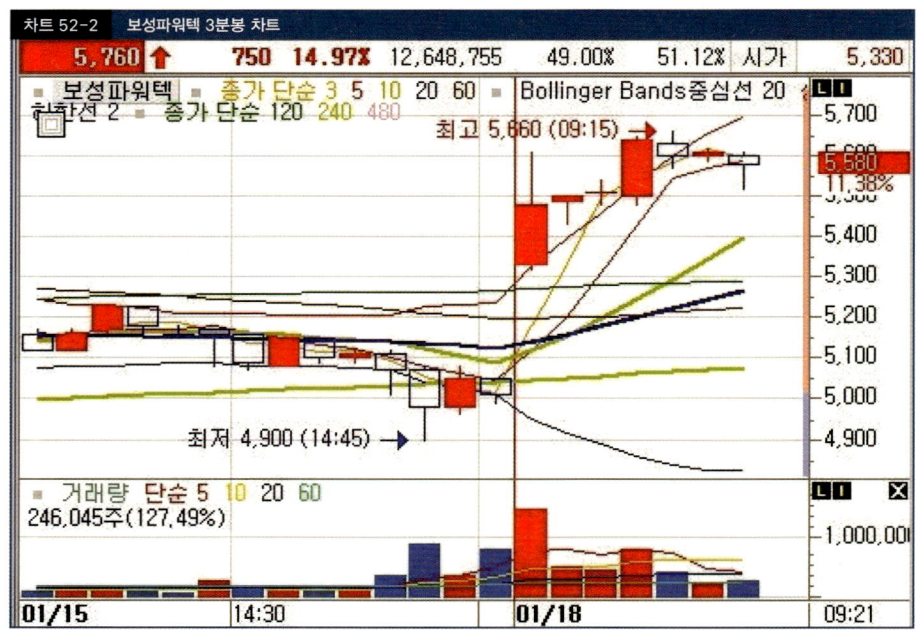

장 마감 후 원자력 관련주 주가 모습입니다. 떼거지 시세를 만듦을 보실 수 있습니다.

제53장
전일 상한가 간 종목의 시가가 낮게 시작할 때 매매법

이화전기

15일 금강산·개성 관광 재개 가능성 소식에 남북경협주가 오랜만에 강세를 보이다 주말 북한의 '대남 보복성전'을 선언하는 바람에 남북관계의 긴장이 고조됨에 따라 전일 뉴스로 상 간 종목들은 이날 당연히 갭 하락을 할 것이라 예상하여 계속 주시하고 있었습니다.

아래 그림은 전날 상한가 간 종목을 나타낸 창입니다. 장 초반 예상과 같이 대표 경협주인 이화전기가 전일 상한가인데도 불구하고 시가 -8.12%에서 시작함을 볼 수가 있습니다. 상한가를 간 종목은 그 종목이 망한다는 치명적인 악재가 없는 한 재차 반등하는 게 시장의 속성입니다. 따라서 이러한 반등을 이용한 매매는 안전하면서 짧은 시간에 높은 수익률을 얻을 수 있는 한 매매 방법입니다.

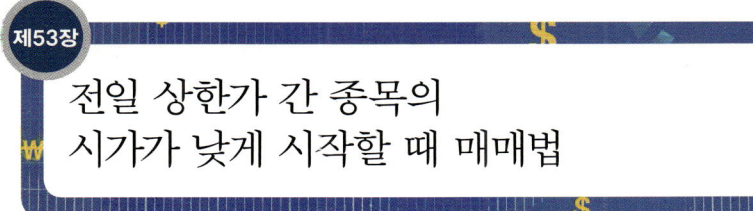

그림 53-1 상/하한가창

319

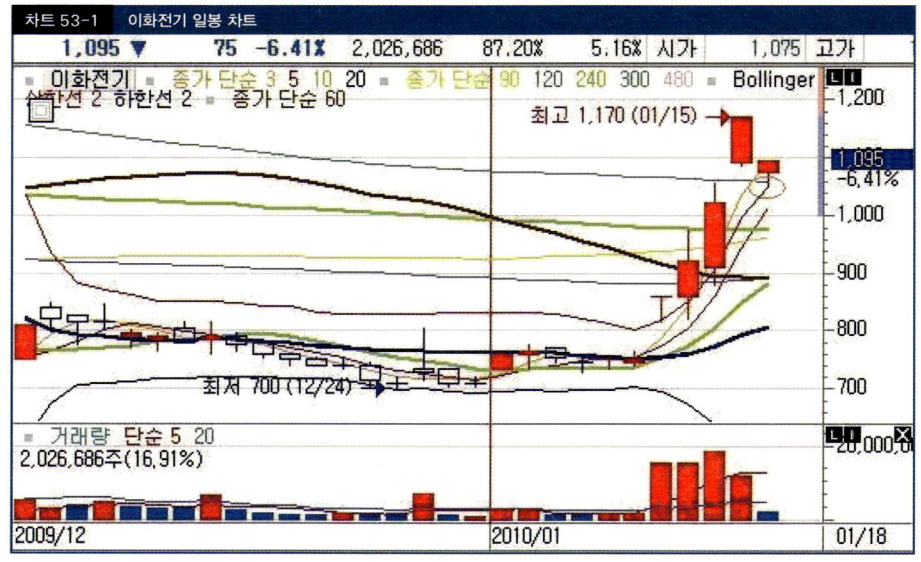

시가가 한창 - 밑에서 시작하여 전일 상한가에 매수한 개미투자자들은 월요일 장 초반부터 공포에 한숨을 내쉰 채 쓸쓸한 매도 준비를 할 터이고 보유자들도 이 날 어떻게 털고 나갈까? 이만 저만 고민이 아닐 수 없을 겁니다. 상한가는 크던 작던 세력이 만든다고 했습니다. 따라서 웬만한 큰 악재가 없는 한 대부분 전일 상한가로 마감한 종목은 장중 반등을 시도하며 물량을 처분하게 됩니다.

이때 매수는 시가가 무조건 낮다고 아무런 룰 없이 그냥 매수하는 것도 아닙니다. 안 좋은 악재로 시가가 낮게 시작하면 일반 겁먹은 투자가들로 인해 손절성, 투매성 물량이 동시에 나오므로 매도 물량에 의해 하락세가 더 강화될 수 있기에 매도세가 진정되고 매수세가 적잖게 들어오면 그때를 맞춰 같이 매수에 동참하게 됩니다. 이때 차트상 특별한 지지선이 없는 경우도 있고 또 해당 차트처럼 일봉상 3일선 지지로 반등을 하는 경우에는 좀 더 안정적으로 매매할 수 있습니다.

지지선은 딱 이 지지선이라는 룰보다 종목마다 흐름이 다 다르고 지지하는 지지선도 종목마다 차이가 있기에 잘 살핀 후 매매하는 게 좋은 매매 방법입니다. 필자는 일봉상 3이평선 근방에서 매도세가 진정이 되고 매수세가 활발히 들어오는 순간 같이 매수하여 수익 매도하였습니다. 저가권에서 적절히 매수하였다면 무려 수

초 안에 5% 내외 수익을 얻을 수 있는 상황이었습니다.

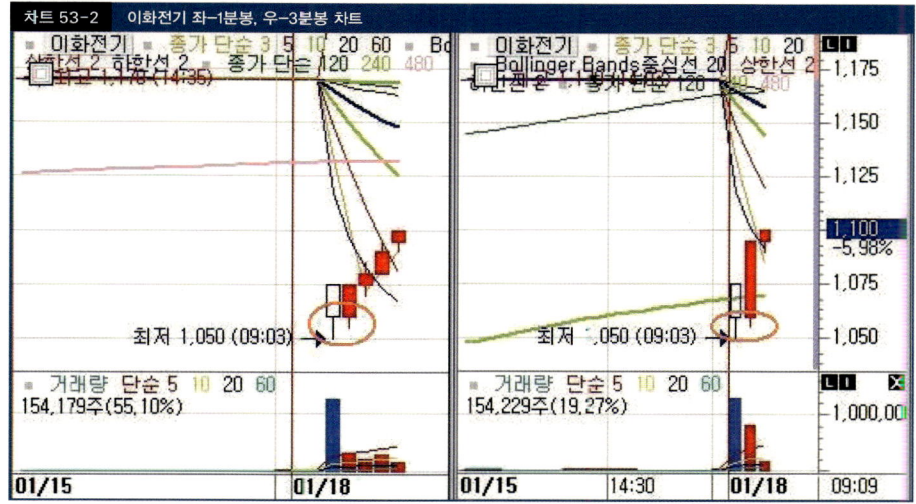

이후 주가의 흐름의 동향입니다. 당일 최저가를 깨지 않고 그 라인대에서 다시 지지 세력 등장으로 한 차례 큰 반등이 다시 나옴을 볼 수가 있습니다. 이처럼 매매 방법은 매우 간단합니다. 지지, 저항만 알면 그저 그 상황에 맞게 적절히 섞어 사용하면 바로 자신만의 매매 기법이 탄생되는 것입니다. 뭔가 특별한 매매 기법을 원하는 사람들이 너무나도 많습니다. 다시 강조하지만 모든 매매 기법은 지지가 근본이고 지지선의 반대선인 저항선을 돌파하면 매수하는 방법 이렇게 정리가 됩니다.

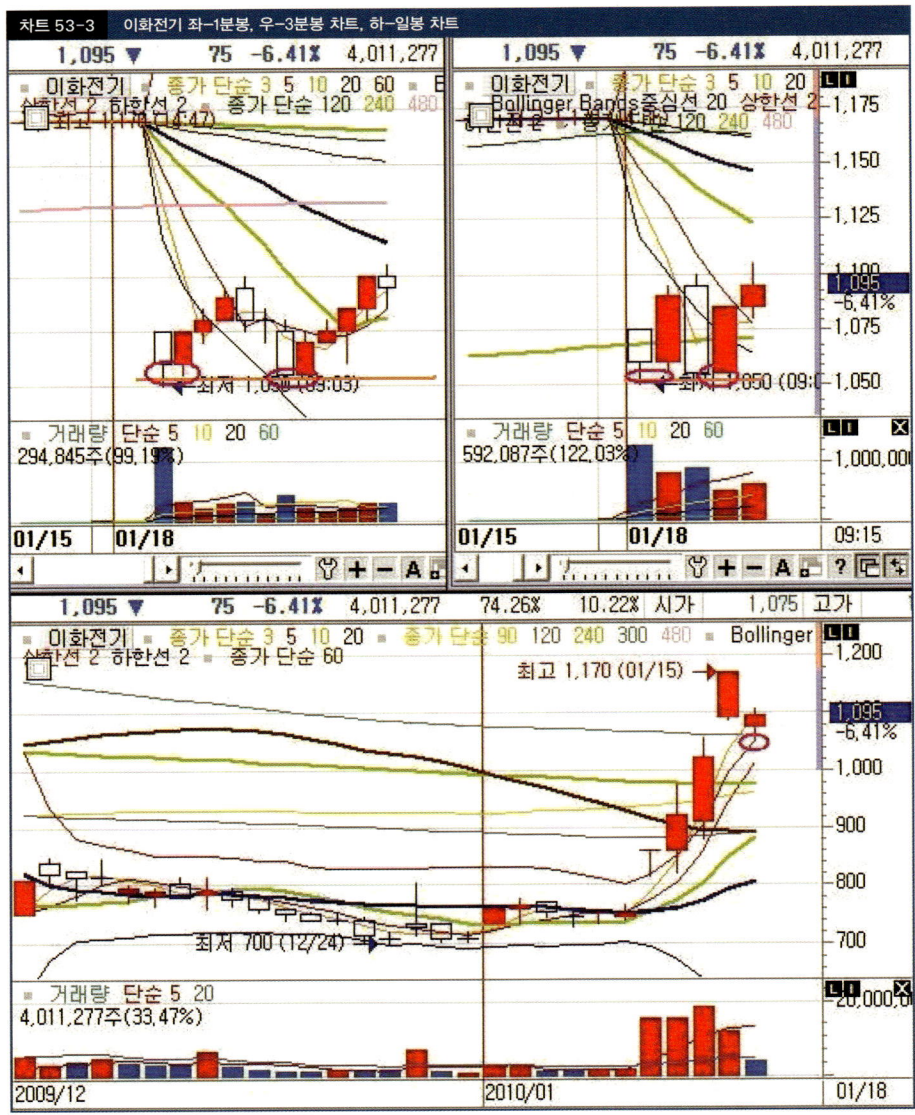

　위의 일봉상은 주가가 3일선 위에서 지지 후 상승하지만 주가가 어느 정도 상승한 상태에선 아래 그림처럼 이평선도 같이 위로 올라가므로 5일선 근방에서 지지하는 것처럼 보임을 알 수 있습니다.

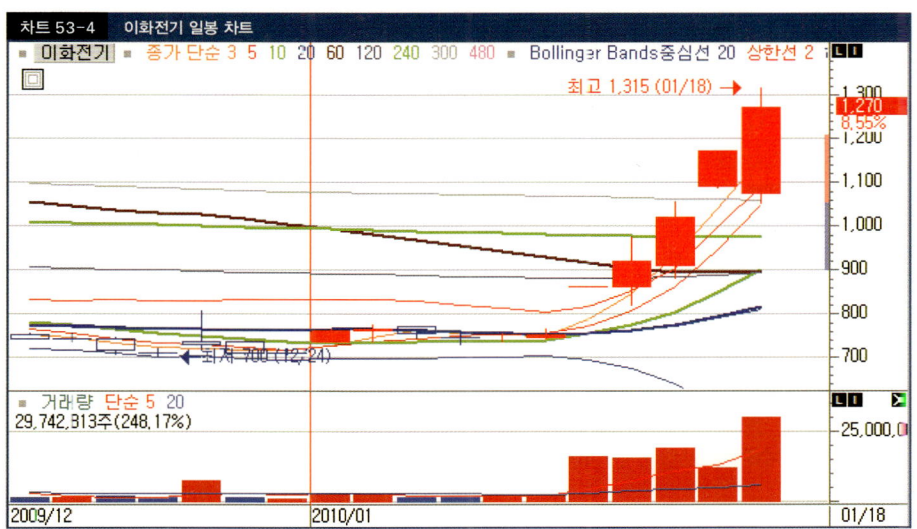

제54장
테마주 초기에 잡는 비책이란?

안철수연구소

　수많은 매매 방법이 있지만 주식 시장에서 원하는 돈을 벌려면 다른 매매법보다 테마주 매매 방법을 배워야 합니다. 그동안 시장의 고수들은 수박 겉핥기식으로 알려 주는 척하면서 중요한 내용은 대충 얼버무리며 어렵게 포장하여 설명하는 게 대부분이었습니다. 왜 그럴까요? 기존 고수급 트레이더들도 대부분 돈 안되는 매매 방법으로 짧은 수익에 치중한 채 하루하루 보내며 또 한 달이 어느새 훌떡 지나가게 됩니다. 시장이 한편에서는 불꽃축제가 벌어지고 있는 가운데서도 이들은 이미 시세가 저문 차트에서 반등을 기다리며 늘 하던 매매대로 하게 됩니다. 왜? 수익이 조금이나마 나니깐!

　매매 방법이라는 건 시장 상황에 늘 변화하여야 하며 시장이 간다 하면 그 대세에 참여하여 시장에서 나 홀로 왕따 당하는 일은 없게 하여야 합니다. 주식 투자란 늘 위험성이 산재하고 이왕 시장에 진입을 하였다면 1년 단타 쳐서 벌 거 단 며칠 사이에 버는 게 좋습니다. 긴 시간 꾸준히 매매해서 조그만 수익이라도 난다면 먹고사는 덴 지장은 없겠지만, 이왕 전쟁터 같은 주식 시장에 참여한다면 기회가 줄 때 크게 먹고 먹을 때가 없을 땐 그저 단타나 치면서 보내는 게 좋다는 게 필자의 생각입니다.

　테마주 매매 방법은 늘 뉴스(재료)와 함께 올라가는 습성이 있습니다. 따라서 9시 뉴스만 잘 봐도 님들은 쉽게 매매하여 직장인 한 달 월급 정도 되는 돈을 누구나 쉽게 벌어 갈 수 있습니다. 사실입니다. 아래 내용은 02월 01일 9시 뉴스에 나온 보도 자료입니다.

주식 타짜들의 노하우

국내 스마트폰 해킹 무방비

앵커 - 국내산 스마트폰 대부분이 해킹에 취약한 것으로 드러났습니다. 누군가 내 문자를 몰래 볼 수 있을 뿐 아니라 금융사고까지 우려되고 있습니다.

VCR

갈수록 인기가 치솟고 있는 스마트 폰. 그 가운데 지난 달 최고의 판매량을 기록한 삼성전자의 옴니아2입니다. 이 전화로 문자를 보내 봤습니다. 그러나 문자가 도착해야 할 휴대전화는 묵묵부답, 대신 엉뚱한 휴대전화로 전송됐습니다. 중간에서 해킹당한 겁니다. 이용자가 휴대전화에 뜨는 자극적인 사이트를 보고 무심코 접속하면 해커는 이 사이트에 심어 둔 악성 코드를 보냅니다. 이용자가 보안 프로그램으로 위장한 악성코드를 내려 받는 순간 이 휴대전화는 해커의 것이 됩니다. 이렇게 되면 문자 메시지는 물론 전화번호 기록 등을 모두 해커가 볼 수 있고 해커는 이 정보를 통해, 피해자 명의로 금융거래도 할 수 있습니다. 이 같은 해킹이 가능한 제품은 윈도우 모바일 운영체제를 갖춘 삼성전자의 옴니아나 엘지전자의 인사이트 폰 등입니다.

INT

"MS가 운영체제 보완을 해야 되는 문제라 국내 휴대전화 업체들이 속수무책인 상태다." 이에 대해 삼성전자와 엘지전자는 홈페이지에 올려 둔 백신 프로그램을 따로 설치하면 해킹 위험을 줄일 수 있다고 밝혔습니다. 그러나 완벽하게 차단하기 어렵기 때문에 새로운 운영체제 개발이나 개선에 착수할 방침이라고 설명했습니다.

자! 이런 뉴스를 보았다면 당연히 주식하는 님들께서는 그냥 그런가 보다 하고 넘어가야 될까요? 아님 다음 날 보안 관련주의 동태를 파악하고 매수에 동참해야 할까요? 테마주 매매는 차트를 못 보는 사람들도 쉽게 매매할 수 있고 누구나 돈을 벌 수 있는 매매 방법이라고 설명드렸습니다. 그럼 구체적인 매수 실행 방법에 대해 알아보도록 하겠습니다.

그림 54-1 예상 체결가 등락률 상위창

종목명	예상가	대비	등락율	예상체결량	매도잔량	매도호가	매수호가	매수잔량	연속
이노셀	1,160 ▲	55	4.98	51,275	9,658	1,160	1,155	305	1
코레스	1,185 ▲	55	4.87	3	1,391	1,185	1,110	1,201	1
현대정보기술	1,090 ▲	50	4.81	12,791	968	1,090	1,075	1,303	1
새한미디어	3,285 ▲	150	4.78	2,870	100	3,285	3,135	3,000	1
안철수연구소	24,100 ▲	1,100	4.78	7,054	279	24,100	24,000	2,988	1
동일철강	13,150 ▲	600	4.78	1	372	13,200	12,500	100	1
현대아이티	1,455 ▲	65	4.68	221,197	34,749	1,460	1,455	27,001	1
BT&I	680 ▲	30	4.62	150	1,451	680	645	10	1
갤럭시아커뮤니	2,850 ▲	120	4.40	200	44	2,850	2,730	51	1
에버리소스우	3,340 ▲	140	4.38	100	85	3,340	3,200	3	1
신한	10,850 ▲	450	4.33	20	90	10,850	10,550	10	1
세운메디칼	2,410 ▲	100	4.33	500	24	2,410	2,350	1,000	1
퍼스텍	3,045 ▲	125	4.28	211,580	4,710	3,050	3,045	14,160	2
동아엘텍	4,880 ▲	200	4.27	501	193	4,880	4,720	1,100	1
옵티머스	125 ▲	5	4.17	21,250	23,800	125	120	121,910	1

위의 창은 예상 체결가창인데 전날 뉴스에 나온 보안 관련주 중의 한 종목인 안철수연구소가 시가 상위에 올라옴을 볼 수가 있습니다. 전날 이 뉴스를 본 꾼들이 오전 장부터 달려들 것임을 짐작할 수 있는 대목입니다. 아래 일봉상 시가 +4.78% 가격대를 보니 일봉상 5일선 위에서 시작함을 볼 수가 있습니다.

자! 지지 라인을 깔고 시가가 출발합니다. 그리고 전날 뉴스(재료)까지 있고. 그럼 이 종목은 이날 대박 시세를 준다는 건 누구나 대충 짐작할 수 있는 내용들입니다. 자! 재료도 있고 시가도 좋고 또 받쳐 줄 지지 라인도 있고 보안 관련 테마주의 시가들도 괜찮고 이제 장 시작부터 편히 매수 주문만 넣으면 되는 것입니다.

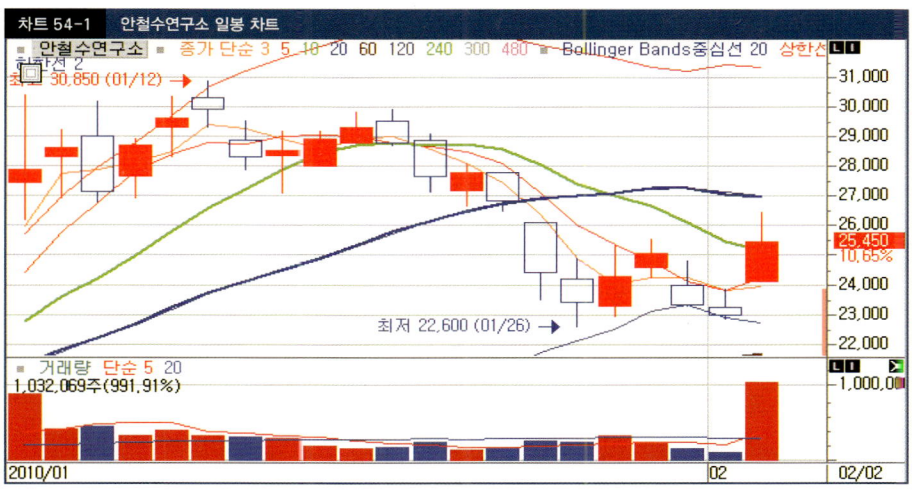

자! 장 시작과 동시에 시가 밀림 없이 급등하여 상한가까지 간 모습을 볼 수가 있습니다. 이후 일봉상 배꼽이 그다지 좋지 않아 종가상 밀려서 마감하였지만 차트가 준비되어 있는 상태에서 뉴스가 나왔더라면 연속 상을 몇 번 갈 수도 있었던 상황이 나올 수도 있었을 것입니다.

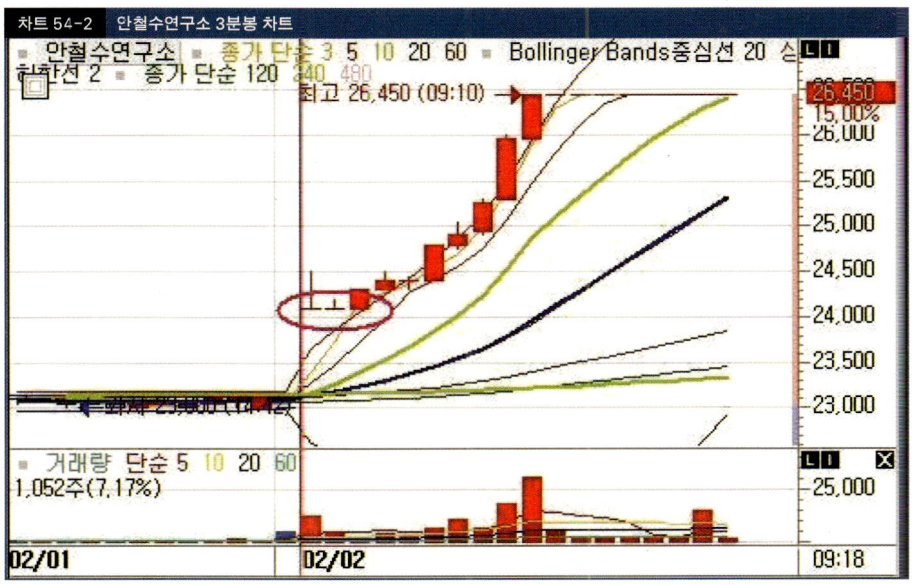

327

급등 후 뒤늦게 전날 나온 뉴스대로 기사가 나옴을 볼 수가 있습니다. 자! 어떻습니까? 이렇듯 테마주 매매는 뉴스만 봐도 먹을 게 생기고 그저 눈감고 매수하여도 쉽게 수익을 취할 수 있는 그런 쉬운 매매법입니다. 너무나 쉬워서 일부러 복잡하고 어렵게 포장하여 잘 모르게 만들어 버리는 글들이 현재 너무나도 많습니다.

그동안 시장에서 수백 수천% 이상 상승한 테마주들 한 번 살펴보시면 다 위의 룰대로 전날 뉴스 보고 당일에 쉽게 매매하여 먹을 수 있었던 종목이 수두룩한 것을 알 수 있습니다. 미리 특정 업종에 미래 성장주에 묻지 마 매수 후 시간 낭비할 필요도 없고 그저 뉴스만 잘 보며, 당일 시가 +된 종목들의 테마 연관성과 뉴스만 잘 챙기신다면 시가부터 배팅 후 쉽게 많은 돈을 버실 수가 있습니다.

사실 이런 글 쓰면 그동안 단순한 룰로 테마주로 쉽게 돈을 버시는 트레이더들 욕할 수도 있으나 이렇게 친절하게 알려 줘도 그저 한 번 대충 읽고 버리며, 늘 하던 방식대로 개미들의 초울트라 필살기인 묻지 마! 뻘짓 뇌동 매매로 일관하시는 투자가분들 많기에 일부 현명한 소수 트레이더들을 위해 글 남깁니다.

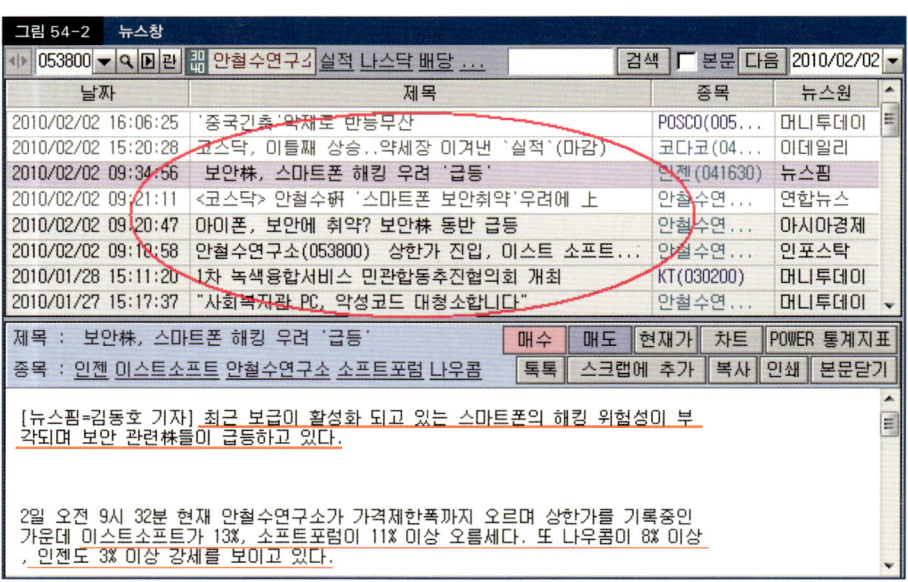